KAS

광고지성총서

01

한국
광고학연구
30년과 전망

한상필 · 염성원 · 홍문기 · 유현재 · 최명일 · 유현중
차영란 · 최은섭 · 김유경 · 이시훈 공저

THIRTY YEARS OF
ADVERTISING
RESEARCH IN KOREA
AND ITS PERSPECTIVE

학지사

발간사

광고지성의 향연

지난 1989년 10월 14일, 한국광고학회 창립총회를 개최한 이후 2019년에 접어들어 학회 창립 30주년을 맞이했습니다. 사람으로 치면 서른 살입니다. 그동안 한국광고학회는 한국 사회에서 광고의 중요성을 환기하는 데 크게 기여했습니다. 지나온 날들의 성과는 분명 눈부셨지만, 미디어 환경이 급변함에 따라 광고와 광고학은 잠시 멈칫거리고 있습니다. 창의성, 인공지능, 블록체인이 인류의 미래를 결정한다는 전환기에 서서, 이제 우리는 광고의 새로운 방향을 모색해야 합니다. 이런 상황에서 한국광고학회 30주년을 기념하는 『광고지성총서』는 광고학계와 광고업계에 새로운 방향성을 제시할 것으로 기대됩니다.

이 총서는 '체인지(Change, 체력, 인화, 지성)'의 가치를 지향하는 제24대 한국광고학회에서 야심 차게 준비한 기획물입니다. 이 총서를 통해 한국광고학회의 체력(體力)을 증진하고, 회원들 사이의 인화(人和)를 촉진하며, 광고지성(知性)이 나아갈 새로운 좌표를 찾기를 기대합니다. 일찍이 플라톤은 『향연(饗宴)』에서 좋은 것(아름다운 것)을 소유하려는 욕망을 에로스라고 정의하고, 정신적인 출산을 추구하는 것도 에로스의 뜻이자 아름다움의 이상향에 도달하는 길이라고 설명했습니다. 정신의 자식을 분만하는 과정에서 105명의 필자가 자주 산통(産痛)을 느끼며 광고의 오늘과 내일을 고민했다는 점에서, 이 총서는 모름지기 집단지성의 플랫폼이자 광고지성의 향연이라 할 수 있습니다.

제1권 『한국 광고학연구 30년과 전망』(편집책임 한상필)에서는 한국광고학회의 창립 30주년을 맞이해 지난 30년 동안의 학회 활동을 분석하고 광고학 연구의 발자취를 돌아보았습니다. 제2권 『한국의 광고산업과 광고제도』(편집책임 김봉철)에서는 광고산업을 구성하는 단위들이 어떻게 발달해 왔고 어떤 기능을 해 왔는지 체계적으로 분석하고 정리했습니다. 제3권 『광고와 사회 그리고 광고비평』(편집책임 이희복)에서는 급변하는 환경에서도 결코 변하지 않는 광고와 사회에 대한 본질을 비평적 관점에서 탐구했습니다. 제4권 『소비자심리와 광고 PR 마케팅』(편집책임 이병관)에서는 소비자심리학의 여러 개념을 알기 쉽게 설명하고 광고와 PR 및 마케팅 현장에 적용하는 방안을 제시했습니다. 제5권 『광고와 마케팅의 새로운 세계』(편집책임 나준희)에서는 마케팅에서 광고가 어떻게 작동해야 하는지에 대한 이론적 기반을 제시함으로써 광고 활용의 새로운 세계를 모색했습니다.

제6권 『디지털 시대의 광고 크리에이티브』(편집책임 윤일기)에서는 디지털 융합 시대에 적합한 광고 크리에이티브의 새로운 차원을 살펴보고 실무적으로 유용한 지침을 제안했습니다. 제7권 『광고 미디어의 현재와 미래』(편집책임 박현수)에서는 급변하는 미디어 환경을 살펴보고 광고와 미디어가 나아갈 미래의 방향과 시각을 전망했습니다. 제8권 『스마트 광고 기술을 넘어서』(편집책임 김현정)에서는 우리 시대의 스마트 광고 기술에 대해 살펴보고 기술이 광고의 미래를 어떻게 바꿀 것인지를 여러 각도에서 조망했습니다. 제9권 『빅데이터의 분석방법과 활용』(편집책임 정원준)에서는 학술적 · 실무적인 사례를 바탕으로 광고와 PR 영역에서 두루 활용할 수 있는 다양한 빅데이터 분석방법에 대해 설명했습니다. 제10권 『광고 지성과 철학의 지평선』(편집책임 강승구)에서는 광고의 개념과 본질을 철학적으로 분석함으로써 광고지성의 가치를 환기하는 동시에 광고철학의 가능성을 탐색했습니다.

상당한 비용이 들어가는 10권의 총서가 출판되기까지 정신적으로 그리고 재정적으로 여러분의 도움을 받았습니다. 한국언론진흥재단의 민병욱 이사장님, 제일기획의 유정근 대표님, 이노션의 안건희 대표님, HS애드의 정성수 대표님, 대홍기획의 홍성현 대표님, TBWA의 이수원 대표님, 나스미디어의 정기호 대표님, 메조미디어의 이성학 대표님께 감사드립니다. 이분들의 후원이 없었다면 『광고지성총서』는 결코 세상에 나오지 못했을 것입니다. 이 지면을 빌려 다시 한 번 감사드립니다. 한국광고학회 회원들은 이 총서가 출판되기까지 도와주신 분들에 대한 고마움을 앞으로도 오래오래 기억할 것입니다.

광고지성을 모색하느라 수고하신 105명의 필자는 우리에게 새로운 비전과 깊은 통찰력을 제시하셨습니다. 갈수록 어려워지는 출판 여건에도 불구하고 10권의 책을 기꺼이 출판해 주신 학지사의 김진환 사장님과 최임배 부사장님께 감사드립니다. 편집부 관계자들께서는 난삽한 원고를 손보고 책의 구성을 갖추어 정말 빛나는 총서로 만들어 주셨습니다. 총서를 기획하던 첫 순간부터 끝마무리까지 수고하신 연구이사 김현정 교수님과 편집책임을 맡은 10명의 교수님께도 고마운 마음을 전합니다. 아인슈타인은 "지성의 참된 모습은 지식이 아닌 상상력에서 드러난다."라고 했습니다. 독자 여러분께서는 이 책을 통해 지식만을 얻지 마시고 상상력을 확장하시기를 바랍니다. 우리가 진정으로 추구해야 할 것은 지식보다 상상력이기 때문입니다. 바로 이 점이 『광고지성총서』를 기획하던 순간에 떠올랐던 저의 처음 생각이었습니다.

2019년 12월 5일

한국광고학회 제24대 회장 김병희 삼가 적음

머리말

한국광고학회는 올해로 창립 30주년을 맞이하였다. 한국 광고계와 함께 성장해 온 한국광고학회는 국내 광고학의 저변 확대는 물론 전문화, 체계화를 갖추는 데 기여하였으며, 국제화를 통한 세계 속의 한국 광고를 알리는 데 기여하였다. 한국광고학회의 30년간 학회 활동과 학술지 발간은 한국 광고학의 학문적 기틀을 만드는 데 크게 기여하였으며, 광고와 관련된 다양한 연구주제들을 통해 광고학이 나아갈 방안을 모색하는 데 앞장섰다.

한국광고학회의 지난 30년간 발자취를 통해 그 의미를 되새기기 위해 기획한 『한국 광고학연구 30년과 전망』은 제목에서와 같이 과거의 활동상을 분석하고 이를 통해 앞으로 한국 광고학이 나아갈 방향을 제시하는 데 밑거름이 되고자 한다. 다시 말해, 이 책은 그동안 많은 광고학자들이 연구한 학문 분야의 주제와 연구동향은 무엇이고, 최근 변화하고 있는 주요 이슈들을 살펴봄으로써 앞으로 광고학연구의 나아갈 방향을 모색하고자 한다. 이와 더불어 이 책은 한국광고학회의 다양한 학술 활동을 정리하여, 학회의 역할과 소임은 무엇인지 되짚어 볼 수 있을 것이다.

제1권은 총 4부로 나누어 한국광고학회의 30년간의 활동상과 광고학연구의 발자취를 정리하였다.

제1부 한국의 광고학연구 30년에 제1장 '한국의 광고학연구 30년의 흐름과 특성'(한상필)에서는 1990년 12월 『광고학연구』 창간호를 발간한 이후 2019년 3호까

지 『광고학연구』에 게재되었던 논문 1,460편을 10년 주기로 전반기, 중반기, 후반기로 분류하여 우리나라 광고학연구 내용의 특성과 흐름을 분석하였다. 연구결과는 연구자의 특성, 연구주제의 변화, 연구방법론의 변화 등을 중심으로 정리하였다. 제2장 '한국 광고학연구의 초창기 15년의 특성'(염성원)에서는 1990년부터 2004년까지 15년 동안 발행된 논문을 대상으로 연구동향을 내용분석을 통해 살펴보았으며, 연구결과는 저자 특성, 연구주제, 연구방법, 인용지수 및 참고문헌 등 다양한 유목으로 정리하였다. 제3장 '한국 광고학연구의 최근 15년의 특성'(홍문기)에서는 2005년부터 2019년까지 15년 동안 발행된 논문을 대상으로 연구동향을 내용분석을 통해 살펴보았으며, 연구결과는 저자 특성, 연구주제, 연구방법 등의 시대적 변화 추이를 일목요연하게 제시하였다. 제4장 '한미 주요 광고 학술지의 연구주제 비교'(유현재)에서는 한국과 미국의 주요 광고학 분야 학술지인 『광고학연구』와 『Journal of Advertising』에 최근에 게재된 논문을 대상으로 핵심적 연구주제를 비교 · 분석하는 탐색적 시도를 하였다. 지난 2년간(2017~2018년) 동료들의 엄격한 평가 시스템을 거쳐 게재된 논문 158편을 연구의 주제 고찰을 위해 설정한 유목들에 근거하여 정리하였다.

제2부 한국광고학회 30년에서는 학회 활동을 중심으로 정리하였는데 제5장 '한국광고학회 초창기(1989~1999) 10년의 활동'(최명일)에서는 한국광고학회 초창기 10년(1989~1999년)의 활동을 살펴보았다. 학회의 창립과정, 한국 『광고학연구』에 게재된 논문의 특성, 학술세미나 논문의 발표 현황, 학회-업계 협력 활동에 대한 광고상담제, 올해의 광고상, 저술활동 현황, 한국광고학회 소식지 발간 등의 내용을 정리하였다. 제6장 '한국광고학회 성장기(2000~2009) 10년의 활동'(유현중)에서는 1999년부터 2008년까지 한국광고학회의 활동을 살펴보았다. 광고학회가 도약하면서 일본, 중국, 미국 등의 나라들과 교류하였던 학술대회 소개와 광고계의 산적해 있던 다양한 이슈들을 해결하기 위해 다양한 특별세미나를 개최하고 노력했던 과정 등을 다양하게 소개하여 정리하였다. 제7장 '한국광고학회 도약기(2010~2019) 10년의 활동'(차영란)에서는 광고학회 학술대회, 『광고학연구』 발간, 광고연구 서적, 국내

의 타 학회와의 제휴, 회원을 위한 봉사 사업 등 학회의 목적을 달성하기 위한 다양한 활동을 소개하였다.

제3부 한국의 광고산업 연구 30년에서는 한국 광고산업 연구의 현황과 전망 그리고 변천사를 다루는 장으로, 제8장 '한국 광고산업 연구의 30년 변화'(최은섭)에서는 1990년부터 현재까지 한국 광고산업의 학술연구에 대한 동향을 분석하였다. 『광고학연구』에 발표된 논문들 중 광고산업 분야에 관련된 연구들을 따로 분류하여 지난 30년간 연대기별로 어떤 변화가 있었는지를 살펴보았다. 제9장 '한국 광고산업의 30년 변천'(김유경)에서는 광고산업과 관련된 경제 및 광고시장 전반의 쟁점과 변화를 중심으로 1989년부터 현재까지의 현황을 살펴보았다.

제4부 광고학연구의 미래는 광고산업의 종합적인 결론과 미래를 예측하기 위한 장으로, 제10장 '광고산업의 환경 변화와 광고학연구의 미래'(이시훈)에서는 지난 30년간의 광고계 뉴스 분석을 통해서 국내 광고산업의 변화를 살펴보았다. 이를 바탕으로 광고학연구의 미래를 열 가지로 정리하였다.

이 책에서 다루고 있는 이러한 내용들은 한국광고학회의 설립과 활동 그리고 지금까지의 변화를 통해 어떻게 학회가 성장해 왔는지 살펴볼 수 있으며, 특히, 『광고학연구』 학술지를 통해 한국의 광고학문이 발전되어 오는 과정을 정리하는 중요한 기회를 제공하였다. 광고학회 창립 이후 지난 30년이라는 시간이 그냥 지나온 것이 아니라 많은 연구자들의 노력과 함께 학회가 그 중심에서 역할을 다했기 때문이며, 광고학회는 향후 광고계의 성장과 발전에서 중요한 역할을 담당할 것이다.

『한국 광고학연구 30년과 전망』은 1989년 창립부터 현재까지 광고학회의 역사를 되짚어 보는 중요한 자료로 남을 것이다. 과거를 통해 현재를 알고 미래를 예측할 수 있는 것처럼 한국 광고학연구 30년, 그리고 한국광고학회의 30년 역사를 통해 앞으로 광고를 전공하는 학자들에게 도움이 될 수 있는 귀중한 자료가 될 것이다.

이 책을 집필한 10명의 저자들이 광고학회의 역사를 모두 다 정리하였다고는 할 수 없으나 의미 있는 작업에 참여하고, 기록할 수 있는 기회를 가지게 되어 기쁘게 생각한다. 앞으로도 한국광고학회는 우리나라 광고계 발전에 중요한 역할을 할 것이며, 한국광고학회의 무궁한 발전이 있기를 기대한다.

2019년 12월

필자들을 대표하여 한상필

차례

- 발간사 _ 3
- 머리말 _ 7

제1장 … 한국의 광고학연구 30년의 흐름과 특성 15

1. 연구목적과 필요성 _ 17
2. 연구방법 _ 21
3. 분석결과 _ 24
4. 마치며 _ 40

제2장 … 한국 광고학연구의 초창기 15년의 특성 45

1. 들어가며 _ 48
2. 분석방법과 분석유목 _ 50
3. 『광고학연구』의 초기 동향 분석결과 _ 52
4. 마치며 _ 73

제3장 … 한국 광고학연구의 최근 15년의 특성 ………………… 79

1. 들어가며 _ 82
2. 분석유목과 분석방법 _ 84
3. 『광고학연구』의 최근 동향 분석결과 _ 88
4. 마치며 _ 107

제4장 … 한미 주요 광고 학술지의 연구주제 비교 ………… 111

1. 들어가며 _ 113
2. 관련 자료의 탐색 _ 115
3. 지향점과 자료 분석 방법 _ 117
4. 분석결과와 논의 _ 123
5. 마치며 _ 132

제5장 … 한국광고학회 초창기(1989~1999) 10년의 활동 ………………………………………………… 133

1. 들어가며 _ 135
2. 한국광고학회의 창립 과정 _ 137
3. 창립 당시의 조직 구성과 회원 현황 _ 139
4. 한국광고학회의 광고 신조 _ 141
5. 초창기 한국광고학회의 주요 활동 _ 143
6. 마치며 _ 160

제6장 … 한국광고학회 성장기(2000~2009) 10년의 활동 ········ 163

1. 한국광고학회의 성장 과정 _ 166
2. 성장기 한국광고학회의 주요 활동 _ 193
3. 마치며 _ 202

제7장 … 한국광고학회 도약기(2010~2019) 10년의 활동 ········ 205

1. 들어가며 _ 207
2. 발표 논문 편수와 세션 수 분석 _ 212
3. 정기학술대회 발표 논문 제목 분석 _ 213
4. 학술지 논문 수와 피인용 수 분석 _ 239
5. 발표자 수 분석 _ 241
6. 개최일과 개최지 분석 _ 242
7. 한국광고학회 제24대 활동 내용 _ 243
8. 마치며 _ 245

제8장 … 한국 광고산업 연구의 30년 변화 ········ 249

1. 광고산업의 개념과 범위 _ 251
2. 한국 광고산업 연구의 개황 _ 252
3. 한국 광고산업 연구 30년의 어제와 오늘 _ 253
4. 마치며 _ 271

제9장 … 한국 광고산업의 30년 변천 ………… 275

1. 한국광고학회 창립 이후 광고산업의 변화와 쟁점(1989～1999) _ 277
2. 디지털 시대의 개막과 광고산업의 변화와 쟁점(2000～2009) _ 286
3. 광고산업의 첨단화와 미디어 다변화 시대의 쟁점(2010～2019) _ 295
4. 한국 광고산업 30년과 진화하는 한국 광고 _ 302

제10장 … 광고산업의 환경 변화와 광고학연구의 미래 ……… 307

1. 들어가며 _ 309
2. 광고산업의 환경 변화와 미래 _ 313
3. 단행본 분석을 통해 본 광고학연구의 변화 _ 332
4. 광고학연구의 미래 _ 339

- 참고문헌 _ 345
- 찾아보기 _ 354

제1장

한국의 광고학연구 30년의 흐름과 특성

한상필(한양대학교 광고홍보학과 교수)

1. 연구목적과 필요성
2. 연구방법
3. 분석결과
4. 마치며

◈◇◈

한국광고학회는 1989년 창립 이후 1년이 지난 1990년 12월 『광고학연구』 창간호를 발간하였다. 이 연구는 창간호부터 2019년 3호까지 30년간 『광고학연구』에 게재되었던 논문 1,460편을 10년을 주기로 전반기, 중반기, 후반기로 분류하여 우리나라 『광고학연구』 내용의 특성과 흐름을 분석하였다. 연구결과는 연구자의 특성, 연구주제의 변화, 연구방법론의 변화 등을 중심으로 정리하였다. 광고연구의 발전을 위한 연구결과의 축적성은 기존 연구의 특성과 흐름을 정리하는 노력이 요구된다는 점에서 광고 분야 학문 연구성과를 앞으로도 지속적으로 발전시키고, 또한 변화하는 환경에 맞추어 올바른 연구방향을 제시하는 데 기여할 것으로 기대된다. 광고학회 창립 30주년을 맞이하여 『광고학연구』가 향후에도 국내 광고학연구의 대표적 학술지로 성장하는 데 작은 도움이 되었으면 한다.

1. 연구목적과 필요성

기초 학문과 실용 학문을 포함한 모든 학문 영역의 연구를 통해 이루어진 이론과 지식은 축적과 반증 가능성을 가진다. 광고 학문의 연구성과를 학계와 업계가 공유하고 영속적으로 발전시키고, 새로운 매체의 발전에 따라 변화하고 있는 연구 생태계를 형성하기 위해서는 기존 연구성과를 과학적으로 평가하고 보완하는 과정이 필수적이다(권영순, 이수범, 2007; 김용학, 김영진, 김영석, 2008). 1990년 창간호를 시작으로 지난 30년 동안 매년 2회에서 8회에 걸쳐 논문집을 발행한 『광고학연구』는 국내 광고연구의 선구자적 역할을 해 왔다.

한국광고학회는 1989년 창립한 이후 1년이 지난 1990년 12월에 『광고학연구』 창간호를 발간하였다. 이 학술지는 지난 30여 년간 한국 광고연구 역사에서 빼놓을 수 없는 중요한 역할을 해 왔다는 점에 이론의 여지가 없다. 한국의 광고 학문 분야 연구는 『광고학연구』가 창간호를 발행하기 이전까지는 한국언론학회에서 발행한 『언론학보』를 비롯한 신문방송학과 경영학 학술지에 간헐적으로 소개되는 정도였다. 광고의 선진국인 미국, 영국 등에서도 광고 학문 분야만을 독립적으로 다루는 학술지의 창간은 커뮤니케이션, 마케팅, 심리 학문 분야보다 수십 년 뒤의 일이다. 최초의 광고 전문학술지인 미국 광고조사재단 발행 『Journal of Advertising Research』가 1960년 창간호를 출간하면서 광고학 이론과 실무의 체계적 연구가 시작되었다고 할 수 있다. 그 이후 광고산업의 발전과 대학의 광고학과 성장에 따라 미국광고학회는 『Journal of Advertising』을 창간하여 광고학계의 학술적 연구를 주도하였다. 1970년대 후반에는 『Current Issues and Research in Advertising』, 그리고 1980년대 초반에는 영국에서 발간된 『International Journal of Advertising』 등 광고 전문학술지가 발간되어 광고효과, 광고 크리에이티브, 광고매체, 소비자행동, 광고심리, 국제광고, 광고산업 등에 다양한 연구성과가 나타났다. 한국광고학회의 『광고학연구』가 발행되기 이전 우리나라의 광고학 분야 연구는 미국과 영국에서 발행되는 『Journal of Advertising』, 『Journal of Advertising Research』, 그리고 『International Journal of Advertising』 등에서 발표된 연구논문에 대한 의존도가 높았다.

『광고학연구』는 우리나라의 광고산업 규모가 세계 10대 광고시장, 그리고 아시아 3대 광고시장으로 성장하는 데 결정적으로 기여하였고 학계와 업계로부터 인정받고 있다. 이 학술지는 초창기에는 2회에서 4회 그리고 최근에는 8회를 발행하는 학술지로 발전하면서 매년 50여 편 이상의 논문을 게재함으로써 국내외의 광고 연구자들에게 광고 이론을 공유하고 토론하는 장을 마련해 주었다. 또한 미국, 영국, 일본 등 광고 선진국에 비해 상대적으로 짧은 역사를 지닌 국내 광고학연구가 학문으로 자리매김하는 데 초석이 되었다(한상필, 이형석, 2014). 『광고학연구』는 우리나라에서 광고학이 커뮤니케이션학, 마케팅학, 심리학, 사회학, 경제학 등 인접 학문 분야와 어깨를 나란히 하는 데 기여한 것으로 평가받고 있다.

『광고학연구』는 창간호 발행 이후 지난 30년간 광고와 관련 분야의 학문연구에 주도적 역할을 담당해 왔을 뿐 아니라 국내 광고산업 발전에도 기여도가 높다. 광고학은 다른 학문 분야와는 달리 실용적 특성이 높은 실용 학문으로, 학제적 학문이다. 이 학술지는 국내외 광고학자들에게 연구결과를 발표할 수 있는 공론의 장을 마련해 주어 광고연구의 과학화에 앞장서 왔다(한상필, 2008a).

『광고학연구』 창간 30주년을 맞이하여 학술지에 게재되었던 연구논문들을 체계적으로 종합 분석하여 그동안의 연구성과를 정리하는 작업은 중요하다. 기존 광고연구의 성과를 체계적으로 집대성하고 분석함으로써 AI, 빅데이터, 인공지능 등 광고연구의 기본적 틀을 변화시키고 있는 새로운 환경을 맞이하여 광고학연구의 학문적 축적성을 쌓고, 향후 연구방향을 제시하는 데 필요하였다(권영순, 이수범, 2007; 배지양, 조수영, 2011; 한상필, 2008a; 한상필, 이형석, 2014).

이 연구는 한상필의 선행연구(2008a)에서 사용되었던 분석유목을 기초로 하여 『광고학연구』 25주년을 맞이하여 창간호부터 25권 5호까지 25년간 발표되었던 1,197편의 논문을 5년 단위로 나누어 내용분석했던 내용에(한상필, 이형석, 2014) 2015년부터 2019년까지 최근 5년간 게재된 논문을 추가하여 연구동향과 흐름을 파악한 것이다. 이 연구는 『광고학연구』 창간 30주년을 기념하여 그동안 게재되었던 논문의 동향과 흐름을 분석하는 목적으로 이루어졌기 때문에, 대부분의 연구내용과 데이터를 기존 연구를 근거로 했음을 밝혀 둔다. 이 연구 내용분석의 틀은 2008년 연구에 근거했기 때문에 2010년 이후 광고연구에서 중요한 분야를 차지하는 온라인 광고와 모바일 광고와 같이 새로운 유형의 연구내용을 모두 포함하는 데는 한계가 있다는 점도 밝혀 둔다.

이 연구의 구체적인 목적은 다음과 같다. ① 창간호부터 30년을 세 시기로 나누어 시기별 연구자의 수, 출신, 전공 등의 변화를 살펴보고, ② 시기별 **연구주제**의 변화 추이를 고찰하고, ③ 시기별 **연구방법** 유형, 통계분석 방법, 가설의 유무 등을 분석하고, ④ 끝으로 참고문헌의 유무와 논문의 길이, 표집방법, 표본의 성격 등(한상필, 이형석, 2014)을 10년 단위로 시기별로 나누어 분석한다. 이러한 연구목적은 지난 30년간 『광고학연구』에 실린 연구의 특성과 흐름을 세 시기로 나누어 비교 · 분석함으로써 앞으로 광고학 학문 분야 연구의 방향을 제시할 것으로 기대된다.

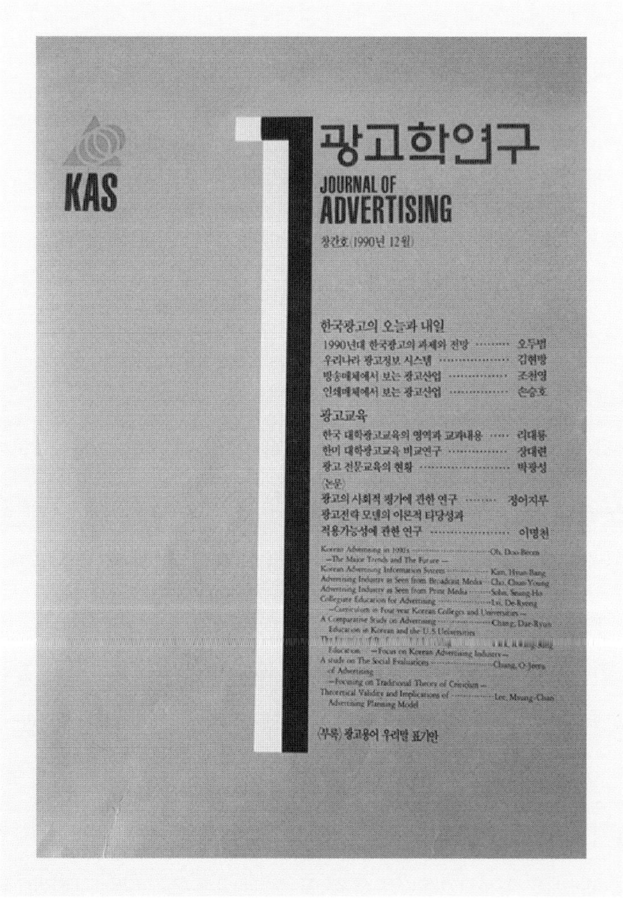

[그림 1-1] 『광고학연구』 창간호

2. 연구방법

1) 분석대상 및 분석방법

이 연구는 1990년 창간호부터 2019년도 30권 3호까지 30년간 『광고학연구』에 게재되었던 총 1,486편의 논문 중 26편('발간사', '광고용어 우리말 표기안', '주요 광고용어 정의', 발간 후기의 '논문 심사 방법/논문 발행 규정')을 제외한 총 1,460편의 게재 논문을 대상으로 내용분석을 실시하였다. 연구 시기의 분류는 본 연구의 분석기간이 30년인 점을 고려하여 10년 단위로 전반기(1990~1999년), 중반기(2000~2009년), 그리고 후반기(2010~2019년)로 세 개의 시기로 나누었다.

2) 분석유목

분석유목은 『광고학연구』 25주년 연구에서 사용되었던 분석유목들을 그대로 활용하였다(한상필, 이형석, 2014). 본 연구의 목적인 시기별 연구동향과 흐름을 분석하기 위하여 16가지 세부 유목들을 세 시기별로(전반기 10년, 중반기 10년, 후반기 10년) 분류하였다. ① 연구자 명, ② 연구자 수, ③ 연구자 출신, ④ 연구자 출신(세부-전공별), ⑤ 연구자별 논문 게재 횟수, ⑥ 연구논문의 종류, ⑦ 주제 분류-1주제, ⑧ 주제 분류-2주제, ⑨ 연구방법의 유형, ⑩ 연구방법, ⑪ 통계분석기법, ⑫ 연구가설/연구문제 유무, ⑬ 참고문헌 유무, ⑭ 논문의 길이, ⑮ 표집방법, ⑯ 표집성격.

표 1-1 논문 주제별 분류 분석유목

논문 주제	세부 항목
1. 광고 일반	① 광고의 기본 개념 ② 광고의 종류 ③ 광고의 기능 ④ 광고학의 범위 ⑤ 기타
2. 광고 이론	① 광고 이론 소개 ② 기타
3. 광고역사, 철학, 인문	① 광고역사 ② 광고철학 ③ 광고인물 ④ 기타
4. 광고교육	① 대학의 광고교육 ② 광고인 양성과정 ③ 직장 내 교육훈련 ④ 기타
5. 광고의 사회, 경제, 문화(거시적 광고)	① 광고의 사회적 영향 ② 광고의 경제적 영향 ③ 광고의 문화적 영향 ④ 소비자 보호, 교육 ⑤ 공공정책 ⑥ 광고비판 ⑦ 기타
6. 광고법, 광고심의, 광고윤리	① 광고법 ② 광고심의 ③ 광고규제 ④ 광고윤리 ⑤ 허위, 기만광고 ⑥ FTC ⑦ 지적 소유권 ⑧ 기타
7. 광고산업	① 광고회사 ② 광고주 ③ 매체사 ④ 제작 및 크리에이티브 ⑤ 광고산업 종합 ⑥ 광고단체 ⑦ 기타
8. 광고와 마케팅	① 마케팅 믹스에서 광고의 위치, 중요성 ② 마케팅과 광고의 관계 ③ 기타
9. 광고와 커뮤니케이션	① 광고와 커뮤니케이션 효과의 관계 ② 설득커뮤니케이션 ③ 커뮤니케이션 이론 및 모델의 광고 적용 ④ 기타
10. 광고와 소비자행동(광고수용자/소비자)	① 소비자의 태도와 감정(attitudes and affect) ② 소비자의 구매행동 및 결정요인 ③ 광고의 수용과정(정보처리과정 등) ④ 광고수용자(어린이, 청소년, 노인, 주부) ⑤ 관여 ⑥ 기타 소비자행동
11. 광고전략	① 광고계획 ② 광고목표 ③ 광고예산 ④ 매체전략 ⑤ 크리에이티브 전략 ⑥ 판촉전략 ⑦ 광고전략 모델 ⑧ IMC ⑨ 기타
12. 광고 크리에이티브	① 카피, 레이아웃, 일러스트레이션 ② 광고소구방식 ③ 비교광고 ④ 그린광고 ⑤ 메시지의 실행 ⑥ 유머광고 ⑦ 광고모델 ⑧ 잠재의식광고 ⑨ 광고디자인 ⑩ 기업광고 ⑪ 크리에이티브 일반론 ⑫ 기타
13. 광고매체_ATL	① 광고매체 일반 ② 전파광고 ③ 인쇄광고 ④ 옥외광고(전통) ⑤ 매체선택 ⑥ 매체스케줄 ⑦ 기타
14. 광고매체_BTL	① 옥외광고(디지털 사이니지) ② 뉴미디어광고(DMB, IPTV, 모바일, SNS, 증강현실 광고 등) ③ 구매시점광고 ④ 특수광고 ⑤ 매체 선택 ⑥ 매체 스케줄 ⑦ 인터넷 광고(인터넷, 온라인, 홈페이지) ⑧ 기타

15. 광고조사 및 마케팅 조사	① 광고조사 일반(의미, 목적, 기능 등) ② 조사방법론(조사절차, 척도, 통계처리 등) ③ 시장 세분화 조사(인구통계, 심리통계, 라이프스타일) ④ 타깃그룹(타깃조사, 타깃시장 선정 등) ⑤ 매체조사(ABC, 시청률 조사 등) ⑥ 크리에이티브 조사 ⑦ 기타
16. 광고효과	① 광고효과 일반론 ② 광고효과 측정방법, 내용, 시기 ③ 사전효과 측정, 사후효과 측정 ④ 광고효과 모델(DAGMAR, AIDA……) ⑤ 기타
17. 국제광고	① 국제광고회사 ② 국제광고 일반(광고주 포함) ③ 국제광고 메시지 ④ 국제광고매체 ⑤ 광고와 문화(국제광고 맥락에서) ⑥ 국제광고전략(캠페인 포함) ⑦ 기타
18. PR, SP, Event	① PR 일반 ② PR 효과 측정 ③ SP ④ Event
19. CSR	① CSR 일반(효과, 의미, 필요성 등) ② CSR 사례 ③ 기타
20. 광고의 특수 분야	① 정부광고 ② 정치광고 ③ 공익광고 ④ 의견광고 ⑤ PPL ⑥ 기업광고 ⑦ 기타
21. 광고캠페인 및 캠페인 사례	① 광고캠페인 일반 ② 캠페인 사례연구 ③ 기타
22. 기타	① 광고제작 ② 광고음악 ③ 신개념 도입 ④ 기타

출처: 한상필(2008a); 한상필, 이형석(2014).

3) 코딩 및 코더 간 신뢰도

광고를 전공하는 대학원생 2명이 연구자로부터 각 유목에 관한 코딩방법에 관한 설명을 듣고, 전체 분석대상 논문 중에서 약 3%의 논문을 무작위로 추출, 대학원생들이 독립적으로 코딩을 한 후, Holsti의 공식을 적용하여 코더 간 신뢰도(inter-coder reliability)를 계산하였다. 코더 간 신뢰도는 모든 분석유목에서 일치도가 최소 80%를 상회하여 전반적으로 높은 신뢰도를 보였고, 연구자 명, 연구자 수, 참고문헌 유무, 논문의 길이와 같은 일부 객관적 유목에서는 100% 일치도를 보였다. 대학원 코더 간 분류의 일치가 되지 않은 내용은 연구자의 지도하에 코더 간 논의를 통해 합의하여 처리하였다(한상필, 이형석, 2014). 이러한 신뢰도 계산은 창간호부터 25주년 호까지를 기준으로 한 것이며, 26권부터 30권까지는 별도로 코딩되었음을 밝힌다.

3. 분석결과

1) 연구 시기별 게재 논문 편수 및 연구자 특성

창간호부터 지난 30년간 『광고학연구』에 게재된 총 1,460편의 논문 중 전반기(1990~1999년) 10년 동안 게재된 논문의 수는 182편으로, 전체 논문의 약 12.5%를 차지하였고, 중반기(2000~2009년) 643편(44.0%), 그리고 후반기(2010~2019년)에는 635편(43.4%)으로 나타났다. 이 학술지에 게재된 논문의 수는 전반기 이후 중반기와 후반기를 거치면서 증가한 것으로 집계되었다. 특히, 전반기 기간인 1990년부터 1999년까지 10년간 게재된 논문의 수는 전체 논문의 12.5%에 불과한 것은 지금과는 달리 학술지 발간 전반기에는 매년 2회에서 4회로 발행 횟수가 적었던 이유로 풀이된다.

2000년부터 시작된 중반기에는 『광고학연구』의 게재 논문 편수가 급증하였다. 논문 편수의 증가는 광고연구가 이전보다 활발하게 진행되었고, 또한 발행 횟수가 증가한 것도 영향을 미쳤다. 본 분석에서는 중반기와 후반기의 게재 논문 편수가 비슷한 것으로 집계되었는데 이는 중반기는 5년 자료가 모두 포함된 반면에 후반기는 2019년 3호까지 4년 3개월 자료만이 포함되었기 때문인 것으로 해석된다. 2019년에 발행될 모든 논문을 포함할 경우에는 중반기보다 후반기의 게재 논문 편수가 약간 증가한 것으로 분석될 것이다. 이와 같은 전반기, 중반기, 후반기의 게재 논문 수의 증가는 광고학회 발행 『광고학연구』가 국내 광고연구에 있어 핵심적인 역할을 하고 있음을 보여 주는 것이다. 지난 30년간 논문 게재 편수를 세 시기별로 정리한 내용은 〈표 1-2〉와 같다.

표 1-2 연구 시기별 게재 논문 편수

분석 기간	논문 편수(%)
전반기(1990~1999년)	182편(12.5%)
중반기(2000~2009년)	643편(44.0%)
후반기(2009~2019년)	635편(43.4%)
합계	1460편(100%)

『광고학연구』 발행 시기별 연구자 수에 관한 분석결과는 〈표 1-3〉에 정리되어 있다. 표에서 보는 바와 같이 단독연구의 비율은 전반기에는 높았으나(72.0%) 중반기에는 44.0%로 줄어들고, 후반기에는 19.0%로 줄어든 것을 볼 수 있다. 이에 비해 2인 공저 또는 3인 이상의 공저 비율은 초반기에는 낮았으나, 중반기와 후반기로 들어서면서 증가하고 있는 것을 알 수 있다. 2인 공저 논문의 비율은 시기별로 25.0%에서 37.0% 그리고 48.0% 증가하였다. 3인 이상 공저의 비율은 전반기에는 3.0%에 불과하였으나, 중반기에는 19.0%로 전반기 대비 6배 정도 증가하였고, 후반기에는 33.0%로 전반기 대비 11배 증가하였다.

이와 같은 2인 또는 3인 이상의 공동연구의 증가는 광고 분야뿐만 아니라 타 학문 분야에서도 나타나는 현상이다. 특히, 광고는 이론과 실무의 협업이 필요한 융합 학문으로 학자 간, 학제 간, 그리고 학계와 업계의 공동연구가 활성화되고 있음을 보여 준다. 커뮤니케이션학, 심리학, 경영학, 사회학 등 다양한 학문과 실무의 학제

표 1-3 연구 시기별 연구자 수

단위: 편(%)

시기 / 연구자 수	전반기 (1990~1999년)	중반기 (2000~2009년)	후반기 (2010~2019년)	합계
1명	131(72.0)	283(44.0)	120(19.0)	534(37.0)
2명	46(25.0)	235(37.0)	306(48.0)	587(40.0)
3명 이상	5(3.0)	125(19.0)	209(33.0)	339(23.0)
기간별 합계	182(100)	643(100)	635(100)	1,460(100)

간 융복합 연구를 통해 광고 분야 학문의 다양성을 이루고 광고 이론와 실무의 균형된 연구풍토를 높일 수 있다는 점에서 바람직한 변화라고 볼 수 있다(한상필, 이형석, 2014).

시기별 연구자의 출신의 변화는 두 단계로 나누어 분석하였다. 먼저, 1,460편의 전체 게재 논문을 대상으로 연구자의 출신을 ① 학계(교수 단독) ② 학계(교수 학생 공동) ③ 학계와 업계의 공동 ④ 학생 ⑤ 업계 ⑥ 광고단체 및 기타 중 하나로 분류하였고, 이를 바탕으로 연구자의 출신이 학계와 관련되었을 경우만을 대상으로 제1저자를 기준으로 ① 광고학 ② 홍보학 ③ 경영학 ④ 신문방송학 ⑤ 심리학 ⑥ 기타 전공으로 2차 분류를 시행하여 연구자의 전공을 알아보았다(한상필, 이형석, 2014).

먼저 1차 분석을 통해 전반기, 중반기, 후반기 시기별 연구자 출신의 변화를 보면 전반기와 중반기에는 학계 교수의 단독연구 논문 비율이 월등히 높았으나, 후반기에는 교수와 학생의 공동연구 비율이 급증하고 있음을 알 수 있다. 이러한 학계 교수 단독연구 비율이 후반기에 감소하고 교수와 학생의 공동연구 논문의 증가는 우리나라 광고 분야 연구의 추세인 것으로 나타나고 있다. 세 가지 시기별로 교수와 학생의 공동연구 비율은 전반기에는 9.9%에 불과하였으나, 중반기에는 15.9%로 증가하고, 후반기에는 52.3%로 전체 논문의 과반수 이상이 교수와 학생의 공동연구인 것을 알 수 있다. 이러한 교수와 학생의 공동연구 증가는 국내 대학들이 1990년대 후반부터 박사 과정을 개설한 영향을 받은 것으로 풀이된다. 교수의 지도를 받은 양질의 박사학위 논문이 『광고학연구』에 많이 게재되고 있는 것으로 유추된다. 또한 일부 대학에서는 박사학위 과정에서 한국연구재단 등재지에 논문을 게재하는 것을 독려하는 것도 역할을 한 것으로 보인다.

연구 시기별 연구자 출신에 관한 또 다른 특징은 광고업계 출신이 게재한 논문 편수가 점차 감소하고 있다는 점이다. 〈표 1-4〉에서 볼 수 있는 바와 같이, 광고업계 논문 게재 비율은 전반기에는 18.1%로 높았으나, 중반기에는 1.4%로 급감하였고, 후반기에는 10년 동안 단 2편(0.3%)만이 게재되었다. 이에 비해 학계와 업계의 공동연구 비율은 지난 30년 동안 크게 변화하지 않은 것으로 나타났다. 전반기에는 11편

표 1-4 연구 시기별 연구자 출신

단위: 편(%)

시기 연구자 출신	전반기 (1990~1999년)	중반기 (2000~2009년)	후반기 (2010~2019년)	합계
학계(교수 단독)	113(62.0)	419(65.2)	237(37.3)	769(52.7)
학계(교수 · 학생 공동)	18(9.9)	102(15.9)	332(52.3)	452(31.0)
학계와 업계의 공동	11(6.0)	75(11.7)	39(6.1)	125(8.6)
학생	0(0.0)	4(0.6)	12(1.9)	16(1.1)
업계	33(18.1)	9(1.4)	2(0.3)	44(3.0)
광고단체 및 기타	7(3.9)	34(5.3)	13(2.0)	54(3.7)
기간별 합계	182(100)	643(100)	635(100)	1,460(100)

(6.0%), 중반기에는 75편(11.7%), 후반기에는 39편(6.1%)으로 집계되었다.

학생의 단독연구, 업계의 단독(전반기 제외), 그리고 광고단체 및 기타 단독 논문의 수는 시기에 관계없이 매우 미미한 수준으로 나타났다. 특히, 업계 단독 논문 수는 전반기를 제외하고는 급감하고 있는데, 업계 실무자들이 단독으로 학술지가 요구하는 학술적 채택 심사기준을 맞추는 것에 어려움이 있다는 점과 1990년대와 2000년대 초반기에 광고학 박사학위를 수여하고 국내 유수의 광고회사에서 연구원으로 재직한 연구자들의 수가 후반기들이 감소한 점도 영향을 미친 것으로 보인다. 광고 학문의 특성상 업계의 현실감 있는 이슈와 실무적 경험이 중요하다는 점에서, 실무자들의 실증적 또는 비실증적 연구 논문의 투고를 이끌어 내려는 노력이 요구된다.

연구자의 출신이 학계와 관련된 경우(교수 단독 또는 교수, 학생 공동연구)에 해당하는 1,308건의 논문만을 대상으로 제1저자의 전공을 시기별로 2차 분석한 결과, 광고학 전공 출신 연구자의 논문 수가 전체의 48.1%로 가장 많았고, 매 시기별로도 1위를 차지하였다. 광고학 전공 연구자의 논문 게재 비율을 시기별로 나누어 보면 전반기 33.3%,에서 중반기 54.5%로 증가하였으나, 후반기에는 46.3%로 약간 감소하였다.

경영학 전공 출신 연구자의 논문 수는 기타 전공 분야를 제외하고 광고학 전공에

표 1-5 연구 시기별 연구자 전공 분야

단위: 편(%)

시기 / 연구자 출신	전반기 (1990~1999년)	중반기 (2000~2009년)	후반기 (2010~2019)년	합계
광고학	42(33.3)	304(54.5)	289(46.3)	635(48.1)
홍보학	0(.0)	0(.0)	31(5.0)	31(2.3)
경영학	32(25.4)	83(14.8)	84(13.5)	159(12.0)
신문방송학	24(19.0)	88(15.8)	30(4.8)	142(10.7)
심리학	9(7.1)	50(9.0)	37(5.9)	106(8.04)
기타 전공	19(15.1)	73(13.1)	153(24.5)	245(18.5)
합계	126(100)	558(100)	624(100)	1,308(100)

이어 12.0%로 높았다. 전반기, 중반기, 후반기의 시기별 변화 추이를 보면, 전반기에는 25.4%, 중반기에는 14.8%, 그리고 후반기에는 13.5%로 게재 논문 편수가 감소 추세를 보이고 있다. 신문방송학 전공 연구자들이 발표한 논문 편수는 지난 30년간 142편으로 전체 논문의 10.7%를 차지하였다. 이 논문을 시기별로 분류해 보면, 전반기 24편(19.0%), 중반기 88편(15.8%), 그리고 후반기 30편(4.8%)으로 나타나 최근 신문방송학 전공 연구자들의 논문 게재 편수가 급감하고 있는 것으로 나타났다. 심리학 전공 연구자들의 논문 편수는 시기별로 큰 변화는 없었다. 전반기 7.1%, 중반기 9.0%, 그리고 후반기 5.9%로 심리학 전공 연구자들의 논문 게재 기여도는 5%에서 9% 사이로 집계되었다.

『광고학연구』 창간 이후 지난 30년간 연구자별 전체 게재 논문 편수를 분석한 결과에서는 논문 게재가 많았던 학자의 순위는 한상필 51편, 김상훈 45편, 김재휘 36편, 이경렬 32편, 김유경 31편 순으로 나타났다. 연구자별 게재 논문 수 상위 10인의 대학을 소속별로 분류해 보면, 한양대학교와 단국대학교 각 2명, 인하대학교, 중앙대학교, 한국외국어대학교, 서원대학교, 동국대학교, 서강대학교 각 1명으로 나타났다. 연구자별 게재 논문 편수는 〈표 1-6〉과 같이 정리된다.

표 1-6 창간호부터 30권까지 연구자별 게재 논문 편수

전체 게재 논문 편수			
순위	연구자	소속 대학/학과(부)	논문 수
1	한상필	한양대학교/광고홍보학과	51
2	김상훈	인하대학교/언론정보학과	45
3	김재휘	중앙대학교/심리학과	36
4	이경렬	한양대학교/ICT융합학부	32
5	김유경	한국외국어대학교/미디어커뮤니케이션학부	31
6	김병희	서원대학교/광고홍보학과	30
7	전종우	단국대학교/커뮤니케이션학부	27
8	유창조	동국대학교/경영학과	26
9	박현수	단국대학교/커뮤니케이션학부	24
10	윤각	서강대학교/커뮤니케이션학부	21

2) 연구 시기별 연구내용

『광고학연구』에 게재된 논문의 시기별 연구내용 변화 추이를 살펴보기 위하여, 논문이 실증연구인지 비실증연구인지를 분석하였다. 〈표 1-7〉에 정리되어 있는 바와 같이, 전체적으로 실증연구의 비율이(74.9%) 비실증연구의 비율(25.1%) 보다 3 대 1 정도로 높았다. 1990년대 전반기에는 문헌연구를 기반으로한 광고산업의 현황, 광고법제, 광고매체환경, 광고교육, 광고산업 발전 등을 주제로 작성된 비실증연구의 논문 게재 편수가(107편, 58.8%) 실증연구의 편수(75편, 41.2%) 보다 많았다. 그러나 중반기에는 실증연구 논문 편수가 크게 증가하여(436편, 67.8%) 비실증연구 논문(207편, 32.2%)의 두 배 정도 높은 것으로 나타났다. 이러한 경향은 2010년부터의 후반기에 더 두드러져 실증연구의 비율이 91.7%로 압도적으로 높고, 비실증연구의 비율은 8.3%로 낮아진 것으로 나타나고 있다.

표 1-7 연구 시기별 실증연구와 비실증연구 논문 수

단위: 편(%)

시기 / 연구 종류	전반기 (1990~1999년)	중반기 (2000~2009년)	후반기 (2010~2019년)	합계
실증연구	75(41.2)	436(67.8)	582(91.7)	1,093(74.9)
비실증연구	107(58.8)	207(32.2)	53(8.3)	367(25.1)
기간별 합계	182(100)	643(100)	635(100)	1,460(100)

『광고학연구』에 게재된 논문의 연구 시기별 연구주제 분석을 위한 분석유목은 기존 한상필의 연구(2008a)에서 사용되었던 20개 유목을 일부 수정 · 보완하여 22개의 분류유목으로 확장하였다. 예를 들어, 광고매체 유목은 기존 연구에서는 1개의 분석유목이었으나, 본 연구에서는 2000년도 이후 증가하고 있는 BTL 매체를 주제로 한 연구 논문의 수가 증가하고 있다는 점을 고려하여 전통매체 중심의 ATL과 뉴미디어 중심의 BTL로 별도로 나누어 분석유목으로 채택하였다. 이밖에도 기존의 분석유목에는 포함되지 않았던 기업의 사회책임 유목을 새롭게 추가하였다.

연구주제의 코딩은 많은 논문들이 하나의 주제로 분류되기보다 2개 이상의 주제로 분류되는 점을 고려하여 제1연구주제와 제2연구주제로 중복코딩하는 방법을 선택하였다. 이러한 중복코딩 방법은 하나의 논문에 복수의 주제를 다루고 있는 최근 연구논문의 경향을 보다 잘 반영할 것으로 기대되며, 하나의 주제만을 선택함으로써 또 다른 주요 연구주제가 간과될 수 있는 가능성을 최소화하였다(한상필, 이형석, 2014).

〈표 1-8〉에서 볼 수 있는 바와 같이, 전체 22개의 연구주제 중 지난 30년간 『광고학연구』에 게재된 논문에서 가장 많이 다루어진 상위 10개의 주제는 광고와 소비자행동 242편, 광고 크리에이티브 211편, 비전통광고매체 180편, 광고효과 124편, PR · SP · Event 121편, 광고캠페인 및 사례 121편, 광고의 특수 분야 102편, 광고와 마케팅 91편, 전통매체광고 87편, 광고산업 65편의 순으로 나타났다.

이와 같은 상위 10개 연구주제로 연구된 논문의 편수는 총 1,358편으로 전체 연구주제의 80% 이상을 점유하고 있는 것으로 나타났다. 특히, 상위 5개 주제의 논문 편수는 878편으로 전체 발표 논문의 50% 이상을 차지하였다. 이와 같은 분석결과는 『광고학연구』 창간 이후 20년 동안 게재된 논문을 대상으로 내용분석을 한 이석기의 2010년 연구결과와는 다소 차이가 있다. 이석기(2010)의 연구결과에 따르면 창간 이후 20년간 가장 많이 다루어진 연구 분야는 매체, 광고관리 및 운영, 소비자행동 순이었다. 이렇게 분석결과가 다소 차이가 나는 것은 ① 본 연구는 제1연구주제와 제2연구주제 모두를 중복 코딩하여, 제1연구주제만을 선택한 이석기의 주제 선택 방법과 차이가 있고, ② 광고매체를 분류함에 있어서 본 연구는 전통광고매체(ATL)와 뉴미디어 광고매체(BTL)를 독립적으로 분류한 것에 반해 이석기 연구는 하나의 유목으로 묶어 분류하였기 때문인 것으로 풀이된다(한상필, 이형석, 2014).

『광고학연구』 창간 이후 지난 30년간 시기별 연구주제의 변화 추이를 살펴보면, 가장 많이 연구된 광고와 소비자행동 분야는 전반기(32편, 15.2%), 중반기(79편, 11.1%), 후반기(131편, 16.0%) 등 시기와 관계없이 연구 활동이 가장 활발하게 이루어진 연구주제로 나타났다. 소비자행동 분야는 국내 광고학자의 다수를 차지하는 미국을 비롯한 외국에서 박사학위를 수여 받은 상당수의 연구자들의 주요 관심 분야가 이 분야인 것으로 추론된다(한상필, 2008a).

지난 30년간 두 번째로 연구논문 발표 편수가 많은 크리에이티브 연구주제는 전반기 29편, 중반기 79편, 후반기 131편으로 시기별로 커다란 변화 없이 국내 광고연구자들의 지속적인 관심을 받는 분야로 나타났다. 세 번째로 게재 논문 편수가 많은 비전통광고매체 분야는 전반기에는 6편(2.9%)으로 연구자들의 관심이 낮았으나, 중반기에는 78편(11.0%), 후반기 96편(12.0%)으로 꾸준히 증가하는 추세를 보이고 있다. 이는 최근 광고업계에서 폭발적으로 증가하고 있는 디지털 광고에 대한 중요성이 광고연구에도 반영된 결과로 해석되며, 2000년 이후 광고 분야 박사학위 논문 주제가 이 분야로 집중되고 있는 것도 영향을 미친 것으로 추론된다. 네 번째로 연구논문의 편수가 많은 광고효과 분야는 전반기(14편, 6.7%), 중반기(62편, 8.7%), 후반기(48편, 6.1%)로 시기별로 편차가 크지 않은 것으로 나타났다. 다섯 번째로 연구

표 1-8 연구 시기별 연구주제-중복 응답

단위: 편(%)

주제 \ 시기	전반기 (1990~1999년)	중반기 (2000~2009년)	후반기 (2010~2019년)	합계
광고 일반	0(.0)	7(1.0)	14(2.0)	21(1.2)
광고 이론	3(1.4)	0(.0)	1(0.0)	4(0.2)
광고역사, 철학 및 인물	2(1.0)	3(0.4)	1(0.0)	6(0.3)
광고교육	6(2.9)	6(0.8)	6(1.0)	18(1.0)
광고의 사회적, 경제적, 문화적 문제	5(2.4)	11(1.5)	10(1.0)	26(1.5)
광고법, 광고심의, 광고윤리	7(3.3)	36(5.1)	18(2.0)	61(3.5)
광고산업	19(9.0)	22(3.1)	24(3.0)	65(3.8)
광고와 마케팅	4(1.9)	26(3.7)	61(8.0)	91(5.3)
광고와 커뮤니케이션	5(2.4)	18(2.5)	18(2.0)	41(2.4)
광고와 소비자행동	32(15.2)	79(11.1)	131(16.0)	242(14.1)
광고전략	13(6.2)	22(3.1)	4(1.0)	39(2.3)
광고 크리에이티브	29(13.8)	91(12.8)	91(11.0)	211(12.3)
전통매체광고	15(7.1)	45(6.3)	27(3.0)	87(5.1)
비전통매체광고	6(2.9)	78(11.0)	96(12.0)	180(10.5)
광고조사 및 마케팅조사	7(3.3)	17(2.4)	9(1.0)	33(1.9)
광고효과	14(6.7)	62(8.7)	48(6.0)	124(7.2)
국제광고	6(2.9)	24(3.4)	14(2.0)	44(2.6)
PR, SP, Event	2(1.0)	49(6.9)	70(9.0)	121(7.0)
CSR	0(.0)	16(2.2)	7(1.0)	23(1.3)
광고의 특수 분야	17(8.1)	26(3.7)	59(7.0)	102(5.9)
광고캠페인 및 캠페인 사례	18(8.6)	35(4.9)	68(9.0)	121(7.0)
기타	0(.0)	39(5.5)	23(3.0)	62(3.6)
기간별 합계	210(100)	712(100)	800(100)	1,722(100)

논문 편수가 많은 주제는 PR · SP · Event 연구주제와 광고캠페인 및 사례 연구주제로 나타났다. 광고캠페인 및 사례 관련 연구논문의 경우 전반기에는 업계 출신 연구자들의 게재 편수가 높았고, 후반기에는 광고학회 광고상 수상회사의 사례분석 논문이 학술지에 게재된 점이 영향을 미친 것으로 추론된다. 이 밖에 주목할 만한 연구 시기별 연구주제의 변화는 전반기에 한 편도 게재되지 않았던 기업의 사회책임 주제 관련 연구논문이 중반기와 후반기에 많지는 않지만 조금씩 증가하고 있는 추세를 보이고 있다는 점이다.

이에 비해 광고교육과 광고산업 분야는 전반기에는 논문 편수가 다수 게재되었으나 중반기 이후에는 급격히 감소되는 추세를 보이고 있다는 점이다. 광고교육을 주제로 한 논문 편수의 비율은 전반기 2.9%에서 중반기와 후반기에는 각각 0.8%와 1.0%로 감소하였다. 광고산업을 주제로 한 연구논문의 비율도 전반기에는 9.0%로 광고와 소비자행동을 제외하고 가장 높은 비율을 보였으나, 중반기에는 3.1% 그리고 후반기에는 3.0%로 감소하고 있다.

광고 일반, 광고 이론, 광고역사 · 철학 · 인물, 광고의 사회적 · 경제적 · 문화적 문제, 광고조사 및 마케팅조사, 국제광고 분야는 상대적으로 발표 논문 편수가 낮은 분야로 조사되었다. 특히, 광고 이론을 연구주제로 한 논문은 지난 30년간 전반기에 3편, 후반기에 1편 등 단 4편만이 발표되어 가장 연구가 미진한 분야로 나타났다.

3) 연구 시기별 연구방법

먼저 연구 시기별 양적 연구방법과 질적 연구방법을 사용한 논문의 비율 변화는 〈표 1-9〉에 정리되어 있다. 표에서 볼 수 있는 바와 같이, 양적 연구를 이용한 논문의 편수가 전반기, 중반기, 후반기를 거치면서 시기별로 크게 증가하고 있는 추세를 보이고 있는 데 반해, 상대적으로 질적 연구를 이용한 논문의 편수는 감소하는 추세를 보이는 것을 알 수 있다. 전체적으로 보면, 양적 연구방법의 논문은 951편(65.1%), 그리고 질적 연구방법의 논문은 509편(34.8%)으로 집계된다.

표 1-9 연구 시기별 양적/질적 연구 비율의 변화 단위: 편(%)

연구방법 유형 \ 시기	전반기 (1990~1999년)	중반기 (2000~2009년)	후반기 (2010~2019년)	합계
양적 연구	74(40.7)	421(65.5)	456(71.8)	951(65.1)
질적 연구	108(59.3)	222(34.5)	179(28.1)	509(34.8)
기간별 합계	182(100)	643(100)	635(100)	1,460(100)

양적 연구방법을 이용한 논문은 전반기 40.7%에서 중반기 65.5%, 그리고 후반기에는 71/8%로 증가 추세를 보였다. 질적 연구방법을 이용한 논문은 전반기에는 59.3%로 양적 연구보다 높았으나, 중반기에는 34.5% 그리고 후반기에는 28.1%로 감소하고 있는 추세이다. 이러한 추세는 다양한 통계분석 방법을 이용한 과학적 연구방법의 발전과 더불어 객관적인 사실에 기반한 광고산업의 성향을 반영한 것으로 보인다.

다수의 게재 논문들이 한 가지 이상의 연구방법을 이용하여 연구한 것으로 나타나 연구 시기별 연구방법에 대한 분석은 중복 응답으로 코딩되었다. 〈표 1-10〉에 나타난 바와 같이, 총 1,460편의 논문을 분석한 결과 1,706개의 연구방법이 사용된 것으로 조사되었다.

지난 30년간 발표된 논문의 연구방법 사용에 대한 분석을 전체적으로 보면, 서베이 방법을 이용한 논문이 880편으로, 전체 논문의 51.5%를 차지해 과반수 이상의 논문이 서베이 방법을 채택한 것으로 집계되었다. 서베이 방법 다음으로 많이 사용된 연구방법은 261편을 기록한 실험연구로 나타났다. 이 밖에도 내용분석(8.8%), 문헌연구(8.7%), 사례연구(8.6%), 기타 방법(6.7%)으로 조사되었다.

서베이 방법을 이용한 연구는 전반기에는 67편(29.0%)이었으나, 중반기에는 375편(44.6%) 그리고 후반기에는 438편(68.9편)으로 지속적으로 증가하고 있는 것으로 나타났다. 실험연구를 이용한 논문의 편수는 전반기 19.5%에서 중반기 23.8%로 증가하였으나 후반기에는 2.5%로 급감한 것으로 나타났다. 문헌연구를 이용한 연구논문

표 1-10 연구 시기별 연구방법의 변화-중복 응답

단위: 편(%)

시기 / 연구방법	전반기 (1990~1999년)	중반기 (2000~2009년)	후반기 (2010~2019년)	합계
문헌연구	56(24.2)	68(8.1)	26(4.0)	150(8.7)
서베이	67(29.0)	375(44.6)	438(68.9)	880(51.5)
실험연구	45(19.5)	200(23.8)	16(2.5)	261(15.2)
내용분석	13(5.6)	86(10.2)	52(8.1)	151(8.8)
사례연구	32(13.9)	56(6.7)	60(9.4)	148(8.6)
기타	18(7.8)	55(6.5)	43(6.7)	116(6.7)
기간별 합계	231(100)	840(100)	635(100)	1,706(100)

의 비율은 전반기에는 56편(24.2%)로 서베이 방법을 제외하고 가장 높은 비율을 보였으나 중반기에 8.1% 그리고 후반기에는 4.0%로 감소하는 추세를 보이고 있다.

중복 응답을 고려하여 연구 시기별로 통계분석기법을 분석한 결과 전체 시기를 통틀어 변량분석이 333편(24.5%)으로 가장 높은 비율을 차지하였으며, 빈도/비율분석 228편(16.8%)과 t-테스트 226편(16.6%)의 순으로 나타났다. 그다음으로 많이 사용된 통계분석기법으로는 요인분석(194편, 14.3%), 회귀분석(102편, 7.5%), SEM(55편, 4.1%), 카이스퀘어(52편, 3.8%), 다변량 분산분석(31편, 2.3%)의 순서로 집계되었다. Canonical Correlation, 판별분석, 군집분석, 다차원 척도법 등 고급통계기법을 이용한 논문의 비율은 극히 낮은 것으로 조사되었다.

전반기, 중반기, 후반기의 시기별로 주요 통계기법들의 변화 추이를 보면, 변량분석은 전반기(24.4%)를 제외한 나머지 전 시기에서 가장 선호되는 통계기법으로 이용되었다(중반기 21.3%, 후반기 28.9%). 빈도/비율 분석은 전반기(25.2%)에 가장 많이 이용된 분석기법이었으나, 그 이후 시기에서는 지속적으로 감소하는 추세를 보여 중반기에는 16.7%, 후반기에는 15.0%를 기록하고 있다. 세 번째로 많이 이용된 t-테스트 분석방법은 전반기에는 10.1%에서 중반기 14.9% 그리고 후반기 20.5%로 시

간이 흐름에 따라 증가하는 추세를 보이고 있다. 요인분석, 회귀분석, SEM 등의 다변량 분석 통계기법은 전반기에는 많이 사용되지 않았으나 중반기부터 사용되기 시작하여 매년 이용 빈도가 높아지는 추세를 보이고 있다. 특히, AMOS를 이용한 SEM 통계기법은 전반기 10년 동안에는 1편이었으나, 중반기와 후반기에는 각각 36편과 19편이 발표되고 있어 최근 각광을 받는 통계기법으로 부각되고 있다.

연구문제를 이해하고 이를 해결하기 위해 세워진 연구목적은 연구가설이나 연구

표 1-11 연구 시기별 통계분석기법의 변화

단위: 편(%)

통계분석 기법 \ 시기	전반기 (1990~1999년)	중반기 (2000~2009년)	후반기 (2010~2019년)	합계
빈도/비율	30(25.2)	119(16.7)	79(15.0)	228(16.8)
카이스퀘어	5(4.2)	29(4.1)	18(3.4)	52(3.8)
t-테스트	12(10.1)	106(14.9)	108(20.5)	226(16.6)
변량분석	29(24.4)	152(21.3)	152(28.9)	333(24.5)
다변량 분산분석	3(2.5)	19(2.7)	9(1.7)	31(2.3)
요인분석(R, Q 포함)	17(14.3)	112(15.7)	65(12.4)	194(14.3)
회귀분석	6(5.0)	62(8.7)	34(6.5)	102(7.5)
Canonical Correlation	0(.0)	7(1.0)	6(1.1)	13(1.0)
판별분석	0(.0)	2(0.3)	0(.0)	2(0.1)
군집분석	0(.0)	5(0.7)	0(.0)	5(0.4)
SEM(LISREL)	3(2.5)	16(2.2)	6(1.1)	25(1.8)
SEM(AMOS)	0(.0)	36(5.0)	19(3.6)	55(4.1)
다차원 척도법	2(1.7)	0(.0)	0(.0)	2(0.1)
Correspondent Analysis	0(.0)	3(0.4)	0(.0)	3(0.2)
기타 방법	12(10.1)	45(6.3)	30(5.7)	87(6.4)
기간별 합계	119(100)	713(100)	526(100)	1,358(100)

문제를 통해 구체적으로 표현되며, 명확한 연구가설 또는 연구문제의 제시는 연구결과의 타당성과 밀접한 관계가 있다(한상필, 이형석, 2014). 지난 30년간 『광고학연구』에 게재된 전체 논문 1,460편 중에서 연구가설 또는 연구문제를 하나 이상 제시한 논문은 1,165편(79.1%)으로 나타났다. 이에 비해 연구가설 또는 연구문제를 설정하지 않고 연구를 진행한 논문은 총 305편으로 전체 논문 중에서 20.9%를 차지하였다.

연구가설만을 제시하고 연구가 진행된 논문은 559편으로 38.3%를 차지하여 가장 많았으며, 연구문제만을 제시한 경우는 480편으로 32.9%를 차지하였다. 연구가설과 연구문제 모두를 제시하고 연구를 진행한 논문은 116편으로 7.9%로 집계되었다.

이를 시기별로 분류하여 분석해 보면, 가설을 설정한 논문의 비율은 전반기부터 중반기와 후반기로 접어들면서 증가하는 추세를 보이고 있다. 시기별로 전반기에는 다섯 편 중 한 편만이 가설을 설정하였으나, 중반기에는 33%에 해당하는 논문이 가설을 설정하였고, 후반기에는 거의 50%에 해당하는 논문이 가설을 세우고 연구를 진행한 것으로 나타났다. 연구문제만을 설정한 논문의 비율도 전반기에 비해 중반기와 후반기에 증가한 것으로 조사되었다. 전반기에는 14.8%였으나, 중반기와 후반기에는 각각 38.4%와 32.4%로 증가하였다. 연구가설과 연구문제를 모두 설정하고 진행된 논문의 비율은 전반기와 중반기에는 1.6%와 2.8%로 극히 낮은 비율을 보

표 1-12 연구 시기별 연구가설/연구문제 유무

단위: 편(%)

연구가설/문제 \ 시기	전반기 (1990~1999년)	중반기 (2000~2009년)	후반기 (2010~2019년)	합계
연구가설	37(20.2)	213(33.1)	309(48.7)	559(38.3)
연구문제	27(14.8)	247(38.4)	206(32.4)	480(32.9)
연구가설/연구문제 공통	3(1.6)	18(2.8)	95(15.0)	116(7.9)
연구가설/연구문제 없음	115(62.8)	165(25.7)	25(3.9)	305(20.9)
기간별 합계	182(100)	643(100)	635(100)	1,460(100)

였으나 후반기에는 95편(15.0%)로 증가하고 있다. 연구가설 또는 연구문제를 세우지 않고 진행된 논문의 비율은 시간의 흐름에 따라 급감하는 것으로 나타났다. 전반기에는 발표 논문 182편 중에서 115편이 해당되어 62.8%로 높았으나, 중반기에는 25.7%로 낮아졌고, 후반기에는 635편 중에서 단지 25편(3.9%)만이 해당되었다.

4) 기타

논문에 포함된 참고문헌의 유무와 참고문헌의 국내외 의존도, 그리고 논문의 길이, 표집방법, 표본의 성격 등을 분석하였다.

참고문헌과 관련된 분석은 참고문헌의 포함 유무, 그리고 국내외 참고문헌의 개수를 살펴보았다. 참고문헌의 포함 유무를 분석한 결과 전반기에는 참고문헌을 포함하지 않는 논문도 다수 존재하였으나, 중반기와 후반기에는 사례연구 일부를 제외하고는 대부분의 논문에 참고문헌이 포함된 것으로 나타났다. 참고문헌의 총 개수는 지난 30년간 발표된 1,460개 논문의 평균 수는 36.7개로 조사되었다. 참고문헌의 개수는 전반기에서 중반기 그리고 후반기로 접어들면서 전체적으로 증가하는 추세를 보이고 있다. 국내 연구자들이 참고문헌에 포함한 논문의 개수를 국내외로 나누어 보면, 국외 논문이 26.3개 그리고 국내 논문이 10.4개로 나타났다.

『광고학연구』에 발표된 각 논문의 페이지 수는 전반기에는 편차가 높았으나, 중반기 이후에는 논문별 페이지 수가 약 23페이지 내외인 것으로 나타났다.

표 1-13 연구 시기별 참고문헌 유무

단위: 편(%)

참고문헌 유무 \ 시기	전반기 (1990~1999년)	중반기 (2000~2009년)	후반기 (2010~2019년)	합계
있음	140(77.0)	635(98.8)	634(99.8)	1,409(96.5)
없음	42(23.0)	8(1.2)	1(0.2)	51(3.5)
기간별 합계	182(100)	643(100)	635(100)	1,460(100)

마지막으로 실증연구에서 사용된 표집의 특성을 시기별로 살펴보았다. 전체 1,460편의 논문 중에서 표집을 하지 않은 432편을 제외하고 1,038편의 논문을 대상으로 분석하였다. 전체적으로 무작위 표집을 이용한 논문이 99편으로 9.5%로 낮은 비율을 보였고, 편의 표집을 이용한 논문은 939편 90.5%로 다대수를 차지하였다.

표집방법에 있어서 시기별로는 큰 변화 추이를 찾아보기 어려웠으나, 전반기, 중반기, 후반기 등 전 시기에 거쳐 편의표집의 비율이 월등히 높았다. 특히, 전반기와 중반기에는 80%대를 유지하였으나, 후반기에는 95.6%를 차지한 것으로 나타나 최근 광고연구에 있어서 편의 표집방법 이용 빈도가 높아지고 있는 추세를 보여 주고 있다. 이러한 결과는 게재된 대부분의 연구가 비용과 시간적 제약을 많이 받는 학계에서 이루어지고 있기 때문인 것으로 풀이된다. 이러한 현상은 국내뿐만 아니라 미국, 일본, 영국 등 광고 관련 학술지 발표 논문에서도 유사하다. 그러나 연구결과의 일반화와 통계적 외적 타당도를 높이기 위해서는 향후 연구에서는 편의 표집방법 보다 무작위 표집방법을 이용한 논문이 증가될 필요가 있다고 하겠다.

연구 시기별 표본의 성격을 분석한 결과, 『광고학연구』 학술지에 게재된 대부분의 연구가 학계에서 이루어지고 있기 때문에, 표집대상도 대학생 또는 대학원생 참가자를 이용한 연구가 전 시기에 가장 많이 연구된 것으로 나타났다. 전체적으로 994편의 논문 중에서 대학생 집단을 표집으로 사용한 논문은 523편으로 52.6%를 차지하여 전체적으로 과반수가 넘는 논문이 대학생 표집이었다. 이에 비해 일반인을 표본대상으로 삼은 연구는 136편으로 13.7%를 차지하였으며, 직장인을 이용한 연구는

표 1-14 연구 시기별 표집방법

단위: 편(%)

시기 / 표집방법	전반기 (1990~1999년)	중반기 (2000~2009년)	후반기 (2010~2019년)	합계
무작위표집	16(17.2)	61(13.8)	22(4.4)	99(9.5)
편의표집	77(82.8)	380(86.2)	482(95.6)	939(90.5)
기간별 합계	93(100)	441(100)	504(100)	1,038(100)

표 1-15 연구 시기별 표본 성격

단위: 편(%)

시기 / 참가자 특성	전반기 (1990~1999년)	중반기 (2000~2009년)	후반기 (2010~2019년)	합계
대학생 집단	37(40.2)	229(54.9)	257(53.0)	523(52.6)
일반인 집단	22(23.9)	61(14.6)	53(10.9)	136(13.7)
직장인 집단	20(21.7)	40(9.6)	31(6.4)	91(9.2)
전문가 집단	0(.0)	15(3.6)	32(6.6)	47(4.7)
기타 집단	13(14.1)	72(17.3)	112(23.1)	197(19.8)
기간별 합계	92(100)	417(100)	485(100)	994(100)

91편 9.2%, 그리고 전문가 집단을 이용한 연구는 47편 4.7%였다.

이를 시기별로 분류해서 분석해 보면, 대학생 집단을 이용한 연구의 비율은 전반기보다 중반기와 후반기에 증가한 것으로 나타났다. 이에 비해 일반인 집단과 직장인 집단을 표집으로 이용한 연구는 전반기에는 20%대를 상회하였으나 중반기와 후반기에는 10%대로 감소한 것으로 조사되었다. 전문가 집단을 이용한 연구는 전반기에는 0편이었으나 중반기에는 15편(3.6%), 그리고 후반기에는 32편(6.6%)로 증가한 것으로 집계되었다.

4. 마치며

자본주의 사회제도를 형성하고, 유지하고, 발전시키는 데 있어 광고산업은 핵심적 역할을 하는 사회제도이다. "자본주의 꽃", 그리고 "대중문화의 마지막 형식"이라고 광고를 정의하는 것은 현대사회에서 광고가 차지하는 위치를 단언적으로 보여 주는 표현이라고 하겠다.

광고는 경제, 법률, 종교, 도덕, 관습, 교육 등과 더불어 자본주의의 사회제도로 미시적으로는 광고주의 마케팅 커뮤니케이션 도구이지만 거시적으로는 현대인의 일상생활에 가장 큰 영향을 미치며, 또한 공공적인 특성도 포함하고 있다(한상필, 1995; 한상필, 이형석, 2014). 이러한 이유로 광고학은 광고학자, 언론학자, 경제학자, 경영학자, IT학자, 심리학자, 정책 입안자, 소비자단체, 그리고 경영인 등 다양한 계층들이 관심을 가지고 연구하고 있는 분야이다(한상필, 1998a). 광고의 학문 영역은 인문사회 분야의 다양한 학문이 융합하는 특성을 가지고 있다(김익태, 2008).

『광고학연구』 창간호의 발간사에 학술지의 발간 목적이 분명하게 제시되어 있다. "『광고학연구』는 학계와 광고계를 비롯하여 각계의 광고 연구자나 전문인의 광고 이론과 실제의 연구 그리고 사례자료 등을 게재하여 광고 학문의 형성과 심화를 기하고 광고기법을 발전시키며 광고정책 수립을 위한 유효한 제시로 광고산업의 발전과 광고문화를 향상시키는 데 선도역할을 하려는 것이다"(유붕노, 1990). 유붕노 광고학회 초대 회장은 『광고학연구』가 "광고지식과 기법을 나누고 정보를 교류하여 우리나라 광고를 그 양이나 질에 있어 국제 수준에 이르게 하고 다시 비약하는 데 크게 공헌할 촉매 역할을 하게 될 것"이라고 발간사에서 밝힌 바 있다.

이 연구는 『광고학연구』 창간 30주년을 맞이하여 게재된 논문들의 연구성과를 체계적으로 정리함으로써 국내 광고학연구의 동향과 특성을 분석함과 동시에 향후 광고학이 발전해 가야 할 방향을 제시하기 위한 목적으로 수행되었다. 무릇 하나의 학문이 발전해 나가는 데 있어 중요한 지식의 축적성은 이러한 종합적이고 체계적인 연구동향 분석을 통한 연구성과를 공유, 발전시켜 나감으로써 쌓인다(이현우 2003; 한상필 2008a). 나아가 이러한 연구동향 분석 연구들은 기존 문헌을 분석, 비판하는 자아 성찰적 기회를 갖고, 축적과 반증의 과정을 거침으로써, 올바른 연구의 방향을 제시한다는 점에서 의의가 있다(김용학, 김영진, 김영석, 2008; 한상필, 2008b). 1990년 창간호부터 2019년도 30권까지 『광고학연구』 학술지는 총 1,460편의 논문을 게재하여 국내 광고학의 학문적 정체성을 정립하고, 광고산업의 질적, 양적인 발전에 크게 기여해 왔음은 주지의 사실이다. 본 연구의 결과는 다음과 같이 요약된다.

첫째, 시기별 연구자 특성 면에서 살펴볼 때, 지난 30년 동안 초기의 연구들이 저

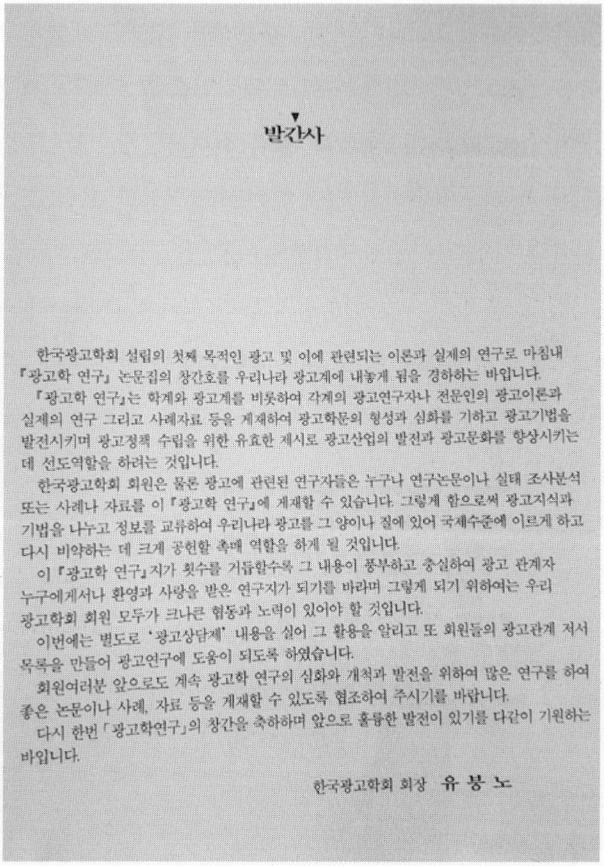

발간사

한국광고학회 설립의 첫째 목적인 광고 및 이에 관련되는 이론과 실제의 연구로 마침내 『광고학 연구』 논문집의 창간호를 우리나라 광고계에 내놓게 됨을 경하하는 바입니다.

『광고학 연구』는 학계와 광고계를 비롯하여 각계의 광고연구자나 전문인의 광고이론과 실제의 연구 그리고 사례자료 등을 게재하여 광고학문의 형성과 심화를 기하고 광고기법을 발전시키며 광고정책 수립을 위한 유효한 제시로 광고산업의 발전과 광고문화를 향상시키는 데 선도역할을 하려는 것입니다.

한국광고학회 회원은 물론 광고에 관련된 연구자들은 누구나 연구논문이나 실태 조사분석 또는 사례나 자료를 이 『광고학 연구』에 게재할 수 있습니다. 그렇게 함으로써 광고지식과 기법을 나누고 정보를 교류하여 우리나라 광고를 그 양이나 질에 있어 국제수준에 이르게 하고 다시 비약하는 데 크게 공헌할 촉매 역할을 하게 될 것입니다.

이 『광고학 연구』지가 횟수를 거듭할수록 그 내용이 풍부하고 충실하여 광고 관계자 누구에게서나 환영과 사랑을 받은 연구지가 되기를 바라며 그렇게 되기 위하여는 우리 광고학회 회원 모두가 크나큰 협동과 노력이 있어야 할 것입니다.

이번에는 별도로 '광고상담제' 내용을 실어 그 활용을 알리고 또 회원들의 광고관계 저서 목록을 만들어 광고연구에 도움이 되도록 하였습니다.

회원여러분 앞으로도 계속 광고학 연구의 심화와 개척과 발전을 위하여 많은 연구를 하여 좋은 논문이나 사례, 자료 등을 게재할 수 있도록 협조하여 주시기를 바랍니다.

다시 한번 「광고학연구」의 창간을 축하하며 앞으로 훌륭한 발전이 있기를 다갇이 기원하는 바입니다.

한국광고학회 회장 유 봉 노

[그림 1-2] 『광고학연구』 창간호 발간사

자 단독으로 연구되었지만, 시간이 지남에 따라 2명 또는 3명 이상 공동연구의 수가 매 시기별 눈에 띄게 증가하였다.

둘째, 논문의 내용 면에서 보면 초기를 제외한 최근의 논문 대부분은 실증연구였으며, 가장 연구가 많이 이루어진 주제는 광고와 소비자행동, 광고 크리에이티브, 비전통광고매체, 광고효과의 순이었다. 이에 비해, 광고 이론, 광고역사 · 철학 · 인물, 광고의 사회적 · 경제적 · 문화적 문제, 광고조사 및 마케팅조사, 국제광고 분야에 관한 연구는 매우 미비한 수준으로, 연구주제의 편중성이 심각한 것으로 나타났다.

셋째, 논문의 연구방법에 관련하여 게재 논문을 양적/질적 연구 유형으로 분류하여 알아보았는데, 최근 들어 서베이, 실험연구와 같은 양적 연구가 65% 이상을 차지한 반면, 사례연구와 같은 질적 연구는 상대적으로 감소하는 추세를 보였다. 한편 가장 많이 사용된 상위 5개 통계분석기법은 변량분석, 빈도/비율, t-테스트, 요인분석, 회귀분석 순이었다. SEM, 다변량분석, Canonical Correlation 등의 고급통계기법은 초기에는 거의 사용되지 않다가 최근에 증가하는 추세를 보였다. 또한 초기에 게재된 논문을 제외한 대부분의 논문이 연구의 목적을 구체적으로 표현한 가설 또는 연구문제를 제시함으로써 높아진『광고학연구』의 질적 기준을 보여 주었다.

한 학문 분야의 발전을 위한 연구결과의 축적성은 기존 연구의 특성과 흐름을 정리하는 노력이 요구된다(한상필, 2008a).『광고학연구』창간 30주년을 맞이하여 작성된 이 글은『광고학연구』창간 20년 시기에 만들어진 코딩유목을 기준으로 자료를 분석하여 2010년 이후 혁신적으로 변화하고 있는 매체환경을 반영한 연구성과를 통합적으로 정리하지 못한 아쉬움이 있다. 기존의 광고 분야 학문 연구성과를 앞으로도 지속적으로 발전시키고, 유지하며, 변화하는 환경에 맞추어 올바른 연구방향을 제시하기 위해서는 새로운 분석유목을 개발하고 이를 기반으로 한 체계적인 연구동향 분석이 필요하다. 광고학회 창립 30주년을 맞이하여『광고학연구』가 향후에도 국내 광고학연구의 대표적 학술지로 성장하는 데 작은 도움이 되었으면 한다. ■

제2장

한국 광고학연구의 초창기 15년의 특성

염성원(평택대학교 광고홍보학과 교수)

1. 들어가며
2. 분석방법과 분석유목
3. 『광고학연구』의 초기 동향 분석결과
4. 마치며

◈◇◈

이 장에서는 1990년에 창간된 『광고학연구』의 2004년까지 15년 동안 발행된 417편의 논문을 대상으로 연구동향을 살펴보고자 한다. 이를 위해 저자 특성, 연구주제 및 연구방법, 인용지수 및 참고문헌 등 다양한 유목을 통해 내용분석을 진행하였다. 이를 통해 발견된 분석결과를 간략하게 살펴보면 네 가지로 정리할 수 있다.

첫째, 1990년에 『광고학연구』가 창간된 이후 2004년까지 다수의 연구가 활발하게 이루어지고 있으며, 광고학연구의 중심적인 역할을 하고 있는 것으로 보인다. 이는 1990년에 창간된 이후 지속적으로 한 호수당 발간되는 논문 수가 증가하는 양상을 보인다는 점, KCI 인용지수를 바탕으로 피인용 횟수를 분석하였을 때 창간 초기에 게재되었던 주요 연구들이 현재까지도 광고학연구의 기반으로 다수 인용되고 있다는 점을 통해 증명된다. 둘째, 저자의 특징이 변화하는 양상을 보인다. 창간 초기에는 단독연구의 비중이 높았지만 시간이 흐를수록 공동연구의 비중이 높아지는 것으로 나타났다. 또한 1990년대에는 광고업계 출신의 저자들이 많았으나, 점점 학계 출신의 저자들이 증가하여 2004년에 이르러서는 학계 중심으로 연구가 이루어지는 것으로 나타났다. 그러나 창간 이후 15년 동안 공통적으로 학계와 산업계가 협력하여 이루어지는 연구의 비중은 매우 낮은 것으로 나타났다. 셋째, 사례 중심의 연구방법에서 객관적인 데이터를 통해 현상을 증명하려는 연구방법으로 변화하는 것으로 나타났다. 구체적으로 1990년대에는 사례연구와 같은 질적 연구 중심으로 광고연구가 이루어졌으나 2000년대에 이르러서는 양적 연구가 중심이 되어 가는 양상을 보였다. 이러한 사실은 15년 동안 『광고학연구』에서는 실증적인 데이터 분석과 객관적인 접근을 점차적으로 중시하고 있음을 시사한다. 넷째, 『광고학연구』 초기와 달리 1990년대 후반부터 안정적인 학술지로서 자리매김함을 알 수 있다. 1990년대 초반에서 중반까지는 게재된 논문의 평균 페이지 수, 참고문헌 수가 모두 변동 폭이 심하였으나 1990년대 후반과 2000년대에 와서는 안정적인 양상을 보이며 『광고학연구』가 학술지로서 자리잡아 가는 모습을 드러냈다.

이 장에서는 국내 전국 규모 중에서 광고학에서 중심이 되고 있는 『광고학연구』의 15년간 자료를 취합 분석함으로써 초기 국내 광고학 관련 연구동향과 흐름을 객관적으로 파악할 수 있게 했다는 데 의의를 갖고자 한다. 또한 지난 15년간의 연구주제를 파악함으로써 과거를 되돌아보고 현재 연구과제 설정에 있어서 유용한 정보를 제공하고자 한다.

1. 들어가며

한국광고학회에서는 1990년에 『광고학연구』의 창간호를 시작으로 하여 2018년에는 연간 8회를 발간하고 있다. 『광고학연구』는 지난 30년 동안 광고산업이라는 거시적인 주제에서부터 소비자행동이라는 미시적인 주제에 이르기까지 다양한 주제에 대해서 논의하는 학술의 장으로 그 역할을 해 오고 있다. 이러한 역할을 통해 『광고학연구』는 현재 국내의 광고학이 성장할 수 있도록 하는 발판으로서 중심적인 역할을 해 왔다고 할 수 있다. 다시 말해 『광고학연구』는 광고학이라는 학문의 정립과 광고 산업에 질적이고 양적인 발전에 지대한 공헌을 해 온 것으로 인정받고 있다(한상필, 이형석, 2014). 그리고 현재 『광고학연구』는 창간 30주년을 맞이하고 있다. 30년이라는 시간 동안 광고환경도 급변해 왔다. 일례로 텔레비전으로 방송 프로그램을 보는 시대를 지나 이제는 언제 어디서나 스마트폰을 통해 방송 프로그램을 시청할 수 있다. 이렇게 ICT 환경의 도래와 함께 광고환경도 매우 큰 변화를 겪어 왔다. 현 시점에서 『광고학연구』의 보다 나은 도약과 미래를 위해서 간과해서는 안 되는 점은 바로 과거를 되짚어 보는 것이다. 과거에 어떤 연구가 진행되어 왔는지 동향을 살펴보고, 이를 통해 미래를 준비할 필요가 있는 것이다. 이런 연구동향의 흐름을 분석하는 것은 미시적 측면과 거시적 측면에서 매우 중요하다. 우선 개인 연구자에게 있어서는 향후 연구의 방향을 설정하는 기준을 제시하고, 연구가치가 높음에도 연구가 이루어지고 있지 않은 분야를 발견하여 심도 깊게 연구할 수 있는 기회를 얻을 있다. 거시적으로는 연구의 성과를 공유함으로써 광고학연구의 질적 · 양적인 발전을 도모할 수 있으며, 급변하는 광고계의 흐름과 방향을 예측할 수 있다(염성원, 장우성, 2009).

이러한 중요성에 근거하여 광고학 관련된 논문들의 연구동향에 대한 연구들은 그동안 국내외적으로 다양하게 이루어져 왔다. 국내의 광고학연구 동향에 대한 연구는 크게 두 가지 흐름으로 구분할 수 있다. 첫 번째는 구체적인 광고의 한 주제에 대해 어떤 식의 연구들이 진행되었는지 선행연구들을 분석하는 흐름이다. 예를 들어, 유종숙(2005)은 우리나라의 정치광고를 분석한 연구들의 동향과 특성을 분석하였다. 그 결과, 국내의 정치광고에 대한 연구는 주로 정치광고효과에 대한 주제를 중심으로 이루어져 왔으며, 내용분석 또는 실험연구 방법을 주로 채택하는 것으로 나타났다. 그리고 해외 IMC와 관련된 논문들을 내용분석한 결과, 시간이 흐를수록 실증적인 분석에 기반한 과학적인 IMC 연구가 이루어지고 있음을 발견하였다(강경수, 2009). 김봉철 등(2012)이 국내의 모바일 광고에 대한 연구동향을 분석한 결과, 모바일 광고시장이 매우 확대되고 있음에도 불구하고 모바일 광고에 학문적 관심이 부족하다는 사실을 증명하였다. 그리고 모바일 광고에 대한 연구가 특정 주제에 너무 치우쳐 있다는 사실을 발견하였으며, 다양한 분야에 대한 학문적 접근이 필요함을 강조하였다. 이러한 특정 주제에 대한 연구들은 광고학에서 해당 주제가 어떻게 발전해 왔는지에 대한 역사적인 관점과 향후 연구해야 할 방향성에 대한 논의의 기초를 제공한다는 것에 의의가 있다.

두 번째로 게재된 학술지 중심으로 시계열적으로 분석한 연구가 다수 이루어져 왔다. 1988년 『광고연구』, 1990년 『광고학연구』, 1999년 『광고홍보연구』가 창간된 이후로, 학술지에 게재된 논문의 연구동향을 살펴보는 노력들이 활발히 이루어졌다.

대표적으로 한상필(1998, 2008)은 『광고연구』 창간 10주년과 20주년을 기념해서 해당 학술지의 논문을 대상으로 내용분석을 실시하였다. 윤각, 정혜영, 편석환(2008)은 『광고학연구』와 『광고연구』를 비교하여 인적 구성, 연구주제 등과 같은 내용분석을 실시한 결과 두 학술지 간에 차이가 거의 나타나지 않고 유사하다는 것을 발견하였다. 이석기(2000, 2010)는 『광고학연구』가 창간된 이후 10년, 20년에 맞춰서 게재된 논문들의 세 가지 분야로 구분하여 내용분석을 실시하였다. 구체적으로 연구논문의 저자와 관련된 분야에 대해 논문의 공저 여부, 참가 연구자 수 및 저자의 소속학과 등 항목을 조사하였으며, 연구논문의 본문에 관련해 연구 분야, 세부 주제, 연구방법을 조사하였다. 또한 논문의 참고문헌 등 논문을 쓰기 위해 인용된 출처와 논문의 분량을 분석하였다. 그러나 해당 연구의 제언에도 살펴볼 수 있듯, 연구내용의 깊이가 없다는 결점을 가지고 있으므로 보다 심층적인 연구가 이루어져야 함을 강조하였다.

이 장에서는 창간 초기의 15년 동안의 『광고학연구』에 게재된 연구를 분석하고자 한다. 광고학은 비교적 역사가 짧은 학문에 속하는데, 『광고학연구』의 초기 연구동향을 살펴보는 것은 광고학에 대해서 초반에 이루어진 논의와 주제에 대해서 심도 있게 탐색할 수 있는 기회를 제공할 수 있다. 또한 해당 장에서 이루어지는 분석을 통해 이미 광고학에서 정립된 학술지로서 창간 초기를 되돌아보고, 앞으로서 나아가야 할 방향을 가늠해 볼 수 있는 작업이 될 수 있을 것이라 기대한다.

2. 분석방법과 분석유목

『광고학연구』는 1990년에 창간되어 2004년에 이르기까지 매년 호수는 달랐지만 권으로는 15권까지 발간되었다. 해당 기간 동안 게재된 내용 중 ‘정관개정’, ‘편집위원회 규칙’, ‘부록’ 등을 제외하고, 471편의 논문을 대상으로 하여 내용분석을 실시하였다. 『광고학연구』의 연구동향을 효율적으로 살펴보기 위해 15년을 1년에 발간된

표 2-1 분석유목

분석주제	분석항목
연구 현황	연도별 게재 논문 수, 평균 논문 페이지 수, 참고문헌 여부, 국내외 참고문헌 의존도, KCI 인용지수
연구자 특성	연구자 명, 연구자 수, 연구자 출신, 연구자별 게재 논문 수
연구주제	광고 크리에이티브, 광고교육, 전통적 광고매체(ATL), 비전통적 광고매체(BTL), 광고법/광고심의/광고윤리, 광고산업, 광고역사, 광고와 마케팅, 광고와 소비자행동, 광고와 커뮤니케이션 등
연구방법	문헌연구, 서베이, 실험연구, 내용분석, 사례연구, 기타

횟수를 기준으로 총 4기로 구분하였다. 1기(1990~1994년)는 『광고학연구』가 연간 1번 발간되었을 때를 의미하며, 2기(1995~1997년)는 연간 2번, 3기(1998~1999년)는 연간 4번, 4기(2000~2004년)는 연간 5번을 발간하였을 때를 말한다.

이 연구에서 사용된 **분석유목**은 한상필과 이형석(2014) 연구에서 사용된 유목을 수정 및 보완하여 사용되었다(〈표 2-1〉 참조). 해당 연구는 크게 네 가지 분야로 분류하여 각 분석유목을 분석하고 결과를 서술하였다. 첫째, 『광고학연구』의 개괄적인 특징 및 연구자의 특성을 분석하였다. 이를 분석하기 위해 우선 각 연도별 『광고학연구』에 게재된 논문의 수를 살펴보았다. 그리고 연구자의 특성은 크게 ① 연구자 명, ② 연구자 수, ③ 연구자 출신, ④ 연구자별 게재 논문 수와 같은 네 가지 항목을 통해 분석하였다. 연구자 수와 같은 경우, 단독 저자인 경우나 공동저자 또는 3인 이상의 저자가 있는 경우를 구분하였다. 그리고 연구자의 출신을 ① 학계(교수 단독), ② 학계(교수와 학생 공동), ③ 학계와 업계, ④ 업계 출신일 경우, ⑤ 광고단체 출신 및 기타에 해당되는 경우 등 세부적으로 구분하고 구체적으로 분석하였다.

둘째, 『광고학연구』에 게재된 연구들의 내용을 분석하기 위해 ① 실증연구 또는 비실증연구의 여부, ② 연구주제와 관련된 항목을 분석하였다. 연구주제에는 광고와 소비자행동과 같은 미시적인 주제에서부터 광고산업과 같은 거시적인 주제, 광고 이론, 광고교육과 같은 다양한 주제들을 포함하였다.

세 번째는 『광고학연구』에 게재된 연구들의 연구방법을 구체적으로 분석하였다. 해당 분석을 위해 사용된 항목은 ① 양적/질적 연구방법 여부, ② 구체적인 연구방법에 해당된다. 우선 양적 연구방법은 경험적인 자료를 수집하고, 자료를 계량화하여 분석한 것을 의미하며, 질적 연구방법은 해당 주제에 대해서 심층적으로 해석하고 이해하는 연구방법을 의미한다. 그리고 구체적으로 연구방법을 ① 문헌연구, ② 서베이, ③ 실험연구, ④ 내용분석, ⑤ 사례연구, ⑥ 기타로 구분하여 분석하였다.

마지막으로 논문의 다양한 측면을 살펴볼 수 있도록 ① 평균 논문 페이지 수, ② 참고문헌 여부와 국내외 참고문헌 의존도, ③ KCI 인용지수(피인용 횟수) 등을 전반적으로 분석하였다.

3. 『광고학연구』의 초기 동향 분석결과

1) 초창기 『광고학연구』의 일반적 특성

(1) 연도별 『광고학연구』 발간 횟수 및 게재 논문 동향

『광고학연구』는 1990년도에 1권이 발간된 이후, 2004년까지 15년간 총 43호가 발간되었으며 게재된 논문은 471편에 이르렀다.

표 2-2 1990~2004년 『광고학연구』 권별 발간 호수

발행연도	1990년	1991년	1992년	1993년	1994년	1995년	1996년	1997년	1998년	1999년	2000년	2001년	2002년	2003년	2004년
권	1권	2권	3권	4권	5권	6권	7권	8권	9권	10권	11권	12권	13권	14권	15권
호	1호	1호	1호	1호	1호	2호	2호	2호	4호	4호	5호	5호	5호	5호	5호
게재편수(%)	9편 (1.91)	8편 (1.70)	6편 (1.27)	12편 (2.55)	10편 (2.12)	19편 (4.03)	17편 (3.61)	21편 (4.46)	44편 (9.34)	36편 (7.64)	41편 (8.70)	48편 (10.19)	62편 (13.16)	68편 (14.44)	70편 (14.86)
	제 1기					제2기			제3기		제4기				

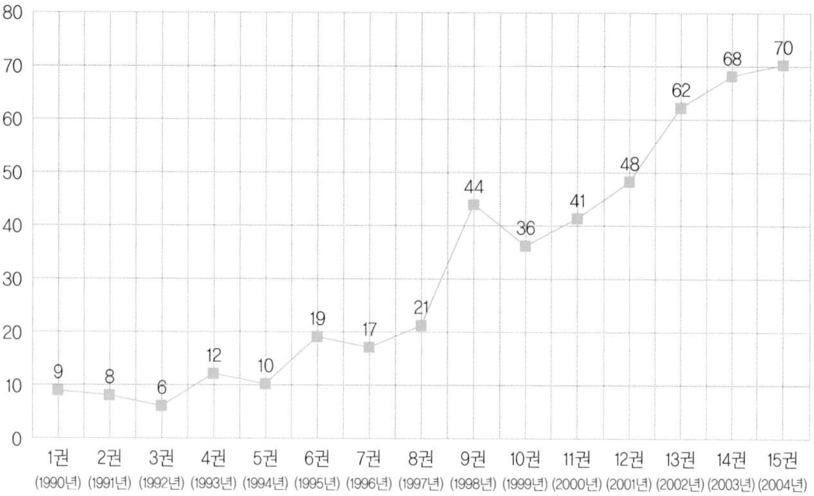

[그림 2-1] 1990~2004년 『광고학연구』 게재 논문 편수

〈표 2-2〉는 15년(1990~2004년)간 연도별로 발간된 『광고학연구』 호수와 게재 논문 편수를 나타낸 것이다. 1990년에 첫 발간된 1권은 총 게재된 논문의 1.91%인 9편의 논문이 실렸으며, 2004년에 발간된 15권에 이르러서는 70편(14.86%)이 게재되어 권호별 논문 게재 수는 점차 증가하는 양상을 나타냈다. 고려해야 할 점은 각 연도별로 발간된 호수가 다르다는 점이다. 구체적으로 1990년 첫 발간부터 1994년 5권까지는 매년 1회가 발간된 반면, 1995년(6권)에서 1997년(8권)은 연간 2회를 기준으로 발간되었다. 또한, 1998년(9권)과 1999년(10권)은 연간 4회, 2000년(11권)부터는 매년 5번씩 발간되고 있다. 이를 고려하여 발간된 호수가 같은 연도별로 시기를 구분하여 게재된 평균 논문의 수를 비교하였다. 매년 1회 발간된 1기(1990~1994년)에서는 45편의 논문이 게재되었으며, 한 호수별로 평균 9편이 게재되는 것으로 나타났다. 매년 2회 발간된 2기(1995~1997년)에서는 총 57편(평균 7편), 매년 4회가 발간된 3기(1998~199년)는 총 80편(평균 10편)의 논문이 게재되었다. 마지막으로, 매년 5회가 발간된 4기(2000~2004년)에서는 한 호수당 평균 19편의 논문이 게재되어 총 289편의 논문

이 게재되었다. 각 시기별로 한 호수당 발간된 평균 논문 수는 증가하는 것으로 나타났다.

(2) 초창기 『광고학연구』의 시기별 연구자 특성

연구 시기별 연구자 수에 대한 분석결과는 〈표 2-3〉과 같다. 우선 전체적으로 살펴보면 367명의 저자가 총 471편의 논문을 게재한 것으로 나타났다. 그중 단독 저자인 경우는 298편으로 63.27%를 차지하는 것으로 나타났다. 그리고 저자가 2명인 경우가 134편으로 28.45%, 3명 이상의 저자가 39편으로 8.28%를 차지하였다. 구체적으로 게재된 논문의 저자가 단독 저자인 경우의 비율이 1기가 80%(36편), 2기 73.68%(42편), 3기 65%(52편), 4기가 58.13%(169편)로 꾸준히 감소하는 양상을 보였다. 반면, 저자가 2명인 경우는 1기 20%(9편), 2기 22.81%(13편), 3기 31.25%(25편), 4기 30.10%(87편)로 소폭 증가하는 경향을 보였다. 마지막으로, 1990년대 초반에는 저자가 3명 이상인 경우가 한 편도 없었지만 2기에는 3.51%(2편), 3기에는 3.75%(3편), 4기는 11.76%(39편)으로 대폭 상승하고 있다. 이러한 결과는 『광고학연구』가 최초 발간 후 초반에는 단독 저자의 경우로 논문을 작성한 경우가 많았지만, 시간이 흐를수록 다수의 저자가 함께 작성하는 경우가 늘고 있다는 사실을 의미한다. 그리고 이는 학자 간, 학제 간 공동연구가 활발하게 이루어지고 있는 경향을 간접적으로 보여 주는 결과이다.

표 2-3 연구 시기별 연구자 수 단위: 편(%)

	제1기 (1990~1994년)	제2기 (1995~1997년)	제3기 (1998~1999년)	제4기 (2000~2004년)	합계
1명	36(80.00)	42(73.68)	52(65.00)	168(58.13)	298(63.27)
2명	9(20.00)	13(22.81)	25(31.25)	87(30.10)	134(28.45)
3명 이상	-	2(3.51)	3(3.75)	34(11.76)	39(8.28)
합계	45(100)	57(100)	80(100)	289(100)	471(100)

『광고학연구』에 게재된 논문의 연구자들의 출신을 ① 학계(교수 단독), ② 학계(교수와 학생 공동), ③ 학계와 업계 공동, ④ 업계, ⑤ 광고단체 및 기타로 구분하여 살펴본 결과는 〈표 2-4〉와 같다. 총 471개의 논문 중 학계 소속의 교수가 단독으로 작성한 경우가 331편(70.28%)로 가장 많았으며, 그 뒤로 학계 소속의 교수와 학생이 공동으로 작성한 경우가 46편(9.77%), 업계 출신의 저자인 경우가 38편(8.07%) 순으로 나타났다. 시기별로 구체적으로 살펴보면, 우선 1990년 초반에 해당하는 1기의 경우 다른 시기에 비해 업계 출신의 저자가 44.44%(20편)로 가장 많은 것으로 나타났다. 하지만 1995년에서 1997년까지 2기의 경우, 학계 출신의 교수가 73.68%로 큰 비중을 차지하고 있었으며 이러한 경향은 3기(67.50%)와 4기(75.43%)에서도 마찬가지로 나타났다. 1기에서 높은 비중을 보였던 업계 출신의 저자는 2기에서는 12.28%(7편), 3기에서 7.50%, 4기에서 1.73%로 비중이 크게 하락하는 것으로 나타났다. 그리고 저자가 학계와 업계 공동으로 작업한 경우가 1기에는 4.44%(2편), 2기 3.51%(2편), 3기 8.75%(6편), 4기 8.30%(24편)로 증가하는 양상을 보였다.

표 2-4 연구 시기별 연구자 출신

단위: 편(%)

	제1기 (1990~1994년)	제2기 (1995~1997년)	제3기 (1998~1999년)	제4기 (2000~2004년)	합계
학계 (교수 단독)	17(37.78)	42(73.68)	54(67.50)	218(75.43)	331(70.28)
학계(교수 학생 공동)	4(8.89)	4(7.02)	10(12.50)	28(9.69)	46(9.77)
학계와 업계 공동	2(4.44)	2(3.51)	7(8.75)	24(8.30)	35(7.43)
업계	20(44.44)	7(12.28)	6(7.50)	5(1.73)	38(8.07)
광고단체 및 기타	2(4.44)	2(3.51)	3(3.75)	14(4.84)	21(4.46)
기간별 합계	45(100)	57(100)	80(100)	289(100)	471(100)

이러한 결과를 바탕으로 두 가지 결과를 도출할 수 있다. 첫째, 『광고학연구』가 최초 발간되던 시기에는 학계보다 업계 출신의 저자를 중심으로 연구가 다수 이루어졌으며, 업계 출신의 저자들은 실제 광고 사례를 활용하여 연구를 진행했음을 유추할 수 있다. 실제로 1기에서 게재된 연구들의 제목을 살펴보면 '쌍용제지(주)의 여성 생리대 미라젤 광고캠페인', '새로운 음료(갈증해소음료)의 장르를 개척한 게토레이 광고', '모범적인 캠페인의 성공 사례 '한 스푼' 광고' 등 다수의 연구가 실제 광고 사례를 기반으로 이루어졌음을 알 수 있다. 둘째, 1995년에서부터 2004년에 이르기까지는 대부분의 연구가 학계 출신의 저자를 중심으로 이루어지고 있다. 학계 출신의 교수가 단독으로 작성한 경우와, 교수와 학생이 공동으로 작성한 논문을 모두 합할 경우, 2기는 80.70%, 3기는 80%, 4기는 85.12%로 대부분을 차지하고 있다. 학계 중심으로 연구가 이루어지면서 『광고학연구』에 게재된 논문들은 실증적이고, 양적 연구대상의 연구가 다수 이루어지는 것으로 나타났다.

(3) 연구자별 게재 논문 수

1990년에서 2004년까지 15년간 연구자별 게재 논문 수를 바탕으로 2편 이상 게재한 연구자들의 워드 클라우드를 작성하면 [그림 2-2]와 같다. [그림 2-2]에서 살펴볼 수 있듯이, 김상훈이 13편으로 가장 많았으며 그 뒤로 리대룡 12편, 김광수가 9편인 것으로 나타났다. 또한 김재영, 박종민, 박현수, 서범석, 이혜갑, 한상만, 한상필이 각각 8편을 게재하였으며, 김재휘, 성영신, 양윤, 이경렬이 7편의 논문을 게재한 것으로 나타났다. 15년간 6편의 논문을 게재한 저자는 문영숙, 유승엽, 유창조, 조정식, 홍재욱이었으며, 5편의 논문을 게재한 저자는 총 10명으로 나타났다.

2) 연구주제로 살펴본 초창기 『광고학연구』

(1) 『광고학연구』 15년 동안의 연구주제

1990년에서 2004년까지 15년 동안 『광고학연구』에 게재된 연구들이 **실증적 연구**

[그림 2-2] 『광고학연구』 게재 논문 연구자 워드클라우드

였는지, **비실증적 연구**였는지 살펴본 후 각 연구별로 연구주제의 비중을 살펴보았다(〈표 2-5〉 참조). 전체적으로 총 471편의 연구 중, 실증연구는 50.11%(236편), 비실증연구는 49.89%(235편)로 거의 비슷한 비중을 보였다. 하지만 연구 시기별로는 실증연구-비실증연구 간의 비중 차이가 확연하게 드러났다. 1990년에서 1994년까지 제1기에서는 비실증연구가 75.56%(34편)으로 과반수를 차지하고 있었으나, 2기에서는 54.39%(31편), 3기에서 52.50%(42편)로 계속 비중이 감소하였으며 최종적으로 4기에 이르러서는 절반 이하의 44.29%(128편)를 차지하였다. 반면 실증연구의 경우 1기에서는 24.44%(11편)로 낮은 비중을 차지하였으나 4기에서는 절반 이상의 55.71%(161편)를 차지하며 비중이 증가하는 경향을 보였다.

표 2-5 실증/비실증연구별 연구주제

단위: 편(%)

연구주제	제1기 (1990~1994년)		제2기 (1995~1997년)		제3기 (1998~1999년)		제4기 (2000~2004년)		총		합계
	실증	비실증	실증	비실증	실증	비실증	실증	비실증	실증	비실증	
광고 크리에이티브	2 (18.18)	3 (8.82)	4 (15.38)	6 (19.35)	7 (18.42)	5 (11.90)	27 (16.77)	12 (9.38)	40 (16.95)	26 (11.06)	66 (14.01)
광고교육	-	5 (14.71)	-	-	-	1 (2.38)	2 (1.24)	3 (2.34)	2 (0.85)	9 (3.8)	11 (2.34)
ATL (전통적 광고매체)	-	-	1 (3.85)	4 (12.90)	1 (2.63)	4 (9.52)	2 (1.24)	6 (4.69)	4 (1.69)	14 (5.96)	18 (3.82)
BTL (비전통적 광고매체)	-	-	-	-	2 (5.26)	2 (4.76)	11 (6.83)	9 (7.03)	13 (5.51)	11 (4.68)	24 (5.10)
광고법, 광고 심의, 광고윤리	-	-	4 (15.38)	1 (3.23)	1 (2.63)	-	8 (4.97)	11 (8.59)	13 (5.51)	12 (5.11)	25 (5.31)
광고산업	1 (9.09)	5 (14.71)	2 (7.69)	1 (3.23)	1 (2.63)	9 (21.43)	1 (0.62)	9 (7.03)	5 (2.12)	24 (10.21)	29 (6.16)
광고역사, 철학, 인물	1 (9.09)	1 (2.94)	-	-	-	-	-	2 (1.56)	1 (0.42)	3 (1.28)	4 (0.85)
광고와 마케팅	-	-	1 (3.85)	2 (6.45)	-	1 (2.38)	1 (0.62)	4 (3.13)	2 (0.85)	7 (2.98)	9 (1.91)
광고와 소비자행동	2 (18.18)	-	7 (26.92)	2 (6.45)	7 (18.42)	4 (9.52)	35 (21.74)	11 (8.59)	51 (21.61)	17 (7.23)	68 (14.44)
광고와 커뮤니케이션	-	-	-	-	2 (5.26)	1 (2.38)	7 (4.35)	6 (4.69)	9 (3.81)	7 (2.98)	16 (3.40)
광고의 사회, 경제 문화적 문제(거시광고)	-	3 (8.82)	-	1 (3.23)	-	1 (2.38)	1 (0.62)	4 (3.13)	1 (0.42)	9 (3.83)	10 (2.12)
광고의 특수 분야	1 (9.09)	-	4 (15.38)	4 (12.90)	6 (15.79)	1 (2.38)	10 (6.21)	10 (7.81)	21 (8.90)	15 (6.38)	36 (7.64)

광고 이론	-	-	1 (3.85)	-	-	2 (4.76)	-	-	1 (0.42)	2 (0.85)	3 (0.64)
광고전략	1 (9.09)	-	-	-	3 (7.89)	-	-	3 (2.34)	4 (1.69)	3 (1.28)	3 (0.64)
광고조사 및 마케팅조사	1 (9.09)	3 (8.82)	1 (3.85)	3 (9.68)	-	3 (7.14)	5 (3.11)	5 (3.91)	7 (2.97)	14 (5.96)	18 (3.82)
광고캠페인 및 캠페인 사례	2 (18.18)	2 (5.88)	-	1 (3.23)	-	1 (2.38)	-	4 (3.13)	2 (0.85)	8 (3.40)	15 (3.18)
광고효과	-	11 (32.35)	1 (3.85)	2 (6.45)	7 (18.42)	3 (7.14)	30 (18.63)	1 (0.78)	38 (16.10)	17 (7.23)	19 (4.03)
국제광고	-	-	-	1 (3.23)	1 (2.63)	2 (4.76)	1 (0.62)	6 (4.69)	2 (0.85)	9 (3.83)	47 (9.98)
기타	-	1 (2.94)	-	3 (9.68)	-	1 (2.38)	11 (6.83)	6 (4.69)	11 (4.66)	11 (4.68)	13 (2.76)
CSR	-	-	-	-	-	-	3 (1.86)	10 (7.81)	3 (1.27)	10 (4.26)	21 (4.46)
PR	-	-	-	-	-	-	5 (3.11)	2 (1.56)	5 (2.12)	2 (0.85)	5 (1.06)
SP	-	-	-	-	-	1 (2.38)	1 (0.62)	4 (3.13)	1 (0.42)	5 (2.13)	10 (2.12)
총	11 (24.44)	34 (75.56)	26 (45.61)	31 (54.39)	38 (47.50)	42 (52.50)	161 (55.71)	128 (44.29)	236 (50.11)	235 (49.89)	1 (0.21)
기간별 합계	45(100)		57(100)		80(100)		289(100)		471(100)		

실증연구와 비실증연구별로 많이 나타나는 연구주제를 분석하기 위한 유목은 한상필과 이형석(2014) 연구에서 쓰인 22개의 유목을 사용하였다. 전체적으로 15년간 『광고학연구』에서는 광고와 소비자행동을 주제로 한 연구가 14.44%(68편), 광고크리에이티브에 대한 연구가 14.01%(66편)로 많이 이루어졌다. 실증연구와 비실증연구를 구분하여 살펴보았을 때, 실증연구는 전체 논문 경향과 비슷하게 나타나 광고와 소비자행동에 대한 연구가 전체 실증연구 236편 중 51편인 21.61%로 가장 많

이 차지하고 있었으며, 그 뒤로 광고 크리에이티브에 대한 연구 40편(16.95%), 광고효과에 대한 연구가 38편(16.10%)로 나타났다. 하지만 비실증연구의 경우, 다양한 주제에 대한 연구가 실증연구와 비교하였을 때, 비교적 고르게 연구되고 있었으며 광고산업을 주제로 한 연구가 24편(10.21%)로 높은 비중을 차지하는 것으로 나타났다. 이에 해당하는 연구들은 '광고회사의 현황, 문제 및 과제', '광고인력 수급 현황에 대한 연구' 등 광고산업 내의 현황을 살펴보는 질적 연구가 다수를 차지하고 있었다.

실증연구와 비실증연구로 구분하여 연구 시기별로 연구주제 경향을 살펴보고자 한다. 실증연구에서 가장 높은 비중을 차지하였던 광고와 소비자행동(전체 51편, 21.61%)에 대한 연구의 경우, 1기의 실증연구 중 18.18%(2편)가 관련 연구였으며, 2기는 26.92%(7편)로 비중이 크게 상승하였다. 그리고 3기와 4기에서는 18~21% 정도의 비중을 차지하는 것으로 나타났다. 그러나 비실증연구에서 소비자행동을 주제로 하는 광고연구는 10% 미만의 비중을 차지하는 것으로 나타났다. 그리고 실증연구에서 16.95%(40편)로 높은 비중을 차지하는 것으로 나타난 광고 크리에이티브를 주제로 하는 연구는 1기와 4기까지 전체적으로 15%~18% 사이의 비교적 일정한 비율을 차지하는 것으로 나타났다. 전체 실증연구 중 광고효과를 주제로 한 연구는 16.10%(38편)로 나타났는데, 해당 주제에 대한 실증연구는 1기에는 전혀 없었으며 2기에서 처음 나타나 4기에 이르러서는 18.63%(30편)에 해당하며 크게 비율이 증가한 것으로 나타났다.

비실증연구에서 10.21%(24편)로 큰 비중을 차지하고 있었던 '광고산업'과 관련된 연구는 1기의 비실증연구 중 14.71%(5편), 3기에서 21.43%(9편)로 나타났다. 반면, '광고산업'을 주제로 한 실증연구는 전체 시기에서 1~2편 정도로 적은 양을 차지하고 있었다. 비실증연구에서 주로 발견되는 연구주제는 광고의 사회, 경제, 문화적 측면에 집중한 거시연구가 다수 발견되었다. 이러한 연구주제는 전체 연구 중 비실증연구가 9편, 실증연구가 1편인 것으로 나타났다. '광고교육'을 주제로 한 연구도 비슷한 경향을 보이는데, 1기에서 관련하여 5편의 연구가 게재되었으며, 3기에서 1편, 4기에서 3편이 게재된 것으로 나타났다. 반면 실증연구에서는 전체 시기를 통틀어 광고교육과 관련된 연구는 2편인 것으로 나타났다. 이 외에도 CSR과 PR을 주제로 한 연구는 2000년에서 2004년 사이에 처음으로 연구된 것으로 분석되었다.

(2) 『광고학연구』에서 나타난 초창기 연구 키워드

『광고학연구』는 1998년에 발간된 9권 2호에서부터 각 연구에 대한 영문초록이 작성되기 시작하였다. 그리고 2002년에 발간된 13권 2호부터 각 연구에 대한 영문 키워드가 추가되기 시작하였다. 13권 2호(2002년)에서부터 15권 5호(2004년)까지 게재된 연구들에서 4회 이상 등장한 영문 키워드를 정리하면 〈표 2-6〉과 같다.

표 2-6 『광고학연구』 초창기 영문 키워드 동향

	키워드	개수	관련 연구 제목
1	involvement	7	'검색엔진 웹 사이트에서 상호작용성이 소비자의 사이트에 대한 관여도와 태도, 사이트 재방문 의도 등에 미치는 영향', '제품 관여도 및 제품 지식에 따른 온라인 구전 정보 활용 연구', '환경 관여 수준에 따른 기업의 환경지향적 활동에 대한 지각', '국내 및 해외 브랜드의 브랜드 성격이 구매 행동에 미치는 영향: 제품관여도와 자기 존중감의 조절효과를 중심으로' 등
2	internet advertising	7	'사용자 중심법에 의한 사이트 노출 측정에 관한 연구: 지속(duration)의 개념을 추가한 사이트 사용량 지수의 제안', '인터넷 광고의 효과 과정에 관한 연구: 자극성과 회피성을 중심으로', '새로운 인터넷 광고기법의 개발', '인터넷 광고에 의해 유도된 감정이 광고효과에 미치는 영향' 등
3	advertising industry	6	'한국 광고 산업의 성장에 대한 요인별 기여도 분석', '다국적 광고회사의 국내 시장 진입에 관한 광고 전문인의 의식에 대한 연구', '방송광고 운영제도 개선을 위한 총량제와 중간광고의 활용', '광고인력 수급 현황에 대한 연구', '다국적 매체전문대행사의 등장이 국내 광고산업에 미칠 영향과 대응방안에 관한 연구', '한국 광고산업의 국제화 방안: 거래제도를 중심으로' 등
4	advertising effect	6	'인터넷 광고의 효과과정에 관한 연구: 자극성과 회피성을 중심으로', 'TV 프로그램 광고 선정성이 광고 시청률에 미치는 영향 연구', '인구통계학적 특성과 광고주 구분에 따른 신문광고 노출효과', '광고 창의성의 차원에 따른 광고효과', '인터넷 광고에 의해 유도된 감정이 광고효과에 미치는 영향', '라이프스타일과 다양한 매체의 광고효과 인식에 관한 연구' 등

5	media planning	5	'텔레비전 왕고 요금구조에 관한 연구: 시급을 중심으로', '인터넷 광고매체계획에 노출 분포 모형의 추정력 검증에 관한 연구', '마케팅 및 매체환경 변화에 대한 국내 매체 전문가 인식 및 광고 회사 대응 현황 연구: 매체 기획 의사결정과정을 중심으로' 등
6	newspaper advertising	4	'인구통계학적 특성과 광고주 구분에 따른 신문광고 노출효과', '신문광고의 효과에 관한 인식 및 발전방안에 관한 연구', '한국 근대 소비문화 변천사 연구: 근대신문광고(1888~1949)에 나타난 소비가치 체계 분석을 중심으로' 등
7	content analysis	4	'한국 텔레비전 광고의 메시지 전략에 관한 연구: 6분할 메시지 전략모델의 적용', 'TV 광고에 묘사된 아동층 성유형화 연구', '텔레비전 광고의 미세 자막 분석 연구', '남성성의 다중화와 여성화: 1996년부터 2002년까지 남성잡지 광고 내용분석'
8	comparative advertising	4	'비교광고 규제변화에 따른 광고실무자들의 인식에 관한 실증적 연구: 비교표시, 광고에 관한 심사지침을 중심으로', '비교광고의 효과 연구: 속성전형성의 조정역할을 중심으로', '비교광고 맥락에서 소비자 태도 형성 과정에 관한 연구: 수면효과를 중심으로' 등
9	advertising agency	4	'바람직한 광고대행사 CD상과 성격유형에 관한 연구', '다국적 광고회사의 국내 시장 진출에 대한 국내 광고회사의 경쟁력 제고방안에 관한 연구', '다국적 광고회사의 국내 시장 진입에 관한 광고전문인의 의식에 대한 연구' 등

2002년에서 2004년까지 발간된 14권에서 가장 많이 제시된 연구 키워드는 바로 '관여(involvement)'로 나타났다. 이 키워드는 총 7회 등장하였으며, 주로 '검색엔진 웹 사이트에서 상호작용성이 소비자의 사이트에 대한 관여도와 태도, 사이트 재방문 등에 미치는 영향', '제품 관여도 및 제품 지식에 따른 온라인 구전 정보 활용 연구' 등 '관여도'와 관련된 연구에서 나타났다. 관여도는 다차원적으로 정의될 수 있으나 제품이나 이슈에 대한 특정 개인이 가지는 중요성과 관련성, 관심도 등을 의미한다(전기순, 2004). 즉, 관여도에 따라 나타나는 소비자행동의 차이에 대한 연구가 다수 이루어졌다. 또한 '인터넷광고(internet advertising)'도 다수 등장하는 것으로 나타났다. '인터넷 광고효과 과정에 관한 연구', '새로운 인터넷 광고기법의 개발' 등 인터넷 광고와 관련된 전반적인 연구들에서 해당 키워드가 등장하였다. 이러한 경향은

2000년대에 들어서서 인터넷이 등장하게 되고, 인터넷에서 활용 가능한 광고에 대한 연구가 다수 이루어짐을 유추할 수 있다.

'광고산업(advertising industry)' 키워드도 총 6회 등장하여 높은 빈도를 차지하는 것으로 나타났다. 다만 해당 키워드가 나타난 연구의 주제들은 매우 다양하게 나타났다. 예를 들어, 한국 광고산업에 대한 연구에서부터, 광고인력에 대한 연구, 다국적 광고회사에 대한 연구 등 거시적인 관점에서 진행된 광고연구에서 다수 등장하고 있었다. '광고효과(advertising effect)'도 '광고산업(advertising industry)'과 동일하게 6회 등장하고 있었는데, 주로 광고 시청률에 미치는 효과, 광고가 소비자에게 미치는 효과 등에 대한 연구에서 나타났다. 특이한 점은 바로 '내용분석(content analysis)' 키워드이다. 다른 주요 키워드들은 주로 주제와 관련된 키워드였으나, 해당 키워드는 분석방법과 관련된 키워드이다. 내용분석은 연구의 시간과 비용 측면에서 경제적이고, 특별한 연구인력을 필요로 하지 않으며, 장기간 걸친 자료를 분석할 수 있다는 장점을 가지고 있다(김성태, 2005). 이러한 결과는 내용분석이 광고학 관련 연구에서 빈번하게 사용되고 있는 연구방법이라는 것을 알 수 있다.

3) 초창기 『광고학연구』 게재연구의 연구방법

(1) 양적 연구와 질적 연구의 비율 변화

1990년에서 2004년까지 15년 동안 『광고학연구』에 게재된 연구를 방법론(method)에 따라 양적 연구와 질적 연구로 구분하였다. 양적 연구는 계량화된 자료를 수집하여 통계적으로 사회현상을 분석하는 연구방법이며, 질적 연구는 수치화되지 않은 자료를 통해 연구자의 통찰로 사회문화 현상의 의미를 이해하고 해석하는 연구를 의미한다. 두 가지 방법론을 함께 사용했다면 질적 연구로 분류하였다. 해당 기간 동안 시기별로 질적 연구와 양적 연구의 논문의 수와 비율의 변화를 살펴보면 [그림 2-3]과 같다.

우선 15년 동안 전체 시기에서 『광고학연구』에 게재된 논문이 양적 연구인 경우는

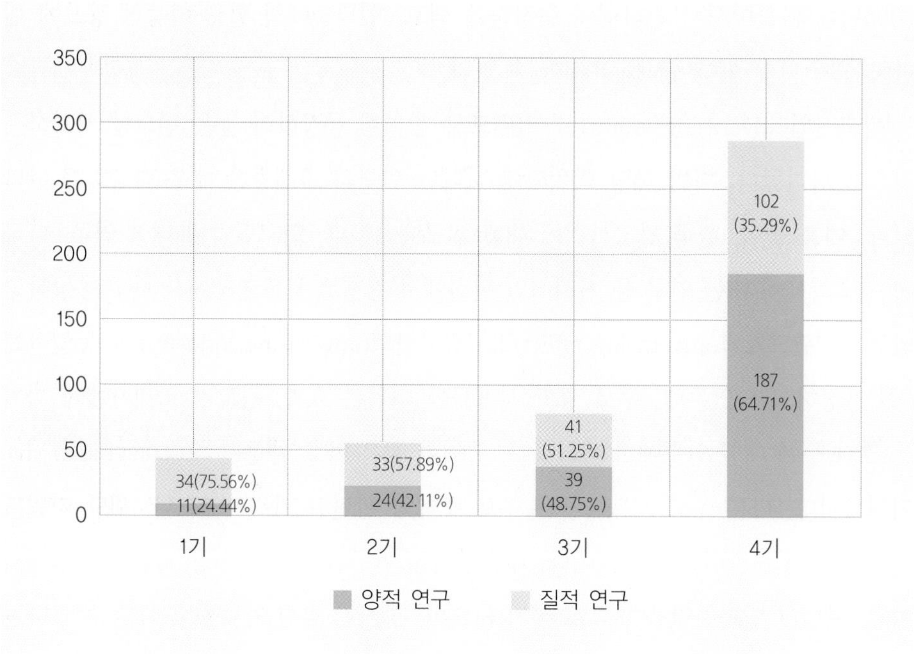

[그림 2-3] 연구 시기별 양적 · 질적 연구의 편수 및 비율 변화

261개(55.41%)로 나타났으며, 질적 연구는 210개(44.59%)로 나타나 양적 연구의 비중이 좀 더 높은 것으로 보였다. 그러나 4기를 제외한 1기, 2기, 3기의 경우 양적 연구에 비해 질적 연구의 비율이 훨씬 높게 나타났다. 구체적으로, 1기의 경우 전체 논문의 75.56%(34편)가 질적 연구에 해당하였으며, 양적 연구는 24.44%(11편)에 그쳤다. 2기에서도 질적 연구가 57.89%(33편), 양적 연구가 42.11%(24편)로 양적 연구가 비교적 증가했지만 여전히 질적 연구보다 낮은 비율을 보이고 있었다. 3기에 이르러서는 질적 연구 51.25%(41편), 양적 연구 48.75%(39편)로 거의 비슷한 비율을 유지하는 것으로 나타났다. 그러나 4기에 이르러서는 양적 연구의 비중이 크게 성장하여 64.71%(187편)로 질적 연구(35.29%, 102편)보다 훨씬 많이 이루어지는 것으로 나타났다.

정리하면, 1990년에서 2000년까지 10년간은 질적 연구를 중심으로 광고계의 연구가 다수 이루어졌으나, 2000년 이후부터는 양적 방법론을 활용한 연구가 많아진 것으로 나타났다. 이러한 경향은 시간이 흐를수록 광고계에서는 수량화된 수치와 객관적인 사실을 보다 중요시 여기고, 다양한 통계분석이 발전했다는 것을 나타낸다. 실제로 4기에서 나타난 연구들의 제목을 살펴보면 '지각된 브랜드 가치가 시장가격 결정과 브랜드 선택행동에 미치는 영향', '온라인 브랜드 커뮤니티에서의 초기 신뢰에 관한 연구' 등 광고현상에 대해 양적인 수치를 활용하여 원인과 결과를 파악하고자 하는 연구가 다수 이루어졌음을 알 수 있다.

(2) 초창기 『광고학연구』 게재연구들의 다양한 연구방법 변화

초창기 『광고학연구』의 구체적인 연구방법의 변화를 분석하기 위해 ① 문헌연구, ② 서베이, ③ 실험연구, ④ 내용분석, ⑤ 사례연구, ⑥ 기타로 구분하였다. 분석결과는 〈표 2-7〉과 같으며, 특정 논문이 한 가지 이상의 연구방법을 사용할 경우 중복응답을 허용하여 분석을 진행하였다.

전체 시기를 통틀어 『광고학연구』에 게재된 연구들이 가장 많이 사용한 연구방법은 서베이 분석방법(244편, 39.23%)인 것으로 나타났다. 모집단으로 추출된 표본을 대상으로 설문문항을 활용하여 실증적인 데이터를 얻고, 통계적인 절차로 분석하는 서베이 연구는 사회과학 분야에서 가장 일반적으로 이루어지는 연구방법이다. 그 뒤로 실험연구가 22.03%(137편), 문헌연구가 17.20%(107편), 내용분석이 8.84%(55편), 사례연구가 6.91%(43편) 순으로 나타났다.

연구 시기별(1~4기)로 연구방법의 변화를 살펴보면, 우선 가장 많은 비중을 차지했던 서베이 연구방법은 1기에서는 총 연구의 17.31%(9편)로 낮은 수준을 차지하고 있었다. 그러나 2기에서부터 관련 연구가 크게 증가하여 31.94%(23편)에 이르렀으며, 3기에서 32.71%(35편)로 나타났다. 그리고 4기에서는 45.27%(177편)로 전체 연구의 절반에 이르는 비율로 서베이 연구방법을 활용한 연구가 다수 이루어짐을 알 수 있다. 서베이 연구와 마찬가지로 실험연구도 1기는 7.69%(4편)로 적은 비중을 차지했지만 계속적으로 비율이 상승하는 양상을 보인다. 2기에서는 13.89%(10편), 3기에서는 28.97%(31편)로 크게 증가하였다. 4기에서는 23.53%(92편)로 3기에 비교했을 때 비교적 비율이 하락하였지만 전체적인 시기에서 실험연구방법을 활용한 연구가 증가하는 경향을 보였다. 또한 내용분석방법을 활용한 연구도 1기에서는 1편(1.92%)에 불과하였지만 4기에서는 42편(10.74%)로 나타나 전체적인 시기 동안 증가하는 양상을 보이는 것으로 나타났다.

그러나 전체 비중에서 세 번째로 높은 비중을 차지하였던 문헌연구(107편, 17.20%)의 경우 시간이 지날수록 비중이 하락하는 모습을 보인다. 1990년대 초반에 해당하는 1기에서는 문헌연구방법을 활용한 연구가 32.69%(17편)로 가장 높은 비중을 차지하였다. 그러나 2기에는 23.61%(17편), 3기에서는 20.56%(22편), 4기에서는 13.04%(51편)로 비중이 크게 줄어든 것으로 나타났다. 같은 경향이 사례연구에서도 발견되는데, 1기에서 28.85%(15편)까지 차지하였으나 4기에 이르러서는 2.81%(11편)에 불과하여 비율이 25% 이상 떨어진 것으로 나타났다. 정리하자면, 서베이연구, 실험연구, 내용분석을 활용한 연구는 시간이 지날수록 증가하는 양상을 보인 반면 문헌연구와 사례연구의 경우는 계속적으로 비중이 하락하는 것으로 나타났다. 이러한 경향은 양적 연구가 지속적으로 늘어난 반면 질적 연구는 비중이 줄어든다는 앞선 연구결과와 같은 맥락에서 해석된다. 1990년에서 2004년에 이르기까지 광고계에서는 객관적이고 정량적인 수치를 활용하여 광고현상을 분석하려는 노력이 이어짐을 『광고학연

표 2-7 연구 시기별 연구방법

단위: 편(%)

	제1기 (1990~1994년)	제2기 (1995~1997년)	제3기 (1998~1999년)	제4기 (2000~2004년)	합계
문헌연구	17(32.69)	17(23.61)	22(20.56)	51(13.04)	107(17.20)
서베이	9(17.31)	23(31.94)	35(32.71)	177(45.27)	244(39.23)
실험연구	4(7.69)	10(13.89)	31(28.97)	92(23.53)	137(22.03)
내용분석	1(1.92)	5(6.94)	7(6.54)	42(10.74)	55(8.84)
사례연구	15(28.85)	9(12.50)	8(7.48)	11(2.81)	43(6.91)
기타	6(11.54)	8(11.11)	4(3.74)	18(4.60)	36(5.79)
기간별 합계	52(100)	72(100)	107(100)	391(100)	622(100)

구』에 게재된 논문들을 통해서 유추할 수 있다.

4) 초창기 『광고학연구』의 다양한 항목 분석

(1) 연도별 게재된 평균 논문 페이지 수

[그림 2-4]는 1990년에서부터 2005년에 이르기까지 각 연도별로 게재된 논문의 평균 페이지 수를 나타낸 결과이다. 분석결과, 1996년 이전까지는 변동 폭이 큰 것으로 나타났다. 구체적으로 1990년에는 평균 16페이지의 논문이 게재되었지만, 1991년에는 평균 7.38페이지까지 하락한다. 다시 1992년에 16.33페이지로 상승하였다가 1993년에 10.75페이지로 줄어드는 모습을 볼 수 있다. 1996년까지 논문의 평균 페이지 수가 큰 폭으로 상승하여 29.47페이지까지 늘어났다. 그러나 1996년 이후부터 2004년까지는 평균 22페이지에서 23페이지로 일정한 페이지를 유지하는 것으로 나타났다. 이러한 결과는 『광고학연구』가 1990년대 중반까지는 초기 창간되고

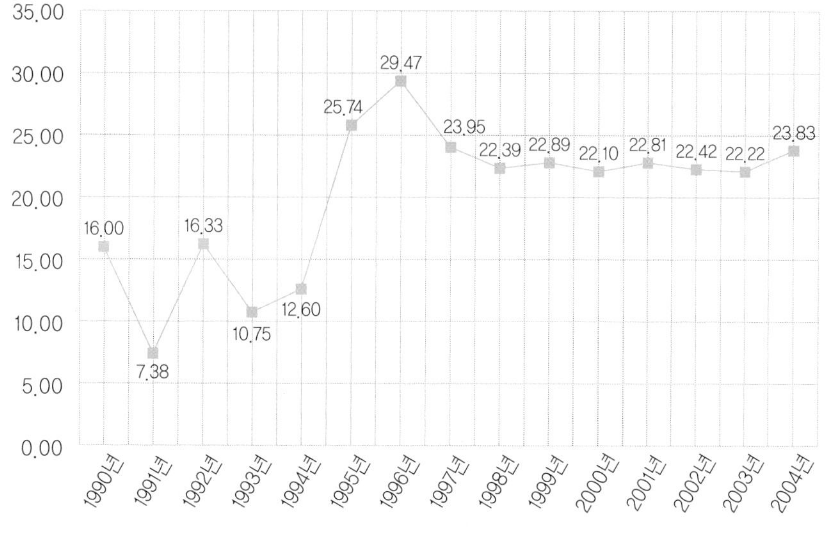

[그림 2-4] 연도별 게재 논문 평균 페이지 수

난 후에 안정적인 학술지로서 자리잡아가기 위한 변화의 과정을 거치고 있다는 사실을 알 수 있다.

(2) 참고문헌 여부와 국내외 참고문헌 비율 변화

〈표 2-8〉은 1990년에서 2004년까지 『광고학연구』에 게재된 연구들이 참고문헌이 포함된 여부를 분석한 결과이며, [그림 2-5]는 연도별 평균 참고문헌의 개수를 나타낸 결과이다.

표 2-8 연구 시기별 참고문헌 여부

단위: 편(%)

		참고문헌 있음	참고문헌 없음	합계
1기	1990년	3(33.33)	6(66.67)	9(100)
	1991년	4(50)	4(50)	8(100)
	1992년	3(50)	3(50)	6(100)
	1993년	5(41.67)	7(58.33)	12(100)
	1994년	6(60)	4(40)	10(100)
2기	1995년	11(57.89)	8(42.11)	19(100)
	1996년	15(88.24)	2(11.76)	17(100)
	1997년	18(85.71)	3(14.29)	21(100)
3기	1998년	39(88.64)	5(11.36)	44(100)
	1999년	36(100)		36(100)
4기	2000년	41(100)		41(100)
	2001년	48(100)		48(100)
	2002년	60(96.77)	2(3.23)	62(100)
	2003년	67(98.53)	1(1.47)	68(100)
	2004년	70(100)		70(100)
합계		426(90.45)	45(5.55)	471

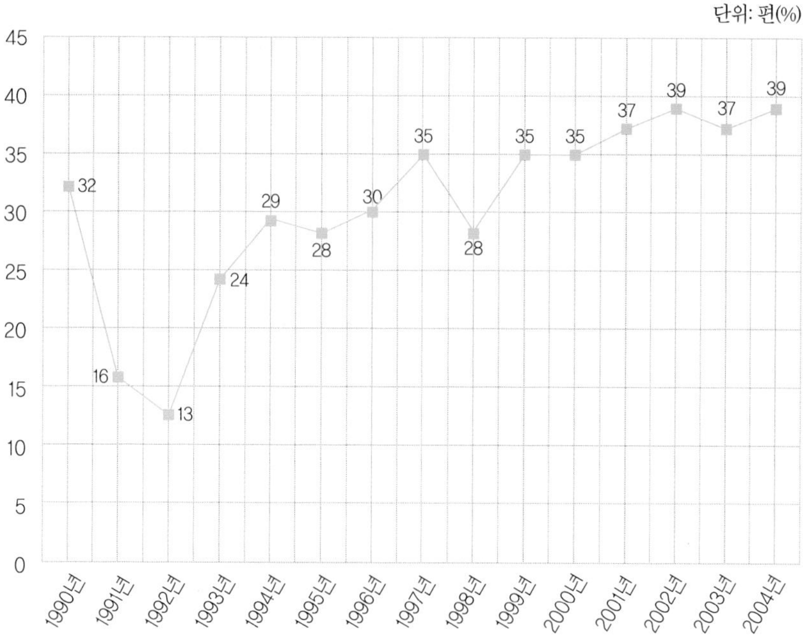

[그림 2-5] 연구 시기별 참고문헌 평균 개수

결과적으로 15년 동안 전체 연구 중에서 참고문헌이 있는 경우는 90.45%(426편)로 나타났다. 특이한 점은 참고문헌이 없는 경우가 참고문헌이 있는 경우보다 더 많은 경우는 1990년에서 1994년까지의 1기에서만 발견되었다. 참고문헌이 없는 경우의 연구들의 제목을 살펴보면 '쌍용제지(주)의 여성생리대 미라젤 광고 캠페인', '삼성그룹 세계인류 캠페인'과 같은 캠페인 사례연구나 '중국 소비자의 심리특성', '방송매체에서 보는 광고산업'과 같은 광고 현상을 파악하는 연구가 다수 차지하고 있었다. 하지만 1996년부터는 참고문헌이 있는 경우가 88.24%(15편)로 높은 비중을 차지하는 것으로 나타났다. 또한 1999년, 2000년, 2001년, 2004년에는 모든 연구에서 참고문헌이 있는 것으로 나타났다. 즉, 1990년대 후반에서 2004년까지는 일부의 연구를 제외하고는 거의 대부분의 연구에서 참고문헌이 포함되었다.

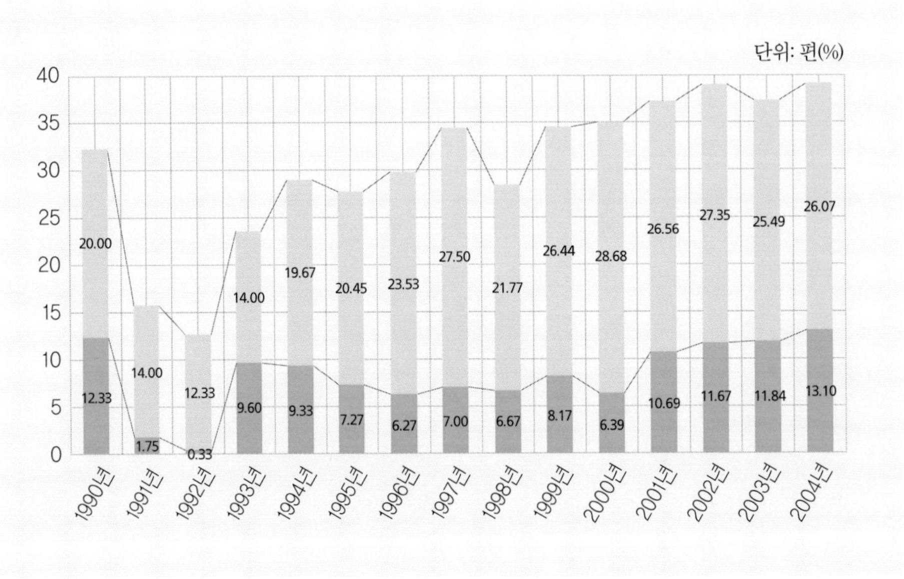

[그림 2-6] 연도별 국내외 참고문헌 비율

『광고학연구』에 게재된 연구들은 평균적으로 35편의 참고문헌을 포함하는 것으로 나타났다([그림 2-5] 참조). 첫 발간되던 1990년대에는 참고문헌 개수가 32편에 해당하였으나, 1991년에는 16편, 1992년에는 13편으로 급격하게 낮아졌다. 그러나 1993년(평균 24편)을 기점으로 다시 증가하여, 1999년부터는 35~39편 사이의 참고문헌을 포함하는 것으로 나타났다.

연구 내에 포함되는 참고문헌의 국내 및 국외를 분석한 결과는 [그림 2-6]과 같다. 전체 게재된 471편의 논문을 기준으로 국내 논문이 27.87%를 차지하고 있었으며, 국외 논문이 72.13%인 것으로 나타나 국내보다 국외 참고문헌을 더 높은 비율로 의존하는 것으로 나타났다. 국외 참고문헌의 비율이 높은 경향은 전체적으로 모두 나타났다. 특히, 1992년에 국외 참고문헌이 97.37%(평균 참고문헌 개수 14편), 국내 문헌이 2.63%(평균 참고문헌 개수 1.75편)으로 국외 문헌의 비중이 가장 높았다. 1993년의 경우, 전체 참고문헌 평균개수가 24편 중에서 국내 문헌이 9.60편(40.68%), 국외 문헌이 14편(59.32%)로 국내 문헌의 비중이 가장 높은 해로 나타났다. 2000년에는 국외 문헌이 81.78%(평균 참고문헌 개수 28.68편)로 매우 높은 비중을 차지하였으나, 2001년 71.31%(26.56편), 2002년 70.10%(27.35편), 2003년 68.29%(25.49편), 2004년 66.56%(26.07편)로 점차적으로 비중이 줄어들고 있는 양상을 보였다.

(3) KCI 인용지수로 살펴본 피인용 횟수

KCI 인용지수를 바탕으로 논문의 피인용 횟수를 살펴보았다. KCI 인용지수는 한국연구재단에서 제공하는 학술지인용색인(Korea Citation Index)[1]을 뜻하며, 특정 논문이 다른 논문에 인용된 횟수를 의미한다. 인용은 연구자에게 자신의 연구의 객관성에 대한 근거로 사용되고 있기 때문에 피인용 횟수를 통해 『광고학연구』에 게재된 논문들의 질적인 수준을 간접적으로 추정할 수 있다. 1990년 개간된 이후, 2004년까지 471개의 논문 중 KCI 시스템상에서는 156개에 대한 논문의 인용지수가 제공되었다. 한국학술지인용색인(KCI)에서는 2002년부터의 학술지에 대해서 피인용 횟수를 제공하고 있었으며, 그 결과 2002년에 발간된 13권에서는 한 논문당 평균 45회, 2003년 14권에서는 평균 22회, 2004년 15권에서는 18회가 인용되고 있는 것으로 나타났다. 2002년, 2003년, 2004년 전체를 평균했을 때, 한 논문당 평균적으로 18회 인용되는 것으로 나타났다.

〈표 2-9〉는 156개의 논문 중 가장 많이 인용된 15개의 논문에 대한 정보를 정리한 표이다. 2004년까지 『광고학연구』에 게재된 논문 중 김성훈(2003)의 '제품 관여도 및 제품 지식에 따른 온라인 구전정보 활용연구'가 153회로 가장 많이 인용되고 있었다. 한상필과 이형석(2004)의 『광고학연구』에 게재된 논문의 내용분석을 실시한 연구에 따르면, 2013년 당시 김성훈(2003) 연구의 피인용 횟수가 65회였는데 현재는 거의 두 배 이상 증가한 것으로 나타났다. 또한 오미영, 박종민, 장지호(2003)의 '한국의 국가이미지에 영향을 미치는 요인에 관한 연구'가 101회로 그 뒤를 이었으며, 세 번째는 신강균(2003)의 '기업의 사회적 책임활동(CSR)의 효과에 관한 연구:

1 한국학술지인용색인 통합검색(www.kci.go.kr) 2019년 6월 30일 기준.

유한킴벌리의 우리 강산 푸르게 푸르게 캠페인(KKG) 20년 활동사례를 중심으로'가 89회 피인용되는 것으로 나타났다. 오미영 등(2003)의 연구와 신강균(2003)의 연구 모두 2013년에 비하면 매우 크게 증가하였다. 이렇게 KCI 인용지수가 증가하였다는 점은 『광고학연구』에 게재된 논문들이 관련 광고업계에서 이론적 근거로 사용되고 있으며, 『광고학연구』의 질적 수준이 향상하고 있음을 함의한다.

표 2-9 KCI 인용지수 순위

단위: 편(%)

순위	KCI 인용지수	발행연도	권호	연구자 명	논문 명
1	153	2003년	14권 1호	김성훈	제품 관여도 및 제품 지식에 따른 온라인 구전정보 활용 연구
2	101	2003년	14권 1호	오미영, 박종민, 장지호	한국의 국가이미지에 영향을 미치는 요인에 관한 연구
3	89	2003년	14권 5호	신강균	기업의 사회적 책임활동(Corporate Social Responsibility: CSR)의 효과에 관한 연구: 유한킴벌리의 우리 강산 푸르게 푸르게 캠페인(KKG) 20년 활동 사례를 중심으로
4	78	2003년	14권 4호	한은경, 유재하	브랜드 자산평가를 위한 감성 및 관계척도 개발에 관한 연구
5	72	2004년	15권 1호	양윤, 채영지	상표 성격과 광고모델 이미지의 일치성이 광고 및 상표 선호도에 미치는 영향
6	64	2003년	14권 2호	안주아	소비자에 근거한 브랜드 자산 측정의 타당성 검증
7	58	2003년	14권 3호	염성원	한국의 국가 이미지 연구동향에 관한 연구
8	55	2004년	15권 3호	박재진	소비자의 인터넷쇼핑 행동에 영향을 미치는 요인에 관한 연구
9	53	2003년	14권 1호	김영욱, 박소영	인터넷상에서 조직-공중관계성이 고객 만족도와 충성도에 미치는 영향
10	53	2004년	15권 2호	심성욱, 박종민	라이프스타일과 다양한 매체의 광고효과 인식에 관한 연구

11	53	2004년	15권 3호	이유재, 최우진	제품배치(PPL)가 소비자의 브랜드 회상과 태도에 미치는 영향: 관여도와 PPL관련 사전정보 인지여부의 조절적 역할
12	47	2003년	14권 4호	성영신, 박은아, 김유나	국내 및 해외 브랜드의 브랜드 성격이 구매행동에 미치는 영향: 제품관여도와 자기존중감의 조절효과를 중심으로
13	45	2003년	14권 1호	김재휘, 안정태	정보원의 전문성과 시청자의 유행관여도에 따른 간접광고의 효과: TV 드라마 속 패션상품 PPL을 중심으로
14	43	2004년	15권 4호	성영신, 이지량, 신주리, 정용기	명품 vs 대중품 브랜드 로고에 대한 소비자 심리비교: fMRI를 통한 지각, 인지 및 정서 반응
15	42	2003년	14권 3호	김지호, 김재휘	인터넷 광고의 효과과정에 관한 연구: 자극성과 회피성을 중심으로

4. 마치며

이 장에서는 『광고학연구』의 1990년 창간호에서부터 2004년에 이르기까지 471편의 게재 논문을 분석하여, 초기 연구동향과 연구특성을 살펴볼 뿐만 아니라 연구성과를 체계적으로 정리하고자 하였다. 광고학을 포함한 다양한 사회과학 학문은 이전 연구성과를 기반으로 하여 축적되고 질적인 발전을 이루어 왔다. 그러므로 광고와 관련된 선행연구들을 파악하는 것은 전체적인 연구경향 및 다양한 학문적이고 유용한 시사점을 제공할 수 있다(김수연 외, 2013). 특히, 1990년 창간 이래로 현재까지 다양한 관점에서의 연구가 게재되고 있는 『광고학연구』의 초기 연구동향을 살펴보는 것은 국내 광고학의 초기 학문적 정체성과 발전사를 살펴볼 수 있는 기회가 될 수 있다. 15년간의 『광고학연구』에 게재된 연구의 연도별로 발간된 횟수에 따라 네 시기로 구분하여 시기별로 분석한 특성을 정리하면 다음과 같다.

첫째, 『광고학연구』가 광고연구에 대한 중심적인 학술의 장이 되어 가고 있음이 여러 데이터를 통해 증명되고 있다. 구체적으로 발간 초기에 연간 발행되는 횟수가 증가하였으며, 연도별 게재되는 평균 논문 수는 급격하게 증가하는 양상을 보인다. 1990년부터 1994년까지는 연간 1회 발행되었지만, 1995년부터는 연간 2회, 1998년부터는 연간 4회, 2000년까지는 연간 5회로 발행되는 횟수가 증가하였다. 발간 횟수가 증가하면서 연도별로 게재되는 논문 수도 급격하게 증가하였다. 연간 1회 발행되던 시기에는 평균적으로 1년에 9편의 논문이 게재된 반면, 연간 5회 발행되던 2000년부터 2004년까지는 평균적으로 1년에 58편의 논문이 게재되어 급격하게 증가하는 것으로 나타났다. 눈에 띄게 증가하는 게재 논문의 수는 『광고학연구』가 개간 초기부터 점차적으로 광고 분야에서 활발한 학술의 장으로 자리 잡고 있음을 시사한다. 또한 이러한 사실은 피인용 횟수의 분석결과를 통해서 알 수 있다. 창간 초기에 해당하는 15년 동안 가장 많이 인용된 논문은 김성훈(2003) 「제품 관여도 및 제품 지식에 따른 온라인 구전정보 활용 연구」로 2019년을 기준으로 총 153회 인용된 것으로 나타났다. 2014년 동일한 김성훈(2003) 연구의 KCI 인용지수가 65회였는데 약 5년 만에 2배 이상 피인용 횟수가 증가한 것으로 나타났다(한상필, 이형석, 2004). 이러한 사실은 창간 초기에 게재된 논문들이 최근까지도 다수의 연구들에 인용되며, 광고학 연구의 기반이 되고 있다는 사실을 증명한다.

둘째, 시기별로 저자들의 특성도 뚜렷하게 차이가 나타나고 있었다. 전체적으로는 367명의 저자가 총 471편의 논문을 게재한 것으로 나타났다. 1990년대에는 단독 저자의 비율이 대다수를 차지하였으나, 2000년 이후에는 3명 이상의 공동연구 비율이 크게 늘어났다. 구체적으로 살펴보면, 발간 초기에 해당되는 1990년에서 1994년은 단독 저자인 경우가 80%를 차지하고 있었지만, 2000년부터 2004년까지는 단독 저자의 비율이 58.13%로 약 12%가량 줄어드는 모습을 보이고 있다. 그러나 2명 이상의 공동연구인 경우에는 20%에서부터 30%까지 증가하였으며, 3명 이상인 경우는 발간 초기에는 한 건도 없었지만, 4기(2000~2004년)에는 약 12%까지 비중이 증가하였다. 이러한 사실은 학자 간, 학제 간 공동연구가 더욱 활발하게 이루어질 것이라는 것을 예상할 수 있게 한다. 그리고 저자들의 출신을 살펴보았을 때, 두 가지 사실을 발견할 수 있다. 첫째, 90년대 초반에는 학계보다 업계 출신의 저자들이 다수를 차지하였다. 그러나 1990년대 중반부터 학계 출신의 저자의 비중이 늘었고, 2000년대에 들어서서는 학계 출신 저자가 전체 저자 중 75.43%를 차지하며 급격하게 비중이 증가하였다. 이는 광고 분야의 연구들이 학계를 중심으로 이루어지고 있다는 것을 반영하는 증거이다. 둘째, 발간 초기에는 학계 출신의 저자와 업계 출신의 저자가 공동으로 연구하는 경우는 드물었다는 점이다. 광고는 산업과 밀접하게 연관되어 있는 분야인 만큼 학술적인 시각과 현실적인 시각이 협동하여 연구되지 못한 점은 아쉬운 점으로 남는다.

셋째, 연구주제와 연구내용을 분석했을 때, 객관적인 데이터가 더욱 중요해지고 있다는 점을 알 수 있다. 창간 초기에는 비실증연구가 과반수를 차지하는 반면 시간이 지날수록 실증연구의 비중이 크게 증가하고 있다는 사실을 발견하였다. 이는 2000년대 이후에도 실증연구가 높은 비중을 차지할 수 있을 것을 시사한다. 실증연구와 비실증연구별로 구분하여 연구주제를 분석하였을 때, 실증연구는 광고와 소비자행동을 주제로 한 연구의 비중이 가장 많은 것으로 나타났다. 그러나 비실증연구에서는 비교적 다양한 연구가 고르게 연구되고 있었으며, 광고산업을 주제로 한 연구가 가장 높은 비중을 차지하고 있었다. 『광고학연구』의 창간 초기에는 광고캠페인에 대한 사례연구가 다수 진행되었지만, 시간이 지날수록 광고효과, 광고와 소비자행동 등 실증적으로 데이터를 통해 분석할 수 있는 연구의 비중이 늘어나는 것으로 나타났다. 이러한 경향은 연구방법을 분석했을 때에도 동일하게 나타났다. 1990년대에 게재된 논문에는 양적 연구보다 질적 연구가 다수 이루어지고 있었다. 이러한 경향은 『광고학연구』가 창간 초기에는 다수의 사례연구를 통해 광고현상을 분석하고자 하는 질적 연구를 중심으로 연구가 다수 이루어졌다는 사실을 보여 준다. 그러나 2000년에 들어서면서부터 양적 연구의 비중이 크게 성장하는데, 이는 광고학에서 수량화된 수치와 객관적인 사실을 보다 중요시 여긴다는 사실을 보여 준다.

넷째, 별개의 지수를 활용하여 다양한 측면에서 창간 초기 『광고학연구』를 분석하였을 때, 초기 『광고학연구』가 학술지로서 자리잡아 가기 위한 변화의 과정을 거치고 있음을 알 수 있었다. 우선 연도별로 게재된 논문의 평균 페이지 수는 다소 변동적인 경향을 보인다. 1991년에 최저 7페이지였지만 다음 해에는 16페이지까지 상승했다가 그다음 해에는 다시 10페이지로 하락하는 모습을 보인다. 그리고 점차적으로 증가하여 1997년에 최고 29페이지까지 나타났으며 그 이후부터는 소폭 하락하여 평균적으로 22페이지에서 24페이지 가량의 일정한 수준을 보였다. 이러한 사실은 창간 초기에는 연도별로 변동 폭이 컸지만, 시간이 지날수록 『광고학연구』가 안정되고 자리 잡아 가고 있는 것을 보여 준다. 이러한 경향은 연구 시기별로 참고문헌의 평균개수에서도 나타난다. 1990년에서 1997년에 이르기까지는 평균 참고문헌의 수가 변동폭이 매우 컸지만, 2000년대에 들어서서는 약 30개 중 · 후반의 안정적인 모습을 보이는 것으로 나타났다.

그러나 이 장에서 수행한 분석은 『광고학연구』의 특정 학술지만을 대상으로 했기 때문에 우리나라 광고학과 관련된 초창기 연구의 전체를 일반화시키기에 무리가 있다. 추후에는 다른 광고학 관련 학술지와의 비교분석을 통하여 우리나라의 광고학 분야의 연구성향을 규명할 필요가 있을 것이다. 그리고 이 장에서는 더욱 다양한 동향 분류 기준을 설정하여 내용분석을 실시하지 못하였다는 한계를 지닌다. 예를 들어, 연구비 지원 현황을 대학 자체, 한국연구재단, 과학재단, 기업, 기타 정부기관 등 다양하게 구분하여 분석할 수 있다. 또한 이 연구는 질적 수준에서 구체적인 분석이 부족하다는 한계를 지닌다. 양적인 수준에서 분석방법 등에 대한 세부적인 분석을 진행하고 있지만 질적인 수준에 대해서는 분석이 이루어지고 있지 않다. 최규환(2003)은 관광학술지에 대해 시대별로 질적인 수준을 분석하였는데, 문제제기에 있어서 구체적으로 서술하였는지, 선행연구를 고찰하였는지, 개념정립이 적절했는지 등을 평가하였다. 추후에는 이와 같은 다른 형식의 분석이 필요할 것으로 판단된다.

광고학계에서 중심적인 학술의 장이라고 할 수 있는 『광고학연구』의 창간 초기의 특성을 살펴보고 게재된 연구들을 정리하였다. 창간 15년 동안의 『광고학연구』에 게재된 연구들을 통해 초창기 광고학연구가 변화의 과정이 놓여 있었던 것을 알 수 있다. 여기까지의 분석을 종합해 볼 때, 지속적으로 연구논문이 늘어나는 경향을 통해 활발하게 광고학연구가 진행되고 있음을 보여 주었다. 그리고 비실증연구보다 실증연구의 비중이 커지고, 양적 방법론의 비중이 커지면서 객관적인 수치를 통해 광고현상을 통찰하려는 노력들이 이어짐을 알 수 있다. 또한 초창기에 게재된 『광고학연구』의 논문들은 디지털 시대에 이르는 현재까지도 다수의 광고연구의 기반으로서 적극적으로 인용되고 있는 것으로 나타났다. 이러한 내용분석은 광고학연구의 초창기 동향과 변화를 개괄적으로 살펴볼 수 있는 기회가 될 수 있을 뿐만 아니라 종합적인 접근을 통해서 향후 연구과제 설정을 위한 중요한 자료가 될 수 있을 것으로 기대한다. ■

제3장

한국 광고학연구의 최근 15년의 특성

홍문기(한세대학교 미디어영상광고학과 교수)

1. 들어가며

2. 분석유목과 분석방법

3. 『광고학연구』의 최근 동향 분석결과

4. 마치며

◈◇◈

1990년 12월『광고학연구』창간호 발간 이후 약 1,460여 편의 논문이 발표되었다. 이 중 2005년부터 2019년까지 약 15년간 게재된 논문은 993편에 달한다. **한국광고학회** 30주년을 맞아 이 장에서는 한국의 최근 광고학연구 경향을 2005년부터 2019년까지『광고학연구』에 수록된 993편의 논문을 중심으로 살펴보고자 한다. 본 연구는 연구자의 특성, 연구주제의 변화, 연구방법론의 변화 등 기존 연구에서 다루어 왔던 내용과 일관성을 유지하고 있다. 이러한 연구분석 유목의 일관성을 유지하고자 하는 중요한 이유는 국내 광고연구의 발전을 위해 기존 연구의 특성과 흐름을 누적적으로 검증하고, 이를 효율적으로 정리함으로써 커뮤니케이션 기술의 변화에 따라 달라지는 연구목적, 연구방법, 연구결과 등의 시대적 변화 추이를 일목요연하게 제시하기 위함이다.

이를 위해 우선 본 연구에서는 2005년부터 2019년까지『광고학연구』에 수록된 논문의 수를 살펴보았다. 약 15년 동안 총 993개의 논문이 실린『광고학연구』의 연 평균 논문 게재 수는 66.2편이고, 이는 각 권당 8호의 논문이 실린다는 전제하에 매호 8.27편의 논문이 실렸다고 할 수 있다. 이러한 결과는 초창기(1990~2004년) 논문이 417편에 불과하였던 것에 비해 비약적인 발전을 이룬 것이라 평가할 수 있다. 다음으로 논문의 성격과 관련해 2005년까지 15년 동안 발행된 993편의 논문의 연구동향을 기존 연구에 근거해 저자 특성, 연구주제, 연구방법 등 유목의 일관성을 유지하며 내용분석을 수행하였다. 그 결과, 최근 15년간『광고학연구』의 논문들은 초창기(1990~2004년) 논문에 비해 학계 저자들의 수가 급증하였고, 특히 학생 저자들이 제2, 제3의 저자로 등장하는 경우가 급격히 늘고 있음을 알 수 있었다. 이러한 현상은 단독연구의 비중이 낮아지고 공동연구의 비중이 높아지는 현상을 통해 확연해졌고, 광고업계 출신의 저자들보다 교수와 학생을 포함해 학계 출신의 저자들 증가로 학계 중심으로 연구가 주류를 형성하는 것으로 파악되었다. 마지막으로, 연구방법에 있어서는 객관적인 데이터를 활용한 실증적 연구경향이 두드러졌다. 초창기(1990~2004년) 연구에 비해 양적 연구가 늘었고, 실증적 통계자료를 기반으로 한 연구문제와 연구가설 중심의 연구가 대부분이었다. 그 밖에도 연구경향들과 관련해 기존 연구의 유목화 기준과 일관성을 유지하면서 최근 15년간의 『광고학연구』 연구경향을 설명할 수 있는 몇 가지 분석결과를 살펴보았다.

한국의 광고학 연구경향과 관련해 최근 15년간의 특징이 무엇인지 살펴보고자 하는 이 장에서의 논의 과정이 광고학회 창립 30주년을 맞이해 국내 광고학연구에 대한 이해와 최근 연구경향을 파악하는 데 도움이 되길 바란다.

1. 들어가며

『광고학연구』는 지난 30년 동안 다양한 주제에 대해 광고/PR/마케팅 분야 관련 다양한 학문적 논의를 전문적으로 다루어 왔다(한상필, 이형석, 2014). 이는 『광고학연구』가 국내 광고학 성장의 디딤돌 역할을 하고, 광고/PR/마케팅 분야의 학문적 정체성과 광고산업 성장에 기여하고 있음을 의미한다(한상필, 2008). 특히, 달라진 커뮤니케이션 환경과 새로운 미디어 플랫폼의 등장에 따라 『광고학연구』에 실리는 논문의 주제와 연구방법론에도 변화가 나타나고 있다. 따라서 최근 15년간 『광고학연구』에 실린 논문을 살펴보는 작업은 과거 연구동향을 기반으로 미래의 연구결과를 예측하는 과정이라 할 수 있다. 이런 연구동향의 흐름을 분석하는 것은 미시적 측면과 거시적 측면에서 매우 중요하다. 향후 연구방향을 설정하고, 연구가치 향상을 위한 심도 깊은 연구를 할 수 있는 기회를 얻을 수 있다. 광고학의 연구동향 연구는 크게 주제 중심, 효과 중심, 그리고 연대기 중심으로 구분할 수 있다. 주제 중심은 광고학의 연구동향을 특정 주제 중심으로 구분해 다루는 것이다. 어떤 내용의 광고를 다루는가에 따라 정치광고, 공익광고, 소비재 광고 등으로 구분하는가 하면, 광고매체에 따라 TV 광고, 온라인 광고, 모바일 광고 등으로 분류하기도 한다(윤각, 전혜경, 편석환, 2008). 또한 광고효과를 파악하기 위해 전달된 광고 메시지에 의한 노출수준, 태도의 변화 정도, 행동 변화의 결과 등을 중심으로 연구함으로써 광고학 연구동향을 분석할 수도 있다. 연대기 중심의 연구동향 분석은 주로 시대적 흐름에 따라 연구가 어떻게 달라졌는지 살펴보는 것이다. 이 책에서는 1990년 이후 『광고학연구』에 실린 논문들을 초창기 15년(1990~2004년)과 최근 15년(2005~2019년)으로 분류한 것처럼 게재된 논문의 연구동향을 일정주기에 따라 내용분석을 실시한다. 연대기 중심의 연구경향 분석은 특정 분야(예: 저자, 연구주제, 연구방법)에 대해 유목화 작업(예: 논문의 공저 여부, 참가 연구자 수 및 저자의 소속 학과, 연구 분야, 세부 주제, 분석기법, 통계유형 등)을 하고 그 결과를 바탕으로 한 통계적 분석을 한다. 이는 광고학연구의 추이와 역사적인 관점을 기반으로 한 향후 연구방향 등에 대한 논의를 위한 것이다(정어지루, 1988).

이 장에서는 최근 15년 동안의 『광고학연구』에 게재된 연구를 분석해 광고학에 대해서 초반에 이루어진 다양한 논의에 비추어 최근에는 무엇이 어떻게 달라졌는지 탐색하고자 한다. 특히, 기존 연구의 분석유목 체계를 유지함으로써 누적된 데이터 가치를 통해 기존 연구에서 논의한 다양한 관점/해석에 대한 일관성을 유지하고자 한다. 이는 『광고학연구』의 최근 연구경향을 바탕으로 본 학술지의 질적 가치를 제고하고 향후 발전 방향을 모색할 수 있는 기회가 될 것이다.

2. 분석유목과 분석방법

1) 분석유목

1990년에 창간된 『광고학연구』는 2005년부터 2007년까지 매년 5호씩 발간하다가, 2008년부터 2010년까지 6호, 그리고 2011년부터는 8호씩 발간하고 있다. 따라서 2005년부터 2007년까지는 15호, 2008년부터 2010년까지는 18호, 2011년부터 2018년까지는 64호, 그리고 2019년 8월 현재까지 5호 등 총 102호가 발간되었다. 본 연구에서는 최근 15년의 『광고학연구』가 5회 발간되었던 1기(2005~2007년), 6회 발간되었던 2기(2008~2010년), 8회 발간한 3기(2011~2018년), 그리고 총 8회 중 2019년도 8월 현재 5회까지만 발간된 2019년도를 4기로 분류하였다. 해당 기간 동안 게재된 993편의 논문을 대상으로 내용분석을 실시하되 『광고학연구』의 연구동향을 효율적으로 살펴보기 위해 15년을, 1년에 발간된 횟수를 기준으로 총 4기로 구분하였다. 이 연구에서 사용된 분석유목은 한상필과 이형석(2014)의 연구에서 사용된 유목을 수정 및 보완하였다. 〈표 3-1〉은 본 연구의 유목기준을 보여 주고 있다.

해당 연구는 크게 네 분야로 분류하여 각 분석유목을 분석하고 결과를 서술하

표 3-1 분석항목

분석주제	분석항목
연구 현황	연도별 게재 논문 수, 평균 논문 페이지 수, 참고문헌 여부, 국내외 참고문헌 의존도, KCI 인용지수
연구자 특성	연구자 명, 연구자 수, 연구자 출신, 연구자별 게재 논문 수
연구주제	광고 크리에이티브, 광고교육, 전통적 광고매체(ATL), 비전통적 광고매체(BTL), 광고법/광고심의/광고윤리, 광고산업, 광고역사, 광고와 마케팅, 광고와 소비자행동, 광고와 커뮤니케이션 등
연구방법	문헌연구, 서베이, 실험연구, 내용분석, 사례연구, 기타

였다. 첫째, 『광고학연구』의 개괄적인 특징 및 연구자의 특성을 분석하였다. 이를 분석하기 위해 우선 각 연도별 『광고학연구』에 게재된 논문의 수를 살펴보았다. 그리고 연구자의 특성은 크게 ① 연구자 명, ② 연구자 수, ③ 연구자 출신, ④ 연구자별 게재 논문 수와 같은 네 가지 항목을 통해 분석하였다. 연구자 수의 경우, 단독 저자인 경우나 공동저자 또는 3인 이상의 저자가 있는 경우를 구분하였다. 그리고 연구자의 출신을 ① 학계(교수 단독), ② 학계(교수와 학생 공동), ③ 학계와 업계, ④ 업계 출신일 경우, ⑤ 광고단체 출신 및 기타에 해당되는 경우 등 세부적으로 구분하고 구체적으로 분석하였다. 둘째, 『광고학연구』에 게재된 연구들의 내용을 분석하기 위해 ① **실증연구** 또는 **비실증연구**의 여부, ② **연구주제**와 관련된 항목을 분석하였다. 연구주제에는 광고와 소비자행동과 같은 미시적인 주제에서부터 광고산업과 같은 거시적인 주제, 광고 이론, 광고교육과 같은 다양한 주제들을 포함하였다. 세 번째는 『광고학연구』에 게재된 연구들의 연구방법을 구체적으로 분석하였다. 해당 분석을 위해 사용된 항목은 ① 양적/질적 연구방법 여부, ② 구체적인 연구방법에 해당된다. 우선 양적 연구방법은 경험적인 자료를 수집하고, 자료를 계량화하여 분석한 것을 의미하며, 질적 연구방법은 해당 주제에 대해서 심층적으로 해석하고 이해하는 연구방법을 의미한다. 그리고 구체적으로 연구방법을 ① 문헌연구, ② 서베이, ③ 실험연구, ④ 내용분석, ⑤ 사례연구, ⑥ 기타로 구분하여 분석하였다. 마지막으로, 논문의 다양한 측면을 살펴볼 수 있도록 ① 평균 논문 페이지 수, ② 참고문헌 여부와 국내외 참고문헌 의존도, ③ KCI 인용지수(피인용 횟수) 등을 전반적으로 분석하였다.

분석유목은 한상필과 이형석(2014)이 『광고학연구』 25주년 연구에서 사용되었던 분석유목들을 중심으로 구성되었다. 본 연구의 목적인 시기별 연구동향과 흐름을 분석하기 위하여 16가지 세부 유목들을 우선 발간 횟수를 기준으로 2005년에서 2019년 8월까지를 2005~2007년, 2008~2010, 2011~2018, 2019 등 네 시기로 분류하였다. 이러한 분류기준을 중심으로 ① 연구자 명, ② 연구자 수, ③ 연구자 출신, ④ 연구자 출신(세부-전공별), ⑤ 연구자별 논문 게재 횟수, ⑥ 연구논문의 종류, ⑦ 주제 분류-1주제, ⑧ 주제 분류-2주제, ⑨ 연구방법의 유형, ⑩ 연구방법, ⑪ 통계분석기법, ⑫ 연구가설/연구문제 유무, ⑬ 참고문헌 유무, ⑭ 논문의 길이, ⑮ 표집방법, ⑯ 표집성격 등으로 구분해 코딩하였다.

표 3-2 논문 주제별 분류 분석유목

논문 주제	세부 항목
1. 광고 일반	① 광고의 기본 개념 ② 광고의 종류 ③ 광고의 기능 ④ 광고학의 범위 ⑤ 기타
2. 광고 이론	① 광고 이론 소개 ② 기타
3. 광고역사, 철학, 인문	① 광고역사 ② 광고철학 ③ 광고인물 ④ 기타
4. 광고교육	① 대학의 광고교육 ② 광고인 양성과정 ③ 직장 내 교육훈련 ④ 기타
5. 광고의 사회, 경제, 문화 (거시적 광고)	① 광고의 사회적 영향 ② 광고의 경제적 영향 ③ 광고의 문화적 영향 ④ 소비자 보호, 교육 ⑤ 공공정책 ⑥ 광고비판 ⑦ 기타
6. 광고법, 광고 심의, 광고윤리	① 광고법 ② 광고심의 ③ 광고규제 ④ 광고윤리 ⑤ 허위, 기만 광고 ⑥ FTC ⑦ 지적 소유권 ⑧ 기타
7. 광고산업	① 광고회사 ② 광고주 ③ 매체사 ④ 제작 및 크리에이티브 ⑤ 광고산업 종합 ⑥ 광고단체 ⑦ 기타
8. 광고와 마케팅	① 마케팅 믹스에서 광고의 위치, 중요성 ② 마케팅과 광고의 관계 ③ 기타
9. 광고와 커뮤니케이션	① 광고와 커뮤니케이션 효과의 관계 ② 설득커뮤니케이션 ③ 커뮤니케이션 이론 및 모델의 광고 적용 ④ 기타
10. 광고와 소비자행동 (광고수용자/소비자)	① 소비자의 태도와 감정(attitudes and affect) ② 소비자의 구매행동 및 결정요인 ③ 광고의 수용과정(정보처리과정 등) ④ 광고수용자(어린이, 청소년, 노인, 주부) ⑤ 관여 ⑥ 기타 소비자행동
11. 광고전략	① 광고계획 ② 광고목표 ③ 광고예산 ④ 매체전략 ⑤ 크리에이티브 전략 ⑥ 판촉전략 ⑦ 광고전략 모델 ⑧ IMC ⑨ 기타
12. 광고 크리에이티브	① 카피, 레이아웃, 일러스트레이션 ② 광고소구방식 ③ 비교 광고 ④ 그린 광고 ⑤ 메시지의 실행 ⑥ 유머 광고 ⑦ 광고모델 ⑧ 잠재의식 광고 ⑨ 광고디자인 ⑩ 기업광고 ⑪ 크리에이티브 일반론 ⑫ 기타

13. 광고매체_ATL	① 광고매체 일반 ② 전파광고 ③ 인쇄광고 ④ 옥외광고(전통) ⑤ 매체선택 ⑥ 매체스케줄 ⑦ 기타
14. 광고매체_BTL	① 옥외광고(디지털 사이니지) ② 뉴미디어 광고(DMB, IPTV, 모바일, SNS, 증강현실 광고 등) ③ 구매시점 광고 ④ 특수광고 ⑤ 매체 선택 ⑥ 매체 스케줄 ⑦ 인터넷 광고(인터넷, 온라인, 홈페이지) ⑧ 기타
15. 광고조사 및 마케팅 조사	① 광고조사 일반(의미, 목적, 기능 등) ② 조사방법론(조사절차, 척도, 통계처리 등) ③ 시장 세분화 조사(인구통계, 심리통계, 라이프스타일) ④ 타깃 그룹(타깃조사, 타깃시장 선정 등) ⑤ 매체조사(ABC, 시청률 조사 등) ⑥ 크리에이티브 조사 ⑦ 기타
16. 광고효과	① 광고효과 일반론 ② 광고효과 측정방법, 내용, 시기 ③ 사전효과 측정, 사후효과 측정 ④ 광고효과 모델(DAGMAR, AIDA……) ⑤ 기타
17. 국제광고	① 국제광고회사 ② 국제광고 일반(광고주 포함) ③ 국제광고 메시지 ④ 국제광고매체 ⑤ 광고와 문화(국제광고 맥락에서) ⑥ 국제광고전략(캠페인 포함) ⑦기타
18. PR, SP, Event	① PR 일반 ② PR 효과 측정 ③ SP ④ Event
19. CSR	① CSR 일반(효과, 의미, 필요성 등) ② CSR 사례 ③ 기타
20. 광고의 특수 분야	① 정부광고 ② 정치광고 ③ 공익광고 ④ 의견광고 ⑤ PPL ⑥ 기업광고 ⑦ 기타
21. 광고캠페인 및 캠페인 사례	① 광고캠페인 일반 ② 캠페인 사례 연구 ③ 기타
22. 기타	① 광고제작 ② 광고음악 ③ 신개념 도입 ④ 기타

출처: 한상필(2008a); 한상필, 이형석(2014).

2) 분석방법

원만하고 순조로운 코딩작업을 위해 본 연구에서는 3명의 광고 전공 학부생을 통해 기본적 코딩 작업이 이루어졌다. 이렇게 이루어진 코딩 결과를 연구자와 2명의 대학원생이 함께 검토하는 과정을 거쳤다. 광고를 전공하는 학부생 3명은 연구자로부터 각 유목에 관한 코딩방법에 관한 설명을 듣고, 전체 분석대상 논문 993개 중 약 30여 개의 논문을 기간별로 무작위 추출해 독립적으로 코딩을 한 후, Holsti의 공식을 적용하여 **코더 간 신뢰도**(inter-coder reliability)를 계산하였다(Muncy, 1991). 또한 2005년에서 2014년까지의 코딩(한상필, 이형석, 2014)에서 이루어진 코딩 결과와 비교하는 과정을 통해 연구의 타당도를 높였다. 그 결과, 코더 간 신뢰도는 모든 분석유목에서 일치도가 최소 88%를 상회하여 전반적으로 높은 신뢰도를 보였고, 연구자 명, 연구자 수, 참고문헌 유무, 논문의 길이와 같은 정량적 유목에서는 거의 완벽한 일치도를 보였다. 일부 코더 간 분류의 일치가 되지 않은 경우 연구자와 대학원생 2명의 검토과정을 통해 수정하였고, 그렇게 수정된 결과에 대해 연구자와 대학원생 2명 간의 코더 간 신뢰도를 Holsti의 공식을 적용해 별도로 계산하였다(Muncy, 1991). 그 결과 대부분의 항목에서 95% 이상의 일치도가 나타났지만 그렇지 않았던 항목(예: KCI 인용지수, 연구주제, 이론적 배경 등)은 분석 과정에서 배제되었다.

3. 『광고학연구』의 최근 동향 분석결과

1) 연구 시기별 게재 논문의 수와 저자

최근 15년간의 『광고학연구』는 발간횟수에 따라 4기로 분류된다. 2005년부터 2007년까지 5회, 2008년부터 2010년까지 6회, 2011년부터 2018년까지 8회, 그리고 총 8회 발간 예정이지만 2019년 8월 현재까지 5회 출판된 『광고학연구』의 최근 15년간 총 발간된 횟수는 102회이다. 이 기간 동안 발표된 총 논문의 수는 993편이었고, 이 중 가장 적은 수의 논문이 발표된 해는 2018년 44편, 가장 많은 논문이 발표된 해는 2009년 86편이었다. 매년 5회 발간하던 기간(2005~2007년)의 총 논문 수는 203편(66+63+74)이었고, 6회 발간하던 기간(2008~2010년)의 총 논문 수는 230편(69+86+75)이었으며, 8회 발간하던 기간(2011~2018년)의 총 논문 수는 529편이었다. 가장 최근인 2019년 8월 현재까지 5회 발간된 총 논문 수는 31편으로 집계되었다. 〈표 3-3〉은 연도별 발간횟수, 호별 논문 수, 호별 논문 평균, 연평균 게재 논문 수,

표 3-3 연도별 발간횟수 · 논문수와 기간별 · 연평균 논문 수

연도	발간횟수	호별 논문 수(편)	호별 논문 평균(편)	연평균 게재 논문 수 (편)	기간별 논문 총수(편)	시기
2005년	5	66	13.2	67	203	1기
2006년	5	63	12.6			
2007년	5	74	14.8			
2008년	6	69	11.5	76.6	230	2기
2009년	6	86	14.33			
2010년	6	75	12.5			
2011년	8	74	9.25	66.1	529	3기
2012년	8	81	10.12			
2013년	8	87	10.88			
2014년	8	55	6.88			
2015년	8	82	10.25			
2016년	8	56	7			
2017년	8	50	6.25			
2018년	8	44	5.5			
2019년	5	31	6.2	-	31	4기
총계	102	993	-	-	-	-

기간별 논문 총수를 정리한 것이다.

〈표 3-3〉을 살펴보면 연평균 게재 논문의 수가 2008년을 기점으로 급속히 증가하였음을 알 수 있다. 그런데 호별 평균 게재 논문의 수로 살펴보았을 때는 1기(2005~2007년)와 2기(2008~2010년)의 차이가 별로 없다가(11.5~14.8편) 2011년 이후 급격히 줄었다(5.5~10.12편). 외형적으로는 1기와 3기의 총 논문 수가 비슷해(67편 vs. 66.1편) 별 차이가 없는 것처럼 보이지만 매년 발간되는 횟수가 1기에는 5회였고,

3기에는 8회였다는 사실을 감안할 때 두 시기의 논문 격차는 확연히 드러난다. 그 이유가 무엇인지 정량적 분석만으로 파악하기 어려운 측면이 있지만 『광고학연구』 학술지 발전을 위해 각 호별 논문의 숫자를 늘리는 것이 바람직한지 줄이는 것이 바람직한지 고민할 필요가 있다고 판단된다. 특히, 과거 한상필과 이형석(2014)의 연구에서 『광고학연구』의 게재 논문 편수 급증을 광고학연구의 활성화와 국내 광고학 연구의 핵심적 역할로 평가한 바 있어 2011년 『광고학연구』 이후 급감한 논문 게재 현상에 대한 『광고학연구』 편집위원회의 관심이 요구된다.

다음으로 본 연구에는 『광고학연구』 발행 시기별 연구자 수에 대해 살펴보았다. 〈표 3-4〉에서처럼 해가 거듭될수록 단독, 2인, 3인, 4인 등 거의 모든 유형의 연구자 수가 증가하고 있음을 알 수 있다. 특히, 3인 저자의 연구자 수가 급증하고 있다는 점에 주목할 필요가 있다. 이는 추가적 분석이 필요하긴 하지만 학생 저자의 숫자와도 관련이 있으리라 생각된다. 단독 저자의 숫자가 늘기는 했지만 이는 어디까지나 논문 게재 빈도의 증가와 관련이 있다고 할 수 있다. 그런데 2인 저자와 3인 저자의 증가는 단순 게재 빈도의 증가만으로 설명되기 어려울 정도로 많다. 실제로 2인 저자 논문의 경우 1기(2005~2007년)에는 76편(1인) vs. 75편(2인)으로 별다른 차이가 없었지만, 2기(2008~2010년)에는 **단독 논문**의 숫자가 54편으로 급감한 반면, 2인 저자 논문은 117편으로 대폭 늘었다. 2기에서 단독 논문의 숫자가 줄고 2인 저자 논문의 숫자가 늘었다는 것은 논문 게재 빈도를 고려할 때 광고학 분야의 연구경향이 단독연구보다 공동연구 현상을 선호하고 있음을 보여 준다고 할 수 있다. 특히, 연간 논문 게재 빈도가 8회로 확연히 늘어난 2011년 이후에는 **공동연구** 비율이 매우 높아짐을 알 수 있다. 제3기에 해당하는 2011년부터 2018년까지 연 8회 게재된 총 64회 논문집에서 1인 저자는 98편, 2인 저자는 249편, 3인 저자는 153편으로 파악되었다. 이는 2기에 비해 매년 2회씩 늘어 8회의 게재 기회가 있지만 한 호당 평균 7~8편의 논문이 실렸다는 사실을 고려할 때, 단독 저자 연구의 수는 줄어들었고, 공동 저자 연구 특히 3인 저자 연구의 숫자는 급증했음을 알 수 있다. 단순 비교를 해도 단독 저자 논문의 수의 증가는 2배가 채 안되지만, 2인 저자 논문의 경우 2배가 넘고, 3인 저자 논문의 경우 3배가 넘었다. 최근 급증하고 있는 2인 또는 3인 이상의 공동연구 증가는 광고학연구가 협업을 중심으로 이루어지고 있음을 의미한다. 이에 대해 몇 가지 이유를 제시할 수 있다. 우선, 이러한 현상은 타 분야에서도 나타나는 보편적 현상으로 이론과 실무의 협업이 요구되는 분야에서 주로 나타난다고 분석된다. 실제로 광고학연구는 이론과 실무의 협업으로 이루어지는 경우가 많아 같은 분야뿐만 아니라 타 분야 연구자와도 협업이 이루어지는 경우가 많다는 것이다. 다음으로, 최근 유행하는 학문 간 융복합 현상을 지적할 수 있다. 과거에는 광고학 유사 분야(예: 심리학, 신문방송학, 마케팅 학 등)에서의 융복합 연구 또는 학제 간 연구가 이루어졌지만, 최근에는 광고학과 거리가 있는 학문(예: 교육학, 사회학, 정치학, 행정학 등)과의 융복합적 연구가 진행되는 현상이 나타나고 있다는 것이다. 마지막으로, 이러한 현상이 단순히 연구자 간 공동연구의 증가가 아니라 다른 이유 즉, 석·박사학위 취득을 위해 학생 연구자의 논문 게재가 필수적으로 요구되는 학교의 증가도 공동연구 논문 급증의 원인이 될 수 있다. 특히, 교수들의 업적 평가에서 연구자 수가 많을수록 평점이 낮아지는 경향이 있음에도 연구자 수가 많은 논문이 많아지는 이유가 무엇인지에 대해서는 학제 간 융복합 현상과 같은 막연한 추론보다 학위 취득 과정에서 논문 게재를 요구하는 학교의 증가와 교수 업적 평가 과정에서 공동연구 논문 평점 비율 등을 살펴볼 필요가 있다. 〈표 3-4〉는 연구 시기별 연구자 수를 요약한 것이다.

〈표 3-4〉의 내용을 바탕으로 시기별 연구자의 배경을 살펴보았다. 우선, 최근 15년간 게재된 993편의 논문을 대상으로 연구자의 출신을 ① 학계(교수 단독) ② 학계(교수 학생 공동) ③ 학계와 업계의 공동 ④ 학생 ⑤ 업계 ⑥ 광고단체 및 기타 중 하나로 분류하였다. 각 시기별로 연구자 출신의 변화를 보면 1기와 2기에는 교수를 중심으로 한 연구 논문의 수가 월등히 많았지만 3기에는 교수와 학생의 공동연구 비율이 급증하였다. 이처럼 학계 교수 단독연구 비율이 후반기에 감소하고 교수와 학생의 공동연구 논문의 증가 현상에 주목할 필요가 있다. 특히, 3기에 교수와 학생의 공동연구가 늘었다는 사실은 2010년을 전후해 각 학교 석·박사 과정 학생들의

표 3-4 연구 시기별 연구자 수

시기 / 연구자 수	1기 (2005~2007년)	2기 (2008~2010년)	3기 (2011~2018년)	4기 (2019년 8월까지)	합계 (%)
단독	76	54	98	7	235 (23.7)
2명	75	117	249	13	454 (45.7)
3명	44	50	153	11	258 (26.0)
4명 이상	8	9	29	0	46 (4.6)
기간별 합계	203	230	529	31	993 (100)

졸업 요건으로 논문 게재가 포함되기 시작하였다는 것과 관련이 있다. 실제로 서울 소재 대학들은 석·박사 과정 학생들의 졸업요건으로 등재지 또는 등재 후보지 논문 게재를 제시하고 있다. 이 때문에 석·박사 과정 학생들이 참여한 논문들이 『광고학연구』에 다수 게재되는 현상이 나타나고 있다고 분석된다. 또한 이러한 이유로 인해 3인 이상 저자 논문이 늘어난 것이라 해석된다. 반면 업계 종사자의 학술지 게재 비율은 현저히 낮아지고 있다. 업계 단독 논문은 거의 없고, 학계와 공동 작업한 논문의 숫자도 각 시기별로 41편, 52편, 51편으로 비슷해 보인다. 그러나 1기에 비해 2기, 2기에 비해 3기의 논문 출판 횟수가 늘었다는 점을 고려할 때 업계 종사자의 논문 참여 빈도는 현저히 낮아졌다고 할 수 있다. 최근 두드러지게 나타나는 공동연구 증가, 학생의 연구 참여 증가, 업계 연구 참여 감소 현상이 광고학연구의 발전을 위해 긍정적인지 부정적인지 판단하기 어려운 측면이 있다. 논문 수의 증가와 더불어 논문 참여자 수의 증가를 의미하는 공동연구 논문의 증가는 분명히 광고학 분야 연구의 활성화와 잠재적 성장 가능성을 암시하고 있다. 이처럼 교수와 학생의 공동연구 증가는 교수의 지도를 받은 양질의 박사학위 논문이 『광고학연구』에 많이

게재되고 있기 때문이기도 하지만 한편으로는 석 · 박사학위 과정에서 한국연구재단 등재지 논문 게재를 의무화하는 것과도 관련이 있다. 논문 내용 면에서 석 · 박사학위를 받기 위해 의무적으로 논문을 내고자 하는 학생들을 위한 논문 게재의 증가가 과연 연구의 질적 가치 향상에 도움을 줄 수 있는지에 대해서는 다양한 의견이 있을 수 있다. 이는 학생들과의 공동연구 논문이 문제가 있거나 수준이 낮다는 의미는 전혀 아니다. 이보다 졸업을 위해 의무적으로 논문을 게재해야 하는 제도가 게재 논문의 숫자와 공동연구 논문의 숫자는 늘렸지만 과연 논문의 질적 가치도 향상되었다고 할 수 있는지 살펴볼 필요가 있다는 것이다. 한편, 업계의 『광고학연구』 참여가 점점 줄어들고 있는 부분에 주목할 필요가 있다. 업계의 참여가 줄어드는 것이 『광고학연구』 발전에 도움이 되는지 방해가 되는지 판단할 수 없다. 그러나 업계의 참여가 줄어들고 있는 현 상황은 디지털 기술의 발달과 미디어 플랫폼 환경의 다변화 현상이 보편적으로 나타나는 최근의 커뮤니케이션 환경에 비추어 볼 때 산학연구가 『광고학연구』에서는 줄어들고 있음에 관심을 기울일 필요가 있다(이석기, 2000).

다음으로, 연구자의 출신이 학계일 경우, 제1저자를 기준으로 ① 광고학 ② 홍보학 ③ 경영학 ④ 신문방송학 ⑤ 심리학 ⑥ 기타 전공으로 2차 분류를 시행해 연구자

표 3-5 연구 시기별 연구자 출신

시기 / 연구자 유형	1기 (2005~2007년)	2기 (2008~2010년)	3기 (2011~2018년)	4기 (2019년 8월까지)	합계 (%)
교수	125	115	191	7	438 (44.2)
학생+교수	38	63	287	21	409 (41.4)
학계 (학생/교수) +업계	40	52	51	3	143 (14.4)
기간별 합계	203	230	529	31	993 (100)

의 전공을 살펴보았다. 연구자의 출신이 학계와 관련된 경우(교수 단독 또는 교수, 학생 공동연구)에 해당하는 962건의 논문 중 제1저자의 전공을 분석한 결과 모든 시기에서 광고학 전공 출신 연구자의 논문 수가 가장 많았다(48.2%). 다음으로 많았던 전공 분야는 마케팅/경영 분야로 전체의 1/4을 넘는 25.5%로 확인되었다. 그 밖에 심리학과 신문방송학이 엇비슷한 수준(11.2% vs. 9.5%)이었는데 이러한 결과는 과거 신문방송학 전공 학과들이 2015년 전후로 신문방송학이라는 명칭 대신 다른 명칭을 사용하는 경향이 나타났기 때문이라 생각한다. 이 때문에 과거 신문방송학과라는 명칭 중 커뮤니케이션/언론/미디어 등의 명칭이 사용된 학과들은 소수의 기타 학과들과 분리해 기존의 신문방송학과에 편입시켜 산출하였다. 이는 광고학 분야 연구와 거리가 멀고, 그 빈도수가 낮아 사실상 통계적 의미가 거의 없는 학과(예: 디자인학/공학/건축학 등) 등을 기타 학과로 분류할 경우, 과거 신문방송학과들이 기타 학과로 분류되는 것을 막기 위함이다. 그 결과, 신문방송학 전공과 심리학 전공이 비슷한

표 3-6 연구 시기별 연구 전공 분류

시기 / 연구자 유형	1기 (2005~2007년)	2기 (2008~2010년)	3기 (2011~2018년)	4기 (2019년 8월까지)	합계 (%)
광고학	104	110	231	19	464 (48.2)
홍보학	8	17	25	4	54 (5.6)
마케팅/경영	38	89	97	21	245 (25.5)
신문방송학	34	25	22	10	91 (9.5)
심리학	18	50	37	3	108 (11.2)
합계	202	291	412	57	962 (100)

빈도로 도출되었다. 흥미로운 것은 한상필과 이형석(2014)의 연구에서 거의 확인되지 않았던 홍보학 전공 연구 논문들이 보이기 시작하였다는 점이다. 전체 논문 숫자에 비하면 적은 양이지만 그 숫자가 꾸준히 늘고 있다는 점(예: 8편 ⇒ 17편 ⇒ 25편)에서 『광고학연구』의 영역이 점차 확장되고 있다는 상징적 결과라 할 수 있다. 연구 시기별 논문들의 연구 전공 분석결과는 〈표 3-6〉에서 확인된다.

『광고학연구』에 실린 논문 저자와 관련해 최근 15년간 가장 많은 논문을 실은 학자는 40편의 논문에 이름을 올린 한상필 교수로 파악되었다. 그다음으로는 김상훈 교수의 논문이 32편으로 많이 실렸고, 29편이 실린 김재휘 교수가 3위를 기록하였다. 그 밖에 김유경 교수(26편), 전종우 교수(25편), 김병희 교수(24편) 등이 많은 논문을 게재한 것으로 파악되었다. 〈표 3-7〉은 최근 15년 동안 10편 이상의 논문을 게재한 학자를 정리한 것이다.

그런데 〈표 3-7〉을 살펴보면 상위 10위에 있는 대부분의 교수들이 속한 학교에서

표 3-7 최근 15년 『광고학연구』 게재 저자 상위 10위

최근 15년 『광고학연구』 게재 저자 상위 10위			
상위 10위	연구자	저자 순위 (제1+제2+제3)	총계
1	한상필(한양대학교)	15+16+9	40
2	김상훈(인하대학교)	19+10+3	32
3	김재휘(중앙대학교)	18+10+1	29
4	김유경(한국외국어대학교)	12+14+X	26
5	전종우(단국대학교)	13+10+2	25
6	김병희(서원대학교)	22+X+2	24
6	이경렬(한양대학교)	14+8+2	24
8	유창조(동국대학교)	10+8+2	20
9	윤각(서강대학교)	13+5+X	18
10	박현수(단국대학교)	14+2+X	16

는 대학원을 운영하고 있었다. 물론 좀 더 구체적 분석이 요구되지만, 대부분의 상위 순위를 기록한 저자들이 석 · 박사 과정을 운영하는 학교에 소속되어 있고, 이들의 제2 또는 제3저자 비율이 타 저자들에 비해 높은 편이라는 점에 주목할 필요가 있다. 다시 말해, 〈표 3-7〉의 순위는 석 · 박사학위 과정을 통해 논문이 생산되고 이렇게 생산된 논문들이 게재되는 과정에서 상위 순위를 기록한 저자들이 지도교수로서 참여하고, 그 결과가 논문 게재로 이루어지는 구조에 있는 교수들의 논문이 상대적으로 많이 실리고 있음을 짐작하게 한다. 한편, 김병희 교수의 경우, 대학원을 운영하는 대학에 소속되어 있지 않음에도 제1저자로서 최근 15년간 게재된 논문이 가장 많다는 점이 눈에 띈다. 실제로 〈표 3-7〉에 따르면, 제1저자로서 이름을 가장 많이 올린 연구자는 김병희 교수(22회)이고, 다음으로 19회 김상훈 교수, 18회 김재휘 교수 순서임에 주목할 필요가 있다. 이러한 결과는 비록 김병희 교수의 전체 논문 게재 순위가 6위지만, 석 · 박사 지도학생이 없는 상황에서 제1저자 빈도가 가장 높다는 점은 학계에 별도로 시사하는 바가 있다.

2) 연구 시기별 게재 논문의 연구내용

최근 15년간 『광고학연구』에 게재된 대부분의 논문은 실증연구로 파악되었다. 실제로 연구방법 유형과 관련해 총 993편의 논문 중 정량적 통계기법을 사용한 **양적 연구**는 694편으로 전체 연구의 69.9%로 파악되었고, **질적 연구**는 299편으로 약 30.1%를 차지하는 것으로 확인되었다. 이를 분기별로 살펴보면 제1기(2005~2007년)에는 문헌연구를 기반으로 한 광고산업의 현황, 광고법제, 광고매체환경, 광고교육, 광고산업 발전 등을 주제로 작성된 비실증 질적 연구의 논문이 138편(68.0%)이었고, 다양한 유형의 광고효과와 광고전략을 중심으로 한 실증적 양적 연구 논문이 65편(32%)으로 파악되었다. 이러한 현상은 2기(2008~2010년)로 접어들면서 비실증연구 질적 논문이 80편, 실증적 양적 논문이 150편으로 여전히 유지되었다. 그런데 3기(2011~2018년)에는 그 격차가 더 벌어져 실증적 양적 논문의 수가 381편(72%)으로 늘어났고, 비실증

표 3-8 연구 시기별 실증연구와 비실증연구 논문 수

단위: 편(%)

시기 / 연구 종류	제1기 (2005~2007년)	제2기 (2008~2010년)	제3기 (2011~2018년)	제4기 (2019년 8월)	계
실증적 양적 연구	138(68.0)	150(65.2)	381(72.0)	25(80.6)	694(74.9)
비실증적 질적 연구	65(32.0)	80(34.8)	148(28.0)	6(19.4)	299(25.1)
계	203(100)	230(100)	529(100)	31(100)	993(100)

적 질적 연구 논문의 수는 148편(28%)로 줄어들었다. 〈표 3-8〉은 연구방법에 따른 게재 논문의 유형을 시기별로 구분한 것이다.

〈표 3-9〉는 연구 시기별 연구주제의 추이를 보여 주고 있다. 전체 22개의 연구주제 중 최근 15년간 『광고학연구』에 게재된 논문에서 가장 많이 다루어진 상위 주제는 광고효과 127편, 광고와 소비자행동 120편, 광고조사 96편, 광고 크리에이티브 94편, 비전통광고매체 92편, 전통광고매체 75편, 광고와 마케팅 75편 등이다. 총 993편의 논문 중 이상의 7개 연구주제가 전체 연구주제의 68.4% 이상을 점유하고 있는 것으로 나타났다. 『광고학연구』 창간 이후 지난 30년간 시기별 연구주제의 변화 추이를 살펴보면, 가장 많이 연구된 것은 광고효과에 대한 것이었고, 광고 이론이나 광고역사에 대한 주제는 거의 다루어지지 않았다. 지난 15년간 두 번째로 많은 연구논문이 발표된 주제인 광고와 소비자행동은 제3기에 그 숫자가 급증하였다. 세 번째로 게재 논문 편수가 많은 광고조사의 경우, 전반기에는 19편에 불과하였으나 2기에는 23편, 3기에는 51편으로 급증하였다. 광고교육, 국제광고, SP, Event 등의 주제는 거의 논문으로 다루어지지 않았고, ATL와 BTL 중에는 ATL을 다룬 논문이 더 많이 게재되었다.

표 3-9 연구 시기별 연구주제

시기 / 주제	제1기 (2005~2007년)	제2기 (2008~2010년)	제3기 (2011~2018년)	제4기 (2019년 8월)	계
광고 일반	1	7	8	1	17
광고 이론	0	0	1	0	1
광고역사, 철학, 인물	0	1	1	0	2
광고교육	0	2	5	0	7
광고의 사회, 경제 문화적 문제 (거시광고)	4	1	6	1	12
광고법, 광고심의, 광고윤리	10	7	11	2	30
광고산업	2	8	15	0	25
광고와 마케팅	12	10	49	4	75
광고와 커뮤니케이션	4	3	13	0	20
광고와 소비자행동	31	27	58	4	120
광고전략	10	7	3	0	20
광고 크리에이티브	12	27	54	1	94
광고매체_ATL	11	20	58	3	92
광고매체_BTL	15	14	41	5	75
광고조사 및 마케팅조사	19	23	51	3	96
광고효과	23	35	65	4	127
국제광고	9	1	6	0	16
PR	5	4	8	0	17
SP	1	0	2	0	3
Event	2	1	4	0	7
CSR	4	5	19	0	28
광고의 특수 분야	8	6	8	0	22
광고캠페인 및 캠페인 사례	12	10	28	2	52

기타	8	11	15	1	35
계	203	230	529	31	993

3) 연구 시기별 연구방법

다수의 게재 논문들이 한 가지 이상의 **연구방법**을 이용하여 연구한 것으로 나타나 연구 시기별 연구방법에 대한 분석은 중복 응답으로 코딩되었다(권영순, 이수범, 2007). 최근 15년간 발표된 논문의 연구방법 사용에 대한 분석을 전체적으로 보면, 서베이 방법을 이용한 논문이 636편으로 전체 논문의 64.0%를 차지해 대부분 서베이 방법으로 논문이 작성된 것으로 집계되었다. **서베이 방법** 다음으로 많이 사용된 연구방법은 103편을 기록한 **실험연구**(10.4%)로 나타났다. 이 밖에도 **내용분석**(9.5%), **문헌연구**(4.1%), **사례연구**(7.7%), 기타 방법(4.3%)으로 조사되었다.

서베이 방법을 이용한 연구는 제1기에는 117편(18.4%)이었으나, 제2기에는 131편(20.6%), 그리고 제3기에는 364편(57.2%)을 기록하였다. 이처럼 서베이에 근거한 연구들은 광고학연구의 주된 분석방법으로 자리 잡고 있었다. 실험연구의 경우, 제1기에는 21편(20.4%)이었으나, 제2기에는 33편(32.0%) 그리고 제3기에는 49편(47.6%)

표 3-10 연구 시기별 연구방법의 변화

시기 / 연구 종류	제1기 (2005~2007년)	제2기 (2008~2010년)	제3기 (2011~2018년)	제4기 (2019년 8월)	계
문헌연구	11	14	16	0	41
서베이	117	131	364	24	636
실험연구	21	33	49	4	103
내용분석	28	21	43	2	94
사례연구	18	20	34	0	76
기타	8	11	23	1	43
계	203	230	529	31	993

을 기록하였다. 서베이와 마찬가지로 실험연구를 이용한 연구들도 점점 늘어나고 있으며 이러한 변화는 『광고학연구』의 주된 분석방법이 서베이와 실험연구임을 깨닫게 한다. 〈표 3-10〉은 연구 시기별 연구방법의 변화를 빈도분석한 것이다.

구체적인 통계분석 방법과 관련해 중복 응답을 고려하여 연구 시기별로 통계분석 기법을 살펴보았다. 총 993편의 논문들은 주로 분산분석, 즉 ANOVA를 이용한 분석이 26.0%로 가장 두드러졌다. 다음으로 빈도분석의 비율과 t-test의 비율이 16.6%와 19.3%로 비슷하였다. 그리고 요인분석을 이용한 분석이 15.8%를 기록하였다. 이는 『광고학연구』에서 주로 사용되는 통계적 분석방법이 빈도와 평균값을 이용한 분석을 중심으로 이루어지고 있음을 의미한다. 그러나 빈도분석의 경우 각 시기별 변화 과정을 살펴보았을 때 24.4%에서 14.3%로 다른 통계기법에 비해 그 비중이 점점 줄어드는 반면, t-test의 경우 18.9%에서 39.3%로 다른 통계기법에 비해 그 비중이 늘어나고 있음을 알 수 있다. 또한 ANOVA의 경우 17.7%에서 39.3%로 시기별로 다른 통계기법에 비해 점점 그 비중이 늘어나고 있음이 확인되었다. 한편 대표적인 변량 분석 방법인 회귀분석은 절대적인 비중은 작지만 다른 통계기법에 비해 그 비중은 1.8% ⇒ 4.4% ⇒ 7.5%로 점점 늘어가고 있다는 사실이 파악되었다.

연구목표를 달성하기 위해서는 무엇을 연구할 것인지 명료히 지적하는 과정이 필요하다. 이 때문에 대부분의 연구에서는 연구문제와 연구가설을 통해 무엇을 연구할 것인 구체적으로 지적하는 작업을 추진한다. 명확한 연구가설 또는 연구문제의 제시는 연구결과의 신뢰도와 타당도 구축에 기여한다(한상필, 이형석, 2014). 다시 말해, 측정하고자 하는 것을 측정하였는지(타당도), 그러한 측정이 일관성 있게 이루어졌는지(**신뢰도**) 여부는 연구문제와 가설에서 다루고 있는 측정 개념의 조작적 정의를 기반으로 한 변인 간 관계를 어떻게 설명하는가에 달렸다. 따라서 연구과정에서 연구문제와 연구가설의 수립은 꼭 필요하다. 그럼에도 불구하고 초창기의 연구들은 연구목표 또는 연구목적만을 제시하고 구체적인 연구문제나 가설을 제시하지 않는 경우가 많았다. 그러나 이러한 현상은 2005년 이후 최근 15년 동안 『광고학연구』에 실렸던 논문에서는 확인되지 않는다. 다만 연구문제 중심으로 연구목표를 달성할 것인

표 3-11 연구 시기별 통계분석기법의 변화

시기 / 연구 종류	제1기 (2005~2007년)	제2기 (2008~2010년)	제3기 (2011~2018년)	제4기 (2019년 8월)	계
Freq/ Percentages	40	30	61	4	135
	29.6%	22.2%	45.2%	3.0%	100%
	24.4%	16.4%	13.9%	14.3%	16.6%
Chi Square	0	7	15	0	22
	0%	31.8%	68.2%	0%	100%
	0%	3.8%	3.4%	0%	2.7%
t-test	31	25	90	11	157
	19.7%	15.9%	57.3%	7.0%	100%
	18.9%	13.7%	20.5%	39.3%	19.3%
ANOVA	29	45	127	11	212
	13.7%	21.2%	59.9%	5.2%	100%
	17.7%	24.6%	28.9%	39.3%	26.0%
MANOVA	3	0	9	0	12
	25.0%	0%	75.0%	0%	100%
	1.8%	0%	2.1%	0%	1.5%
Factor (R and Q)	40	32	57	0	129
	31.0%	24.8%	44.2%	0%	100%
	24.4%	17.5%	13.0%	0%	15.8%
Regression	3	8	33	0	44
	6.8%	18.2%	75.0%	0%	100%
	1.8%	4.4%	7.5%	0%	5.4%
Canonical Correlation	3	4	3	0	10
	30.0%	40.0%	30.0%	0%	100%
	1.8%	2.2%	7%	0%	1.2%

SEM_LISREL	4	3	5	0	12
	33.3%	25.0%	41.7%	0%	100%
	2.4%	1.6%	1.1%	0%	1.5%
SEM_AMOS	7	12	14	1	34
	20.6%	35.3%	41.2%	2.9%	100%
	4.3%	6.6%	3.2%	3.6%	4.2%
Other	3	16	25	1	45
	6.7%	35.6%	55.6%	2.2%	100%
	1.8%	8.7%	5.7%	3.6%	5.5%
Literature Research	0	1	0	0	1
	0%	100%	0%	0%	100%
	0%	5%	0%	0%	1%
Correspondent Analysis	1	0	0	0	1
	100%	0%	0%	0%	100%
	6%	0%	0%	0%	1%
계	164	183	439	28	814
	20.1%	22.5%	53.9%	3.4%	100%
	100%	100%	100%	100%	100%

지, 연구가설 중심으로 연구목표를 달성할 것인지의 차이만 나타나고 있다.

최근 15년간 『광고학연구』에 게재된 전체 논문 993편 중에서 연구문제 또는 연구가설을 제안하지 않은 논문은 없었다. 특정 연구 중에는 연구문제와 연구가설을 명시하지는 않았어도 본문에서 연구문제를 다루는 경우도 있었다. 이러한 경우도 연구문제에 포함시켜 분석하였다. 〈표 3-12〉는 최근 15년 동안 각 시기별로 게재된 『광고학연구』 논문들이 연구문제와 연구가설의 명시 여부를 분석한 것이다.

표 3-12 연구문제/연구가설 여부

연구 종류 \ 시기	제1기 (2005~2007년)	제2기 (2008~2010년)	제3기 (2011~2018년)	제4기 (2019년 8월)	계
연구가설	65	66	116	4	251
연구문제	117	131	364	24	636
연구가설/연구 문제 모두 있음	21	33	49	3	106
연구가설/연구 문제 모두 없음	0	0	0	0	0
계	203	230	529	31	993

총 993편의 논문 중 모든 논문들은 **연구문제**와 **연구가설** 중 하나를 명시하고 있었고, 특히 연구문제를 포함한 논문들이 전체의 74.7%를 차지하고 있었다. 또한 연구가설만을 포함한 게재 논문은 전체의 25.3% 정도였고, 연구문제와 연구가설 모두 명시한 논문은 10.7%였다. 이러한 결과는『광고학연구』에 게재하는 과정에서 연구문제와 연구가설의 중요성이 충분히 부각되고 저자들이 이를 고려한 논문 작성을 추진하기 때문인 것으로 해석된다. 특히, 연구문제와 연구가설에 대한 명시율이 시간이 갈수록 높아지고, 연구문제와 연구가설 모두 담고 있는 논문의 숫자도 지속적으로 늘어나고 있음에 주목할 필요가 있다. 물론 연구과제 특성에 따라 결과의 방향성을 예측하는 것이 불가능한 경우가 있을 경우 연구가설을 도출하는 것이 무리한 측면이 있지만『광고학연구』에 실리는 논문의 저자들이 연구문제와 연구가설을 중시하고 있다는 점은『광고학연구』의 질적 가치 향상을 위해 고무적이라 할 수 있다.

4) 표집과정과 표본의 성격

마지막으로 본 연구에서는 논문에 포함된 참고문헌의 유무와 참고문헌의 국내외 의존도, 그리고 논문의 길이, 표집방법, 표본의 성격 등을 살펴보는 과정을 통해 최

표 3-13 연구 시기별 참고문헌 유무

시기 / 연구 종류	제1기 (2005~2007년)	제2기 (2008~2010년)	제3기 (2011~2018년)	제4기 (2019년 8월)	계
있음	203	230	529	31	993
없음	0	0	0	0	0
계	203	230	529	31	993

근 15년간 『광고학연구』에 게재된 논문의 특성과 경향을 살펴보았다. **참고문헌**과 관련된 분석은 참고문헌의 포함 유무, 그리고 국내외 참고문헌의 개수를 살펴보았다. 참고문헌의 포함 유무를 분석한 결과 최근 15년간 『광고학연구』에 게재된 논문 중 참고문헌이 없었던 논문은 없는 것으로 확인되었다. 이는 앞으로 유사한 연구를 진행할 때 더 이상 참고문헌의 유무가 『광고학연구』에 게재된 논문의 특성을 파악하는 데 영향을 미치지 않을 수 있음을 암시하고 있다. 따라서 후속연구에서는 이 항목을 포함시킬지 여부를 고민할 필요가 있다.

최근 15년 동안 『광고학연구』에 발표된 총 993편의 논문을 대상으로 각각의 논문들이 몇 쪽으로 구성되었는지 그 페이지 수를 살펴보았다. 각 논문의 페이지 수는 편차가 크지 않았다. 거의 모든 논문이 약 15쪽에서 35쪽 범위 내에서 작성되었다. 그 결과 가장 높은 최빈값은 23쪽이었고, 논문 페이지 수의 평균값도 이와 유사한 21.55쪽으로 나타났다. 중반기 이후에는 논문별 페이지 수가 약 23페이지 내외인 것으로 나타났다.

마지막으로, 최근 15년 동안 『광고학연구』에 발표된 총 993편의 논문을 대상으로 표집(Sample)의 특성을 시기별로 살펴보았다. 전체 993편의 논문 중에서 샘플링 없이 작성된 논문 240편을 제외하고 어떠한 형태로든 **표본추출** 과정이 이루어진 모든 연구 논문 753편을 대상으로 분석한 결과, 편의 표집을 통해 연구가 이루어진 논문이 전체 논문의 93.6%에 달하는 705편이었고, 랜덤/층화 등 무작위 원칙(예: 난수표 사용 등)에 근거한 무작위 표집이 이루어진 논문은 6.4%에 불과한 48편이었다. 이는

표 3-14 연구 시기별 표집방법

시기 / 연구 종류	제1기 (2005~2007년)	제2기 (2008~2010년)	제3기 (2011~2018년)	제4기 (2019년 8월)	계
무작위 표집	20	6	20	2	48
	41.7%	12.5%	41.7%	4.2%	100%
	14.1%	3.7%	4.8%	7.4%	6.4%
편의적 표집	122	157	401	25	705
	17.3%	22.3%	56.9%	3.5%	100%
	85.9%	96.3%	95.2%	92.6%	93.6%
계	142	163	421	27	753
	18.9%	21.6%	55.9%	3.6%	100%
	100%	100%	100%	100%	100%

아직도 대부분의 『광고학연구』에 게재된 논문들이 편의적 표본추출 과정에 의해 이루어진 표집을 대상으로 연구가 이루어지고 있음을 의미한다. 이는 대부분의 연구가 비용과 시간적 제약으로 인해 편의상 편의적 표본을 선호하는 국내 학계의 연구경향과 관련이 있다고 생각한다. 이러한 현상은 연구결과의 일반화와 통계적 외적 타당도 향상에 한계가 있음에도 불구하고 대부분의 연구에서 이러한 한계를 당연시하거나 이를 극복하기 위한 노력을 보이지 않고 있는 부분은 학문적 역량 강화와 연구결과를 질적 가치 제고를 위해 개선되어야 할 점이라 사료된다.

표집과 관련해 주목할 부분은 표본추출 대상이 누구였느냐의 문제이다. 최근 15년 동안 『광고학연구』에 발표된 총 993편의 논문 중 표본추출이 이루어진 753편의 논문 중 그 대상이 불분명한 23편의 논문을 제외하고 표본추출 대상을 분석하였다. 가장 많은 비중을 차지하는 연구대상은 학부생으로 53.2%에 달하였고, 다음으로는 일반인이 12.5%였다. 의외로 전문가와 대학원생만을 대상으로 한 연구가 부족했는데, 그 비율은 6%와 0.4%에 불과하였다. 이러한 연구결과는 최근 15년 동안 『광고학연구』에 게재된 논문의 연구대상이 주로 학생들을 대상으로 하고 있음을 알 수 있다. 이는 『광고학연구』의 연구대상이 한정적/제한적이라는 사실을 의미한다.

표 3-15 연구 시기별 표집대상

시기 / 연구 종류	제1기 (2005~2007년)	제2기 (2008~2010년)	제3기 (2011~2018년)	제4기 (2019년 8월)	계
학부생	75	82	214	17	388
	19.3%	21.1%	55.2%	4.4%	100%
	54.3%	50.3%	53.0%	68.0%	53.2%
대학원생	0	1	2	0	3
	0%	33.3%	66.7%	0%	100%
	0%	6%	5%	0%	4%
일반인	24	23	43	1	91
	26.4%	25.3%	47.3%	1.1%	100%
	17.4%	14.1%	10.6%	4.0%	12.5%
직업인	11	11	25	3	50
	22.0%	22.0%	50.0%	6.0%	100%
	8.0%	6.7%	6.2%	12.0%	6.8%
전문가	8	9	26	1	44
	18.2%	20.5%	59.1%	2.3%	100%
	5.8%	5.5%	6.4%	4.0%	6.0%
기타	20	37	94	3	154
	13.0%	24.0%	61.0%	1.9%	100%
	14.5%	22.7%	23.3%	12.0%	21.1%
계	138	163	404	25	730
	18.9%	22.3%	55.3%	3.4%	100%
	100%	100%	100%	100%	100%

4. 마치며

본 연구는 『광고학연구』 창간 30주년에 즈음해 최근 15년간 게재된 논문들의 연구경향과 특성을 살펴보는 목적을 갖고 있다. 이는 최근 이루어진 광고학 분야의 연구성과를 일목요연하게 정리하고, 국내 광고학연구의 동향과 특성을 일관성 있게 분석함으로써 향후 국내 광고학 나아가 광고산업이 어떤 방향으로 발전해야 하는지 그 이정표를 제시하는 것과 관련이 있다. 특히, 최근 15년 동안 이루어진 광고학 분야의 지적 역량의 축적과 창의적 아이디어를 기반으로 한 학문적 발전을 종합적이고 체계적인 관점에서 분석하려는 노력을 기울였다. 이러한 연구경향에 대한 성찰 과정은 기존 연구들을 분석/비판/평가하는 과정을 통해 연구자의 연구역량과 윤리의식을 되돌아보고, 광고학 분야의 축적된 지적 역량의 현황과 학문적 가치 제고를 미래지향적 방향성을 타진한다는 점에서 그 의미를 찾을 수 있다(한상필, 2008). 2005년부터 가장 최근까지 발행된 2019년 5호까지 분석한 본 연구는 『광고학연구』의 학술 논문 993편을 대상으로 국내 광고학의 **학문적 정체성**과 **광고산업의 발전**이 어떻게 이루어져 왔는지 살펴보는 계기가 되었다(최종석, 2011). 이러한 계기를 바탕으로 본 연구에서는 최근 15년간 광고학연구의 경향이 어떤 양상을 보이고 있는지 설명할 수 있는 근거를 도출해 냈다.

우선 논문 저자와 관련해 최근 15년 동안의 연구경향은 단독보다 공동 저자에 의한 연구가 급증하였다는 사실을 알 수 있었다. 특히, 박사학위를 소지한 같은 학자/교수/연구원 수준에서의 공동연구뿐만 아니라 교수와 석 · 박사 학생 간의 공동연구가 활발히 이루어지고 있음을 알 수 있었다. 또한 이러한 결과가 유독 대학원 과정을 갖춘 대학에 소속된 교수를 중심으로 나타나고 있음을 알 수 있었다.

둘째, 최근 15년간 『광고학연구』에 실린 논문들은 실증연구이며 양적 방법론을 사용한 서베이 연구가 주류를 형성하고 있었다. 가장 연구가 많이 이루어진 주제는 광고와 소비자행동, 광고 크리에이티브, 광고효과의 순이었고 최근 PR 관련 논문들이 광고학연구에 실리는 빈도가 증가하고 있다는 사실도 확인되었다. 그러나 과거처럼 여전히 광고 이론, 광고역사 · 철학 · 인물, 광고의 사회적 · 경제적 · 문화적 문제, 광고조사 및 마케팅 조사, 국제광고 분야에 관한 연구는 거의 이루어지지 않고 있어 이 분야에 대한 관심과 학문적 영역 확대가 요구된다.

셋째, 연구방법과 관련해 최근 15년간 실린 논문들은 여전히 빈도/평균 값/분산분석 등을 기반으로 한 통계기법이 주류를 형성하고 있었다. 그 결과 단순 빈도와 비율 분석 즉, 수치를 세는 연구결과와 t-test/ANOVA, 즉 수치를 재는 연구결과에 근거해 광고학연구가 이루어지고 있는 것으로 파악되었다. 물론 요인분석과 회귀분석을 활용한 연구들, 즉 변인 간 결합관계에 근거한 변량분석도 늘어나고 있기는 하지만 대부분의 연구들은 여전히 빈도/비율/평균/분산 분석의 수준을 넘어서지 않고 있는 것으로 파악되었다. 그러나 최근 15년간 이루어진 연구들이 대부분 연구문제와 연구가설에 근거해 이루어지고 있고, 특히 참고문헌을 포함하지 않은 논문들은 실리지 않고 있음이 확인되었다.

그 밖에 최근 15년 광고학 분야 연구와 관련해 주목해야 할 연구경향은 과도한 학생 대상 표집과 편의적 표집이 연구에 있어 보편화되는 양상이 전개되고 있다는 점이다. 궁극적으로 모집단에 대한 이해를 목표로 하는 연구방법(예: 서베이/실험/내용분석 등)이 『광고학연구』 학술지의 주류를 형성하고 있음에도 불구하고 정작 연구대상은 한정적(예: 학부생)이고, 표집방법은 편의적 표집을 당연시한다는 것은 연구결과의 타당성을 구축하는 데 본질적인 한계가 된다는 문제가 있다. 따라서 향후 연구에서는 이러한 본질적 한계가 연구대상과 분석과정에서 표본 대표성을 구축하는 방향으로 이루어지고 있는지 살펴볼 필요가 있다고 사료된다.

『광고학연구』 창간 30주년을 맞이해 최근 15년간의 연구경향을 살펴본 본 연구는 광고학 분야의 발전을 위해 그 동안 축적된 다양한 기존 연구의 특성과 흐름을 정리해 최근의 연구경향에 어떠한 변화가 있는지 논의하였다. 본 연구는 과거 『광고학연구』의 창간 20년 시기에 만들어진 코딩유목을 기준으로 자료를 분석해 분석체계의 일관성을 구축하였고, 2015년 이후의 데이터는 별도의 검증과정을 거쳐 개별적으로 수집되었다. 또한 기존 연구에서 다루었던 데이터의 경우, 데이터 정제 작업을 별도로 수행함으로써 문제시되는 코딩 결과물을 추출하고 추출된 자료의 코딩은 원 자료인 『광고학연구』 해당 권/호를 재검증하는 작업을 반복적으로 수행함으로써 수집된 데이터의 질적 가치 제고를 위해 최선을 다하였다. 특히, 본 연구는 한상필과 이형석(2014)의 연구에 활용된 기존 분석유목을 사용해 분석체계의 일관성과 누적된 데이터 가치 향상을 극대화하려 애썼다. 이 때문에 새로운 유목화 작업을 시도하지 않았다. 그 결과, 본 연구에서는 최근 15년 동안 달라진 미디어 환경과 디지털 환경에서의 커뮤니케이션 방식의 변화가 코딩체계에 포함될 수 없었고 이에 대한 유목화 작업을 수행하지 않은 것이 아쉬움으로 남는다.

후속 연구에서는 미디어 환경의 변화와 커뮤니케이션 방식의 변화를 중심으로 한 새로운 유목체계를 개발하고 이를 바탕으로 기존의 광고 분야 학문연구 성과를 지속적으로 발전시킬 수 있는 연구방향을 모색하기 위한 노력이 필요하다고 생각한다. 광고학회 창립 30주년을 축하하며 향후 『광고학연구』가 국내 광고학계뿐만 아니라 산업계 나아가 국제 학계에서도 인정받는 대표적 학술지로 발전하길 기원한다. ■

제4장

한미 주요 광고 학술지의 연구주제 비교

유현재(서강대학교 신문방송학과 교수)

1. 들어가며
2. 관련 자료의 탐색
3. 지향점과 자료 분석 방법
4. 분석결과와 논의
5. 마치며

◈◇◈

이 장에서는 한국과 미국의 주요 광고학 분야 학술지인『광고학연구』와『Journal of Advertising』에 최근 게재된 논문들을 대상으로 핵심적 연구주제에 대하여 비교 · 분석하는 탐색적 시도를 하였다. 한국과 미국을 포함, 각국에서는 미디어 환경의 급격하고 지속적인 변화에 의거하여 광고 분야는 갈수록 폭넓은 다양성을 보유하고 있는 상황이라 하겠다. 어떠한 변화상인지 간접적, 하지만 실질적으로 파악하는 방법으로 이 장은 한국과 미국에서 활발한 활동을 펼쳐 온 관련 학술지인『광고학연구』와『Journal of Advertising』을 통해 2년간(2017~2018년) 동료들의 엄격한 평가 시스템(Peer-Review System)을 거쳐 게재된 논문에 대한 분석을 수행하였다. 총 158편이 분석의 대상이 되었으며, 관련 선행연구에서 연구의 주제 고찰을 위해 설정한 유목들에 근거하여 분석한 결과, 양국 학술지에 있어서의 공통적 특성과 상이한 사항, 시대상을 반영하는 모습 등을 다양하게 파악할 수 있었다. 본 탐색적 고찰의 결과 사항은 양국을 무대로 펼쳐지고 있는 광고 미디어 환경을 개략적으로 진단할 수 있는 시사점을 제공할 수 있었다고 판단되며, 향후 산업계와 학계가 함께 논의할 수 있는 주요 어젠다 발굴 측면에서도 유익하였다고 믿는다.

1. 들어가며

특정한 국가 혹은 사회에서 진행되는 광고, 커뮤니케이션, 미디어, 마케팅 등과 관련된 주요 사안과 추이의 특성 등을 파악하는 방법은 다양할 수 있다. 예를 들어,

산업계 관련 잡지 등 각종 정기 혹은 비정기적인 간행물(예: 『Advertising Age』)의 내용분석을 통해 파악할 수도 있을 것이며, 또는 세계적으로 그 중요성이 널리 인정받고 있는 칸광고제(International Festival of Creativity) 등에서 수상한 콘텐츠들을 통해 파악되는 테마와 세부적 특성을 분석함으로써 대략적 상황을 가늠할 수도 있을 것이다. 더불어, 해당 사회에서 정기적으로 출간되는 대표적인 관련 학술지에 게재되는 주요한 연구논문들이 다루고 있는 중심 주제를 살펴보는 방법 또한 매우 효과적이고 의미 있는 기법으로 판단되며, 다수의 연구자들에 의해 작업이 수행되어 왔다(권영순, 이수범, 2007; 한상필, 2008; Yale & Gilly, 1988). 이 같은 유형의 연구들은 공히, 광고와 광고산업에 있어서의 중대한 변화는 물론 향후 과연 어떠한 방향으로 발전이 전개될 것인가에 대한 시사점을 제공하는 역할을 해 온 것으로 판단된다.

본 고찰은, 그동안 관련 선행연구들이 축적해 온 시사점들을 중요한 동기로 하면서도, 최근 그 어느 때보다 변화의 정도와 양상이 심각한 광고 관련 사안들이 어떠한 모습으로 주요 광고학 학술지에 발표되고 있는지 파악하고자 하였다. 국내 주요 광고 관련 학술지에 발표된 논문들에 더하여, 다양한 측면에서 우리나라와 밀접한 관계성을 유지하고 있는 미국의 주요 광고 관련 학술지에 게재된 논문들을 비교하여 분석함으로써, 조금 더 거시적인 시각을 동원하여 학술적 측면과 산업적 측면을 동시에 조망하려는 목적을 가진 것이다.

우리나라의 광고 관련 학술지로는 한국광고학회에서 1990년대 초반부터 현재에 이르기까지 정기적으로 발간하고 있는 『광고학연구』를 선택하였으며, 비교 및 분석의 대상으로 미국광고학회(American Academy of Advertising)를 통해 1970년대부터 출판되고 있는 『Journal of Advertising』을 설정하였다. 두 학술지는 모두 광고를 포함한 연계 주제들에 대하여 폭넓은 개방성을 보유하고 있으며, 광고 연구자는 물론, 홍보 및 마케팅 관련 연구자 및 실무자, 그 외 유관 영역을 전공하거나 관련 업무를 수행하는 다수가 저자로 참여하고 있는 대표적인 창구라고 할 수 있을 것이다. 본 연구의 분석을 위한 시간대는 최근 2년(2017년, 2018년)으로 설정, 비교적 소수의 논문을 대상으로 하는 탐색적 고찰(Exploratory Study) 성격을 보유하고 있으나, 결과로서 도출되는 사항들은 양국에서 관찰되는 광고 관련 주요 트렌드와 각국의 특수성에 부합하는 주요 주제에 대한 양상 등을 파악하는 역할을 할 수 있을 것이라 믿는다.

2. 관련 자료의 탐색

광고 관련 연구들에서 대중적이라고 말할 수는 없지만, 학술적 논문이 포함하고 있는 다양한 특징들을 구조적으로 분석 및 파악하는 **내용분석**(Content Analysis)이 다수 수행된 바 있다. 이 같은 연구 유형은 결국, '논문을 분석하는 논문'으로서의 역할을 충실히 수행하며 나름의 시사점들을 제공해 온 것이다. 예를 들어, 윤각과 정혜경, 편석환이 수행 및 출간한 연구(2008, 「2000년부터 2007년까지 '광고연구'와 '광고학연구'에 게재된 논문에 대한 내용분석」)가 있으며, 위 고찰을 통하여 저자들은 우리나라에서 광고에 특화하여 출간되고 있는 주요 학술지들이 어떠한 특성을 보유하며 관련 사안들을 공론화하고 있는지 시사점을 제공한 바 있다. 연구의 수행을 위해 활용한 주요 이론적 배경과 실제 각 논문의 특성들을 분류 및 분석하기 위한 유목들은 유사한 목적으로 수행되었던 관련 해외 연구들에서 파악하고 수집하였다. 관련 해외 연구들은 목적과 분석대상은 동일하면서도, 실제로 활용한 세부적인 방법론 등은 다양했던 것으로 파악된다. 예를 들어, 학술논문을 분석하는 논문에 거의 예외 없이 등장하는 Yale과 Gilly의 연구(1988)에서는, 각 논문의 주제와 특성들을 질적 연구 방식을 통해 파악하며 방법론의 지평을 넓힌 것으로 평가받는다. Yale과 Gilly의 연구는 광고, 마케팅과 관련된 주요 6개 학술지를 분석대상으로 하였으며, 핵심적으로 파악한 변수들은 연구주제와 분석방법, 통계기법, 표집의 성격, 논문의 주요 독자들이었다.

1990년 발표된 Barry의 연구는, 개별 논문을 통해 파악된 사항들을 양적 연구 방법으로 수집 및 분석하였으며, 가장 핵심적인 광고 관련 학술지로 자주 인용되는 『Journal of Advertising, The Journal of Advertising Research』, 그리고 『Journal of Current Issues & Research in Advertising』 등을 대상으로 설정하였다. 연구자의 소속(Affiliation)을 주요 변수로 하여 분석한 점 등이 독특한 접근이었다고 판단된다. 개별 논문들을 작성한 저자들의 분야와 역할 등을 중요한 사안으로 파악한 것이다. Muncy(1991)는 위 연구들에 비해 연구의 대상으로 삼은 학술지는 『Journal of Advertising』 한 가지였지만, 매우 심층적인 방식을 동원하여 분석을 실시함으로써 해당 학술지에 국한되는 일부 독특한 특성들을 심도 있게 파악한 것으로 알려져 있다. 『Journal of Advertising』의 출간 초창기인 1972년부터 20여 년간 출간된 논문의 전수조사를 통해, 세부적인 연구주제를 정교하게 분류함으로써 대표적 광고 관련 학술지가 지속적으로 취해 왔던 경향과 기조에 대하여 상세한 분석을 내놓은 것이다. 예를 들어, Muncy가 수집 및 분석 과정에 의해 가장 빈번하게 고찰된 세부 영역은 **소비자행동**(Consumer Behavior), **메시지**(Message), 광고 관련 **법적 혹은 사회적인 주요 이슈**(Legal & Societal Issues), **Media**(광고 활용 매체) 등이었던 것으로 나타났으며, 이 같은 주제들은 미국을 포함한 주요 국가들에서 광고와 관련된 핵심적 사안들이었다는 간접적 판단을 가능하게 하였다.

그 외, Helgeson과 동료들의 연구(1984)는 분석의 대상으로 설정한 학술지는 종류가 상대적으로 다수였으나(10종), 다양한 학술지를 통해 발표된 논문들 가운데 소비자행동(Consumer Behavior)이라는 특정한 주제를 논의한 사안들만 고찰하였다. 연구결과, 소비자행동이라는 거시적 주제를 공통적으로 연구하면서도, 소비자행동의 동기와 소비자들의 태도, 구매 선호도 등을 고찰하는 사례들이 매우 대중적인 접근인 것으로 파악되었다. 브랜드 인식과 브랜드 및 상품 등에 대한 고객들의 충성도, 소비자들의 구매 의사와 관련된 여타 주제들 또한 주요한 연구 트렌드로서 존재하고 있음을 보고한 바 있다.

본 연구의 진행을 위하여, 연구의 동향을 파악한 국내 선행 사례들에 대해서도 수집 및 분석하는 과정을 가졌다. 이 가운데 특히 주요 광고 관련 학술지의 경향을 체계적으로 분석한 연구(한상필, 2008)는 연구의 수행을 위한 구체적 유목과 관련된 중요 시사점을 제공하였다. 앞 연구의 주요 분석대상은 국제 광고 학술지에 게재된 논문이었으나, 광고 관련 학술지의 경향에 대한 연구가 과연 어떠한 의미와 가치를 보유하는지에 대한 사항을 정리하였다고 판단되었다. **연구동향** 분석의 유용성으로 지적한 사항들을 보면, 첫 번째, 특정 분야의 연구 현황과 동향을 파악하는 데 상당한 도움이 된다고 저자는 밝혔다. 관련 연구의 최근 현황과 특히 수량화하여 제시하는 정보들은 대상 학문 분야의 연구성과를 쉽게 파악하는 데 매우 유용하다는 견해를 밝힌 것이다. 둘째, 연구동향 분석은 상대적으로 연구가 충분하지 않은 세부 분야와 대중적으로 빈번하게 고찰된 영역에 대한 체계적 비교를 가능하게 함으로써, 관련 연구자들로 하여금 중심적인 연구의 트렌드를 파악하는 데 도움을 주는 한편 중복 연구에 대한 가능성도 낮출 수 있다는 장점이 있음을 설명하였다. 더불어, 앞서 연구된 주제에 대하여 유사한 시사점에 대한 비교 및 축적, 혹은 반증 가능성을 부여할 수 있는 계기로서 필수적인 역할을 한다는 견해를 나타내기도 하였다. 세 번째로는, 향후 활용될 수 있는 연구방향을 제시해 주는 기초적 자료로서 다수의 연구자들에게 매우 유용한 학문적 지식을 제공하며, 궁극적으로는 논문의 질적인 발전에도 기여할 수 있다는 의견을 밝혔다. 예를 들어, 특정 연구자들이 학문적 연구의 가치는 높으나 상대적으로 연구 사례가 미비된 사안을 신속하게 발굴하여 연구에 도전할 수 있는 배경을 마련하는 역할을 한다는 것이다(권영순, 이수범, 2007; 한상필, 1998, 2008).

3. 지향점과 자료 분석 방법

본 고찰은 최근 2년, 즉 2017년과 2018년 2년 동안 한국과 미국의 대표적인 광고학 관련 학술지인 『광고학연구』와 『Journal of Advertising』에 게재된 논문들의 핵심 주제를 파악하는 탐색적 시도로 기획되었다. 주지의 사실이지만, 광고와 관련된 사안들은 시시각각으로 변화하며, 이는 어쩌면 광고라는 영역이 보유하는 당연한 속성이라고 생각할 수 있기에, 가설 등을 통하여 한-미 주요 대표적인 연구성과를 예측하는 것은 합리적인 방법이 아니라고 판단하였다. 따라서 본 탐색적 내용분석에 의해 탐구하고 싶은 사항들을 다음과 같은 소주제로 요약할 수 있었다. 첫 번째는, 기간으로 설정된 최근 2년 동안 과연 한국과 미국의 주요 광고학 관련 학술지에서 다루어진 핵심적 주제들은 무엇인지, 세부적으로는 어떠한 특징들을 보유하고 있는지에 대한 사항들이었다. 두 번째는, 각국 학술지에서 논의된 주요 소주제들을 비교하는 과정에서 과연 어떠한 차이점이 발견되는지에 대한 사항이었다. 앞에서 명시한 두 가지 연구 지향점에 의거하여 내용분석을 수행하였다.

1) 주제 분류 항목

본 고찰의 수행을 위해 적용한 자료수집 및 분석 방법은 한국과 미국에서 간행된 광고 관련 학술지인『광고학연구』와『Journal of Advertising』에 수록된 각 논문이 다루고 있는 핵심 주제를 파악 및 비교하는 개략적 내용분석(Content Analysis)이었다. 각 논문에 활용된 가장 중요한 연구주제들을 파악하기 위하여, 주요 관련 선행연구들을 통해 어떠한 선택지(유목)를 공급하는 것이 가장 합리적인지 판단이 필요하였다. 최선의 설정을 위하여, 아래 두 편의 논문을 면밀하게 분석하였다

첫 번째는, 2008년『광고학연구』를 통해 발표된「국제광고연구의 동향: 1960년부터 2005년까지 주요 광고학술지의 내용분석」(한상필, 2008)을 면밀하게 검토하였다. 위 논문에서는, 연구주제별 구분과 관련하여 연구의 대상을 국제 광고 관련 학술지로 선정하여 분석한 만큼 다음과 같이 주제들로 분류의 기준을 삼았다. '국제광고 일반'과 '국제광고 이론', '국제광고법과 규제(거시광고 포함)', '광고산업', '국제광고전략', '국제광고 크리에이티브', '국제광고매체', '국제광고조사', '국제광고효과', '국제광고 캠페인 및 캠페인 사례', '광고와 문화', 그리고 '국제광고와 국가 이미지' 등이 항목들에 해당된다. 위 연구는 다수의 논문을 위 연구주제별로 분류하는 한편, 진행

시기와 연구방법 등이 주요한 변수로 고찰되었다. 두 번째로 고찰한 논문은, 같은 해 발표된「2000년부터 2007년까지 '광고연구'와 '광고학연구'에 게재된 논문에 대한 내용분석」(윤각, 정혜경, 편석환, 2008)으로서, 앞서 소개한 논문과는 달리 국내 광고 관련 주요 학술지에 게재된 논문만을 분석의 대상으로 삼았다. 앞의 두 논문 모두 분석의 유목 등을 결정하기 위해, 유사한 목적으로 수행된 해외 연구(예: Yale & Gilly, 1988; Barry, 1990; Muncy, 1991)에서 다수의 시사점을 도출한 것으로 판단되었다.

본 연구의 경우, 앞에서 간략하게 설명한 두 논문에서 설정한 주제 분류를 본 연구를 위한 원형으로 삼고자 하였으나, 첫 번째 연구의 경우 국제 학술지에 게재된 논문들을 분석하기 위한 유목들이 다수 있었고, 개별 논문에서 다루어진 핵심 주제 이외에도 다수의 별도 분석 유목들이 존재하여 유목들을 그대로 사용하기에 무리가 있다고 판단되었다. 반면, 두 번째 논문의 경우 국내 학술지만 분석하였으나 개별 연구에 활용된 주제와 관련된 사항을 파악하기 위한 유목들이 마련되어 있다는 특성이 있었다. 따라서 논문에서 다루는 핵심적 주제를 분석의 대상으로 하는 본 연구에는 윤각, 정혜경, 편석환(2008)이 설정한 주제 분류를 활용하기로 결정하였다. 본 연구의 분석대상으로 삼은 논문들은 위 유목에 근거하여 분석하기로 하였으며, '기타' 항목의 경우 설정한 15개 세부 주제 항목에 해당되지 않는다고 판단되는 일체의 주제들을 상세하게 기입하는 유목으로 활용하고자 하였다. 세부적인 특성은 〈표 4-1〉과 같다.

표 4-1 논문의 주요 주제를 파악하기 위한 유목

번호	주제 항목	세부 주제 항목
1	광고 이론	광고 이론 소개, 광고연구 동향
2	광고역사, 철학, 인물	광고역사, 광고철학, 광고인물, 광고직업
3	광고교육	광고교육, 광고인 양성과정, 소비자교육
4	광고의 사회, 경제, 문화적 문제 제시	광고의 사회적 영향, 경제적 영향, 문화적 영향, 소비자 보호, 소비자 공공정책
5	광고법, 광고심의, 광고윤리	광고법, 심의, 규제, 윤리, 허위/기만광고, 지적 소유권, FTC
6	광고산업과 운영	광고회사, 광고주, 매체 회사, 광고단체, 광고산업 종합, 크리에이티브 회사, 각국 광고산업 소개, 광고산업 운영 전반
7	광고와 마케팅	마케팅 믹스에서의 광고의 위치, 마케팅과 광고의 관계, PR, SP, Event, IMC, DM
8	복합뉴미디어	TV 홈쇼핑, 인터넷 광고, 모바일 광고, IPTV 광고
9	광고와 소비자행동(광고수용자/소비자/정보처리 측면)	소비자의 태도와 감정, 구매 행동 및 결정 요인, 광고의 수용 과정, 광고수용자, 소비자 관여, 메시지 처리
10	광고전략	광고계획, 목표, 예산, 매체, 크리에이티브 전략, 판촉 전략, 광고모델 전략
11	광고 크리에이티브	카피, 레이아웃, 일러스트레이션, 광고소구방식, 광고모델, 광고디자인, 광고음악, CIP, 크리에이티브, 아이디어, 광고 표현
12	광고매체와 효과	광고매체 일반, 전파광고, 인쇄광고, 옥외광고, 구매시점 광고, 특수광고 등의 매체선택과 매체 스케줄과 매체효과, 조사, 시장조사, 타깃조사, 매체조사, 효과 측정, 사전/사후 효과 측정
13	국제광고	국제광고회사, 국제광고 일반, 국제광고 메시지, 국제광고매체, 국제광고와 문화, 국제광고 표준화전략
14	광고 특수 분야	정치광고, 정부광고, 공익광고, 의견광고, 정정광고, 기업광고
15	광고캠페인 및 사례	광고캠페인 일반, 캠페인 사례연구, 사전효과 측정, 사후효과 측정, 광고효과 모델, 기타
16	기타	상기 분류된 20항목에 해당되지 않는 주제군

2) 분석의 대상

앞에서 밝힌 바와 같이, 본 고찰은 우리나라와 미국의 광고 관련 학술지인『광고학연구』와『Journal of Advertising』에 게재된 논문들을 분석의 대상으로 하였다. 두 학술지에 2017년 1월부터 2018년 말에 간행된 호에 실린 논문들에서 다룬 핵심 주제들을 파악하기로 한 것이다. 먼저,『광고학연구』는 2017년 1월부터 11월에 걸쳐 총 8권이 발간된 것으로 파악되었으며, 각 권호당 수록된 논문의 개수는 다소 차이가 있었다. 가장 논문의 수가 많았던 권호는 1권으로 10편이었으며, 3권호는 4편으로 가장 적었다. 총 8권에 실린 논문은 총 50편이었다. 2018년에도 마찬가지로 총 8권이 발간되었으며, 8권에 실린 논문은 2017년보다 다소 적은 총 44편이었다. 1, 2, 3권과 7권호에는 5편씩의 논문이 실렸으며, 그 외 권호에는 6개씩의 논문이 수록되어 발간되었다.

『Journal of Advertising』의 경우, 2017년에는 총 4권호에서 총 38편의 논문이 소개된 것으로 파악되었고, 2018년에도 역시 4권호가 간행된 상태에서 총 26편이 게재되었다. 2017년 1권호의 경우에는 16편이 포함되어 가장 많은 논문 혹은 Commentary가 수록되었으며, 최소 4편이 수록된 권호도 있었다.『광고학연구』와『Journal of Advertising』 공히, **연구논문**(Research Paper)이 아닌 형식의 저작도 발견되었으나, 분석의 대상에 포함시켰다. 유사 저작에 대한 포함의 결정은, 본 연구가 각 학술지에서 특정한 시기에 다루어진 핵심 주제 사항을 파악하는 데 가장 중요한 목적을 가지고 있으므로, 비록 상이한 형식의 저작 형태를 취했다고 하더라도 학술지에 포함되어 함께 출간되는 것으로 결정된 저작의 주제를 분석하는 작업은 동일하게 중요하다고 판단하였기 때문이다. 따라서 위에 기술한 한-미 양국의 논문에는 상이한 형식의 저작도 포함되었다. 결과적으로, 본 연구를 수행하기 위해 코딩의 대상으로 설정한 저작 혹은 논문의 개수는 158편이었다.

3) 핵심 주제에 대한 분석

앞의 주제 분류 및 유목에 의거하여 개별 논문에서 다루어진 핵심 사안을 대상으로 코딩을 진행하고자 하였다. 핵심적 주제에 대한 **코딩**은 가장 먼저 각 논문의 제목과 초록 등을 주요한 근거로 활용하는 것을 기본으로 하였다. 관련 선행 논문을 분석한 국내외 연구들의 구체적인 주제 분석과정에서도, 개별 논문의 제목은 주제를 명확하게 파악할 수 있는 가장 중요한 근거 자료로 활용된 바 있었기 때문이다. 하지만 분석대상인 개별 논문들을 파악하고 검토하는 과정에서 각 논문의 핵심 주제를 1개만 선별적으로 선택하는 것은 다소 현실적이지 않다고 판단하였다. 최근 논문의 기본적인 분량이 예전 논문보다 길어진 경향도 있으며, 또한 단일 방법론을 복수로 활용하는 **다중 방법론**(Mixed-Methods) 또한 대중화되는 분위기가 명확하게 존재하기 때문이다. 광고의 명확한 정의, 광고와 홍보의 차이, **마케팅**과 전략 커뮤니케이션(Strategic Communication)의 혼용 등 경계가 모호해지며 융합의 흐름이 발견되는 것도 최근 본 분야의 특징이라는 판단이 들기도 하였다. 이 같은 상황을 주요 배경으로, 본 연구는 분석하는 개별 논문당 최고 3종의 핵심적 주제를 복수로 코딩하는 방법을 활용하기로 결정하였다. 각 논문의 제목과 초록, 주제어, 방법론, 결과 등을 면밀하게 검토한 다음 가장 지배적으로 중요하게 논의한 주제로 판단되는 사안을 위 유목 가운데 3개를 선택하도록 한 것이다.

각 논문에 대한 코딩을 수행하기 위하여, 내용분석 연구 경험이 있는 대학원생 2인의 협조를 받았다. 이들은 내용분석 연구의 저자로서 혹은 코더로서 직접적 경험을 보유한 것으로 확인되었으며, 실제 코딩에 앞서 10개의 동일한 논문을 대상으로 약식 파일럿 테스트를 실시하였다. 각 논문당 3개의 개별 주제를 선택할 수 있었기에, 10개 논문의 주제 선택에 대한 일치 정도는 상당히 높은 수준을 기록하였다. 물론 선택한 3개의 주제가 모두 일치하는 경우와 중요도를 기준으로 선택하는 순서에는 차이가 발견되었으나, 주제 2개 이상 일치하는 경우가 전체의 70%를 상회하는 것으로 파악되었다. 합리적인 수준이라고 판단하였으며, 본 코딩 과정을 수행하도록 하였다.

4. 분석결과와 논의

본 고찰은 한국과 미국의 주요 광고학 분야 학술지 중 하나인 『광고학연구』와 『Journal of Advertising』을 통해 최근 2년간 발표된 논문의 특징을 살펴보는 탐색적 고찰이다. 논문의 다양한 특성 가운데, 개별 논문에서 가장 중요하게 논의한 주제를 최대 3종 선택하여 각국에서 주로 논의되는 사안들을 파악 및 비교한 것이다. 주제에 대한 분류는 학술지를 통해 간행된 논문을 대상으로 내용분석을 수행한 최근 연구 중 본 연구의 목적에 부합한다고 판단되는 연구에서 활용한 유목들을 활용하였다. 앞서 설정한 고찰의 지향점과 관련, 구체적 내용분석을 통해 파악된 결과 사항을 정리하면 다음과 같다.

1) 『광고학연구』-『Journal of Advertising』에서 다루어진 연구주제 관련

앞에서 기술한 것처럼, 2017년과 2018년 2년간 『광고학연구』를 통해 발표된 논문은 총 94편이었으며 각 논문에서 중요하게 논의된 주제를 각각 3종씩 선택하였다(〈표 4-2〉 참조). 주제 중 가장 대중적으로 논의된 것으로 파악된 유목은, '광고와 소비자행동'이었으며, 80회에 이를 정도로 다수의 논문에서 중요하게 다루어진 것으로 나타났다. 이 같은 결과는, 예전이나 최근, 어쩌면 향후에도 광고학 관련 연구에서 핵심적으로 탐구하는 사항은 결국 소비자의 최종적인 행동, 즉 반응에 대한 정보로 귀결된다는 해석이 가능하지 않을까 생각된다. 예를 들어, 특정한 광고물에 대해 보유하는 소비자들의 태도, 광고에 의해 발생하는 소비자에게 미치는 다양한 차원의 영향력 등이 결국 연구자들의 주요한 관심사가 될 것이기 때문이다. 이미지 위주의 광고에 어떠한 반응을 보이는지, 판매 촉진을 위해 과연 어떠한 종류의 광고 방식이 구매 욕구를 불러일으킬 것인지 등에 대한 사항은 제품의 종류와 시기를 떠나 매우 중요한 정보일 가능성이 높은 것도 현실일 것이다.

표 4-2 『광고학연구』(2017, 2018)를 통해 발표된 논문의 주요 주제 현황

번호	주제 항목	횟수
1	광고 이론	33
2	광고역사, 철학, 인물	2
3	광고교육	0
4	광고의 사회, 경제, 문화적 문제 제시	15
5	광고법, 광고심의, 광고윤리	5
6	광고산업과 운영	2
7	광고와 마케팅	13
8	복합뉴미디어	4
9	광고와 소비자행동(광고수용자/소비자/정보처리 측면)	80
10	광고전략	14
11	광고 크리에이티브	41
12	광고매체와 효과	38
13	국제광고	2
14	광고특수 분야	8
15	광고캠페인 및 사례	3
16	기타	21

더불어, 다양한 테크놀로지의 개입과 최근 그 영역을 더욱 넓히고 있는 공익광고 캠페인, 정책 홍보 등과 관련된 분야에서도 궁극적으로는 소비자의 반응과 태도, 구매 욕구 등이 매우 중요한 사안이 될 것으로 예상된다. 따라서 앞의 결과 사항은 소비자의 행동과 주요한 반응에 대한 논의는 광고학 연구자들에게 향후에도 가장 중요한 종속변수로 여겨질 것이라는 예측을 가능하게 한다는 생각이다.

『광고학연구』에 발표된 논문에서 대중적으로 다루어진 사항 중 다음 빈도를 차지한 유목은, **'광고 크리에이티브'**였다. 즉, 광고의 제작(Production) 영역에 있어서 다

양한 측면을 고찰하고 논의한 것으로 파악된 것이다. 크리에이티브 주제에 해당된다고 표시한 사항들은 대부분 광고에 활용되는 메시지와 관련된 내용들이기도 하였다. 예를 들어, '프레이밍' 이론을 활용하여 서로 다른 메시지를 가상으로 활용한 다음, 소비자들의 반응을 파악하는 등의 접근도 빈번하게 발견된 것이다. 그 외, 다양한 매체를 통해 대중에게 전달되고 있는 메시지 유형들의 트렌드를 파악, 보고하는 논문들도 존재하였다. 메시지 측면과 비교하여, 광고 제작물의 또 다른 주요 영역을 담당하는 비주얼 측면은 상대적으로 소수의 연구에서만 다루어지고 있었다.

다음으로는, '광고매체와 효과' 유목에 해당되는 주제들이 다수 연구된 것으로 파악되었다. 광고매체의 경우, 최근 급속하게 진행되고 있는 미디어의 확장과 디지털 기술의 접목에 의한 새로운 미디어의 발생 등이 중요한 배경이라고 판단된다. 또한, 다양한 매체의 독특한 활용이 파생하는 광고효과에 대한 논의도 자주 다루어지는 사안이었다. 그 외, '광고 이론'과 관련된 사항들도 중요한 세부 주제로서 활용되었는데, 이는 메시지 혹은 매체를 연구의 주요 영역으로 설정하여 고찰을 진행할 경우, 연구수행의 정당성 혹은 결과에 대한 예측 차원에서 다수의 이론적 배경이 적용되어야 하는 현실을 설명하는 측면이라고 판단되었다.

그 외, 설정한 유목 총 15종 가운데 개별 논문에서 가장 중요하게 다룬 주제가 포함되지 않았다고 판단하는 경우에는 '기타'라고 표시한 다음 구체적인 사항을 명시하였다. '기타'의 경우, 『광고학연구』 분석결과 총 21회에 걸쳐 표시되었으며 다양한 사안이 발견된 것으로 나타났다. 예를 들어, 광고학 분야에서 자주 활용되지 않는 특정 방법론의 시도를 연구의 중요한 주제로 다룬 경우도 일부 발견되었다. 『광고학연구』에 게재된 대부분의 연구들은 저자가 직접 데이터를 기획 및 수집하여 분석하는 사례들이었으나, 일부 연구들은 다양한 **2차적 자료**(Secondary Data)를 통해 시사점을 파악하려는 시도도 있었던 것이다. 특히, 최근 들어 빅데이터의 중요성이 영역을 막론하고 중요성을 확보하면서, 『광고학연구』에서도 예외 없이 이 같은 기술을 활용하는 고찰이 수행되고 있었다. 더불어, 예전에는 '광고'로 분류되지 않았던 미디어 콘텐츠들, 예를 들어 제품의 패키지와 담뱃갑 경고 그림, 매장의 디스플레이 방식과 제품을 전시하는 레이아웃, 판매촉진의 수단으로 활용하는 음향 등도 『광고학연구』의 중요한 대상으로서 고찰된 것이다.

이 같은 현상은, 광고 미디어에 있어 엄격한 정의를 적용하는 제한성을 지양하고 전통적인 개념으로서의 미디어는 물론 다양한 대상이 광고 미디어로써 활용될 수 있다는 **앰비언트 마케팅**(Ambient Marketing)의 차원에서도 중요한 의미를 지닌다고 생각된다. 동일한 맥락에서, 전통적 차원의 '광고'로 정의되기는 다소 적절하지 않을 수 있지만 최근 매우 중요한 마케팅 프로모션 수단으로 활용되는 마일리지나 각종 보상 포인트 등 또한 『광고학연구』에서 다루어지는 주요 주제임을 확인할 수 있었다.

『광고학연구』에서 주요한 핵심 주제로서 빈번하게 논의되지 않았던 사안들은 '광고 교육', '광고역사/철학/인물', '광고산업과 운영', 그리고 '국제광고' 등이었다. 이는 결국 대중적으로 다수의 연구자들에 의해 논의되는 사안들에 비해, 저변이 높지 않은 세부 영역이라고 판단되었다. 일부 타국 국적을 가진 연구자가 진행한 연구들로서 해당 국가의 상황이나 소비자들에 미치는 영향력 등이 고찰된 사례는 있었으나, 본격적으로 문화-국가 간 비교를 수행하여 '국제적 시각'에 대해 논의하거나, 도출된 상이한 특성을 심층적으로 분석하는 사례는 많지 않았다. 특정한 캠페인 사례 등을 논문화하는 경우도 극히 소수만 관찰되었다.

미국의 광고학 관련 학술지인 『Journal of Advertising』은 한국의 『광고학연구』보다 적은 수의 논문인 총 64편이 2017년과 2018년에 걸쳐 발표되었으며, 논문별 핵심적 주제를 파악한 결과는 〈표 4-3〉과 같다. 가장 대중적으로 '중요한 주제로' 판단된 사안은 '**광고와 소비자행동**'이었으며, 52회인 것으로 파악되었다. 한국의 『광고학연구』에서도 동일한 경향을 파악할 수 있었던 바, 마찬가지로 다수의 연구에서 설정한 종속변수는 소비자들의 반응과 태도, 소비자들의 구매 의도 및 관련 정보에 대한 확산 욕구와 관련된 내용들이었다. 개별 연구에서 사용하는 주요 방법론이 여전히 설문조사와 실험이 다수를 차지하는 상황에서, 소비자의 행동과 관련된 정보들은 광고학 연구자들의 중요 관심사였다고 판단된다. 물론 **빅데이터** 등 2차적 자료를 활용하는 연구에 있어서도, 소비자의 행동과 세부적 특성들은 매우 중요한 주제였음도

표 4-3 『Journal of Advertising』(2017, 2018)을 통해 발표된 논문의 주요 주제 현황

번호	주제 항목	횟수
1	광고 이론	29
2	광고역사, 철학, 인물	0
3	광고교육	2
4	광고의 사회, 경제, 문화적 문제 제시	6
5	광고법, 광고심의, 광고윤리	2
6	광고산업과 운영	5
7	광고와 마케팅	1
8	복합뉴미디어	4
9	광고와 소비자행동(광고수용자/소비자/정보처리 측면)	52
10	광고전략	9
11	광고 크리에이티브	19
12	광고매체와 효과	20
13	국제광고	6
14	광고 특수 분야	5
15	광고캠페인 및 사례	6
16	기타	26

확인되었다. 소비자행동의 파악에 대한 관심은 향후에도『광고학연구』에 있어 중요한 주제로 남아 있지 않을까 예상한다.

그다음, 다수로 판단된 주제 유목은 '기타'였으며 15개 유목보다 특정 논문에서 더욱 중요하게 다루어진 사항이 있다고 판단할 경우 보충 설명을 기입하도록 하였다. '기타'로 표시하고 기입한 설명들을 파악해 보면, '특정한 계층'을 연구의 주요 핵심으로 설정한 경우가 다수 발견되었다. 특히, '어린이' 혹은 '청소년' 등 미성년 계층을 연구의 제목에 명시하는 등 매우 중점적으로 다룬 연구들이 상당수 파악되었다. 이

는 광고의 사회적 역할과 거시적 의미, 광고가 미칠 수 있는 일부 부정적 기능과 순기능 등을 심층적으로 고찰한 사례들이었다고 생각된다. 청소년 등을 설문조사의 대상으로 참여시키는 경우는 더욱 많았지만, 제목 자체에 명시하는 것은 물론 연구 전반에서 활용하는 이론적 배경 또한 청소년과 직접적으로 연관된 사항을 적용하는 사례 또한 일부 존재하였다. 더불어 유튜브나 인스타그램 등 특정한 SNS 유형을 활용하여 케이스 스터디(Case-study)로 구성한 연구의 경우에도 '기타'로 분류하여 보충 설명을 포함시켰다. Vlog, 즉 기존의 블로그와는 달리 동영상을 제작하여 중계함으로써 광고의 가능성을 보유하는 새로운 장르에 대한 논의 또한 기존 유목이 포함하기에 무리가 있다고 판단되어 기타로 간주하여 별도로 분석하였다. 특정한 타깃의 설정, 새로운 테크놀로지의 개입에 의한 사항들이 연구의 핵심 사항일 경우 별도로 파악하고자 한 것이다.

'광고 이론' 또한 29회를 기록할 만큼 대중적으로 논의된 사안인 것으로 파악되었다. 이는『광고학연구』가 실무적 측면을 다룰 수밖에 없는 학문의 특성에도 불구하고, 학술적인 요소들을 적용하여 함의를 이끌어 내야 하는 특성과 관련이 있다고 생각되었다. 전통적으로 광고 관련 연구에서 활용되어 온 전통적인 이론들, 예를 들어 제3자 효과와 프레이밍 등은 디지털 환경하에서도 자주 사용되는 사례들이 다수 있었다. 디지털화된 미디어가 주요 논의 대상일 경우 전통적인 기술수용 모델 등도 적절한 시사점을 제공하는 역할을 담당하고 있었다. 결국, 테크노로지의 발전과 미디어의 급속한 다양화에도 불구하고, 상황을 예측하거나 설명하는 역할로서의 이론적 배경은 여전히『광고학연구』에서 중요한 위치를 점하고 있다는 현실을 알 수 있었다.

그 외, '크리에이티브' 영역에 대한 주제도 다수 발견되었다. 메시지의 유형별 차이 등에 의해 소비자들이 받아들이는 태도나 구체적 반응이 상이하게 관찰되는 접근도 여전히 대중적이었다. 하지만 새롭게 선보이는 미디어 장르에서 관찰되는 새로운 소구법이나 디자인 특성 또한 다수 논문을 통해 관찰되었다. 일부 논문에서는, '광고 전략'과 '광고 크리에이티브' 사이의 구분이 명확하지 않은 것으로 판단되는 경우도 있었으나, 소비자들에게 노출되었을 때 관찰되는 구체적 반응이 연구의 주요 변수로 활용된 사례에서는 크리에이티브 측면에 조금 더 가깝다고 판단하였다. 앞의 사안들과 비교하여 상대적으로 대중적 주제가 아니라고 판단된 유목들은, '광고역사/철학/인물', '광고교육' 등이었다. 이 같은 상황은 한국의 『광고학연구』에서 관찰된 상황과 유사하였다.

2) 『광고학연구』-『Journal of Advertising』에서 다루어진 연구주제의 차이점 관련

앞의 결과사항에서 일부 기술하였으나, 한국의 『광고학연구』와 미국의 『Journal of Advertising』에 게재된 논문을 통해 상당한 공통점과 일부 상이한 특징들을 확인할 수 있었다. 공통적인 사항은 역시 '광고와 소비자행동' 측면을 주제로 삼은 연구들이 압도적으로 다수 관찰되었다는 점이다. 이는 결국, 한국과 미국 공히 미디어 환경의 변화와 전 영역에 걸쳐 진행되는 **디지털화**(Digitalization)가 다양하게 관찰됨에도 불구하고, 궁극적으로는 '소비자'들의 반응과 태도, 행동의 변화 등이 광고학 연구자들의 궁극적 관심이 될 수밖에 없음을 나타내는 현상이라고 생각되었다.

또 한 가지 공통점 또한 동일한 맥락에서 해석이 가능할 것이다. 『광고학연구』와 『Journal of Advertising』에서 대중적인 연구주제로서 공히 파악된 사항은 '이론'이었으며, 이 또한 급변하는 외적인 변화는 인정하면서도, 학술적 연구에 있어 핵심적 사항 중 하나인 이론적 배경, 모델에 의한 상황 설명 및 향후 추이 예측 역할은 여전히 중요한 연구주제가 되고 있다는 판단이었다. 일부 광고학 이외의 여타 영역(예: 교육학, 청소년 심리 등)에서 차용된 이론적 배경을 활용하는 경우도 관찰되었으나, 전통적인 미디어 이론들(예: Agenda Setting, 제3자 효과, 기술수용 이론 등) 또한 약간의 변형을 가한 상태에서 급변하는 미디어 환경을 설명하고 예측하기 위해 적절하게 활용되는 모습을 연출하고 있었다. 한국과 미국에서 간행되는 주요 광고학 학술지에서 공통적으로 발견되었다는 점은, 당분간 이 같은 흐름이 지속적으로 연출될 것이라는 예측도 가능하게 한다는 생각이다.

일부 차이가 발견된 사항으로는, 『Journal of Advertising』의 경우 어린이와 청소년 등 미디어 영향력에 있어 성인 소비자들에 비해 일정 부분 취약한 측면을 가지고 있다고 가정되는 계층을 논의의 대상으로 삼은 사례들이 다수 관찰되었다는 점이다. 물론『광고학연구』에서도 동일 맥락의 연구들을 발견할 수는 있었으나, 심층적인 수준, 법 혹은 규정의 실증적 검토 등 실행 측면에서 발견되는 구체성에서는 『Journal of Advertising』과 상이하다고 판단하였다.

반면, ICT 영역에서 선도적 역할을 하고 있는 우리나라의 상황이 광고 관련 연구에도 반영되고 있음이 관찰되기도 하였다. 『Journal of Advertising』에도 전통적 미디어를 제외한 다수의 디지털 영역의 광고적 활용과 소비자 반응 등이 주요 주제가 된 사례들이 존재하였지만, 『광고학연구』의 경우 발행되는 거의 모든 권호에서 새롭게 시장에 진입하는 관련 기술과 새로운 장르들이 논의의 주제로 등장하였던 것이다.

마지막으로, 큰 차이는 아니었지만 광고 소비자들의 정보 문해력(Literacy)과 관련된 사항, 즉 광고에 대한 교육과 필요성, 구체적 제안 등과 관련된 사항이 『Journal of Advertising』에서 발간된 논문에서는 일부 다루어지고 있는 상황이 발견되었다. 광고를 과연 거시적 시각에서 어떻게 판단할 것이며, 소비자들이 해석하는 수준, 광고가 미칠 수 있는 부정적 영향력 등을 대비하는 장치로서 광고와 관련된 교육을 논의한 사례들이 『Journal of Advertising』에서는 상당수 관찰된 것이다.

3) 주제 분석과 관련된 유목의 현실화 필요

관련 선행연구 가운데 본 고찰의의 취지에 가장 부합한다고 판단되는 주제 분류유목을 사용한 사례를 파악하여 사용하였다. 이는 한국의 『광고학연구』와 미국의 『Journal of Advertising』을 통해 발표된 다수의 논문들에 반영된 핵심적 주제들을 파악하기 위해 가장 효과적인 방법이라고 판단하였기 때문이다. 하지만 실제 분석과정에서 발견된 일부 주제들은 기존의 15개 유목에 정확하게 해당된다고 판단하기 어려운 사안들도 상당수 관찰되었다. 연구결과에서 밝혔듯, 이 같은 사안들은 '기타'의 유목으로 포함시켜 별도의 설명을 기입한 다음 본 연구의 시사점으로 적극 활용하였다. 기존 유목에 해당되는 것으로 명확하게 생각되지 않은 사례들은, 예를 들어 빅데이터를 활용하여 분석을 진행한 사례와 Vlog 등 광고와 일반적인 미디어콘텐츠의 성격을 공통적으로 보유하는 장르를 논의한 경우 등 다양하였다. 일련의 사례들은 한국의『광고학연구』와『Journal of Advertising』모두에서 공히 관찰되었으며, 양국에서 공통적으로 파악되는 미디어 환경의 변화에 걸맞게 새로운 주제 분류 작업이 필요하다는 생각에 이르게 하였다. 이 같은 작업은, 미디어 환경과 핵심적 트렌드에 부합하거나 혹은 선도하는 차원에서 향후 등장하는 다수의 연구들을 합리적으로 대할 수 있는 장치를 구상한다는 차원에서 중요한 의미를 가질 것이라 확신한다.

4) 한-미 광고 관련 연구 비교분석에 의한 신규 주제 발굴

결과에서 기술한 바와 같이, 양국의 광고 관련 주요 학술지에서 가장 빈번하게 논의 및 고찰한 주제는 매우 한정되어 있었다. 예를 들어, '광고와 소비자행동'으로 정의된 항목은『광고학연구』와『Journal of Advertising』을 통해 2017년과 2018년 가장 자주 등장한 주제였던 것이다. '광고와 소비자행동' 이외에도, 대중적 연구주제들의 경우 양국의 학술지에서 큰 차이를 발견할 수는 없었다. 이 같은 현상은, 해당 항목들이 광고 관련 학술연구에서 갖는 중요성을 시사함과 동시에, 역설적으로는 주제의 다양성 측면에서 다소 생각해 볼 만한 화두를 던지고 있다는 판단도 가능하다는 생각이다.『광고학연구』와『Journal of Advertising』에 게재된 논문의 주제를 파악하는 과정에서 '기타' 항목에 상당수의 논문이 해당되는 것으로 파악한 결과도 앞에서 언급한 현상에 대한 설명이 될 수 있을 것이다. 물론 주제 선택에 있어 특별한 시도들은 간헐적으로 보이고 있으나, 향후 양국의 학자들이 현재 미디어 환경을 반영하거나 미래 미디어 및 광고 환경을 예측하는 정도의 획기적인 주제 선택에 대한 고려는 해야 하지 않을까 생각된다. 비록 전통적으로 활용되지 않아 관련 선행연구는 부족하지만 시도의 필요성에 있어 충분한 공감대가 형성된 새로운 방법론, 혹은 전통적인 광고의 정의로는 설명하기 어려운 온전히 새로운 장르에 대한 심층분석 등도 고려해야 한다는 것이다.

5. 마치며

본 고찰은 다수의 한계점을 가지고 있다. 가장 먼저, 최근의 학술연구 트렌드를 큰 그림으로 파악하려는 목적하에 2017년과 2018년 2년간 발표된 논문만을 분석대상으로 했다는 것이다. 이 같은 한계점은, 비록 최근의 실제 연구경향을 양국의 주요 광고 관련 학술지를 통해 신속하게 조망할 수 있다는 장점은 있겠으나, 시간의 추이에 따른 변화를 관찰하는 것은 불가능하다는 지적을 할 수밖에 없다. 두 번째, 주제에 대한 분석을 유사 연구에 대한 경험이 있는 신진 연구자들의 코딩 과정을 통해 진행하였으나, 3종의 주요 주제에 대한 판단이 자의적일 수도 있으며, 특히 주요 주제 간 우선순위를 결정하는 측면에서는 높은 객관성을 기약하기 쉽지 않은 구조를 가지고 있었다. 또한, 영어로 작성된 『Journal of Advertising』의 경우 제목과 초록, 연구방법 등을 중심으로 주제를 선별하고자 하였으나, 코더 간 상이한 판단이 상대적으로 빈번하게 나타나기도 하였다. 위 한계사항들은, 향후 이와 유사한 주제로 연구를 진행할 경우 반드시 극복해야 하는 사안들이라고 판단한다. 예를 들면, 약 10여 년에 걸쳐 게재된 논문들의 심층적 분석을 통해 1~2년을 대상으로 하는 미시적 접근으로는 발견될 수 없는 경향성을 파악할 수도 있으며, '연구주제'라는 다소 추상적 분석대상을 상정하기보다 개별 논문에 포함된 연구문제 혹은 가설들을 구조적으로 분석하는 방법 또한 고려될 수 있을 것이다. ▪

제5장

한국광고학회 초창기(1989~1999) 10년의 활동

최명일(남서울대학교 광고홍보학과)

1. 들어가며
2. 한국광고학회의 창립 과정
3. 창립 당시의 조직 구성과 회원 현황
4. 한국광고학회의 광고 신조
5. 초창기 한국광고학회의 주요 활동
6. 마치며

◈◇◈

한국광고학회의 초창기 10년(1989~1999년)의 활동을 살펴보기 위하여 학회 창립 과정을 살펴보았다. 또한, 학회의 광고학 저변 확대, 전문화, 체계화를 위한 다양한 노력은 ① 광고학연구에 게재된 논문의 특성, ② 학술세미나의 논문 발표 현황, ③ 학회-광고업계 협력 활동에 대한 광고상담제, 올해의 광고상 등의 소개, ④ 학회 중심의 저술활동 현황, ⑤ 한국광고학회 소식지(KAS News) 발간 내용 소개 등으로 구분하여 정리하였다.

1. 들어가며

1989년은 국내 광고학에 있어서 매우 의미가 크다. 먼저, 중앙대학교 광고홍보학과의 복과(1974년 '광보학과' 설립된 이후에 1980년 신문방송학과에 흡수되었다가 1989년 다시 복과), 한양대학교 광고홍보학과의 신설이 있었다. 이후에 홍익대학교의 광고디자인학과, 광주대학교의 출판광고학과 등과 같이 광고학과 직접적인 연관이 있는 학과가 개설되었다.

무엇보다 10월 14일에는 한국광고학회(이하 '학회')의 **창립총회**가 개최되었다. 이는 광고학이 독립된 학문 분야로서의 활동을 하기 시작하였다는 것을 의미한다. 독립된 학문으로 자리매김하는 과정을 보면, 학회를 통해 학문이 다루는 고유한 연구주제와 영역이 결정되며, 이 분야를 이끌어 가는 대학 학자들의 역할이 학회 안에서 두드러지게 나타난다. 대학 학자들은 지속적인 학문적 정체성 확립을 위해 그 학문의 과학

성과 실천성 겸비를 위해 노력하며, 연구주제와 영역을 사회적 요구에 맞추어 변화시켜 나감으로써 학문적 지위를 높이기 위한 과정을 거친다(Layton, 1972). 이러한 사실은 학회 준비위원회의 자료에 잘 나타나 있다.

> 우리나라 광고가 1980년대에 들어 비약적인 발전을 거듭하여 광고 산업으로서의 자리를 굳혀감에 따라 광고시장이 넓어지고 광고량도 급증하게 되었다. 그리하여 마침내 1987년에는 1조 원에 육박하는 거래량을 나타냈고, 1988년은 올림픽 개최에 따라 세계 각국의 광고 관심이 한국에 집중하게 되어 유력 회사의 진출도 구체화됨에 따라 광고의 국제화는 가속되고 광고량도 1조 3천억 원을 넘어섰다.
>
> 그리고 광고시장의 개방 압력과 더불어 그 개방의 필요성도 같이 작용하여 1991년에는 우리 국내 광고시장을 완정 개방한다는 정책 결정으로 외국 광고 회사들이 몰려올 것이 예상된다.
>
> 이러한 광고 환경과 여건의 급격한 변화에 대응하기 위해서는 광고에 대한 보다 깊고 넓은 학문적 연구와 광고 실무 기술의 발전, 그리고 광고인들의 협동과 단결이 절실히 요구되었다. 이와 같은 요구를 수용하고 실천하려면 한국에서도 속히 광고학회를 설립하여 총력을 집결하고 발휘할 필요를 절감하게 되어 마침내 1988년 말부터 유봉노, 황창규, 김원수, 송용섭 교수들이 중심이 되어 학회 설립을 서두르기 시작하였다.

당시 상황에서 **광고학의 전문화, 세계화**에 대한 필요성은 한국방송광고공사의 광고교육원의 '제1회 국제광고인 자격과정 및 전문과정 졸업식' 및 1991학년도 입학식에서의 학회 회장(유봉노)의 축사에도 잘 나타나 있다(1991. 1. 25. 17:00, 프레스센터 20층 국제회의장).

> (전략) 광고도 하나의 산업으로 발전하고 있어 우리나라 광고산업의 위치도 그 양에 있어 시장 규모가 2조 1억 3천 3백만 원에 달하였고, 동양에서는 제2위, 세계적으로는 10위권에 접근하고 있으리만치 발전하고 있습니다.
>
> 그런데 이러한 양적 팽창에 비하여 광고 업무를 담당할 광고인의 수가 부족하고 광고지

식이나 광고기술 수준은 미급하므로 광고인의 수를 보충하고 그들의 지식과 광고기량의 질을 높이지 않으면 진정한 광고발전을 기할 수 없음도 사실입니다. (후략)

결국 한국광고학회의 창립은 당시 광고 산업의 급속한 성장에 따른 학문으로서의 체계화 및 과학화, 학계-업계의 협력, 광고교육의 체계화 등의 측면에서 필연적인 결과라고 할 수 있다.

2. 한국광고학회의 창립 과정

학회 설립은 1989년 6월 22일 예비회합을 시작으로, 8월 9일 창립 발기인 총회 및 회장 후보 결정(연세대학교 교수 유봉노) 등의 과정을 통해 10월 14일 창립총회를 개최하는 과정을 거쳤다. 이와 같은 학회 창립 이후 중요한 변화는 1998년 10월 12일 학회를 사단법인으로 등록하였다는 사실이다. 약 10년 동안은 임의단체로 활동하였지만, 시대적 변화에 따라 학회를 체계화하기 위하여 사단법인으로 등록하였다. 구체적인 설립과정 및 주요 이슈는 〈표 5-1〉의 내용과 같다.

표 5-1 한국광고학회 설립 과정

날짜	주요 안건
1989. 6. 22. (목)	광고학회 설립 예비 회합
1989. 6. 30. (금)	광고학회 설립 준비 구체안 토의
1989. 7. 14. (금)	광고학회 설립 준비 안건 토의, 정관 요강 논의
1989. 7. 31. (월)	광고학회 정관 요강 검토, 이사 후보 선정
1989. 8. 9. (수)	광고학회 창립 발기인 총회, 회장 후보 결정(연세대학교 교수 유봉노)
1989. 9. 7. (목)	광고학회 상임 이사회 예비 회합, 이사 후보 추천, 창립총회 준비 논의

1989. 9. 21. (목)	광고학회 창립 준비 위원 회합 - 총회 개최 일시, 장소, 준비물 논의 결정
1989. 10. 14. (토)	한국광고학회 창립총회 개최 - 장소: 프레지던트 호텔 - 정관 확정, 회장, 부회장, 감사 선임
1989. 10. 24. (화)	회장단 상임 이사회 합동 회의, 개인회원, 연구회원, 법인 회원 회비 결정, 이사 추천
1989. 10. 30. (월)	한국광고학회 사무실 입주 매일경제신문사의 협조로 매경 빌딩 802호실에 학회 사무실 입주 - 주소: 서울특별시 중구 필동 1가 51번지 매일경제신문사 802호 우) 100-728 - 전화번호: (직) 266-9231
1989. 11. 16. (목)	한국광고학회 사무실 현판식
1989. 11. 28. (화)	한국광고학회 편집위원회 - 위원장: 황창규 - 위원: 이우용, 리대룡, 임종원, 오인환, 김충기, 윤호섭, 윤석태
1989. 12. 13. (수)	한국광고학회 제1회 이사회 - 조직 분과 결정 1) 학술 연구 분과: 위원장 황창규(동국대학교) 2) 재정, 회원 분과: 위원장 장대환(매일경제) 3) 국제 분과: 위원장 김규(서강대학교) 4) 사업 분과: 위원장 조해형(나라기획)
1990. 2. 9. (금)	제2회 회장단 상임이사회 한국광고학회 영문 표기 확정(KOREA ADVERTISING SOCIETY-KAS)
1998. 10. 12. (수)	사단법인 한국광고학회 창립총회 - 장소: 중앙대학교 대회의실 - 참석 인원: 120명 - 주요 회의 안건 1) 설립 취지 채택의 건: 지금까지의 임의단체를 승계하는 것이지, 새로운 법인체 창설은 아님 2) 회장 선임의 건: 회장으로 리대룡(중앙대학교 교수) 선임 3) 임원 선임의 건: 이사(13명) 리대룡, 유붕노, 황창규, 조관수, 권명광, 조병량, 윤호섭, 홍재욱, 이상빈, 김명하, 채수삼, 배종렬, 이인호 감사(2인): 임종원, 이기흥 4) 사무소 설치의 건: 서울특별시 종로구 낙원동 58-1 종로오피스텔 1108호

[그림 5-1] 한국광고학회 창립총회

3. 창립 당시의 조직 구성과 회원 현황

1) 운영 조직

학회 운영 조직은 크게 회장단 4인(회장 1인, 부회장 3인), 감사 2인, 상임이사 7인, 이사회 23인으로 구성되었다. 학회의 구체적인 활동을 위해 학술연구(편집위원회를 두었음), 재정 · 회원, 국제, 사업 등의 4개 분과를 두었다. 구체적인 조직 및 임원 구성은 [그림 5-2]와 같다.

회장(1)
유붕노(연세대학교)

부회장(3)
황창규(동국대학교)
장대환(매일경제신문사)
김규(서강대학교)

감사(2)
상무달(영남대학교)
이명환(일동제약)

상임이사(7)
김원수(서울대학교), 권명광(홍익대학교), 리대룡(중앙대학교), 송용섭(중앙대학교), 오인환(연세대학교), 김명하(코래드), 남상조(대홍기획)

이사회(23)
서정우(연세대학교), 임종원(서울대학교), 이우용(서강대학교), 윤희중(이화여자대학교), 오두범(청주대학교), 원우현(고려대학교), 윤호섭(국민대학교), 이상빈(전북대학교), 이원구(호서대학교), 최병룡(인하대학교), 차배근(서울대학교), 김석년(오리콤), 김충기(애드월드), 김문성(광고주협회), 김용한(A.C Nielson), 남정휴(동방기획), 신인섭(ABC협회), 송형목(조선일보), 이기흥(한국방송광고공사), 이종석(제일기획), 이종배(광고업협회초대회장), 윤석태(CF제작), 조해형(나라기획)

편집위원회
위원장
황창규(동국대학교)
위원
이우용(서강대학교)
리대룡(중앙대학교)
임종원(서울대학교)
오인환(연세대학교)
김충기(기조기획)
윤호섭(국민대학교)
윤석태(CF제작)

학술연구분과
위원장
황창규(동국대학교)
위원
권명광(홍익대학교)
김원수(서울대학교)
김충기(애드월드)
리대룡(중앙대학교)
서정우(연세대학교)
오인환(연세대학교)
원우현(고려대학교)
윤석태(CF제작)
윤호섭(국민대학교)
윤희중(이화여자대학교)
이우용(서강대학교)
임종원(서울대학교)

재정, 회원분과
위원장
장대환(매일경제신문사)
위원
김명하(코래드)
김문성(광고주협회)
남상조(대홍기획)
서범석(광주대학교)
성하현(삼희기획)
오두범(청주대학교)
이상빈(전북대학교)
이원구(호서대학교)
이종배(코래드)
최병용(인하대학교)
채갑병(금강기획)

국제분과
위원장
김규(서강대학교)
위원
김석년(선언)
김용한(A.C Nielson)
송용섭(중앙대학교)
신인섭(ABC협회)
조관수(성균관대학교)
조병량(한양대학교)

사업분과
위원장
조해형(나라기획)
위원
김백경(중앙경제)
김승각(한국연합광고)
남정휴(동방기획)
송형목(조선일보사)
양정석(오리콤)
이종석(제일기획)
이기흥(한국방송영상)

[그림 5-2] 한국광고학회 조직 구성

2) 회원 현황

학회 창립 이듬해인 1990년 한국학술진흥재단에 제출한 학회 현황 자료에 따르면, 당시 회원 수, 연회비, 입회 자격 등은 〈표 5-2〉와 같다. 공식적으로 정회원 77명, 법인회원 21개사였다는 사실을 알 수 있다. 반면, 1990년의 학회결산 자료를 살펴보면, 1년여 만에 학회 회원의 규모가 크게 증가한 것을 알 수 있다. 정회원은 151명, 영구회원 3명, 준회원 10명, 기관회원 25개로 증가하였다.

표 5-2 한국광고학회 설립 당시의 회원 현황 및 자격

	회원 수	연회비	입회 자격
정회원	77명	2만 원	대학, 연구기관의 광고 관련 전임강사 이상, 전문광고인, 박사 과정자로 이사회의 승인자
준회원	4명	1만 원	광고 관련 학과 대학원 석사
특별회원	없음		상임이사회에서 승인한 개인, 법인
종신회원	1명	20만 원	정회원
명예회원			상임이사회에서 승인한 개인
기관회원	법인 21개	20만 원	광고주, 광고대행사, 매체주, 공인기관

4. 한국광고학회의 광고 신조

당시 학회에서는 광고가 가야 할 길을 모색하고, 치열한 경쟁으로 인한 문제 및 이에 대한 엄중한 경고를 하기 위하여 **광고 신조**를 작성하였다. 1990년 2월 9일 제2회 회장단 상임이사회에서는 "진실, 창조, 과학, 인간성, 미래지향 등을 포함"해서 작성하며, 그 제작을 코래드, 대홍기획에 부탁하였다. 최종적으로는 1990년 4월 11일 제3회 회장단 및 상임이사회에서 학회의 광고 신조로 "**광고는 진실, 창의, 과학이어야 한**

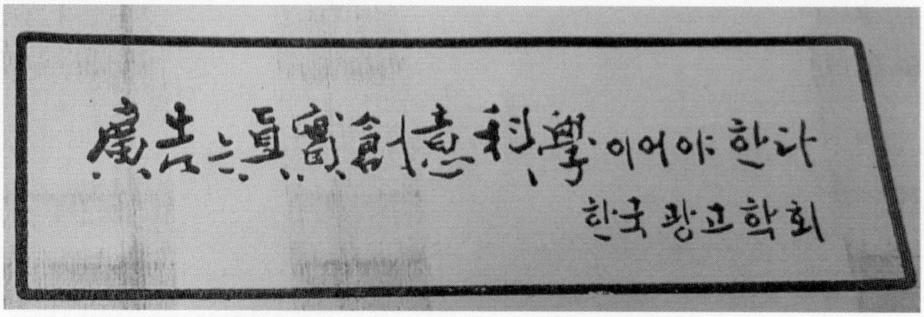

[그림 5-3] 한국광고학회 광고 신조

다."로 결정하였다([그림 5-3] 참조). 학회의 광고 신조를 통해 당시 광고학 학자들의 광고업계를 바라보는 시각, 문제인식 등을 엿볼 수 있다. 현재에도 그대로 적용될 수 있는 내용이라는 점에서 당시 광고학자들의 혜안을 엿볼 수 있다.

학회의 광고 신조에 대한 구체적인 설명 내용은 다음과 같다.

첫째, 광고는 진실하여야 한다.

광고의 생명은 진실에 있다. 허위 과장된 광고는 미움의 대상이며, 용납이 안 되므로, 그것은 일종의 죄악이라고까지 할 수 있다. 광고는 올바른 상품 정보나 기업 정보를 전하여 사람들이 현명한 구매와 건전한 생활을 할 수 있도록 원조하는 것이고, 사전 서비스인 것이다. 광고에서 나타내는 내용이나 표시는 그것이 상품이나 기업의 사실을 그대로 나타내고 전달하는 것이어서 소비자로부터 고마운 것으로 인정을 받고 "광고 없이는 살 수 없다"라고까지 할 수 있도록 그 존재와 가치성을 확립하여야 한다.

둘째, 광고는 창의적이어야 한다.

좋은 광고는 좋은 상품이나 좋은 기업에서만 나온다. 광고는 상품이나 기업이 지니고 있는 사실을 그대로 전하는 것이기 때문에 제품이나 기업이 좋으면 광고도 좋은 광고가 되는 것이다. 여기서 창의란 제품이나 기업이 지닌 사실을 어떻게 잘 그대로 전할 수 있을까를 찾아내고 표현하여 아이드마(AIDMA) 효과를 크게 할 수 있는가를 연구하는 것이다. 따라서 광고의 창의성 개발은 제품의 창조성과 기업활동의 창의에 기원하는 것이다. 경우에 따라서는 광고의 창의성이 제품의 창의를 유도할 수도 있다. 이와 같이 광고의 창의성은 독선적이어서는 안 되고, 제품이나 기업이 지니고 있는 그대로를 어떻게 하면 더욱 잘 표출하고 전할 수 있는가를 강구하는 것이다.

셋째, 광고는 과학적이어야 한다.

과학이란 이론과 실제가 맞고 모순이 없으며 객관적인 의미와 존재성을 가져야 한다. 그렇지 않은 것은 비과학적이어서 주관적이고 편파 또는 국부적이고 타당성이 부족하여 가치가 없다. 과학이어야 함은 정보나 시장조사에 의한 객관적인 자료에 입각하여 사고하고 판단하고 행동하여 효율적이어야 한다는 것이다. 그러므로 광고는 정보나 시장조사에 의한 자료에다 지식과 경험을 보태어 올바른 의사결정 또는 정책결정으로 올바른 광고활동이 전개되어야 한다. 정보화 시대, 하이테크(HI-TECH) 시대가 되어 갈수록 변화와 여건에 민감하여 객관성에 입각한 광고가 되지 않으면 광고의 위력을 발휘할 수 없다. 광고는 진실, 창의, 과학의 3대 특성이 잘 융합되어 종합력을 발휘할 때 생명력을 나타내어 큰 효과를 거두게 된다는 신조를 명심하여 실천에 옮겨 주기를 강조하고 그러한 광고가 우리 사회에 넘쳐 국제수준에 도달할뿐더러 선도할 수 있게 되기를 기대한다.

5. 초창기 한국광고학회의 주요 활동

학회에서는 광고학의 저변 확대, 전문화, 체계화를 위한 다양한 노력들을 하였다. 그 노력들은 크게 ① 학술지 발간, ② 학술세미나 개최, ③ 학회-광고업계 협력 활동, ④ 저술활동 지원, ⑤ 한국광고학회 소식지(KAS News) 발간 등으로 구분해 볼 수 있다.

1) 학술지 발간

학회 활동의 정수(精髓)는 '전문학술지'의 발간에 있다고 해도 과언이 아니다. 학회 창립 이듬해인 1990년 12월 31일에 『광고학연구』 창간호를 발행하였으며, 국제표준연속간행물번호(ISSN: 1225-0554)는 1992년 6월 16일 한국문헌정보번호센터로부터 부여받았다.

이 당시 『광고학연구』의 특징은 단순히 연구논문만을 게재하는 것이 아니라, 초창기 학회의 기반을 다지고, 회원의 연구 활동 상황을 알리는 소식지의 성격을 동시에 띠고 있다. 구체적으로 학술지에 부록의 형식으로 '광고용어 우리말 표기', '회원의 광고학 관련 저서 · 논문 목록', '광고상담제', '광고대행사 소개' 등의 내용을 함께 담고 있다. 이러한 활동은 1996년(7권 2호)까지 이어진다. 이러한 사실은 『광고학연구』 창간호의 발간사에 잘 설명되어 있다.

> 한국광고학회 설립의 첫째 목적인 광고 및 이에 관련되는 이론과 실제의 연구로 마침내 『광고학연구』 논문집의 창간호를 우리나라 광고계에 내놓게 됨에 경하하는 바입니다.
>
> 『광고학연구』는 학계와 광고계를 비롯하여 각계의 광고 연구자나 전문인의 광고 이론과 실제의 연구 그리고 사례, 자료 등을 게재하여 광고학문의 형성과 심화를 기하고 광고기법을 발전시키며 광고정책 수립을 위한 유효한 제시로 광고산업의 발전과 광고문화를 형성 향상시키는 데 선도 역할을 하려는 것입니다.
>
> 한국광고학회의 회원은 물론 광고에 관련된 연구자들은 누구나 연구논문이나 실태 조사 분석 또는 사례나 자료를 이 『광고학연구』에 게재할 수 있다. 그렇게 함으로써 광고 지식과 기법을 나누고 정보를 교류하여 우리나라 광고를 그 양이나 질에 있어 국제수준에 이르게 하고, 다시 비약하는 데 크게 공헌할 촉매 역할을 하게 될 것입니다.
>
> 이 『광고학연구』지가 횟수를 거듭할수록 그 내용이 풍부하고 충실하여 광고 관계자 누구

에게나 환영과 사랑을 받는 연구지가 되기를 바라며 그렇게 되기 위해서는 우리 광고학회 회원 모두가 크나큰 협동 노력이 요구되는 것입니다.

회원 여러분! 광고학연구의 심화와 개척과 발전을 위하여 많은 연구를 하여 좋은 논문이나 사례, 자료 등을 게재할 수 있도록 협조하여 주실 것을 바랍니다.

다시 한번 『광고학연구』의 창간을 축하하며 앞으로 훌륭한 발전이 있기를 다 같이 기원하는 바입니다.

(1) 『광고학연구』의 특징

창간호부터 1999년(10권 4호)까지 게재된 논문은 총 183편이다. [그림 5-4]에서 확인할 수 있는 바와 같이 1995년과 1998년을 기점으로 게재된 논문의 수가 증가하였다는 사실을 알 수 있다. 이는 1990~1994년은 연 1회, 1995~1997년은 연 2회, 1998년부터는 연 4회를 발행하였기 때문이다.

이들 논문의 특징을 살펴보면, 당시 학회 활동의 방향, 연구 활동의 특성을 이해할 수 있다. 이를 위해 논문 제목에 대한 의미연결망 분석(Semantic Network Analysis: SNA)과 연구자 사이의 공동연구 현황을 분석하였다. 분석결과의 시각화는 Netdraw

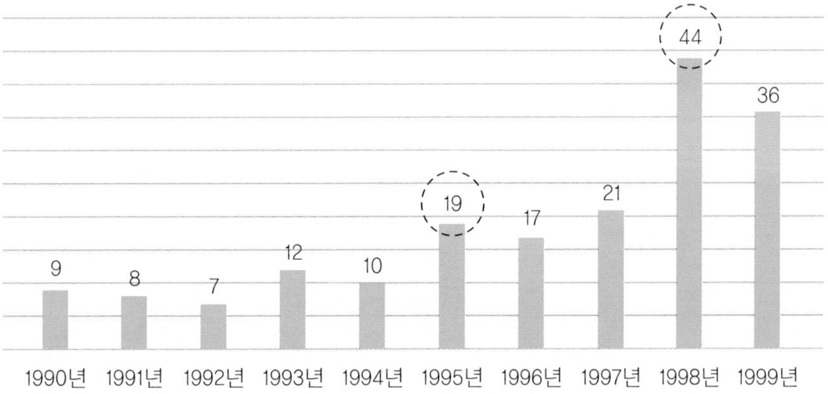

[그림 5-4] 한국광고학회 창립총회

를 이용하였으며(Borgatti, Everett, & Freeman, 2002), Spring Embedded 알고리즘을 바탕으로 하였다. 이 알고리즘의 특성은 다른 핵심어와 동시에 출현하는 경향이 있는 핵심은 전체 연결망 구조에서 중앙에 위치하도록 하며, 핵심어 사이에 관계성이 높을수록 서로 근접한 위치에 놓이도록 한다(Kamada & Kawai, 1989).

① 『광고학연구』에 게재된 논문 제목에 나타난 연구의 특징

당시 『광고학연구』에 게재된 논문 제목에 나타난 주요 키워드는 광고(80회), 효과(29회), 영향(24회), 소비자(14회), 캠페인(14회) 등인 것으로 나타났다(〈표 5-3〉 참조). 이러한 사실을 통해 광고의 효과, 영향 등을 분석한 연구가 많았다는 사실을 알 수 있다. 이러한 사실은 [그림 5-5]의 연결망 분석결과에서도 확인할 수 있다. 즉, 전체 연결망 구조에서 광고, 영향, 효과, 소비자 등의 키워드가 중심적인 역할을 하고 있다.

표 5-3 창간호~1999년(10권 4호)까지 『광고학연구』에 게재된 논문의 제목에 나타난 주요 키워드

빈도	키워드
80	광고
29	효과
24	영향
14	소비자, 캠페인
10	분석
9	현황
8	과제, 크리에이티브, 한국
8	크리에이티브
7	전략, 문제
6	마케팅, 내용분석, 측정, 감정, 이론, 태도, 기억, 특성, 브랜드
5	국내

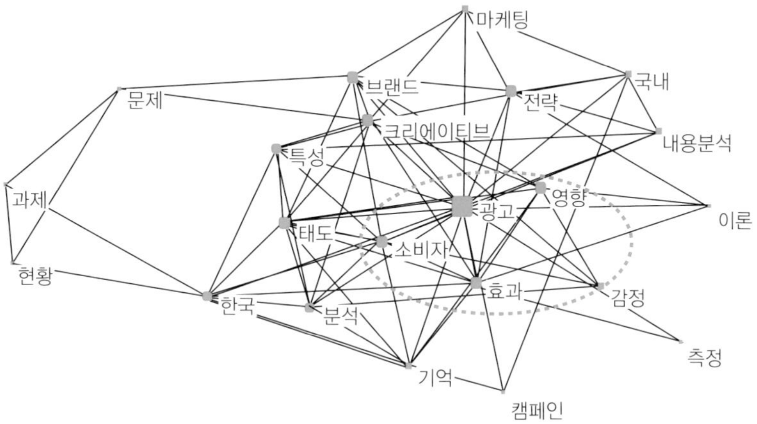

[그림 5-5] 창간호~1999년(10권 4호)까지 『광고학연구』에 게재된 논문 제목의 연결망 구조

② 『광고학연구』에 게재된 논문의 연구자 특징

창간호부터 1999년(10권 4호)까지 게재된 논문을 발표한 연구자는 총 164명인 것으로 나타났다(연 인원으로 환산하면 238명). 2회 이상 발표한 연구자는 45명(27.4%)인 것으로 나타났다. 나머지 119명(72.6%)은 1회만 발표한 것으로 나타났다. 가장 많은 논문을 게재한 연구자는 '리대룡(중앙대학교)'으로 총 9회인 것으로 나타났다(〈표 5-4〉 참조).

한편, 연구자 사이의 공동연구경향을 분석하면 [그림 5-6]과 같다. 논문 발표자 164명을 모두 포함시키는 경우에 분석결과가 복잡해지고, 명확한 이해가 어려워진다고 판단하여 2회 이상 논문 발표를 한 45명을 분석하였다. 참고로 공동연구가 가장 활발한 경우는 '리대룡(중앙대학교)-이상빈(전북대학교)'의 3회인 것으로 나타났다.

분석결과에서 두 가지 주목할 점이 나타난다. 첫째, 특정 연구자를 중심으로 한 연구 집단이다. 여기에는 리대룡(중앙대학교) 중심으로 이상빈(전북대학교), 김재영(남서울대학교), 한은경(성균관대학교), 한상만(성균관대학교), 유필화(성균관대학교)

사이의 공동연구가 활발한 것으로 나타났다. 둘째, 연구자 사이에 직접적으로 연결된 연구 집단이다. 여기에는 정주훈(홍익대학교)-이호배(홍익대학교), 박흥수(연세대학교), 박은아(고려대학교)-성영신(고려대학교), 황창규(동국대학교)-조선배(광운대학교), 신인섭(ABC협회)-유붕노(연세대학교), 이두희(고려대학교)-권오영(LG경제연구원) 등이 해당된다.

한편, [그림 5-6]의 좌측 편에 있는 17명(오두범, 김상훈, 조병량, 박현수, 이명천, 조경섭, 유창조, 김용준, 김광수, 한상필, 이혜갑, 김덕자, 서범석, 홍재욱, 이영희, 조재

표 5-4 창간호~1999년(10권 4호)까지 『광고학연구』에 게재된 논문의 주요 연구자

빈도	연구자
9회	리대룡
6회	김광수
5회	이상빈
4회	한상필, 한상만, 이혜갑, 신인섭, 김덕
3회	서범석, 홍재욱, 이영희, 이두희, 오두범, 김상훈, 이호배, 조병량, 황창규

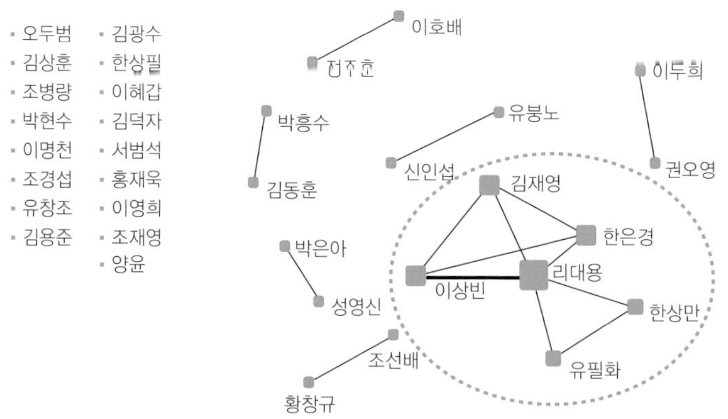

[그림 5-6] 창간호~1999년(10권 4호)까지 『광고학연구』에 게재된 논문의 공동연구

영, 양윤)의 연구자는 다른 연구자와 아무런 연결 관계가 없는 연구자는 단독으로 연구를 진행했거나, 공동연구를 했더라도 발표를 1번만 한 연구자와 공동연구를 했기 때문에 다른 연구자와 연관관계가 없는 것으로 나타났다.

2) 학술세미나

(1)『광고학연구』 발표회

초창기 학회(1990~1992년)에서는 '광고학연구 발표회'를 통해 광고교육, 광고기법 등에 관한 발표 및 토론회를 통해 광고 분야의 학문적 체계 확립, 광고산업의 현안에 대해 공론화하기 위해 다양한 노력을 하였다. 이러한 사실은 당시에 제시된 대주제가 '우리나라 광고교육(1990년)', '광고조사기법(1991년)', '광고제작기법 개발(1991년)', '광고산업과 관련한 제문제(1992년)', '광고환경(1992년)' 등이라는 사실을 통해 확인할 수 있다(<표 5-5> 참조).

표 5-5 『광고학연구』 발표회 활동

	대주제	발표 논문	발표자	비고
제1회 (1990. 4. 27.)		한국광고의 오늘과 내일	오두범 (청주대학교)	정기 총회
		CF 제작 사례 발표	김덕영 (KEY 프로덕션)	
제2회 (1990. 10. 20.)	우리나라 광고교육	한, 미 대학광고교육 비교연구	장대련 (연세대학교)	학회 창립 1주년 기념식
		한국 대학광고교육의 제 문제	리대룡 (중앙대학교)	
		광고 전문교육의 현황	박광성 (한국방송광고공사)	

제3회 (1991. 3. 16.)	광고조사 기법	신문광고 열독률 조사	야마기 도시오 (동경경제대학교)	
		텔레비전 시청률 조사의 현황과 문제점	신해진 (A.C 닐슨)	
제4회 (1991. 10. 26.)	광고제작 기법 개발	일본이 당면한 주요 광고문제와 금후의 광고 방향	小林太三郎 (일본광고학회장, 와세다대학교)	학회 창립 2주년 기념식
		TV 유머 광고의 소비자 정보처리 원칙과 내용 분석	이철 (홍익대학교)	
		TV 광고가 어린이 및 청소년에게 미치는 영향에 관한 연구	윤희중 (이화여자대학교)	
		한국 광고 크리에이티브의 성격	조병량 (한양대학교)	
		사례 발표: 여성생리대 미라젤 캠페인	대홍기획	
		사례 발표: 게토레이	제일기획	
제5회 (1992. 3. 21.)	광고산업과 관련한 제 문제	한국의 광고주와 광고 대행사의 관계에 관한 실증적 연구	이두희 (고려대학교)	
		국내 광고의 새로운 장르를 개척한 신대우 가족	백승화 (코래드)	
제6회 (1992. 10. 24.)	광고환경	광고환경	김규 (서강대학교)	창립 3주념 기념식
		일본의 광고교육 실태	유붕노 (연세대학교)	
		중국의 광고-그 과거와 현재	신인섭 (ABC협회)	
		사례 발표: 고성능 엘란트라를 위한 고성능 광고캠페인	김용관 (금강기획)	
		사례 발표: 모범적인 캠페인의 성공 사례 한 스푼 광고	박재묵 (엘.지.애드)	

* 현재 남아 있는 자료에 따라 '춘계/추계 학술세미나'로 표현하기도 했지만, '광고학연구 발표회'라는 기록이 더 많으므로, '광고학연구 발표회'로 통일함.

(2) 특별연구 세미나 및 정기학술대회

1997년부터는 '특별연구 세미나'와 '춘계/추계 광고학 세미나'로 구분하여 논문 발표 및 토론회 성격의 학술세미나를 진행하였다. 특히, '춘계 광고학 세미나'에서는 국내 연구자의 발표 및 토론, '추계 광고학 세미나'에서는 미국, 일본 등 연구자의 초청 강연을 진행하였다.

〈표 5-6〉에는 '특별세미나'의 발표 논문 및 발표자, 〈표 5-7〉에서는 '춘계/추계 광고학 세미나'의 발표 논문 및 발표자를 정리한 내용이다.

표 5-6 특별연구 세미나 활동

	발표 논문	발표자
1997년 제1차 (5. 31.)	암시적 기억테스트를 통한 비인식적 노출로 인한 광고효과의 측정에 관한 연구	유창조(동국대학교)
	호스트셀링 광고가 아동 소비자의 광고태도에 미치는 효과	박종원(고려대학교)
	주목된 광고의 크리에이티브 요소가 광고효과에 미치는 영향에 관한 연구	부경희(제일기획)
	구매충동의 특성과 규범적 측면	이상빈(고려대학교)
1997년 제2차 (10. 18.)	Laddering 분석을 통한 호텔의 광고 theme 개발에 관한 연구	한상만(성균관대학교)
	공익광고의 메시지 전달유형에 따른 의제설정 효과: 실험실적 접근	권중록(가야대학교)
	도달률 및 유효도달률 곡선 적합화를 통한 최적 광고량 연구	이경렬(동아대학교)
	소비자의 관점에서 본 광고의 윤리적 쟁점에 대한 연구: 대학생 소비자 유형을 중심으로	조재영(한양대학교)
1998년 제1차 (6. 19.)	광고시장의 개방효과에 대한 실증분석: 외국방송광고주 시장을 중심으로	한홍렬(한양대학교)
	개인의 논쟁성이 비교광고의 효과에 미치는 영향에 관한 연구	김상훈(경희대학교) 이시훈(경희대학교)
	광고 노출자료를 이용한 광고효과 측정에 관한 연구	김동훈(연세대학교) 박흥수(연세대학교)
	스트레스 대처방안으로서의 유머광고의 유형분석: 심리학적 접근	이화자(호남대학교)

1998년 제2차 (12. 4.)	광고의 정보수준과 카피의 형태가 소비자 기억과 설득에 미치는 영향에 관한 연구	이종은(남서울대학교)
	소비자 태도형성과정에서 감성강도의 역할 재평가: 긍정적 정서 유발형 광고를 중심으로	이호배(홍익대학교)
	한국 소비자의 가치체계 연구: 최종가치와 소비신념의 가치구조를 중심으로	김흥규(한국외국어대학교)
	미디어 노출 분포 모델을 이용한 광고 캠페인 메시지 인지도의 예측: 한국 광고시장에서의 테스트 결과	박현수(순천향대학교)
1999년 제1차 (3. 19.)	제품 간 대체성 정도에 따른 특별할인판매의 효과에 관한 실험 연구	유필화(성균관대학교) 황희재(성균관대학교)
	인적 판매의 설득 소구점에 대한 분석 연구: 소비문화의 가치체계에 대한 기호학적 탐색	이두원(청주대학교)
1999년 제2차 (12. 4.)	광고매체로서의 인터넷과 인터넷 유형별 광고효과 분석	김주호(금강기획)
	방송 프로그램 전, 후 CM의 광고노출효과 비교연구	이규완(한국방송광고공사) 박원기(한국방송광고공사)
	심각성 소구가 유발한 정서반응 및 공감이 광고효과에 미치는 영향	이호배(홍익대학교) 정주훈(홍익대학교)
	기업 포시셔닝에 관한 연구: 이미지와 소비자 인식을 중심으로	김광수(고려대학교)

표 5-7 춘계/추계 광고학 세미나 활동*

	발표 논문	발표자
1997년 춘계 (3. 22.)	체계적인 인터넷 마케팅과 인터넷 광고의 방향	이두희(고려대학교)
	디지털 마케팅과 인터넷 광고 사례	송승현(엘지애드)
	한국이동통신 011 광고 사례	이용찬(제일보젤)
	태평양 라네즈 광고 사례	김경태(동방기획)
1998년 춘계 (4. 3.)	인쇄광고 크리에이티브 요소 중 칼라의 효과에 관한 연구	강승구(한국방송통신대학교) 양영종(호남대학교)
	브랜드 개성을 통한 광고전략	김정구(성균관대학교)
	개인휴대통신(PCS) 광고의 기호학적 분석	이수범(방송위원회)
	통합적 마케팅 커뮤니케이션 전략을 통한 브랜드 구축 사례	김봉현(금강기획)

1999년 춘계 (3. 19.)	제품간 대체성 정도에 따른 특별할인판매의 효과에 관한 실험 연구	유필화(성균관대학교) 황희재(성균관대학교)
	인적 판매의 설득 소구점에 대한 분석연구: 소비문화의 가치체계에 대한 기호학적 탐색	이두원(청주대학교)
1999년 추계 (10. 16.)	브랜드 흥미에 영향을 미치는 감정반응: 유발된 감정과 느낀 감정을 중심으로	성영신(고려대학교) 박은아(고려대학교) 박현희(LG텔레콤)
	Trends in advertising and advertising research	Zinkhan, G. M (Univ. of Georgia)
	최근 일본소비자들의 행동	Shuzo Abe (요코하마 국립대학교)
	자기감시, 사용상황, 상표친숙도가 광고문구의 선호도에 미치는 영향: 태도기능을 중심으로	양윤(이화여자대학교) 이은선(이화여자대학교)
	참조마케팅과 광고의 연결고리: 사례 중심의 히트 광고 분석	이동훈(오리콤)

* '정기학술대회'라는 기록도 남아 있지만, 당시 활동을 했던 교수님들의 의견을 구한 결과 '춘계/추계 광고학 세미나'가 적절한 것으로 판단했음.

3) 학회-광고업계 협력 활동

한국광고학회가 본격적인 활동을 시작한 1991년은 광고시장 개방에 대응할 수 있는 경쟁력을 갖추는 것이 중요한 시기였다. 이러한 상황에서 광고학회는 업계와의 커뮤니케이션을 통해 광고산업의 경쟁력 제고, 전문성 향상 등을 위해 노력하였다. 이러한 노력은 **'광고상담제'**, **'올해의 광고 선정 제도'** 등의 활동을 통해 엿볼 수 있다.

(1) 광고상담제

① 목적

한국광고학회(Korea Advertising Society)는 광고 자원의 효율적 배분을 위하여 일차적으로 광고계획 수립, 집행 및 효과 분석에 관한 업무의 상담에 초점을 맞추고 나아가 시장 분석 및 마케팅 전략 수립에 관한 전반적인 내용에 관하여 자문하기 위하여 상담실을 개설 · 운영한다.

② 상담효과

첫째, 고객의 필요에 따른 방안이 제시되기 때문에 원하는 수준의 다양한 서비스를 받아서 경영 관리에 적용할 수 있다.

둘째, 내용은 자료 소개에서부터 기법 소개, 조사 방안 도출 및 국내 · 국외의 사례를 포함하기 때문에 원하는 만큼 선택하여 최신의 정보를 경영 관리에 직접 활용할 수 있다.

셋째, 필요한 대로 KAS의 연구진을 활용하여 추가적인 연구 조사를 실시할 수 있다.

넷째, 연구와 조사는 광고 계획, 집행, 효과 측정 등 전 영역을 포함하기 때문에 효율적인 마케팅 관리를 수행할 수 있다.

다섯째, 연구와 조사 결과에 따르는 다양한 추가적인 서비스를 계속적으로 제공받을 수 있기 때문에 장기 환경 변화에 적응할 수 있는 마케팅 관리를 수행할 수 있다.

한편, 한국광고학회에서 광고업계에 제시한 구체적인 상담 순서 및 영역은 [그림 5-7]과 같다.

③ 상담위원의 구성

• 상담자문위원

유붕노(회장), 황창규(부회장), 김규(부회장), 장대환(부회장), 조해형(나라기획), 김문성(광고주협회), 김용한(A.C Nielson), 남상조(대홍기획), 김명하(코래드), 이종배(코래드 고문), 신인섭(ABC협회), 남정휴(동방기획), 이기흥(한국방송광고공사)

• 상담위원

송용섭(중앙대학교), 리대룡(중앙대학교), 김충기(기조기획), 윤호섭(국민대학교), 권명광(홍익대학교), 윤희중(이화여자대학교), 임종원(서울대학교), 이우용(서강대학

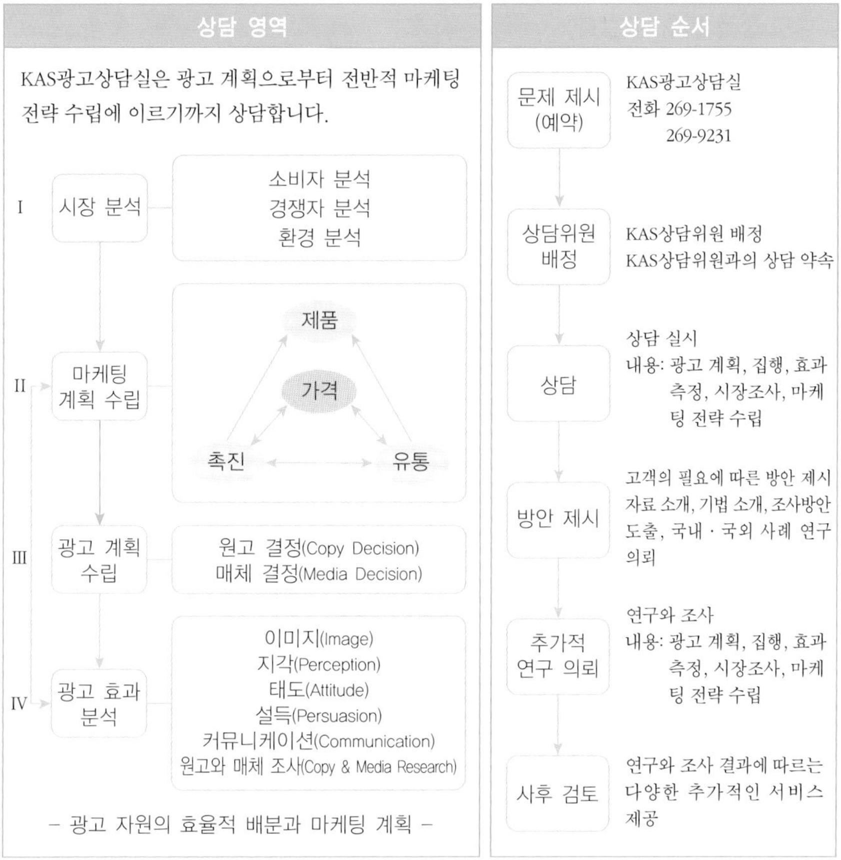

[그림 5-7] KAS 광고상담제의 상담효과 및 상담 영역

교), 오인환(연세대학교), 조병량(한양대학교), 오두범(청주대학교), 홍성태(한양대학교), 박흥수(연세대학교), 하영원(서강대학교), 이철(홍익대학교), 김재일(서울대학교), 이두희(고려대학교), 안광호(인하대학교), 이학식(홍익대학교), 황의록(아주대학교)

(2) '올해의 광고' 선정 제도

광고업계의 경쟁력 향상을 또 다른 노력으로서 '올해의 광고'를 선정하였다. 이는

1991년 6월 27일에 개최된 제5차 이사회의 결의한 내용이다. 구체적인 목적, 선정 대상 범위 등은 다음과 같다.

- 목적: 우리나라 광고산업의 질적 향상을 도모하기 위하여 광고작품을 대상으로 이론적 및 실천적인 면에서 이를 심사하여 우수한 광고를 선정하는 데 있다.
- 선정 대상 범위: 본 학회의 법인 회원, 개인 회원의 광고물로서 당해 연도에 선정 신청을 한 작품을 원칙으로 하되 비교연구를 위하여 그 외의 국내외 작품도 취급할 수 있다.
- 심사기준: 광고작품 내용의 진실, 창의, 과학성을 기본으로 하며 구체적인 심사기준은 심사위원회에서 별도로 정한다.
- 심사위원: 본 학회의 '광고상담제'의 상담 및 자문위원 중에서 선정된 7인 이상의 위원으로 구성한다.
- 선정 발표와 표창: 올해의 광고로 선정된 작품은 『광고학회소식: KAS NEWS』, 『광고학연구: Journal of Advertising』, 광고학술 회의 등에서 발표하고 표창한다.

4) 저술활동

한국광고학회가 창립될 당시는 광고학은 새롭게 부각되는 학문 분야이기 때문에 학문적 체계 정립, 광고교육의 체계화 등이 부족한 시기이다. 이러한 문제점을 보완하기 위하여 한국광고학회의 주도로 다양한 저술활동을 하였다. 구체적인 내용은 다음과 같다.

(1) 주요 광고용어 정의 및 우리말 표기

한국광고학회 편집위원회를 중심으로 약 5년 동안 다양한 광고 용어 및 표현에 대한 정리 작업을 하고, 그 성과를 『광고학연구』에 제시함으로써 연구자들이 공유하고, 활용할 수 있도록 하였다. 구체적인 과정 및 내용은 〈표 5-8〉과 같다.

표 5-8 주요 광고용어 정의 및 우리말 표기 연구 과정

연도	발표 시기	주요 내용
1990년	광고학연구 제1호	1,000여 개의 '광고용어 우리말 표기'
1991년	광고학연구 제2호	
1992년	광고학연구 제3호	118개의 광고용어 정의(안)
1993년	광고학연구 제4호	98개의 광고용어 정의(안)
1995년	광고학연구 제6권 2호	광고용어 정의 및 우리말 표기 최종본
1996년	단행본 발간	그간의 내용을 종합 · 정리하여 '광고용어 표기 및 정의' 단행본 발간

(2) 한국의 광고학 교과과정 모형연구

- 출판 연도: 1994년
- 연구자: 조병량(한양대학교 광고홍보학과)
- 주요 연구결과 및 내용

당시 광고학과가 개설되어 있던 중앙대학교, 한양대학교 등의 교육과정의 조사, 외국의 사례 조사 등을 바탕으로 필요한 광고 교과목, 학년별 구성 등에 대한 제안을 하였다(〈표 5-9〉 참조).

표 5-9 조병량(1994)의 연구에 제안된 '광고학과 교과과정 시안'

	전공 필수	교양 및 전공 선택	교양 및 타과 필수	타과 선택 (추천 과목)
1학년	• 광고원론	• 광고와 사회	• 국어 • 영어 • 수학 • 컴퓨터 • 통계학 • 심리학 • 경제학 I	

2학년	• 광고기획론 (광고전략론)	• 광고사 (광고발달사)	• 경제학 II • 매스컴론 • 홍보론(PR론) • 마케팅원론 • 소비자행동	
3학년	• 크리에이티브 전략(광고제작론) • 광고조사론	• 국제광고론 • TV, 라디오 광고론 • 인쇄광고론 • 카피라이팅 • (실습과목)	• 사회과학연구 방법론 • 회계학	• 광고그래픽 • 설득커뮤니케이션
4학년	• 광고관리론 • 광고캠페인론 • 매체계획/전략	• 광고법제윤리 • 광고사례연구 • 광고캠페인 실습 (개인 프로젝트) • 인턴십 (실습과목)		

(3) 한국의 광고

• 출판 연도: 1995년

• 연구자: 유봉노(연세대학교 명예교수), 황창규(동국대학교 경영학과 교수), 민병수(오리콤 사장), 김충기(한국광고연구원 사장), 조관수(성균관대학교 경영학과 교수), 신인섭(IAA 사무총장), 유호섭(국민대학교 시각디자인학과 교수), 이강우(세종문화 전무), 조병량(한양대학교 광고홍보학과 교수), 이두희(고려대학교 경영학과)

(4) 국제광고문헌해제

• 출판 연도: 1997년

• 연구자: 황창규(동국대학교 경영학부), 이철우(한국방송광고공사), 권익현(동국대학교 경영학부), 한상필(한양대학교 광고홍보학과)

(5) 한국광고산업의 당면과제와 해결방안: 광고산업 구성체 간의 관계를 중심으로

- 출판 연도: 1997년
- 발주처: 한국광고단체연합회
- 연구자: 리대룡(중앙대학교), 이상빈(고려대학교), 홍재욱(인천대학교), 서범석(세명대학교), 김상훈(경희대학교), 김충현(서강대학교)

(6) 사전 마케팅(Pre-Marketing)의 이론적 틀, 사례연구 및 실증분석: 광고 및 마케팅 커뮤니케이션을 중심으로

- 출판 연도: 1998년
- 연구자: 리대룡(중앙대학교), 유필화(성균관대학교), 한상만(성균관대학교), 김재영(남서울대학교)

(7) 서비스 광고의 비교문화 연구: 한 · 미 · 일을 중심으로

- 출판 연도: 1999년
- 연구자: 김홍규(한국외국어대학교), 김민기(경주대학교), 김유경(한국외국어대학교), 이영희(이화여자대학교), 이유재(서울대학교), 이종민(동의대학교), 이철(홍익대학교)

(8) 한국의 광고효과조사 무엇이 문제인가?

- 출판 연도: 1999년
- 연구자: 이두희(고려대학교), 성영신(고려대학교), 장대련(연세대학교), 정만수(숙명여자대학교)

KAS 광고학회소식 NEWS

학회경과보고

제1차 연구발표 정기총회

학회뉴스 회원동정

일본의 광고교육 현황

[그림 5-8]『광고학회소식』 창간호 편집본

5) 한국광고학회 소식지(KAS News) 발간

한국광고학회의 뉴스레터를 '광고학회 소식'으로 확정하였다. 계간지로 발행하였으며, 2회는 국내 소식을 주로 하고, 2회는 국제 소식을 주로 알렸다. 제1호는 총 4면으로 구성하였으며, 1990년 4월 10일에 발행하였다. [그림 5-8]은 소식지 창간호의 편집본이다. 이를 통해 소식지의 대략적인 내용, 구성 등을 알 수 있다.

6. 마치며

그동안 『광고학연구』에 게재된 논문을 대상으로 광고학의 연구 특성, 경향 등을 분석한 경우는 다수 있었다. 『광고학연구』, 『광고연구』, 『홍보학연구』, 『한국광고홍보학보』에 게재된 논문의 연구경향(김수연, 김대욱, 최명일, 2013), 『광고학연구』와 『광고연구』에 게재된 논문의 연구경향(한상필, 1998, 2008) 등이 있다. 보다 직접적으로는 『광고학연구』에 10년과 20년 동안 발표된 논문에 대한 내용분석(이석기, 2000; 2010), 1990년 창간호부터 2014년까지의 『광고학연구』에 발표된 논문에 대한 내용 분석(한상필, 이형석, 2014) 등이 대표적인 예이다.

하지만 학회 창립 배경, 학회 활동 등에 대한 정리 작업은 소홀하였다. 광고학회 30주년을 맞이하여 이에 대한 정리 작업을 진행한 것에 대해 매우 기쁘게 생각한다. 그 과정에서 후학으로서 느낀 점은 첫째, 학회 창립에 부단한 노력을 했던 원로 교수님들의 노고를 엿볼 수 있었다. 1989년은 광고학이 막 체계를 갖추고, 주목을 받는 시기였지만, 경영학, 신문방송학 등 기존 학문 분야와의 차별화, 독립화는 쉽지 않았을 것이다. 또한, 후발 학문 분야로서 겪게 되는 인적 · 재정적 어려움도 상당했을 것이다. 그럼에도 여러 원로 교수님들의 노력으로 지금의 학회가 있을 수 있다는 사실에 무한한 감사를 드린다.

둘째, 학회를 중심으로 광고의 정체성, 나아갈 방향 등에 대한 재정립이 필요해 보인다. 광고가 가야 할 길을 모색하고, 치열한 경쟁으로 인한 문제 및 이에 대한 엄중한 경고를 하기 위하여 광고 신조가 공표되었다. “광고는 진실, 창의, 과학이어야 한다.” 여전히 시사하는 바가 크지만, 약 30년이 지난 현 시점에서 적절한 광고 신조는 무엇인지에 대해서 고민해 볼 필요가 있다. 학회가 중심이 되어 지금 시대에 맞는 광고 신조를 연구하고, 공표함으로써 광고학연구뿐만 아니라 광고업계를 선도할 수 있기를 기대해 본다.

마지막으로, 학회 활동과 관련한 체계적인 자료 정리가 필요해 보인다. 초창기 학회 활동을 정리하기 위하여 백방으로 노력했지만, 여전히 부족하다. 그런 부족한 자료를 바탕으로 학회 활동을 정리할 수밖에 없다는 점에 안타까움을 금할 수가 없다. 앞으로 학회의 50년, 100년을 기념하기 위한 자리에서는 보다 풍부하고, 다양한 자료를 바탕으로 학회 활동이 정리될 수 있도록 노력해야 할 것이다.

한국광고학회는 30년 만에 비약적인 발전을 하였다. 그리고 지금도 발전하고 있다. 이것이 가능하게 한 전임 회장과 집행부의 노고에 후학으로서 깊은 감사를 드린다. 한국광고학회 초창기 10년의 회장단(1989~1999년)은 〈표 5-10〉과 같다. 앞으로도 학회가 더욱 발전할 수 있도록 학회 회원 모두가 협력하기를 기대해 본다. ■

표 5-10 한국광고학회 초창기 10년(1989~1999년)의 회장단

	활동시기	이름	소속
초대	1989년 4월~1991년 3월	유붕노	연세대학교 경영학
2대	1991년 4월~1993년 3월	유붕노	연세대학교 경영학
3대	1993년 4월~1995년 3월	황창규	동국대학교 경영학
4대	1995년 4월~1997년 3월	조관수	성균관대학교 경영학
5대	1997년 4월~1999년 3월	리대룡	중앙대학교 광고홍보

제6장

한국광고학회 성장기(2000~2009) 10년의 활동

유현중(가톨릭관동대학교 광고홍보학과 교수)

1. 한국광고학회의 성장 과정
2. 성장기 한국광고학회의 주요 활동
3. 마치며

◈◇◈

2000년부터 2009년까지 **한국광고학회**는 매우 많은 일이 있었던 기간이라고 할 수 있다. 이 기간 동안 광고계는 물론 학회도 모두 성장통을 겪었다고 할 수 있을 것이다. 이러한 진통이 광고계나 학계 모두에게 더욱 견고해지고 단단해지는 계기가 되었으리라 생각한다. 광고학회는 특히 광고계의 이슈들을 찾아 이를 해결하는 데 중심에 있었고, 이를 위해 많은 학자들이 노력하였던 시기라고 할 수 있을 것이다.

IMF 시기를 지나서 **광고산업**이 가장 호황을 이루기 시작한 1999년부터 시작하여 밀레니엄 시대에 대한 기대가 한참 고조되었던 2000년을 지나면서 광고계는 많은 변화가 일어났던 시기라고 할 수 있다. 그때부터 외국계 광고대행사들의 국내 진출이 본격화되고 방송위원회의 사전심의가 2000년 8월부터 한국광고자율심의기구로 위탁, 이관되었으며, 국내 광고시장 외국계 및 외국자본투자가 급증하였던 시기라 할 수 있다. 2001년은 방송광고총량제 및 중간광고 도입 논란이 되었던 시기이며, 위성 및 디지털 방송 출범에 따른 방송매체 환경이 급변하는 시기였다. 그리고 방송광고판매제도 개선 논의가 무성하였던 시기이지만 실질적으로 성과는 미흡한 시기라 할 수 있다. 2002년은 세계 최대의 광고 그룹인 WPP가 LG애드를 인수하였고, 월드컵의 해로 기업 간 광고전이 활발하였던 시기이다. 또한, 2002년 3월부터 디지털 위성방송이 본격적으로 시작되었고, 가상광고 논의가 백지화되었던 시기이다. 그리고 방송광고비 10% 인상으로 방송광고 수수료 실질적인 인상이 되었던 때이다. 2003년은 WPP가 금강기획 인수 등 외국계 광고회사의 움직임이 활발하였던 때이며, 인터넷 광고, 리치미디어 및 크로스미디어가 활발하였던 시기이다. 2004년은 디지털 방송광고에 대한 관심이 증대되었던 시기로 싸이월드, 블로그 등 1인 미디어가 각광을 받았던 시기라 할 수 있다. 2005년은 위성 및 지상파 DMB 방송이 개시되었던 시기로 방송광고제도 개선 논의가 활발하였던 시기라 할 수 있다. 온라인 검색광고시장이 급성장하였던 시기였으며, 광고 분야 하도급법 적용이 되었던 때이다. 2006년은 방송광고 수수료 지급체계전환 논란이 일었던 해로 광고진흥에 관한 법률안 제정 논란이 있었으며, DMB 광고도 논란이 있었다. 2007년도부터 중간광고, 방송광고 수수료, 가상광고, 간접광고, 방송광고 사전심의 등 방송광고계의 산적한 문제들이 본격적으로 논의되기 시작하고 IMF 이후 최대 위기라 불렸던 글로벌 금융위기가 닥치면서 2008년에는 산업 전반에 어려움이 가속화되는 시기였다. 그리고 여전히 해결되지 않은 광고 현안의 문제들이 누적되어 가던 시기라 할 수 있다. 2009년은 광고계와 방송계 모두 중요한 한 해로 방송광고 자율규제를 위해 노력하며 합리적인 미디어렙 체계를 확립하기 위해 힘을 모았던 한 해였다고 할 수 있다.

이러한 급변하는 광고환경에서 광고학회는 그 역할과 소임을 다하며 광고계의 이슈를 통해 하나씩 성장해 가고 있었으며, 빠르게 변화하는 환경 속에서 많은 일들을 함께 해 왔던 것 같다. 끊임없이 제기되는 광고계의 문제점들을 해결하기 위해 세미나와 연구 그리고 교류 등을 통해 보다 나은 해결방안을 찾기 위해 노력하였고, 분주하게 뛰면서 광고계의 성장과 함께 학회도 한 걸음 진일보하는 시기였다고 할 수 있다.

1. 한국광고학회의 성장 과정

1) 1999~2000년의 광고계

방송광고계의 오랜 숙원이었던 '통합방송법안'이 5년 만에 국회 문화관광위원회를 통과하였다. 새 방송법은 지상파 위주의 기존 방송법에 종합유선방송법과 유선방송관리법을 통합시켰으며, 위성방송과 전광판 등도 방송법의 적용대상에 넣었다. 또한, 시청자의 권익보장 조항을 구체적으로 명문화하였으며, 대기업 및 언론사와 외국 자본의 참여를 허용하는 한편 방송위원회의 권한을 강화하고 현재의 공익자금을 방송발전기금으로 확대 개편한 것도 이번 방송법의 큰 특징이라고 할 수 있다. 이러한 광고계의 이슈는 향후 많은 변화를 일으키는 계기가 되었다. 또한 외국계 광고대행사들의 등장이 본격화되는 시기로 PDS미디어가 설립되었고, '유니버셜맥켄'이라는 미디어 에이전시가 등장하였다. 이는 광고회사 매체 부분 분사의 움직임이 활발해졌다. 또한, 다국적 광고회사의 진출이 가속화되어, 매우 급변하는 환경의 변화가 일어나는 시기라고 할 수 있었다. 광고와 관련된 표시광고법이 제정, 시행되었고, 한국방송광고공사의 글로벌 스탠더드 도입으로 탄력요금제가 실시되었다. 이처럼 광고계는 변화의 급물살을 타고 변화하고 있었으며, 광고학회도 이에 발맞춰 빠르게 진화하는 시기라고 할 수 있다.

1999년 3월 19일 타워호텔 렉스룸에서 정기총회 및 춘계 광고학 세미나를 개최(회장: 리대룡)했는데 이날 세미나에서는 성균관대학교 류필화 교수가 '제품 간 대체성 정도에 따른 특별할인판매의 효과에 관한 실험연구'를, 이두원 청주대학교 교수가 '인적판매의 설득 소구점에 대한 분석연구'에 대해 주제발표를 하였다. 한편 이날 총회에서는 1998 올해의 광고 시상식도 함께 개최되었는데 수상작은 다음과 같다. TV 부문-LG텔레콤 019 PCS '아빠' 편(LG애드), 제일제당 다시다 '아버지' 편(제일기획), 신세기통신 파워디지털 017 '지하철, 비행기, 바다' 편(대홍기획) 신문-LG 'LG 비즈니스는 사랑입니다' 편(LG애드), 대우자판 마티즈 '개미' 편(웰커뮤니케이션즈), 잡지-태평양 라네즈 리치볼륨 마스카라(동방커뮤니케이션즈) 라디오-좋은 사람들 보디가드 '모자, 백색 팬티'(금강기획)가 수상하였다.

1999년 10월 1일 신라호텔 에머랄드 영빈관 2층에서 '광고효과 조사 연구세미나'가 개최되었다(광고계동향, 1999). 이날 세미나에서는 정만수 숙명여자대학교 교수와 성영신 고려대학교 교수가 '광고효과조사의 현재와 문제점'에 대해 주제발표를 하였으며, LG화학과 빙그레의 '광고효과조사 수행 사례'에 대해 발표를 하였다. 또한 장대련 연세대학교 교수가 '광고효과조사의 선진화 방안'에 대한 주제발표를 하였으

[그림 6-1] 1999년 추계 국제광고학 세미나 및 연차 학술대회

출처: 조병량 교수 개인 소장 자료.

며, 광고 실무자와 학계인사들의 질의응답으로 세미나가 진행되었다.

1999년은 광고학회 창립 10주년이 되는 해로 한국광고학회 창립 10주년 기념 추계 국제광고학 세미나와 연차 학술대회가 10월 15일 한양대학교 총동문회관에서 개최되었다(광고계동향, 1999). 광고학 세미나에는 장대련 연세대학교 교수가 사회를 보고 Langton DDB 월드와이드 부사장과 Akihiro 일본 와세다 대학교 경영학과 교수가 21세기의 크리에이티브와 광고산업의 구조변화 등에 대해서 발표하였으며, 연차 학술발표회에서는 '광고와 소비자심리학', '광고와 마케팅', '광고와 커뮤니케이션', '대학원 세션' 등의 주제로 학계 및 업계의 주요 인사의 발표와 토론이 이어졌다. 광고학회 창립 10주년을 맞아 국제광고 세미나를 열어 일본의 학계 인사를 초청하고 우리나라 광고학회 교수들이 일본 광고학계와 교류를 갖는 계기가 마련되었던 세미나로 볼 수 있다. 먼저 우리나라에 일본 광고학계 회장과 일본광고학회 차기 회장 등을 초청하여 세미나를 진행하고, 뒤이어 우리나라의 학계 교수들이 일본광고학회의 초청을 받아 학술대회에 참가하였던 것을 살펴볼 수 있었다.

1999년 10월 22일에 후쿠오카 세이난학원 대학교에서 열린 '일본광고학회 제30회 전국대회'에 한국광고학회에서 참석하여 한국광고 학계와 일본광고학회의 교류를 가졌던 해이다.

[그림 6-2] 일본광고학회 제30회 전국대회 참석
(신인섭, 권명광, 조병량, 이영희, 김민기, 이화자, 이원형 교수)

출처: 조병량 교수 개인 소장 자료.

[그림 6-3] 일본광고학회 제30주회 전국대회 참석
(Akihiro, 김민기, 조병량, 권명광, 신인섭 교수)

출처: 조병량 교수 개인 소장 자료.

[그림 6-1]~[그림 6-3]과 같이 광고학회의 창립 10주년을 맞아 국내 학술대회에 미국, 일본의 학술교류를 하고 광고학회의 학자들이 일본의 광고학회에 초대받아 학술대회에 참석하는 등 본격적인 학술교류를 하는 계기를 마련하였으며, 이를 바탕으로 향후 몇 년간 지속적으로 일본광고학회와의 학술교류가 이어졌던 것으로 보인다.

2000년 2월 11일 롯데호텔 2층 아테네 홀에서 한국광고학회 주관으로 최근 방송법 시행령(안)에서 논란이 되고 있는 '중간광고의 허용에 대한 토론회'가 개최되었다. 전체 진행은 서범석 세명대학교 교수가 맡았고, 발제는 조병량 광고학회 부회장이 '「통합방송법 시행령」에 따른 중간광고 논쟁'이라는 주제로 발제를 하였고 토론 사회는 황창규 광고학회 고문이 맡았으며, 토론자는 10명으로 권명광 광고학회 회장, 김명하 광고업협회 회장 김민기, 김상훈, 김재휘, 서범석, 성영신, 신인섭, 안보섭, 홍재욱 교수 등이 참여하여 열띤 토론과 의견을 제시하였다. 이날 참석한 학자들은 광고 효율성 제고를 위해 중간광고는 반드시 허용되어야 하며, 중간광고의 효과적 시행을 통해 소비자와 광고주가 모두 만족할 수 있는 제도로 자리 잡아 나가야 한다는 의견을 제시하였다.

[그림 6-4] 「통합방송법 시행령」에 다른 중간광고 논쟁 세미나

출처: 광고계동향, 2000. 2. 11.

2000년 3월 31일 타워호텔 렉스룸에서 춘계 광고학 세미나 및 올해의 광고시상식을 개최하였다(광고계동향, 2000). 이날 정기총회에서 조병량 한양대학교 광고홍보학과 교수를 차기 회장으로 선임하였으며, 세미나에서는 손영석 동의대학교 신문방송학과 교수가 기업의 전략 유형이 광고대행사와의 관계유지 결정에 미치는 영향에 대해 발표하는 등 4개 연구논문에 대한 발표가 있었다. 그리고 1999 올해의 광고 시상식을 진행하였다.

2000년 6월 10일 프레스센터 11층 한국방송광고공사 광고교육원에서 광고학회 '특별연구 세미나'를 개최하였다. 이날 세미나에서는 한상만 성균관대학교 경영학과 교수가 '로고의 기호학적 의미에 관한 연구'에 대해 주제발표를 하였으며, 성영신 고려대학교 심리학과 교수가 '쇼핑환경과 쇼핑몰에 대한 소비자 태도', 윤각 서강대학교 영상대학원 광고PR학과 교수가 '비방정치 광고가 정치적 의사 결정에 미치는 영향', 박영원 청주대학교 산업디자인과 교수가 '웹 사이트 커뮤니케이션에서의 디자인 유머 효과의 활용 가능성에 관한 연구'를 각각 발표하였다.

2000년 10월 21일 서강대학교 미디어센터에서 2000년 추계 국제광고학 세미나 및 연차 학술대회를 개최하였다(광고계동향, 2000). 국제광고학 세미나에서는 김충현 서강대학교 교수의 사회로 다나카 마사시(田中 將志) 휘닉스 커뮤니케이션즈 제작본부 이사, 데이비드 칼슨 David Carlson Creative Inc. 대표이사가 발표하였다. 또한, 학회 회원의 논문발표 기회를 확대시키고 연구 분위기 활성화를 위해 마련된 연차 학술발표회는 '광고와 소비자 심리학', '광고와 마케팅' 등의 주제로 학계 및 업계 주요 인사의 발표와 토론이 있었다.

1999년에 일본광고학회 제30회 전국대회에 참석하였던 한양대학교 조병량 광고학회 부회장의 '한국의 광고교육 및 광고연구의 현상과 전망'이라는 주제로 발표한 논문이 일본광고학회 창립 40주년을 맞아 개편된 「광고과학」에 소개되었다. 이 논문은 발표 당시, 일본 광고교육에 많은 자성과 반향을 일으켜 닛케이광고연구소보(日經廣告硏究所報, 192호)에도 소개되기도 하였다. 이처럼 일본광고학회와 한국광고학회 간의 학술교류가 활발하게 이루어지며 국제 학술교류가 지속되었던 것을 볼 수 있다.

2) 2001~2002년의 광고계

2001년은 불황 속에 광고비 마이너스 성장을 보이며, 외국계 광고회사들의 국내 진출이 급속하게 이루어졌다. 여전히 광고총량제 및 중간광고 도입에 대한 논란은 지속되고 있었으며, 방송광고 판매제도 개선 논의가 무성하였지만 실질적인 성과는 미흡하였다. 위성 및 디지털 방송 출범에 따른 방송매체 환경은 급변하였으며, 방송광고 요금인상 논란이 되었던 때이다. 2002년은 한일 월드컵으로 기업 간의 광고가 활발하였던 때이며, 디지털 위성방송이 본격적으로 시작된 때이다. 그러나 WPP가 LG애드를 인수하고 방송광고비 10% 인상으로 방송광고 수수료가 인상되었으며, 가상광고에 논의가 백지화되었던 때이다.

2001년이 되면서 3월 23일 총회를 개최하여 7대 회장으로 조병량 한양대학교 광고홍보학과 교수의 임기가 시작되었다(광고계동향, 2001). 이날 춘계 광고학 세미나에서 많은 연구논문이 소개되었는데 김주호 금강기획 마케팅전략연구소 수석연구원이 '유형별 E-mail 광고효과 분석'을 주제로 논문을 발표하였고 김상훈 인하대학교 언론정보학과 교수가 '다국적 광고회사의 한국시장 진출 전략 연구'를 주제로 발표하였으며, 양영종 호남대학교 커뮤니케이션학부 교수가 '웹광고의 경험성과 복잡성이 계층(Hierarchy) 효과에 미치는 영향'에 대해 발표하였고, 김규천 서원대학교 광고홍보학과 교수가, '대학 이미지 광고의 효과에 대한 연구'를 주제로 발표하였다.

2001년에는 한국광고업협회(회장: 이기흥)와 한국광고학회가 공동으로 '제1회 광고산학 협동 세미나'가 개최된 시기라 할 수 있다. 2001년 11월 2일 롯데호텔 에메랄드홀에서 제1회 광고산학협동 세미나를 개최하고 광고주, 광고회사, 매체사, 관련 학계 인사등 약 200여명이 참석한 가운데 광고계의 현안에 대한 논의를 이어 갔다. 세미나의 제1부에서는 조병량 한국광고학회장, 조봉구 LG애드 부사장의 '경제 불황 극복과 광고'에 대한 주제 발표, 제2부에서는 '언론 매체사 경영과 광고'에 대한 장원호 아주대학교 교수의 발표가 있었으며 학계와 업계 현업인의 토론으로 진행되었다. 그리고 한국옥외광고학회는 11월 7일 한국프레스센터에서 창립총회를 열고 공식 출범하였다. 초대 회장에는 서범석 세명대학교 교수가 선출되었다.

2002년 3월 29일 타워호텔 렉스룸에서 춘계 광고학 세미나 및 정기총회를 개최하였고, '올해의 광고' 및 '우수논문상' 시상식을 개최하였다(광고계동향, 2002). 올해의 광고상에는 POSCO(하쿠호도제일)의 '소리 없이 세상을 움직인다' 편과 한국통신프리텔(제일기획)의 n016 '인형' 편, 현대산업개발(웰커뮤니케이션즈)의 Think Innovation '달나라, 개마고원, 사막' 편, 나이키(엘지애드)의 '박찬호' 편, 국동(대홍기획)의 '나프나프' 시리즈, 유한킴벌리(오리콤)의 'KKG 시리즈'가 선정되었고, 우수논문상으로는 '공익광고 메시지의 귀인(attribution) 효과에 관한 실증연구: 메시지 프레이밍(framing) 중개요인들을 중심으로'(부경희 한림대학교 언론정보학부 교수)와 '광고를 통한 브랜드 이미지 형성에 관한 연구: 브랜드 개성과 광고표현 요소를 중심으로'(김흥규, 김유경 한국외국어대학교 신문방송학과 교수, 최원주 코래드 브랜드전략연구소장)가 선정되었다.

2002년 4월에 중국광고협회와 광고학회는 교류를 시작하였다. 양배청 중국 국가공상관리 총국 광고협회 회장과 조병량 한국광고학회 회장이 중국에서 만나 학술교

[그림 6-5] 중국광고협회 회장 양배청과 조병량 한국광고학회 회장의 협약식

출처: 조병량 교수 개인 소장 자료.

류는 물론 중국과 한국의 광고협회 차원에서도 교류를 가지게 되었다. 이로 인해 그 해 추계 학술대회에서는 국제광고학 세미나가 개최되기도 하였다. 2002년 10월 12일(토) 한양대학교 한양종합기술연구원, 사회과학관에서 추계 국제광고학 세미나 및 연차 학술대회를 개최하였다(광고계동향, 2002). 국제광고학 세미나와 연차 학술대회로 나뉘어 진행된 이날 세미나에는 다양한 발표 주제만큼이나 많은 광고인들이 참석하였으며, 다양한 광고학연구 분야에 대한 학제적 연구 분위기를 활성화하는 계기가 되었다.

이날 국제광고학 세미나에는 '중국의 광고연구와 광고교육의 현황 및 전망'이란 주제로 청좡좡 중국광고협회 학술위원의 발표가 있었으며, '중국소비자의 심리특성'이란 주제로 둥리진 중국광고협회 학술위원의 발표가 이루어졌다. 광고학회에서 중국광고학계와 교류를 갖게 되는 계기가 되었고, 향후 광고계와 중국 광고계와의 교류가 만들어지게 되었다. 중국광고협회는 학술위원회, 광고공사위원회, 전시위원회, 신문 · 잡지위원회, 방송위원회, 공중교통위원회, 철로위원회, 광고주위원회, 법

[그림 6-6] 추계 국제광고학 세미나 및 연차 학술대회
(중국학술위위원회 정좡좡, 광고학회 회장 조병량, 중국학술위원 둥립진)

출처: 조병량 교수 개인 소장 자료.

률자문위원회 등 9개의 전문위원회를 설치하고 있으며, 중국 광고시장의 건강하고 질서 있는 발전과 광고인과 예비 광고인의 교육, 세계 광고협회와의 연계 구축, 중국 광고절 등 회의 · 전시 활동 개최 등을 주요 업무로 하고 있다.

한국광고업협회(회장: 이인호)와 한국광고학회(회장: 조병량)는 공동으로 10월 29일 한국프레스센터 19층 기자회견장에서 '한국 광고산업과 글로벌 스탠더드'라는 주제로 광고주, 광고회사, 매체사, 관련 단체, 학계 인사 등 200여 명이 참석한 가운데 '제2회 광고산학 협동세미나'를 개최하고, 우리나라 광고산업의 글로벌 스탠더드 현황을 점검해 보는 자리를 가졌다(광고계동향, 2002). 이날 세미나에서는 2개 주제로 진행되었고, '광고산업의 글로벌 스탠더드 방안'이라는 주제로 김상훈 교수의 발표가 있었으며, 패널에는 김봉철 한국방송광고공사 연구위원, 한상필 한양대학교 교수가 참여하였다. 또한 '한국 광고산업의 글로벌 스탠더드 현황과 문제점'이라는 주제로 이규현 레오버넷 상무이사(자료: 박용준 JWT 상무이사)의 발표와 박혜정 맥켄에릭슨 이사, 서범석 세명대학교 교수, 이란희 맥켄에릭슨 국장의 패널 참여가 있었다. 김상훈 인하대학교 교수가 발표한 '한국 광고산업과 글로벌 스탠더드'의 정리를 통해 한국 광고산업의 국제화를 위한 여러 방안을 다각적으로 모색하였다.

3) 2003년의 광고계

2003년에도 광고계는 여전히 외국계 광고대행사의 국내 진출이 두드러졌던 해이다. WPP가 금강기획을 인수하였다. 그리고 조선일보, 동아일보, 중앙일보가 ABC 부수공사를 받고 유료 부수를 공개하였다. 인터넷 광고에 소극적이던 회사들이 오프라인과 온라인 광고의 연계가 필요하다는 인식이 확산되어 다양한 통합 캠페인이 도입되었던 시기이다. 이때 광고학회는 이슈가 되는 광고 관련 법규 및 광고산업 발전을 위해 노력하는 한 해이기도 하였다.

2003년 2월 7일 오후 2시 새 정부의 광고정책과 과제 심포지엄을 개최하였다. 타워호텔 렉스룸에서 '새 정부의 광고정책과 과제' 심포지엄을 개최하였다(광고계동향,

[그림 6-7] 새 정부의 광고정책과 과제 심포지엄

출처: 광고계동향, 2003. 2. 7.

2003). 한상필 한양대학교 교수와 김민기 숭실대학교 교수의 사회로 이루어진 이번 심포지엄에서 '한국의 국제경쟁력과 광고의 역할'(강승구 방송통신대학교 교수), '광고 표현의 자유와 사회적 책임'(이규완 동아대학교 교수), '광고산업진흥정책'(김상훈 인하대학교 교수) 등의 발제가 이루어졌으며, 정치계, 정부, 학계, 관련 단체, 광고업계 등 11명의 토론자들이 참석하여 새 정부의 광고 정책 방향에 대한 심도 있는 논의가 이루어졌다.

제8대 광고학회 회장으로 역임한 홍재욱 인천대학교 교수는 2003년 4월 4일 금요일에 타워호텔 렉스룸에서 춘계 광고학 세미나 및 정기 총회를 가졌다. 성영신 고려대학교 심리학과 교수 및 한상필 한양대학교 광고홍보학과 교수의 사회로 이루어진 이날 세미나에서 '스포츠광고에 영향을 미치는 결정요인에 관한 연구'와 '일본 대학생의 한국 대중문화 수용에 관한 연구', '한국의 비교광고 규제변화와 발전방안에 관한 실증적 연구', '온라인 환경에서 메시지 전달자의 특성이 광고효과에 미치는 영향' 등이 발표되었다.

또한, 올해의 광고 및 우수논문상 시상식에서 윤태일 한림대학교 언론정보학부 교수의 '광고태도에 미치는 선험적 상표태도의 영향에 있어서 정서의 매개역할과 중재역할' 논문이 우수논문상을, 2002 올해의 광고상 대상에는 르노삼성자동차의 SM5 '동의합니다' 캠페인이 선정되었다. 이 외에 올해의 광고상 신문 부문에서는 KTF의 드라마 '여자의 마음' 캠페인, 르노삼성자동차의 SM3 '생각만 해도' 캠페인이 꼽혔으며, TV 부문에서는 SK텔레콤의 월드컵 시리즈, 포스코의 기업 PR 시리즈, 롯데리아의 크랩버거 등이 각각 선정되었고, 잡지 부문에서는 아가방의 기업 PR 시리즈, 보텍의 '바찌' 등이 올해의 광고상을 수상하는 영예를 안았다(광고계동향, 2003).

2003년 10월 18일 고려대학교 경영대학 LG-POSCO 경영관에서 2003 추계 국제광고학 세미나 및 연차 학술대회를 개최하였다(광고계동향, 2003). '기술의 발전과 광고패러다임의 변화'라는 주제로 열린 이번 추계 국제광고학 세미나에는 나카지마 히사오 일본 노무라 연구소 수석 컨설턴트와 데이비드 코헨 유니버셜 맥켄 인터랙티브 미디어 부문 수석 부사장이 주제 발표자로 참석하였다. 데이비드 코헨 수석 부사장은 주제 발표를 통해 미디어 환경이 불특정 다수에게 일방적으로 메시지를 전달하는 단계에서, 기술의 발전으로 타깃화된 일부에게 그들이 원하는 메시지를 전달하는 단계로 발전하고 있음을 말하고, 디지털 미디어를 광대역 접속이 가능한 인터넷 미디어, 무선 모바일 미디어, 통제와 상호작용이 가능한 Television, PC 및 콘솔 게임 등 크게 네 단위로 나누었다.

그 실제적인 사례로 리치미디어 인터넷 광고를 활용하고 있는 Eyeblaster Demo Reel, Lincoln, MSN8, Starwood Hotels, Coca-Cola L'Oreal Feria, Microsoft Windows XP 등의 인터넷 광고를 보여 주었으며, TiVo로 인해 위협받고 있는 TV 광고가 어떻게 진화되고 있는지를 보여 주었다. 추계 국제광고학 세미나와 함께 개최된 연차 학술대회에서는 광고심리 및 조사 세션, 광고마케팅 세션, 광고 미디어 세션, 광고 커뮤니케이션 세션, 광고 크리에이티브 세션, 광고 정책 및 제도, 자유주제 세션 등 6개 세션별로 다양한 주제의 발표가 이루어졌으며, 관심 있는 많은 광고인의 주목을 끌었다.

한국광고업협회(회장 이인호)와 한국광고학회(회장 홍재욱)가 공동으로 주최한 광고산학 협동세미나가 2003년 10월 20일 프레스센터에서 개최되었다(광고계동향, 2003). 올해로 세 번째를 맞는 이번 세미나의 주제는 'WTO 협상과 한국광고산업'이었으며, 광고회사 임원 및 실무자, 매체사와 관련 협회 담당자 등 많은 광고인들이 참석하였다.

WTO 서비스 협상과 관련된 이번 주제는 한국광고업협회가 꾸준히 공론화하고 있는 사안이다. 특히, 이번 세미나에서는 현재 WTO 협상의 진행 경과와 함께 광고 서비스 분야에 논의될 수 있는 예상 쟁점 등을 점검해 보고, 각 분야의 토론자들을 통해 여러 대응 방안 등을 들을 수 있는 자리였다. 홍재욱 한국광고학회 회장(인천대학교 경영학과 교수)의 사회로 진행된 세미나에서, 김준동 대회경제정책연구원 선임연구원은 도하개발 어젠다(Doha Development Agenda: DDA) 협상의 개관 및 서비스 분야 논의사항, 그리고 광고 서비스 분야 현황 및 예상 쟁점 등을 정리하여 주제발표를 진행하였다. 김 연구원의 주제발표 후에 진행된 패널 토의에는 김상훈 인하대학교 교수, 박찬표 한국방송광고공사 연구위원, 김진영 중앙일보 미디어마케팅연구소 팀장이 패널로 참석하였다. 이날 많은 관심의 대상이었던 주한미국상공회의소의 입장은 담당자의 퇴사로 진행되지 않아 많은 아쉬움을 남겼다.

4) 2004년의 광고계

2004년의 **광고시장**은 포털업체들이 블로그와 미니 홈페이지 등 차별화된 서비스로 광고를 통해 네티즌을 유혹하는 시기였다. 1인 미디어는 기업의 마케팅 커뮤니케이션 창구로 활용되었다. PPL이 실제 기업 이미지 제고와 매출 신장에 효과가 있음이 증명되면서 드라마 영화에 적극 활용이 되었으며, 많은 논란이 되었던 해이다. 공정거래위원회에서 지상파 방송광고시장에 경쟁체제를 도입하겠다고 발표하였다. 그리고 언론개혁법을 통한 광고 비중을 제한하고자 하는 논란이 일어났던 해이다.

2004년 제9대 광고학회장인 서범석 세명대학교 광고홍보학과 교수는 특별포럼 및 춘계 광고학 세미나를 3월 26일 금요일 타워호텔 렉스룸에서 개최하였다(광고계동향, 2004). 오전 9시 30분부터 고려대학교 소비자 심리학과 성영신 교수의 사회로 진행된 특별포럼은 유비쿼터스 시대의 광고(김상훈 교수, 인하대학교 언론정보학과), 인터렉티브 TV 광고의 성과와 전망(이시훈 교수, 계명대학교 광고홍보학과), 모바일 광고의 현황과 미래(이진우 SK 에어크로스 이사)라는 주제로 진행되었다. 유비쿼터스 시대의 광고라는 주제로 발표한 김상훈 교수는 유비쿼터스 마케팅의 세 가지 어젠다를 컨텍스트 마케팅, 벤치마크 마케팅, 협력 마케팅으로 구별하였다. 이어 '인터렉티브 TV 광고의 성과와 전망'이라는 발제에서 이시훈 교수는 지금까지 활성화의 저해요인은 수용 시청자의 부족, 기술적 불완전성, 수익모델의 부재 등이며, 이를 해결하기 위해서는 디지털 방송의 빠른 발달이 필요하지만, 이는 수용자 입장에서 해결할 수 없는 부분이어서 정부 차원의 적극적 지원의 필요성을 강조하였다. 또한, 기술적 불완전성은 이미 많은 부분 해결되어 있으나, 안정성과 속도 면에서 아직 한계가 있다고 덧붙였다.

한편 한국광고학회는 2003년 우수 논문으로 '광고의사결정 지원시스템 구축에 관

[그림 6-8] 특별포럼 및 춘계 광고학 세미나

출처: 광고계동향, 2004. 3. 26.

한 연구: 최적 예산 배분을 중심으로'를 선정하였으며, 올해의 좋은 광고는 SK텔레콤의 '새로운 대한민국 만들기' 시리즈를 선정하였다. TV 부분은 LG애드의 Xcanvas '옥상, 드라이빙' 편, MBC애드컴의 동아제약 '박카스, 신체 검사' 편이 수상하였으며, 신문은 LG애드의 '전선이 있는 풍경' 시리즈와 제일기획의 기업 PR '노트북, 여권, 박사, 디자인' 편이 수상하였다. 잡지는 웰커뮤니케이션즈의 삼양사, 케이크, 쿠기, 한케이크가 수상하였으며, 라디오 부분은 금강기획이 KB-KB 어린이 금융교육 시리즈가 수상하였다.

2004년 10월 7일에 추계 연차 학술대회 및 한국광고학회와 중국광고협회 학술위원회 공동으로 '한 · 중 국제광고학 학술세미나'가 개최되었다, 이번 학술세미나를 통해 중국 광고시장에 대한 심도 있는 접근이 이루어졌다. '중국 광고산업의 전반적인 현황'[정쥔졔(丁俊傑) 중국광고협회 학술위원회 주임], '광고시장 전면개방에 따른 중국 광고계 경쟁환경의 변화'(신운철 중국 연변대학교 신문방송학과 조교수) 등 세미나를 통해 발표하였으며, 2002년에 이어 두 번째로 중국과의 학술교류가 이루어지게 되었으며, 한국과 중국 학술교류뿐만 아니라 기관 및 단체와의 교류도 활발하게 이루어지게 되었다.

2004년 10월 20일은 한국광고업협회(회장: 이인호)와 한국광고학회(회장: 서범석)가 공동으로 주최한 광고산학협동 세미나가 개최되었다. 제4회 광고산학협동 세미나는 유비쿼터스 시대의 미디어와 광고의 변화라는 주제를 통해 광고업계와 학계 전문가들이 한자리에 모였다. 이날 세미나에는 한세대학교 안종배 교수의 주제발표와 한국 인터넷 마케팅협회 고문이자 유비마케팅 대표인 김태윤 사장, 제일기획 박정래 수석, LG애드 오명렬 본부장, 디지모아의 최철진 이사의 토론으로 진행되었다.

5) 2005년의 광고계

2005년은 위성 및 지상파 DMB 방송이 개시되었다. 그리고 케이블 TV 광고가 약진하며 표준광고단가 정착화를 가져왔다. 여전히 방송광고제도 개선을 위한 논의는 활발하게 이루어졌으며, 온라인 검색 광고시장이 급성장하는 시기였다고 할 수 있다.

2005년 1월 25일 민주당 손봉숙 의원실과 한국광고학회는 오전 10시 국회 의원회관 소회의실에서 'TV 간접광고 현황과 정책과제'를 주제로 토론회를 개최하였다. 서범석 광고학회장(세명대학교 교수)의 사회로 진행된 토론회에서는 손봉숙 의원의 기조 발제와 김봉현 동국대학교 교수의 발제에 이어 김기원 광고주협회 국장, 김성규 방송위원회 심의1부장, 김윤택 방송협회 기획조사팀장, 김태현 경실련 미디어팀장, 박현수 단국대학교 교수, 안보섭 숙명여자대학교 교수가 토론을 하였다.

제10대 광고학회장인 이두희 고려대학교 경영학 교수는 2005년 4월 1일 타워호텔 렉스룸에서 춘계 광고학술세미나 및 올해의 광고, 우수논문상 시상하였다. 이날 정기총회에서 김동현 한국광고단체연합회 상근 부회장이 예비 광고인 인턴채용 박람회와 올해의 광고상 심사의 데이터베이스화에 기여한 공로로, 손봉숙 민주당 국회의원이 광고 관련 정책토론회 개최 등을 통해 광고제도 및 정책제도, 광고학연구 발전에 기여한 공로로 감사패를 받았다. 한국광고학회가 선정하는 올해의 광고대상에는 TBWA 코리아에서 제작한 SK텔레콤의 메론(DJ, 냉장고) 편이 선정되었으며, TV 부분에는 LG애드 올림푸스 '사막' 편, 신문 부분에 TBWA 코리아의 SK기업 PR '사회공

[그림 6-9] TV 간접광고 현황과 정책과제 토론회

출처: 광고계동향, 2005. 1. 25.

헌 시리즈' 편, 잡지 부분에 BBDO Korea의 태평양 '설화수 시리즈' 편, 인터넷 부분에 제일기획 애니콜 안테나폰 '애벌레, 나비' 편, 라디오 부분에 웰콤의 하나은행 기업 PR '뉴스, 영상' 편 등을 선정하였다. 우수논문상에는 김유경 한국외국어대학교 신문방송학과 교수의 '브랜드 이미지 유형의 새로운 패러다임과 커뮤니케이션 요인에 관한 연구: I-PRos의 광고 역할을 중심으로'가 선정되었다.

2005년 7월 6일(수) 한국광고학회는 미국광고학회(AAA) 회장 찰스 테일러(미국 펜실베이니아주 빌라노바 대학교의 마케팅 교수)를 초청하여 국제광고 심포지엄을 개최하였다(광고계동향, 2005). 프레스센터 19층 기자회견장에서 15시부터 18시까지 진행된 이날 심포지엄은 글로벌 경제환경에서 광고라는 주제를 통해 글로벌 시대의 국제광고 현황과 실무 적용 방향, 국제표준화 광고모델 제시, Cross-national team 및 지역적 광고 이론의 필요성이라는 내용으로 사회는 동국대학교 유창조 교수가 제1발제는 Charles R. Taylor 교수, 제2발제는 제일기획의 김낙회 부사장이 하였으며, 토론은 경북대학교 정걸진 교수, 성균관대학교 김용준 교수, KOBACO 오세성

[그림 6-10] 이두희 교수와 Charles R. Taylor 교수

출처: 광고계동향, 2005. 7. 6.

연구위원이 하였다. 이날은 한국의 국제광고 현황과 국제광고 표준화 모델에 관해 들을 수 있는 토론의 장으로 현 미국광고학회장을 통해 미국광고학회의 주요 이슈 및 세계 광고시장에서 한국의 위상 등에 대해 이야기를 들을 수 있었다.

2005년 11월 12일에는 고려대학교 LG=POSCO 경영관에서 2005 Asia-Pacific 국제광고학술대회 및 연차 학술대회가 개최되었다. 올해 연차 학술대회에서는 아시아 지역 주요 국가들 뉴질랜드, 말레이시아, 싱가포르, 인도, 일본, 중국, 필리핀, 호주, 홍콩 등의 대표적인 학자들이 초대되어 각국 광고산업 현황에 대해 소개하였다. 연차 학술대회는 광고커뮤니케이션, 광고심리 및 조사, 광고마케팅, 광고 크리에이티브 및 디자인, 광고 미디어 정책, 광고 PR 등으로 구성되었다.

6) 2006년의 광고계

2006년의 광고계는 광고진흥에 관한 법률(안) 제정이 논란이 되었던 시기이다. 정해진 시간대에 구애받지 않고 골라 보는 맞춤형 방송광고 서비스가 본격화되었으며, 이에 따라 T-커머스 광고 등 새로운 광고 형태 개발이 기대되는 해였다고 할 수 있다. 광고계에서는 방송광고 사전심의에 대한 논의, 그리고 방송광고 대행 수수료와 관련된 논의들을 지속적으로 제기하고 있었던 시기라 할 수 있을 것이다.

2006년은 제11대 광고학회장인 경북대학교 정걸진 신문방송학과 교수가 맡았으며, 4월 7일 고려대학교 100주년 기념관에서는 춘계 광고학술심포지엄 및 올해의 광고상 시상식이 있었다(광고계동향, 2006). 특히, 춘계 광고학술심포지엄에서는 보다 긍정적이고 건설적인 이미지 정립을 위해 필요한 광고의 역할에 대해 토론하는 자리가 마련되었다. 김동현 한국광고단체연합회 부회장은 초 · 중 · 고등학교 교과서의 광고 관련 인식조사 결과에 대한 주제발표에서 "광고가 국가에 기여하는 긍정적인 역할에 비해 초 · 중 · 고등학교 교과서의 경우 광고에 대한 왜곡된 이미지만 고착화시키고 있다.'며 "광고업계 및 학계가 산학연계 프로그램으로 AIE(Advertising In Education)를 활용하여 적극적으로 일반인에 대한 이미지 개선 프로젝트를 실행하여야 한다."고 밝혔다. 또한 박은아 한국방송광고공사 연구위원은 광고에 대한 소비자들의 태도연구를 통해 "소비자들이 광고에 대한 불만을 갖는 이유는 광고 비용을 소비자가 부담해야 된다는 인식과 광고의 진실성에 대한 불신 때문"이라며 "광고의 긍정적인 기능과 역할에 대한 교육과 지속적인 홍보가 필요하다."고 하였다. 이날 올해의 광고상 시상식에서 올해의 광고상 수상작은 대상은 SK텔레콤의 '사람을 향합니다' 캠페인(TBWA Korea), TV 부분은 SK텔레콤의 생활의 중심 캠페인(TBWA Korea), 신문 부분은 삼양사의 기업 PR '저녁식사 편, 주말 편, 수영' 편(웰콤), 잡지는 태평양의 설화수 '한국의 미-정중동' 편(BBDO Korea), 인터넷은 삼성전자의 애니콜 '슬림폰 캠페인' 편(제일기획), 라디오 부분은 교보생명의 기업 PR '마음에 힘이 되는 말 한마디' 편(웰콤 퍼블리시스 월드와드), 광고기획은 기업 PR LG의 '백조의 호수' 편(LGAD)이 수상하였다.

2006년 11월 4일(토)에 한국광고문화회관에서 연차 학술대회를 개최하였다. 연차학술대회에서 총 7개 세션이 진행되었으며, '한국광고산업의 발전과 광고교육', '브랜드 커뮤니케이션', '모바일 광고의 활성화 방안' 등에 대한 65편의 논문 및 사례연구가 발표되었다(광고계동향, 2006).

2006년 11월 17일에는 한국광고문화회관 6층에서 '광고진흥에 관한 법률안의 배경과 향후 과제'라는 특별세미나를 개최하였다(광고계동향, 2006). 특별세미나의 인사말을 통해 정걸진 한국광고학회 회장은 "법안에 대한 광고계의 우려가 증가하고 있어 광고진흥법에 대한 모든 논의들을 처음부터 다시 검토해 보고자 자리를 마련하였다."고 밝혔다. 김상훈 인하대학교 언론정보학부 교수의 '광고진흥에 관한 법률안의 배경' 주제발표에 이어 토론자로 참가한 김기원 한국광고주협회 상무는 "진흥법이라고 하지만 오히려 규제 관련 조항이 많으며, 5개 이상의 새로운 기구와 별도의 기준이 설정되어야 하는 등의 문제를 안고 있다."고 하였으며, 정연우 광고소비자시민연대 공동대표는 "사회적으로 필요하지만, 개별 사업자가 할 수 없는 사업에 대해서는 정부의 정책적 개입 또는 진흥이 필요하다."면서도 발의된 진흥법안이 기존의 규제와 중복되는 규제 관련 조항을 포함하고 있는 것에 대해서는 개선이 필요하다고 하였다. 또한, 신태섭 동의대학교 광고홍보학과 교수의 '광고진흥에 관한 법률안의 주요 내용과 쟁점' 주제 발표에 이어 이루어진 토론에서 강동완 방송위원회 정책2부 조사관은 이미 민간 차원에서 광고진흥을 위한 사업을 하고 있는 광고단체 연합회를 활용하는 방안의 검토가 미비하다며, "광고재단의 경우 한국광고단체연합회가 맡아서 하면 될 수 있는 일이다."라고 하였으며, 장사성 문화관광부 방송광고과 사무관은 "별도의 기구설치는 어렵다는 정부 부처의 의견수렴 결과를 바탕으로 한국방송광고공사가 광고재단의 광고진흥사업을 맡는 것이 문화관광부의 입장이다."라고 하였다.

7) 2007년의 광고계

2007년의 광고계는 방송위원회가 중간광고 허용범위를 확대 추진하였고, 11월 14일 지상파방송 중간광고 허용범위 확대 방안 마련을 위한 공청회를 개최하였다. 방송광고 수수료 및 광고료 변화를 모색하였다. 방송위원회는 가상광고의 개념을 신설하고 이를 방송광고 대상에 포함시키는 일부 개정안을 8월에 입법 예고하였다. 또한, 디지털방송활성화위원회는 텔레비전 방송의 디지털 전환과 디지털 방송 활성화에 관한 특별법(안)을 심의, 확정하였다. 특별 법안에 따르면 지상파TV 방송사업자는 아날로그 방송을 2012년 12월 31일 이전에 종료해야 한다. 이처럼 여전히 방송광고를 둘러싸고 있는 여러 쟁점과 변화가 일어나는 한 해였다.

2007년 4월 6일 한국광고문화회관에서 제12대 광고학회 동국대학교 유창조 광고학과 교수는 춘계 학술대회 및 정기총회를 개최하였다. 학술대회는 특별 세션과 광고 커뮤니케이션, 광고산업/마케팅 세션, 광고심리/크리에이티브 세션으로 나누어 진행되었다. 이날 2006 올해의 광고대상을 시상하였는데 웰콤의 교보생명-FP의 생각이 대상을 수상하였으며, TV 부분은 대홍기획의 롯데삼강-오천만의 돼지바, 신문은 LG애드의 LG-PR 기술이 깊을수록, 잡지는 LG애드의 한국관광공사-구석구석, 라디오는 TBWA Korea의 스카이 Must Have, 인터넷은 BBDO Korea의 리바이스-아틀란티스, 우수기획은 하쿠호도제일의 아지모노-보노, 우수대행사는 TBWA Korea가 수상하였다. 또한, 최우수 논문에는 '지상파 TV 광고 위치와 순서에 의한 노출효과 차이 분석(박현수 단국대학교 언론홍보학과 교수, 안보섭 숙명여자대학교 홍보광고학과 교수)이 선정되었다.

2007년 5월 30일, 매일경제와 글로벌 마케팅 워크숍을 개최하였다(광고계동향, 2007). 이 워크숍에서는 Charles R. Taylor Villanova University 교수 박충환, University of Southern California 교수 등이 주제발표를 맡았다. 또한, 미국광고학회와 공동으로 제4회 아시아 태평양 콘퍼런스를 5월 31일부터 6월 2일까지 고려대학교에서 개최하였다. 글로벌 마케팅 콘퍼런스에서 찰스 테일러 빌라노바 대학교 교수는 뉴미디어 시대에 새로운 고객을 찾는 방법으로 양방향 광고를 제시하였으며, 특히 휴대전화 문자 서비스(SMS), DMB, 블로그와 같은 사용자 제작 미디어(UCM) 등 새로운 수단이 광고 수단으로 등장하고 있다며, 이를 효과적으로 활용하려면 고객을 참여시킬 수 있는 대화형 광고방법을 고려하라고 강조하였다. '광고 · 문화 그리고 사회' 라는 주제로 열린 '아시아 · 태평양광고 콘퍼런스'에서는 국내외 학자 및 업계 전문가 500여 명이 자리하였으며, 마케팅, 브랜드, 광고 분야 100여 편의 논문과 사례가 발표되었다. 캐서린 프리스 싱가포르 난양 기술대학 교수는 '광고회사들이 인류학, 심리학, 사회학 등 비광고적인 소양을 가진 인재를 채용하고 있는 추세에 광고교육자들도 발 빠르게 대응해야 하며, 미래의 광고전문가는 광고뿐만 아니라, 인류학, 사회학, 심리학 및 리서치 기술 등 다방면에서 학문적 · 기술적으로 탁월한 능력을 가진 사람이 될 것이라고 하였다. 한편 'Global Brand Award Ceremony'에서는 삼성전자, 아모레퍼시픽이 글로벌 브랜드상을 제일기획과 BBDO Korea가 글로벌 광고대행사 상을 수상하였다.

2007년 10월 23일 추계 연차 학술대회를 ICC 제주에서 개최하였다. 이번 연차 학술대회는 AD-Asia와 공동으로 개최하였으며 커뮤니케이션, 심리, 조사, 마케팅, 디자인, 크리에이티브, 매체, PR, 정책 세션 등 다양한 분야를 통해 많은 내용이 논의되었다.

8) 2008년의 광고계

글로벌 금융위기로 인해 세계 경제가 위협당하고 이러한 경기침체가 산업에 영향을 미쳤던 때라고 할 수 있다. 인력감소, 구조조정 거기에 다양한 미디어의 등장과 함께 세분화되는 소비자층, 산업은 어려워지는데 새로운 변화는 가속화되었던 시기라고 할 수 있을 것이다. 지속적인 광고시장의 침체를 벗어나기 위해 안간힘을 쓰면서 새로운 매체 환경에서 살아남기 위해 노력하는 때였으며 여전히 방송 광고산업의 이슈들이 정리되지 않는 답답한 한 해였다고 할 수 있다.

2008년 4월 4일 한국광고문화회관 6층 광고교육원에서 제13대 김유경 광고학회 회장(한국외국어대학교 언론정보)은 추계 학술심포지엄을 개최하였다. 이날 심포지엄은 총 5개 세션으로 구성되어 각 세션별 1, 2부로 나누어 진행되었다. 이날 '방송광고심의제도 선진화 방안연구'라는 주제로 발표에 나선 김상훈 인하대학교 언론정보학과 교수는 "2월 21일 헌법재판소에서 방송광고사전심의에 대한 공개변론이 있었다."며 "바람직한 방송광고심의 방안으로 사전심의는 해당 방송사의 자율심의로 이관하고 사후 심의는 광고업계에 자율의 조정 역할을 수행할 수 있는 방송위원회가 맡는 것이 바람직하다고 주장하였다." 또 '광고에 대한 사후 문제는 공정거래위원회에서 처리하여야 하며, 최종적으로 법원에 의해 결정되어야 한다.'고 강조하였다. 2007 최우수 논문에는 양병화 경주대학교 방송언론광고학부 교수의 '프로그램 무드가 광고 태도와 기억에 미치는 영향'이 선정되었다. 2007 올해의 광고시상식에서는 대상에 LG의 명화 시리즈(HSAD)가 수상하였고, TV 부분은 SK텔레콤의 생각대로 T 캠페인(TBWA Korea)이 수상하였고, 신문은 SK텔레콤의 사람을 향하는 렌즈 시리즈(TBWA Korea), 잡지는 풀무원의 두부, 콩편(한컴), 라디오는 유한킴벌리의 명태편 외 6편(오리콤), 인터넷은 아모레퍼시픽의 아이오페 칼리지(BBDO Korea), 광고기획서는 에너지제로 플랜 캠페인(대림산업 엘베스트), 대행사는 한컴이 수상하였다.

2008년 5월 30에는 광고문화회관 7층 광고교육원에서 한국광고시장개방 20년의 진단과 평가라는 주제를 통해 특별세미나를 개최하였다. 제1주제는 한국방송광고공사의 박원기, 계명대학교 이시훈 교수가 '광고산업구조에 관한 연구: 광고회사 인력과 취급고 변동을 중심으로'라는 주제로 발제하였고, 제2주제는 '광고시장 개방 20년: 광고산업의 득과 실, 전망과 과제'라는 주제로 박정래 제일기획 미디어전략연구소장이 하였다. 라운드 테이블에서는 광고산업 재활성화를 위한 과제와 전망이라는 주제로 발제자와 토론자의 열띤 토론이 이어졌다.

2008년 6월 20일에는 대한상공회의소 중회의실에서 경제 선진국을 지향하는 방송광고 제도의 개선 방안이라는 주제로 세미나가 열렸다. 방송광고 현안의 문제가 되는 중간광고 도입, 방송광고 사전심의, 방송광고총량제도와 같은 민감한 이슈들을 통해 어떻게 할 것인가 논의하는 자리를 만들었다.

2008년 9월 5일 한국광고문화회관 7층 소회의실에서 PR 산업의 제도적 정착을 위한 모색이라는 주제로 세미나를 실시하였다. 제1주제는 'PR 산업 현황과 제도 개선 모색'이라는 주제로 진행되었고 발표는 조삼섭 숙명여자대학교 홍보광고학과 교수가 맡았으며, 제2주제는 '광고회사와 PR 회사 어떻게 상생할 것인가?'라는 주제로 김주호 제일기획 프로모션 2팀 마스터가 발제를 하였다. 제3주제는 'PR 산업의 발전과 에이전시의 몫'이라는 주제로 KAIST 문화 기술대학원의 김호 박사가 발표하였다. 광고학회에서 PR 산업을 위한 기획 세미나를 진행하여 다양한 의견을 들을 수 있는 계기를 마련하였던 자리였다.

2008년 10월 17일(금)에 휘닉스파크 호텔에서 연차 학술대회가 진행되었다. 변화하는 시대, 변화하는 광고라는 주제로 6개의 세션으로 많은 발제와 토론이 이루어졌다. 특별 세션 1에서는 광고산업의 새로운 패러다임의 지평이라는 주제로 광고대행수수료에 관한 연구(KOBACO, 박원기), 광고산업의 새로운 패러다임(SK마케팅 컴퍼니 커뮤니케이션사업 센터장, 이시혁), 국내 인하우스 광고대행사의 역할과 전략 방향(이노션 브랜드 마케팅팀, 정연승), 광고회사의 효과적인 외주 제작 활용방안(청주대학교, 정상수) 등 다양한 발제가 이루어졌으며, 특별 세션 2에서는 국가 브랜드의 영향요인과 결과요인: 국가 브랜드 매개모델(단국대학교, 전종우), 대한민국 관광 브랜드 경쟁력 강화를 위한 전략방안 연구: 외국인의 방한 경험에 대한 심층분석을 중심

[그림 6-11] 2008년 10월 연차 학술대회

출처: 광고학회 홈페이지, 2008. 10. 17.

으로(한국외국어대학교, 최일도)의 발제가 이루어졌다. 이밖에 광고 분과, 리서치 분과, PR 분과, 마케팅/심리 분과/브랜드 분과/디자인/크리에이티브 분과 등으로 나누어 많은 발제와 토론이 이루어졌다.

2008년 11월 13일에는 IPTV와 케이블 TV의 상생 방안이라는 주제로 한국광고문화회관 7층에서 세미나를 진행하였다(광고계동향, 2008). 지상파 TV 시장을 잠식하며 새로운 시장을 공고히 해 왔던 케이블 TV가 이제 신생 매체인 IPTV의 위협을 받고 있으며, IPTV의 법적 제도적 논의가 무르익어 가고 있는 가운데 케이블 TV의 혁신과 관련된 쟁점 또는 첨예한 관심사이다. "디지털 광고산업을 지향해 가는 이 같은 조류가 우리 광고시장의 양적 확대는 물론 질적 도약을 위해 새로운 패러다임을 제시해야 할 계기로 인식해야 한다." 김유경 회장은 인사말을 통해 이같이 말하였다. IPTV에 대한 광고업계의 관심을 반영하듯이 세미나 참석자들 또한 광고회사 매체 담당 실무자들이 대거 참석하여 열띤 논쟁을 벌였다. 박천성 다트 미디어 대표는 24시간 접근 가능한 광고주 전용 디지털 채널이나 모바일과 연계해 정확히 타깃화

[그림 6-12] IPTV와 케이블 TV의 상생 방안

출처: 광고계동향, 2008. 11. 13.

된 인터렉티브한 IPTV 광고 등의 다양한 광고상품들을 소개해 광고의 미래를 보여주었다. 하지만 그는 여전히 시스템 통합 및 기술 표준화, 효과측정 기준, 법적-제도적 정비 등의 선결과제가 남아 있다며 업계의 관심과 노력을 호소하였다. 김희경 한국케이블TV방송협회 연구원도 양방향 광고가 활성화되기 위해서는 디지털 방송의 활성화와 플랫폼 사업자에 대한 규제 완화 등 구조적인 방송통신 시장 환경과 정책적 요소를 해결해야 한다고 제언하였다.

2008년 11월 17일 한국방송광고공사와 함께 '불황극복을 위한 광고효과 제고 방안'이라는 주제로 세미나를 개최하였다(광고계동향, 2008). 학계, 업계 전문가들을 초청하여 경기불황에 침체된 광고산업을 활성화시키기 위해 기업의 마케팅 의욕을 고취하고 나아가 전반적인 내수경기 활성화에 기여하고자 하는 데 의의가 있다고 의견을 모았다. 이번 세미나는 '불황기 광고효과 제고를 통한 광고 활성화 방안'과 '효율적 광고효과 측정 시스템을 통한 광고효과 제고 방안' 등의 2주제로 나누어 진행하였으며, 손영석 한림대학교 교수, 주대홍 KIM&AL 국장이 각각 발제를 맡았다. 1주제를 맡은 한림대학교 손영석 교수는 미국의 불황기였던 1980년부터 1985년까지 600개 기업의 마케팅 활동 분석결과를 소개하였다. 손 교수는 1985년에 광고비를 공격적으로 집행하였던 기업들은 그렇지 않았던 기업들보다 매출이 375% 상승하는

[그림 6-13] 불황극복을 위한 광고효과 제고 방안

출처: 광고계동향, 2008. 11. 17.

결과를 가져왔다는 분석결과를 인용하며, IMF 시기에 공격적인 마케팅으로 성공한 국내기업의 사례도 소개하였다. 2주제 발제를 맡은 주대홍 KIM&AL 국장은 현 광고효과 측정의 한계 및 효과적인 광고효과 측정 모델과 방법을 제시하고, 광고효과 조사를 사후 성적표로만 생각하지 말고 향후 광고전략 개발의 밑거름이란 인식이 필요하다고 지적하였다.

9) 2009년의 광고계

2009년은 광고계에 많은 일이 있었던 때이다. 한국방송광고공사의 사전심의와 한국방송광고 독점판매에 대해 헌법재판소가 위헌판결을 내렸다. 자유로운 광고활동과 광고산업 발전을 가로막은 이 두 제도가 개선됨으로써 우리나라 광고 산업은 큰 변화를 이루게 되었다. 방송광고의 과학화, 선진화의 초석을 이루게 되는 해라고 할 수 있다. 또한 본격적인 IP 인터넷 TV 시대를 맞아 광고의 커뮤니케이션이 일 방향에서 쌍방향으로 전환되는 계기를 마련하게 되었으며, 새로운 플랫폼은 IPTV뿐만 아니라 온라인 광고시장의 확대로 광고 타깃팅을 더욱 정교화하게 되는 계기가 마련되는 때이다. 광고 미디어시장의 변화는 경제 불황과 광고시장을 둘러싼 기술 및 제도의 변화 속에 보다 매력적인 광고 미디어 상품을 원하는 기업들의 요구와 그에 부응하기 위한 매력적인 광고매체를 만들기 위해 노력하였던 때라고 할 수 있다.

2009년 4월 3일 한국광고학회 정기총회에서 제14대 안광호(인하대학교 경영학) 회장이 취임하였고, 한국광고문화회관에서 개최되었다. 특별 세션과 총 5개의 세션이 열려 많은 학술 논문이 발표되었다. 특별 세션에는 '국내기업들의 브랜드관리 현황과 연구 과제라는 주제'로 전성률(서강대학교 경영대학) 교수의 발표가 있었으며, '브랜드 자산 측정 및 관련 이슈 논의'라는 주제로 이진용(서울산업대학교 경영학과) 교수의 발표가 진행되었다.

2009년 10월 16일 연세대학교 경영연구소와 공동으로 연세대학교 새천년관 대강의실에서 '스폰서십을 통한 기업과 국가 브랜드의 활성화'를 주제로 국제 세미나를 진행하였다. 이 세미나는 창립 20주년을 기념하는 세미나로 통합적 마케팅 커뮤니케이션의 일환으로 중요성이 높아져 가고 있는 스포츠, 문화, 엔터테인먼트 등의 스폰서십 마케팅과 관련하여, 다양한 사례를 통해 스폰서십이 기업 이미지와 국가 이미지 구축에 어떻게 활용되는지를 모색하기 위해 마련되었다. 세미나에는 컬럼비아 대학교의 Bernd Schmitt 교수 및 IESE 스페인의 Carlos Marti와 Emerson College의 John Davis, 이미경 CJ엔터테인먼트 미디어 총괄 부회장, 홍승성 큐브엔터테인먼트 대표, 양민석 YG Family 대표 등이 국내외 스포츠 및 엔터테인먼트 분야의 전문가들이 주제 발표 및 토론자로 참석하였다,

2009년 10월 23일에는 한국광고문화회관에서 추계 연차 학술세미나가 진행되었다. 이날은 '광고산업의 발전을 위한 ABC제도 장착'이라는 특별 세미나를 통해 안대천(홍익대학교 광고홍보학부) 교수의 발표가 있었으며, 올해의 브랜드 상 및 올해의 광고회사 시상식이 있었다. 이날 올해의 브랜드는 BC카드와 홈플러스가 수상하였으며, 올해의 광고회사는 이노션이 대상을 받았다.

2. 성장기 한국광고학회의 주요 활동

1999년부터 2005년까지 학술대회 활동을 정리해 보면 다음과 같다.

표 6-1 1999~2005년까지 학술대회 활동

1999. 3. 19.	타워호텔 렉스룸
춘계 광고학 세미나	제품 간 대체성 정도에 따른 특별할인판매의 효과에 관한 실험연구-류필화(성균관대학교)
	인적 판매의 설득 소구점에 대한 분석연구-이두원(청주대학교)
1999. 10. 1.	신라호텔 에메랄드 영빈관 2층
광고효과 조사 연구세미나	광고효과조사의 현재와 문제점-정만수(숙명여자대학교), 성영신(고려대학교)
	광고효과조사의 선진화 방안-장대련(연세대학교)
2000. 3. 31.	타워호텔 렉스룸
춘계 광고학 세미나	웹 광고가 사이버 브랜드 자산의 구축과정에 미치는 영향-박기남(경인여자대학교)
	기업의 전략 유형이 광고대행사와의 관계유지 결정에 미치는 영향-손영석(동의대학교)
	FCB 모델에 따른 래더링의 가치 단계 차이분석-신강균(한세대학교)
	마케팅 커뮤니케이션 수단으로서의 인터넷 매체에 대한 국내 기업들의 활용 실태-김봉현(동국대학교)
2000. 10. 21.	서강대학교 가브리엘관
연차 학술대회	광고 아이디어 발상에 관한 인지심리학적 모형-김철민(광주대학교)
	광고모델의 선정에 있어 PSI 스케일 적용-이화자(호남대학교)
	TV CM의 맥락효과: 프로그램 전후 광고와 중관광고의 비교-유승엽(남서울대학교)
	관광지의 정서적 이미지와 인지적 이미지의 관계-고동우, 박석희(경기대학교)
	스타크래프트의 재미, 어디에서 오는가?-gamer의 심리와 networking-성영신, 최원준(고려대학교)

연차 학술대회	사례분석: 금융기관의 인터넷마케팅 사례분석 – 박규상(삼성생명)
	웹 광고 디자인에 있어서 프레즌스의 영향 – 최영균(한양대학교)
	인터넷 동영상 광고의 효과평가 연구 – 홍종필(이화여자대학교)
	광고 혼잡도에 대한 소비자 인식연구 – 조재영(청운대학교)
	정보원의 신뢰도가 소비자 태도의 구매의도에 미치는 영향에 관한 세대 간 비교연구 – 전영우(인천대학교), 윤각(서강대학교)
	사례분석: 앗! 내 얘기다. 나를 위한 광고다-n016 'Na 캠페인의 시작과 반응에 대하여-유재상(웰콤)
	후발 진입 상표의 광고전략과 소비자의 정보 왜곡 성향 – 서찬주(숙명여자대학교)
	상표 확장에 있어 구전의 방향성이 미치는 영향에 관한 연구 – 전성률(한국외국어대학교)
	광고전략에 있어 브랜드 개성이 역할에 관한 연구: FCB 모델을 중심으로 – 김정구(성균관대학교)
	소비자의 자동차에 대한 가치구조와 차종선택 과정에 관한 탐색적 연구-유창조(동국대학교)
	사례분석: 메가톤 인터넷 – Megapass-김익태(제일기획)
	FAB 원리에 의한 아이디어의 발상연구 – 이원구(호서대학교)
	광고 비주얼의 아이디어 발상기법에 관한 연구 – 박용원(경기대학교)
	광고에 있어 '엽기적' 표현에 관한 연구 – 정원일(부산교육대학교)
	헤드라인 형식의 담론 분석에 관한 탐색적 연구 – 김병희(서원대학교)
	실버마케팅 광고에 표현된 비주얼 이미지의 크리에이티브 전략에 관한 연구 – 여훈구(유한대학교)
2001. 10. 27.	고려대학교 경영관
연차 학술대회	word of mouse: on-line상의 소비 구전 정보 연구 – 성영신, 유형열, 장인숙(고려대학교)
	고객 만족과 얼굴 표정의 관련성 – 조경덕(경북대학교), 구민모(고려대학교)
	소비자 연구에서 속성 중요도와 속성 만족도의 활동 – 남승규(대전대학교)
	온라인 게임에 삽입된 광고 유형별 효과 및 태도 – 김재휘, 김지호, 김재한(중앙대학교)

연차 학술대회	매체 수용자 요인인 주부잡지 광고효과에 미치는 영향 – 유승엽(남서울대학교)
	사례분석: TV 광고 평가속성 차원이 광고효과에 미치는 영향 – 정철근, 김기석, 강경원(제일제당)
	글로벌 소비자 문화와 글로벌브랜드 포지셔닝 광고전략: TV 광고를 중심으로 – 이철(서강대학교)
	신제품에 있어 비교가격광고의 효과에 관한 소고 – 서찬주(숙명여자대학교)
	사례분석: 또 한 번의 익사이팅, 이제 컬러로 쓴다-애니콜 – 손태원(제일기획)
	공격적 마케팅과 방어적 마케팅의 틀: 광고관점에서의 정리 – 박상준(국민대학교)
	Preattentive 상태에서의 배너광고 노출효과 분석: 웹 사이트와 배너광고의 복잡성을 중심으로-이두희, 윤희숙, 김재숙(고려대학교)
	공익광고 메시지의 귀인효과에 관한 실증연구: 메시지 프레이밍 중개요인들을 중심으로 – 부경희(한림대학교)
	국내 웹 사이트의 만족도 구성요인에 관한 연구: 포털, 신문사, 커뮤니케이션 사이트의 비교를 중심으로 – 이시훈(계명대학교)
	노년층 광고모델에 대한 광고 실무자들의 지각 – 김미애(고신대학교)
	사례분석: 일관성의 힘-삼성전자 '또 하나의 가족' 캠페인 – 박중길(제일기획)
	사례분석: You First, 현대증권 '육아일기'-고영환(금강기획)
	웹 사이트 사용량의 측정을 위한 지수에 관한 연구 – 이석기(인제대학교)
	신문광고의 매체가치 및 상대적 효과 연구 – 강미선(한국언론재단)
	광고로서의 인터넷 웹 사이트의 평가에 대한 개념적 고찰-홍종필(이화여자대학교)
	사례분석: 엘지전자 '디오스'-구본진(엘지애드)
	방송광고 제도개선에 관한 연구: 방송광고총량규제에 대한 인식조사를 중심으로-서범석(세명대학교), 양병화(중앙대학교)
	사례분석: 온 세상을 유쾌, 상쾌, 통쾌하게-메가패스 성공신화 – 민병훈(제일기획)
2002. 3. 29.	타워호텔 렉스룸
춘계 광고학 세미나	기사식 광고의 설득효과와 기만적 기능성에 관한 연구 – 김봉현(동국대학교)
	광고표현 요소가 소비자 반응에 미치는 영향 – 김정현(금강기획)
	광고의사결정지원시스템 구축에 관한 연구 – 한상만(성균관대학교), 이해선(태평양), 박종석(천안대학교)

	신문광고 지면 개선 방안: 변형광고를 중심으로-강미선(선문대학교)
2002. 10. 12.	한양대학교 한양종합기술연구원
연차 학술대회	신체 자존감에 영향을 미치는 신체 이미지 차원의 한미 비교-박은아(고려대학교)
	상표에 대한 모자이크 처리가 상표기억에 미치는 영향-유승엽(남서울대학교)
	광고 속의 광고, PPL의 응용-김재휘(중앙대학교)
	인터넷 광고의 회피 가능성과 광고효과-김지호, 김용한(중앙대학교)
	창의적 광고의 심리학적 메커니즘-성영신, 이일호, 허연주, 이지량(고려대학교)
	광고의 시각적 은유에 대한 실험연구-최윤식(광주대학교)
	기호학, 마케팅, 커뮤니케이션: 시장에서의 의미 생성을 연구하기 위한 패러다임-김성도(고려대학교)
	A linguistic Approach to Brand Naming in Korea-노전표(연세대학교)
	브랜드 커뮤니티 활동, 왜 하는가?-성영신, 임성호, 김태형(고려대학교)
	광고 유형과 오디언스 특성이 공익광고의 효과에 미치는 영향-박유식, 경종수(충북대학교)
	제품 특성에 따른 원산지 효과-황병일, 김범종(서원대학교)
	웹 사이트에서 상호작용성이 소비자의 웹 사이트 관여도와 태도, 웹 사이트 재방문 의도 등에 미치는 영향-최영균(동국대학교)
	임페리얼의 Brand Rejuvenation을 통한 시장지위 확고화 사례-강규철(금강기획)
	행정 홍보의 개선방향에 관한 연구-김민기(숭실대학교)
	금연 메시지의 강도와 지향성이 커뮤니케이션 효과에 미치는 영향-김재영(남서울대학교), 박희랑(전북대학교)
	자이리톨 성공 사례 분석-조원장(다니스코 클로)
	사회적 정책의 변화가 광고내용에 미치는 영향: 텔레비전 광고 속이 여성성과 남성성-정기현(한신대학교)
	한국 디지털 TV 방송에서의 인터렉티브 광고효과에 영향을 미치는 요인에 관한 연구-안종배(호서대학교)
	한국과 중국 대학생의 소비가치 비교연구-김병희(서원대학교), 신운철(중국연변대학교), 한상필(한양대학교)

연차 학술대회	구한말 세창양행 광고의 경제, 문화사적 의미-김봉철(한국방송광고공사)
	주창광고의 기업 PR 효과에 대한 연구-강승구(한국방송대학교)
	기업의 인터넷 PR 활용에 관한 연구: 조직구조이론을 중심으로-박진서(한국방송광고공사)
	스포츠 이벤트와 TV 중계방송과의 관계-김종(수원대학교)
	광고총량제와 중간광고 도입방안에 관한 연구-김상훈(인하대학교), 박현수(단국대학교)
	사례연구: KB 론칭 광고 경쟁 PT 사례연구-문호상(금강기획)
2003. 10. 18.	고려대학교 경영대학 LG-Posco 경영관
연차 학술대회	광고에서 실용론적 암시와 영향-양윤(이화여자대학교)
	다수의 의견에 노출되었을 때 광고태도 형성에 대한 문화적 지향성의 영향-이성수(인포리서치)
	모델의 매력도의 시선처리에 따른 소비자 반응연구-성영신, 정건지, 장영(고려대학교)
	스포츠스타 광고모델 활용전략에 관한 연구: 박세리와 박지은 비교-유승엽(남서울대학교)
	인터넷 광고의 효과과정 연구: 광고 관여 감정의 조절효과를 중심으로-김지호(세명대학교), 김재휘, 안정태(중앙대학교)
	시각적 공명의 광고효과에 관한 연구: 인지적 자원과 제품유용의 조절작용을 중심으로-이현정, 류강석, 이두희(고려대학교)
	EQUITYMAP II를 이용한 체계적인 브랜드 자산 측정: 애니콜 사례를 중심으로-박찬수(고려대학교)
	브랜딩 기호학의 이론적 배경 및 사례분석-김성도(고려대학교), 조성택(주Semiosis)
	복합감각적 3차원 환경에서 가상 경험이 광고효과에 미치는 영향-최영균(동국대학교)
	혼합모델과 분석적 계층과정에 의한 공영장 시장세분화에 관한 연구-김소영(한국문화정책연구원), 곽명식(진주대학교), 김용준(성균관대학교)
	인공지능 자동분류체계 검색엔진 개발기획 및 사용자 만족도 조사-이정훈, 유창조(동국대학교)

연차 학술대회	주5일 근무제 실시에 따른 직장인 매체 접촉 동선의 변화에 관한 연구-이경렬(한양대학교)
	종합광고대행사에서 미디어 에이전시로 국내시장의 새로운 경향-조선국(PDS Media)
	온라인 미디어의 현황과 활용 사례-변현우(오리콤)
	인구통계학적 특성과 광고주 구분에 따른 신문광고 노출효과-박현수(단국대학교)
	인터넷 광고효과 측정 솔루션-박수진(리얼미디어코리아)
	광고 표현에서 문자 자막이 소비자에게 미치는 효과연구-정기현(한신대학교)
	지방대학의 입시광고 차별화 전략에 관한 연구: 설득전략의 문제점 분석과 개선방안을 중심으로-이두원(청주대학교)
	기업의 사회적 책임활동의 효과에 관한 연구: 유한킴벌리의 우리 강산 푸르게 푸르게 캠페인 20년 활동 사례를 중심으로-신강균(한세대학교)
	한국 승용차 인터넷 광고 문구에서의 유대 강화전략 사용-정연권(단국대학교)
	상호작용성, 생동감, 동기화와 현실감의 관계에 관한 실증적 연구-홍석민(한림대학교)
	디지털방송시대 도래에 따른 광고의 변화와 광고회사 대응 방안 연구-안종배(호서대학교)
	TV 광고의 메시지 전략에 대한 연구-이귀옥, 남경태(세종대학교), 황장선(중앙대학교)
	바람직한 광고대행사 CD상과 성격 유형에 관한 연구-김광식(인하대학교)
	광고 창의성 차원에 따른 광고효과 차이-황병인, 김병희(서원대학교)
	웹페이지 바탕화면을 이용한 새로운 인터넷 광고기법의 개발-이혜원(동의대학교)
	기호학적 접근을 통한 광고 디자인 이미지 분석에 관한 연구-박영원(홍익대학교)
	롯데 캐슬 광고 사례-강석원(대홍기획)
	퍼포먼스에서 텍스트, 공연과 관객 간 상호 커뮤니케이션에 관한 연구-전시교(홍익대학교)
	서유럽 5개 방송광고 판매제도 연구: 방송공익성 관련 규제 방식 변화를 중심으로-신태섭(동의대학교), 박창희(숭실대학교)
	P 세대 마케팅 해부학 보고서-김익태(제일기획)

연차 학술대회	인터넷 광고 표준화 동향-김태윤(한국인터넷마케팅협회)
	한국 광고산업의 국제화 방안: 거래제도를 중심으로-김상훈(인하대학교)
	어카운트 플래닝의 운영에 관한 연구-김민기(숭실대학교)
2004. 3. 26.	타워호텔 렉스룸
춘계 광고학 세미나	광고소비자 광고 인식에 대한 유형분석에 관한 연구-정성호(동아방송예술대학교)
	미키마우스, 쥐인가?, 사람인가?: 캐릭터에 대한 소비자 심리-성영신, 이일호, 정용기(고려대학교)
	상표 성격과 광고 모델 이미지 간의 일치성이 광고 및 상표 선호도에 미치는 영향-양윤(이화여자대학교)
	N세대 소비문화에 대한 문화기술적 연구-이수범(인천대학교)
2005. 11. 12.	고려대학교 LG-POSCO 경영관
연차 학술대회	디지털 인터렉티브 TV 광고와 일반 광고가 시청자의 인지반응에 미치는 영향에 관한 연구-서상희(단국대학교), 윤각(서강대학교)
	행복추구적 물질주의와 음악 장르가 소비자 반응에 미치는 영향 모델 탐색-박희랑(성균관대학교), 김재영(남서울대학교)
	수용자의 가치체계와 관여도에 따른 광고 해석에 관한 연구-김해성(단국대학교)
	대학생 소비자의 라이프스타일 유형과 미디어 이용 및 구매행동-신명희(경희대학교), 안구아(동신대학교)
	담배회사의 기업광고가 기업태도와 흡연의 인지적 반응에 미치는 영향-조형오(동국대학교)
	온라인 광고상의 제품평가에 있어서 상황적 촉발효과의 검증: 제품관여와 중재효과를 중심으로-이정교(경희대학교)
	광고를 활용한 미디어교육-이희복(상지대학교)
	라디오 광고 커뮤니케이션 전략에 대한 연구-이상훈(영산대학교), 최일도(한국외국어대학교)
	우리나라 제조기업 해외시장공략을 위한 수직적 공동 광고의 현황 및 실무자 인식조사-탁진희, 송정미(홍익대학교)
	아이트래커를 활용한 인터넷 광고효과 연구-김지호(중앙대학교)

연차 학술대회	경쟁/비경쟁 광고 상황에서 제품의 평가에 미치는 사전지식 효과연구: 개별속성 정보처리 대 관계적 정보처리 모형을 중심으로-이병관(광운대학교)
	사회비교에 영향을 미치는 조절변인 및 사회비교 결과에 관한 연구-정진애(서강대학교)
	소비자, 광고 및 자기조절모형-남승규(대전대학교)
	CM 속 광고의 효과에 영향을 미치는 요인-유승엽(남서울대학교)
	브랜드에 정이 드는 정도에 영향을 끼치는 소비성향 탐색: 자아일치성의 매개효과를 중심으로-한승수(성균관대학교)
	광고 몰입도와 광고 반복에 따른 기억효과: 상호친숙도의 조절역할을 중심으로-박은아(한국방송광고공사)
	시골 초가집에서 파리 에펠탑까지: 한국적 VS 서구적 비주얼의 효과비교-성영신, 정수정, 김미나(고려대학교)
	광고의 직접적 표현과 암시적 표현이 광고효과에 미치는 영향: 정보처리 간 브랜드 명성의 조절효과-유창조, 이상현, 추민성(동국대학교)
	텔레비전 방송의 프로그램 중간광고효과에 관한 탐색적 연구-이재록(청주대학교)
	유추적 설득근거가 광고효과에 미치는 영향에 관한 연구-권익현(동국대학교)
	A casual model of personality, biodata and customer relationships on sales performance-양병화(경주대학교)
	모 브랜드 태도 수준이 소비자의 브랜드 확장 평가에 미치는 영향-여준상(LG경제연구원)
	CEO 브랜딩과 미디어-미국의 사례-박동진(한림대학교)
	소유 자동차 모델에 대한 자아 일치성과 기능적 일치성이 소비자의 기업 브랜드 충성도에 끼치는 영향-이형탁, 성혜진(연세대학교)
	이동통신 서비스 고객의 서비스 충성도 제고를 위한 편익 및 결속관리 전략-이완수, 허원무(연세대학교)
	수용자 반응을 위한 광고영화의 코드 풀기-이현우(동의대학교)
	아이디어 분석 틀을 활용한 광고 사례 분석-이화자(호남대학교)
	카피라이팅 과정 및 통제요인에 대한 참여관찰 연구-김동규(동명정보대학)
	애니콜 광고 캠페인 사례분석-오혜원(제일기획)
	불황기의 광고표현 전략-양웅(금강기획)

연차 학술대회	SK 텔레콤 현대생활백서-김성철(TBWA)
	DMB 광고 크리에이티브 유형과 효과연구-안종배(한세대학교)
	TV 커머셜 사운드의 음악 장르와 음악 형태(요소별, 형식별, 목적별)에 대한 내용분석-최은하, 리대룡(중앙대학교)
	신문광고 요금구조에 대한 이론적 탐색-강미선(선문대학교)
	TV의 스플릿 및 반복 광고효과에 대한 연구-박현수, 박혜원(단국대학교)
	상호작용적 미디어와 수동적 미디어에 따른 소비자의 정보에 대한 반응-김철호(경희대학교)
	표시, 광고법의 기만적 광고에 대한 소비자 유형별 인식비교-정성호(동서대학교)
	한국 광고저널에 나타난 학자들 간의 사회연결망 분석: 유유상종을 중심으로-홍석민, 윤태일(한림대학교)
	DMB 광고에 대한 소비자 수용성 및 광고주 태도에 관한 연구-김상훈(인하대학교)
	광고 단가와 TV 프로그램 시청률에 대한 실증적 연구-김희진(연세대학교)
	케이블 TV 프로그램 시청률과 광고 위치에 따른 광고 시청률의 상관관계 연구-김영(서울영상광고기획)
	인터넷 PR을 위한 CONs-박기철(경성대학교)
	미국 주요 기업의 인터넷 PR 전략의 이슈-박동진(한림대학교)
	다국적 기업 관점에서 국제 PR의 영역과 의의: PR 실무자의 역할을 중심으로-성민정(중앙대학교)
	기업 커뮤니케이션의 효율화를 위한 그 기능과 효과와의 관련성에 대한 연구-오여경(국민대학교)
	효과적 출산장려 정책 PR: 문제인식과 효능감을 중심으로-박현순, 임지영(성균관대학교)
	갈등 상황에 있는 두 조직 간의 쟁점관리 효과에 관한 연구-이철한(동국대학교)
	Q방법론을 활용한 공익 메시지에 관한 연구-노범석(메타컴), 이수범(인천대학교), 이경렬(한양대학교)

3. 마치며

1999년부터 2009년까지 광고계는 빠르게 변화하며 움직이고 있었다. 이러한 변화의 중심에 한국광고학회는 역할과 소임을 다하면서 꾸준히 성장하고 있었다. 일본과 중국, 그리고 미국의 광고학회들과 함께 어깨를 나란히 하며 위상을 높여 가고 있었으며, 광고산업의 중심에 학계의 목소리를 충분히 전달하기 위한 많은 노력을 기울이면서 발전하고 있었다. 많은 어려움과 힘들었던 상황들은 시간이 지나면서 좋은 성과로 나타나게 되고, 학회의 회원들이 가지게 되는 자부심이 학회를 단단하게 만들어가는 밑거름이 되었으리라 생각한다. 학회가 다른 기관이나 단체들과 함께 성장하고 광고계를 이끌어 나가는 데 중심축이 되기 위해 학회장을 중심으로 많은 사람들이 힘을 모아 노력하였던 결과가 성장의 동력이 되었으리라 생각한다. 변화무쌍한 광고계의 중심에 광고학회는 역할과 소임을 다하고 있었던 것은 아닌지 생각해 본다.

한국 광고계를 이끌어 가는 많은 사람들이 광고산업의 발전을 위해 그리고 진흥을 위해 지금도 많은 노력을 기울이고 있으며, 그로 인해 우리나라 광고산업은 발전해 갈 것이라 믿는다. 하지만 빠르게 변화에 대응하고 대비하지 않으면 어려움을 겪게 될 것이라는 것도 느끼게 되었다. 모두가 힘을 모아 광고산업의 발전을 위해 노력하고 학계와 업계가 힘을 모아 광고진흥을 위한 방안을 모색해야 할 것이며, 향후 다가올 미래의 광고산업에 대비하여 보다 나은 광고계를 위해 모두가 힘써 노력해야 할 것이다.

한국광고학회 성장기 10년의 회장단(1999~2010년)은 〈표 6-2〉와 같다. ■

표 6-2 한국광고학회 성장기 10년(1999~2010년)의 회장단

	활동시기	이름	소속
6대	1999년 4월~2001년 3월	권명광	홍익대학교 시각디자인
7대	2001년 4월~2003년 3월	조병량	한양대학교 광고홍보
8대	2003년 4월~2004년 3월	홍재욱	인천대학교 경영학
9대	2004년 4월~2005년 3월	서범석	세명대학교 광고홍보
10대	2005년 4월~2006년 3월	이두희	고려대학교 경영학
11대	2006년 4월~2007년 3월	정걸진	경북대학교 신문방송
12대	2007년 4월~2008년 3월	유창조	동국대학교 경영학
13대	2008년 4월~2009년 3월	김유경	한국외국어대학교 언론정보
14대	2009년 4월~2010년 3월	안광호	인하대학교 경영학

제7장

한국광고학회 도약기(2010~2019) 10년의 활동

차영란(수원대학교 미디어커뮤니케이션학과 교수)

1. 들어가며
2. 발표 논문 편수와 세션 수 분석
3. 정기학술대회 발표 논문 제목 분석
4. 학술지 논문 수와 피인용 수 분석
5. 발표자 수 분석
6. 개최일과 개최지 분석
7. 한국광고학회 제24대 활동 내용
8. 마치며

◈◇◈

한국광고학회의 초창기와 성장기를 거쳐 **도약기**에 도달하기까지 학회는 광고학자와 광고 실무 전문가들의 유대와 공동연구를 통해 우리나라 광고 발전에 이바지하고 있다. 많은 변화를 이루고 있는 도약기 10년(2010~2019년)의 활동을 매년 진행되고 있는 정기학술대회의 ① 논문 편수와 세션 수, ② 발표 논문 제목의 의미연결망 분석과 각 시기별, 즉 제1시기(2010~2013년)/제2시기(2014~2016년)/제3시기(2017~2019년)의 대표적 특징, ③ 발표자 수, ④ 개최일, 개최지의 분석으로 학회의 도약기인 10년을 학술대회의 프로그램을 살펴봄으로써 학회의 발자취를 되돌아보고자 한다.

1. 들어가며

한국광고학회는 광고의 이론과 실무에 관련된 연구와 회보, 회지, 연구 서적 간행, 광고도서, 정보자료 정비, 연구발표, 국내외 다른 학회와의 제휴, 회원을 위한 봉사 사업 등 학회의 목적 달성을 위해 다양한 활동을 해 왔다. 2000년대 이후에는 연간 2회 정기학술대회의 개최, 연간 4~5차례의 산학협력 특별세미나 개최, 학회지와 소식지를 발간하여 정보공유 활동에 힘쓰고 있다. [그림 7-1]에 있는 등재 학회지인 『광고학연구』는 발간이 2011년부터 연간 8회로 증대되었으며, 현재 제30권 5호까지 발간되었다.

광고학 분야의 새로운 변화와 정보를 빠르게 전달하고 있는 『광고학연구』는 광고

제21권 3호 (2010.06) | 제22권 1호 (2011.01) | 제23권 1호 (2012.01) | 제24권 1호 (2013.01)

[그림 7-1] 연도별 한국광고학회 등재 학회지(『광고학연구』)

[그림 7-2] 『광고학연구』의 특징

학 분야 중 국내 유일의 연간 8회 발간되는 학술지이며, 2013년에 학술진흥정책자문위(교육과학기술부 자문기구)가 조사한 결과에 따르면 국내 5,634개 학술지 중 상위 57위를 차지하였고 국내 등재지 중 광고, 홍보, 언론, 마케팅 등 관련 분야에서 상위 1%의 학술지로 선정되었다.

또한, [그림 7-3]에 있는 영문학회지 『JAPR (The Journal of Advertising and Promotion Research)』는 2012년 3월에 연간 2회 발간되었고, 2015년 9월까지 제4권 2호까지 발간되었다. 『JAPR』은 학회의 위상과 국내외 저명한 마케팅, PR, 광고학자들의 논문으로 기존 마케팅 커뮤니케이션에 관한 새로운 아이디어를 토론할 수 있는 포럼을 제공하였다.

[그림 7-3] 영문학회지 『JAPR』 표지

아울러 2003년 창간되고 2009년 12월에 학술진흥재단의 등재학술지로 선정된 SBS의 미디어 전문학술지 『미디어 경제와 문화』를 2018년 8월부터 대행으로 발간하여 미디어 산업의 현실과 쟁점에 관한 토론의 장을 마련하여 미디어와 광고산업 발전에 힘쓰고 있다.

더욱이 2012년부터는 광고회사 제일기획이 한국광고학회에 의뢰해 해마다 '제일기획학술상'을 시상해 오고 있다. 한국광고학회는 제일기획학술상 심사위원회를 구성하고 『광고학연구』 편집위원장이 심사위원장이 되어, 그해에 『광고학연구』에 발표된 논문과 광고 관련 저서를 대상으로 엄정한 심사를 거쳐 논문 부문과 저술 부문이라는 2개 영역으로 나누어 시상한다. 2012년부터 2019년까지의 수상 목록은 〈표 7-1〉과 같다.

표 7-1 제일기획 학술상 수상 목록

회차	부문	수상자	수상작
제1회 (2012)	논문	이병관	소비자의 정신적 조작과 시간적 거리감이 비교 광고에서 제품태도와 행동의도에 미치는 효과연구(22권 2호)
		박재진	제품이 정말 좋아서일까? 모델료 때문일까? 광고모델이 제품에 대해 가지는 실제태도를 유추하는 데 있어 소비자들이 가지는 기본적 귀인오류 현상검증(22권 4호)
	저술	김병희	창의성을 키우는 통섭 광고학(전 5권)
제2회 (2013)	논문	안광호, 이지현, 김민성	브랜드-고객 관계형성 과정에서 제품의 유형성과 고객유형의 조절효과에 대한 연구(23권 2호)
		김봉철, 박종렬, 김하나	인터넷 광고매체로서의 웹 포털 사이트 선정 평가모형 구축 및 적용: 계층분석과정(AHP)의 활용(23권 6호)
	저술 부분	이경렬, 이수범, 강형구, 이희복, 변상규	스마트 시대의 광고 미디어
		곽준식	브랜드, 행동경제학을 만나다
제3회 (2014)	논문	서범석	광고인 윤동현에 대한 연구(24권 2호)
		김재휘, 박태희	올인원 포지셔닝 제품에 대한 커뮤니케이션 전략: 자기조절 모드와 속성제시 방식을 중심으로(24권 4호)
	저술	전우영	나를 움직이는 무의식 프라이밍
제4회 (2015)	논문	김재휘, 김은지	예방행동 분야에서 비용 수준이 주관적 위험 지각에 미치는 효과: 시행 주체의 공공성 지각과 메시지 유형을 중심으로(25권 2호)
	저술		수상작 없음
제5회 (2016)	논문	김민철, 이경렬	시간적 거리와 행동정체성 수준에 따른 광고메시지 유형별 효과에 관한 연구: 공인영어시험 광고를 중심으로(26권 8호)
	저술		수상작 없음
제6회 (2017)	논문	이희준, 조창환	매체 속성 평가에 따른 매체가치 비교 연구: 매체광고 영향력 지수 개발을 중심으로(27권 3호)
	저술		수상작 없음
제7회 (2018)	논문	최보람, 김유경, 강소영	공공브랜드의 공동선 구현 특성 척도개발에 관한 연구(28권 5호)
	저술		수상작 없음
제8회 (2019)	논문	서희정, 김류원, 정세훈	온라인 동영상 광고의 강제노출이 광고태도에 미치는 영향: 맥락 일치성에 따른 심리적 반발의 조절된 매개효과(29권 4호)
	저술		수상작 없음

[그림 7-4] 2019년 제17권 2호 미디어 전문학술지 『미디어 경제와 문화』 표지

또한, [그림 7-5]의 소식지는 『KAS News』를 통해 발간되었으며 2014년 6월부터 봄, 여름, 겨울 호로 나누어 뉴스 레터로 발간되고 있다. 여기에는 학회 회원들의 소

[그림 7-5] 2019년 여름호(21호) 한국광고학회 소식지(『KAS NEWS LETTER』)

식, 각 학교의 소식, 연구소 모임 소식 등 소식지(『KAS News』)를 통해 학회의 활동을 공유하고 있다.

학회의 정회원은 30주년을 기준으로 1,150여 명의 회원이 활동 중이며 연간 20여 개 기업 및 기관과 산학협력 관계를 유지하고 있다. 또한 올해의 광고상, 올해의 브랜드상, 제일기획 학술상, 신진학자 우수논문상 등의 시상으로 광고학자와 실무진들에게 연구 활동 지원을 통해 광고산업 발전에 힘쓰고 있다. 이에 따라 2019년에 한국광고학회 창립 30주년을 맞은 학회의 지난 30년 중에서 오늘날과 가까운 최근 10년간의 발자취를 정기학술대회를 통해 분석하고자 한다. 정기학술대회는 연 2회로 춘계, 추계로 나누어 개최되고 있으며 광고 커뮤니케이션, 홍보, 마케팅, 소비자/심리, 크리에이티브 등 기본 정통 세션과 정기학술대회 내의 특별 세션뿐 아니라 따로 특별세미나도 개최하여 광고학 발전을 위한 연구과제에 대한 논의에 힘쓰고 있다.

2. 발표 논문 편수와 세션 수 분석

2010년부터 2019년까지 개최된 총 19회의 학술대회에서 발표된 논문의 수는 총 855편이며 한국학술지인용색인(KCI) 연구동향에 따르면 최근 10년간 학술지 『광고학연구』에 실린 논문은 총 661편, 피인용 수는 총 4,505회로 산출되었다.

상당한 피인용 수는 한국광고학회 논문이 광고학연구에 많은 영향을 주고 있다는 사실을 알 수 있게 하였다. 정기학술대회 발표 논문은 평균 1년간 90편의 논문이 발표되었으며, 논문 발표 수는 일정한 편이나 2010년 추계 정기학술대회에서 12편이 증가하였고 큰 차이 없이 일정하게 발표가 이루어지다가 2016년 춘계 정기학술대회에서 23편이 감소하였지만, 다음 학술대회에서 증가하였고 다시 일정하게 유지되고 있다. 총 19회의 대회당 평균 45편의 논문 발표가 일정하게 발표되었다([그림 7-6], [그림 7-7] 참조).

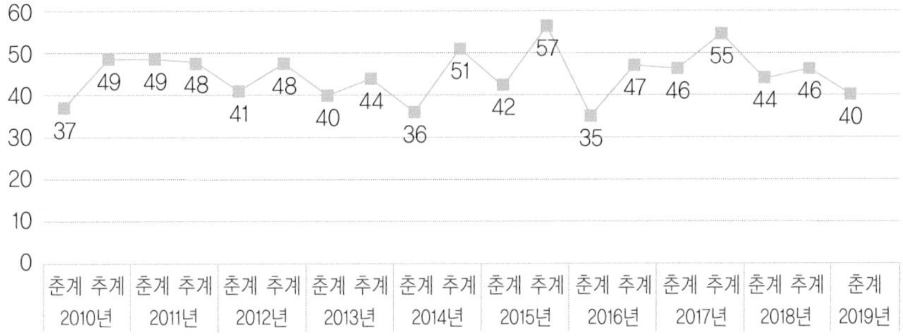

[그림 7-6] 2010~2019년의 논문 발표 수 현황

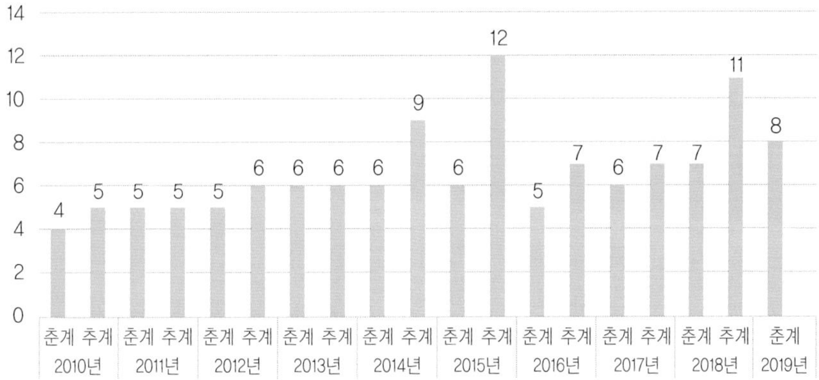

[그림 7-7] 2010~2019년의 춘계/추계 정기학술대회 세션 수 현황

3. 정기학술대회 발표 논문 제목 분석

본 조사는 「한국광고학회 도약기 10년(2010~2019년)의 학회 논문의 변화」를 도출하기 위한 연구과제의 일환으로 시행되었다. 한국광고학회 창립 30주년을 맞아 오

늘날과 가까운 최근 10년간의 발자취를 돌아보기 위해 정기학술대회에서 발표된 논문의 제목을 분석하고자 한다. 조사는 각 연도별 학술대회의 특징을 구분하기 쉽도록 제1시기: 2010~2013, 제2시기: 2014~2016, 제3시기: 2017~2019년으로 3개의 부분으로 나누었으며, 총 797개의 논문을 활용하여 분석하였다.

텍스트 분석은 R프로그램을 활용하였으며, 분석결과는 워드 클라우드, 비교 분석, 상관관계, 네트워크 분석 등을 통하여 살펴보도록 하겠다. 또한, 분석에 앞서서 분석결과에 큰 영향을 끼치지만, 결과 해석에 무의미한 영향을 끼치는 단어들을 전처리하였다. 광고, 연구, 효과, 영향, 브랜드, 소비자, 중심, 태도, 고찰, 연구, 영향, 광고, 방안, 인식, 활용, 의도, 분석, 방법, 관련, 유형, 요인, 특성, 현황, 비교, 사례, 환경과 같은 일상적인 용어들을 불용어 처리하였다. 또한, 중복되거나 혹은 누락 우려가 있는 단어들을 동의어 처리(예: CSR → 기업의 사회적 책임)를 하여 보완하였다.

1) 제1시기(2010~2013년)

(1) 워드 클라우드(word cloud) 및 Q그래프 분석

제1시기(2010~2013년)의 발표된 논문 총 298개의 제목을 다음의 워드 클라우드와 Q그래프로 분석하였다. 단어빈도를 보면 제품(36), 메시지(33), 기업(27), 전략(27), 구매(23) 등의 순으로 나타났다([그림 7-8] 참조).

(2) 정기학술대회 제1시기의 특징 및 활동

먼저, 2010년 춘계 광고학술세미나는 정기총회와 함께 진행되었고 올해의 광고상과 우수논문상 시상식도 진행되었으며, 이어 신진학자 우수논문상이 제정되었다. 총 4개의 세션별로 발표되었으며, 53편이었던 2009년 추계 학술대회보다 16편이나 낮은 논문 수인 37편이 발표되었다. 이후 3번의 특별세미나와 하계 특별세미나를 통해 부족했던 광고주제에 대한 논의는 계속 이어졌다. 그리고 2010년 추계 연차 학

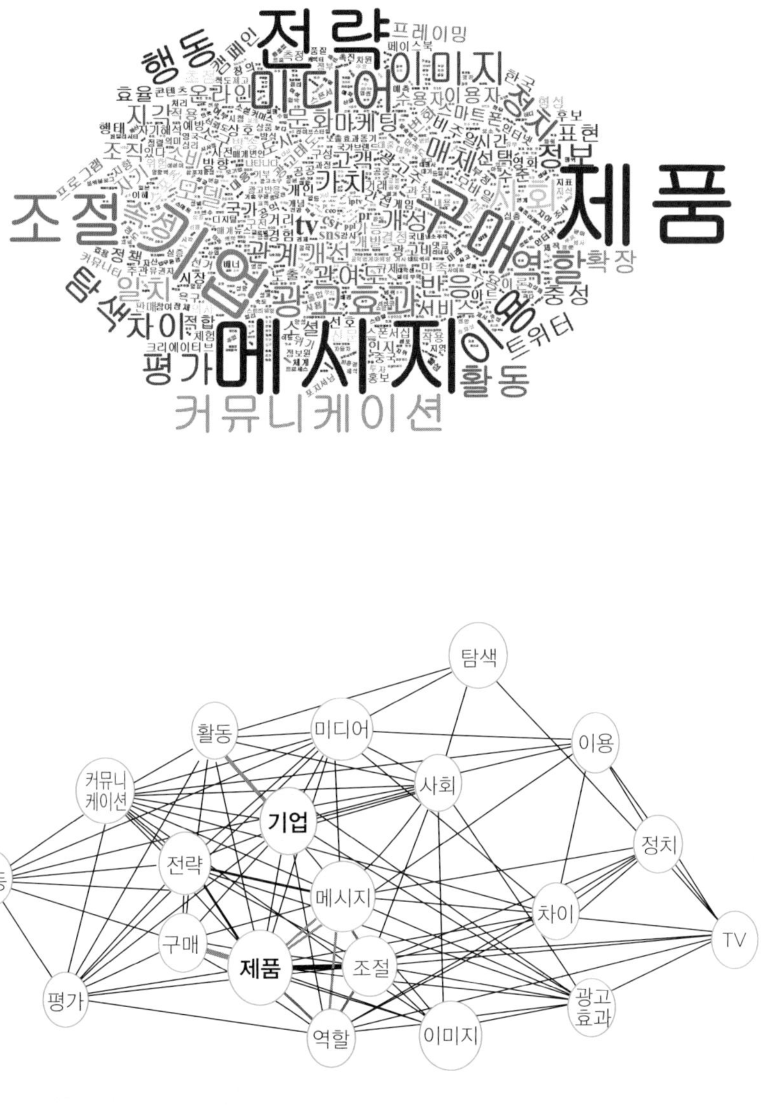

[그림 7-8] 제1시기 워드 클라우드 및 Q그래프

술대회에서는 광고 커뮤니케이션. 소비자/심리, 리서치/매체, 광고사/제도/정책, PR, 마케팅/브랜드로 6개의 기본 세션과 신문광고 산업의 현황과 과제라는 특별 세션을 통해 특정 주제에 대한 논의의 시간을 가졌다. 또한, 12월 7일에 Yahoo, 사이버커뮤니케이션학회, 삼성전자와 공동으로 주관한 ICE(Internet Communications & Engagement)가 개최되었으며, 학계뿐만 아니라 업계와의 SNS의 활용성과 그 효과에 관한 연구결과를 공유하는 시간으로 첫 포럼을 성공적으로 마쳤다.

2011년 춘계 광고학술세미나에서는 49편의 논문 발표와 올해의 광고상과 우수논문상 시상식도 함께 진행되었으며, 광고 커뮤니케이션, 심리/마케팅. 리서치/매체, PR, 브랜드/디자인/크리에이티브 5개의 세션으로 진행되었으며 심리/마케팅 분과에서 다른 분과보다 1편의 논문이 추가로 발표되었고, 2010년에 이어 올해의 광고상과 올해의 우수논문상 시상식이 전 논문 발표 후 진행되었다. 정기 추계 학술대회에 앞서 2011년 6월에 중국 북경 대학에서 열린 '한중 광고 국제학술 심포지엄'을 통해 양국 간 국제광고와 문화에 대한 공감대를 교류하며 광고산업 발전에 대한 기반을 다지는 시간을 가졌다. 또한, 추계 연차 학술대회에서도 5개의 세션과 더불어 캘리포니아 주립대학교 주근희 교수의 특별 강연으로 인터넷 광고 및 마케팅 분야 등 학회 발전을 위한 여러 담론이 이루어졌다. 그리고 중국광고학회의 국제세미나에 이

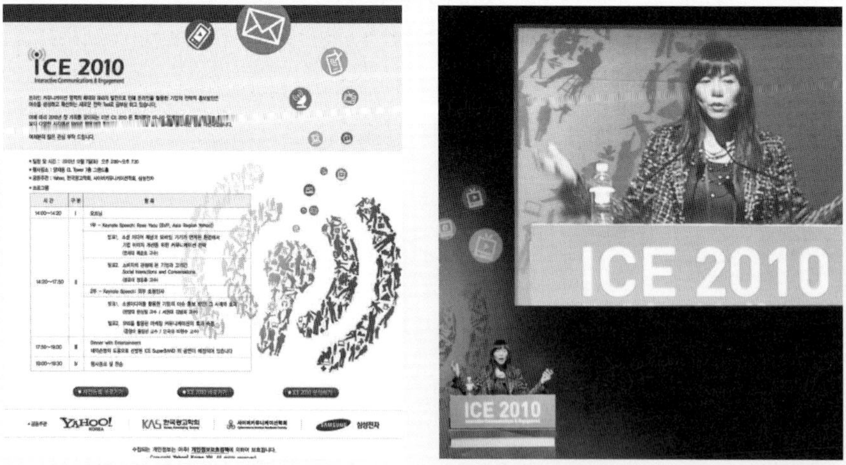

[그림 7-9] 2010 ICE(Internet Communications & Engagement) 공동 개최

[그림 7-10] 2011 ICE(Internet Communications & Engagement) 공동 개최(중국, 베이징)

어 한미 국제세미나와 영문저널 발간을 앞둔 논의도 이루어졌다.

이어 2012년 2월에 한국광고학회와 미국 캘리포니아 주립대학교(Maxwell Center for International Communications and Media at California State university)가 공동으로 주최한 한미콘퍼런스(IAMICC) 프로그램은 양국에서 약 100명의 교수와 회원들이 참석해서 양국의 광고시장, 소셜, 브랜드 등을 주제에 관한 토론을 벌인 끝에 성황리에 막을 내렸다.

2012년 춘계 광고학술세미나는 광고, 마케팅, 심리, 디자인 홍보 분야와 신진학자 우수논문상을 통해 학술 발표와 학회의 발전에 힘을 기울였다. 특히, 2012년 추계 연차 학술대회에서는 가수 싸이의 강남스타일을 화제로 한 · 중 · 일 국제심포지엄이 개최되었으며, 한류가 아시아 각국의 광고산업에 미친 영향이라는 주제로 광고와 문화 콘텐츠, 국가 브랜드의 의미와 전략적 활용 등을 토론하는 시간을 가졌다. 그리고 저술 및 연구 활동을 통해 학회 발전에 기여한 회원들의 공로를 기리고자 광고회사 제일기획의 후원을 바탕으로 제정된 제1회 제일기획 학술상 시상도 진행되었다.

2013년 춘계 학술대회는 '디지털 미디어 시대, 소비자와 소통 수단의 광고 역할'이라는 주제로 빠르게 변화하는 시장에 대처하는 광고에 대해 논의하였으며, 특별세미나는 주제에 맞게 모바일 광고에 대한 발제 및 토론과 모바일 광고의 핵심 이슈 진단과 활성화를 위한 제언의 종합토론이 진행되었다. 또한, 태국에서 개최된 하계 특별

[그림 7-11] 2012 한미콘퍼런스(IAMICC) 개최(미국, LA)

세미나인 2013 KAS/JCTU/IIRF Asia Media Forum은 '공존과 협력-아시아 지역 광고산업의 현황과 전망'이라는 주제로 미디어 및 광고산업에 관한 아시아 국가 간의 교류와 협력에 관해 이야기하는 시간을 가졌다. 그리고 2013년 추계 연차 학술대회에서는 광고/크리에이티브, 소비자/심리, 마케팅/브랜드, PR/매체, 디자인/크리에이티브 6개의 분야에서 44개의 논문이 발표되었으며, 특히 PPL의 현황과 전략적 활용사례에 대한 특별세미나도 개최되었다. 또한, 제2회 제일기획 학술상 및 올해의 브랜드상 시상식도 함께 진행되었다.

표 7-2 제1시기(2010~2013년)

개최 연도	세션	대표 논문
2010 (춘계: 총 37개)	1	「메시지 제시유형에 따른 비교광고 효과 분석: 제품 유형을 중심으로」 외 8개
	2	「인쇄 광고의 시각적 직유에 관한 연구」 외 8개
	3	「불일치 브랜드 확장에 대한 소비자의 태도: FCB Grid 모델의 제품범주 이동을 중심으로」 외 8개
	4	「브랜드 개성 원형모형에 관한 연구」 외 9개
2010 (추계: 총 49개)	광고 커뮤니케이션	「광고인의 광고 댓글 평가가 일반인의 광고 태도와 참여 의도에 미치는 영향에 관한 연구」 외 7개
	소비자/심리	「긍정적/부정적 메시지 프레이밍 효과연구: 프레이밍 타입과 조절초점의 조절역할의 관점에서」 외 7개
	리서치/매체	「창의성에 영향을 미치는 선행변수에 대한 탐색적 요인분석에 관한 연구: 개인 특성과 업무환경을 중심으로」 외 7개
	특별주제-광고사/제도/정책	「미디어 환경의 변화와 미래 예측」 외 7개
	PR	「소셜미디어를 이용한 CEO의 커뮤니케이션 유형에 관한 연구」 외 7개
	마케팅/브랜드	「CSR 관련 퍼블리시티가 기업 이미지에 미치는 영향」 외 8개
2011 (춘계: 총 49개)	광고 커뮤니케이션	「애매모호한 광고 메시지의 광고효과: 인지 욕구와 애매모호성 관용을 중심으로」 외 9개
	심리/마케팅	「스폰서십의 공식 여부 및 스폰서 신뢰도에 대한 소비자 반응」 외 9개
	리서치/매체	「인터렉티브 광고 관련 규제정책에 관한 탐색적 연구」 외 9개
	PR	「현대 PR의 맹아기: 미 군정청 민간 공보처의 조직과 활동」 외 8개
	브랜드/디자인/크리에이티브	「하이브리드 자동차 광고 소구: 친환경인가 경제성인가? 광고맥락 및 소비자 미래결과 지향성의 조절 효과를 중심으로」 외 9개

2011 (추계: 총 48개)	광고 커뮤니케이션	「디지털 이용자의 광고 댓글 유형에 관한 연구: TV CF 광고 댓글을 중심으로」 외 9개
	마케팅/브랜드 (달리)	「기업의 문화예술지원(메세나) 활동의 일치성과 보완성에 관한 연구」 외 9개
	소비자/심리	「속성 프레이밍 효과: 메시지 방향성, 조절초점, 관여도의 상호작용 관점에서」 외 8개
	PR	「위기대응 전략과 매체 유형에 따른 커뮤니케이션 효과」 외 8개
	크리에이티브/ 리서치, 매체	「광고 창의성이 광고에 대한 소비자 반응에 미치는 효과연구: 자기해석(self-construal)의 조절 효과를 중심으로」 외 9개
2012 (춘계: 총 41개)	광고 커뮤니케이션	「정보원 속성 간의 상호관계 탐색」 외 7개
	마케팅/심리	「지각된 제품의 특성에 대한 소비자의 태도와 행동적 반응」 외 7개
	브랜드/ 크리에이티브	「브랜드 개성, 모델 개성, 소비자 개성의 일치 여부가 광고 및 브랜드 태도에 미치는 영향」 외 8개
	PR	「인터넷 건강정보 이용에 대한 의사와 환자 간의 인식 차이 비교: 상호지향성 모델의 적용」 외 7개
	리서치/매체/ 뉴미디어	「종합편성채널의 등장이 광고산업에 미치는 영향 분석: 심층 면접과 설문조사를 중심으로」 외 7개
2012 (추계: 총 48개)	광고 커뮤니케이션	「부모가 보유한 광고에 대한 태도, 미디어의 소비 행태와 아이의 비만 정도(Body Mass Index)에 관한 연구」 외 8개
	소비자/심리	「민족 정체성과 광고 회의가 쟁점 광고의 효과에 미치는 영향 소수민족의 관점에서」 외 8개
	마케팅	「색의 배색 관계를 이용한 다감각적 자극이 자동차 광고효과에 미치는 영향」 외 7개
	브랜드	「사회마케팅 요소에 의한 국가 브랜드에 관한 연구: 선진국 대 비선진국 중심으로」 외 6개
	PR/매체/ 크리에이티브	「광고제작환경 개선 방안에 관한 연구: 거래 프로세스 개선 방안을 중심으로」 외 8개

2013 (춘계: 총 40개)	광고 커뮤니케이션	「모바일 광고효과의 표준 측정지표 적용에 관한 탐색적 연구: 전문가 심층 인터뷰를 중심으로」 외 7개
	소비자심리	「친환경 소비 행동의 분석 및 촉진전략」 외 8개
	브랜드/마케팅	「브랜드 위기가 브랜드 평가에 미치는 영향: 브랜드 선택을 위한 행동투자 매몰 비용과 리콜 유형을 중심으로」 외 7개
	크리에이티브	「트위터를 통한 싸이와의 의사사회 현상연구」 외 7개
	PR/매체	「기업의 CSR 커뮤니케이션에서 프로그램 유형과 매체에 따른 효과 분석 연구」 외 3개
	특별세미나 모바일 광고	「모바일 광고의 현황과 전망」 외 2개
2013 (추계: 총 44개)	마케팅/브랜드	「제품 다양성이 온라인 쇼핑몰의 만족도에 미치는 영향에 관한 연구」 외 7개
	PR/매체	「공익연계 마케팅의 수혜자 매력성과 동정심이 기업 태도와 구매 의도에 미치는 영향」 외 7개
	광고 커뮤니케이션 II / 창조성	「광고 창의성 평가에 대한 광고주, 광고제작자, 소비자 간의 상호인식 연구: 상호지향성 모델의 확장 적용」 외 7개
	특별세미나 간접광고의 현황과 과제	「간접광고의 현황과 전략적 활용 사례」 외 3개

2) 제2시기(2014~2016년)

(1) 워드 클라우드(word cloud) 및 Q그래프 분석

제2시기(2014~2016년)의 발표된 논문 총 268개의 제목을 다음의 워드 클라우드와 Q그래프로 분석하였다. 단어 빈도를 보면 메시지(23), 제품(22), 조절(22), 행동(21), 기업(20) 등의 순으로 나타나고 있다([그림 7-12] 참조).

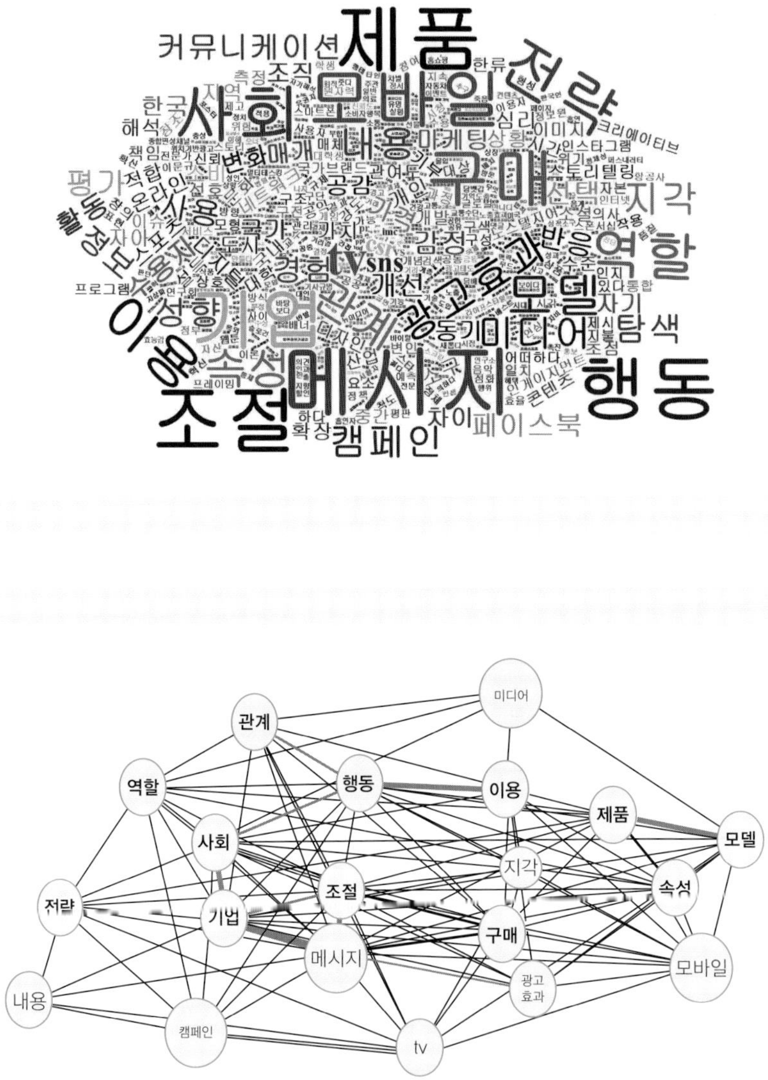

[그림 7-12] 제2시기 워드 클라우드 및 Q그래프

(2) 정기학술대회 제2시기의 특징 및 활동

2014년 춘계 광고학술세미나에서는 뉴미디어, 마케팅/심리, 커뮤니케이션, 홍보+매체, 크리에이티브/디자인의 5개의 기본 세션을 개최하였다. 아울러 제17대 회장(2012. 4.~2013. 4.)을 지낸 고 이문규 교수(연세대학교 경영학과) 추모 학술 특별 세션이 마련되어 이문규 교수의 연구세계와 저서로 본 디자인마케팅, 브랜드 계층구조 연구 등을 통해 광고학 발전에 대해 논의하는 시간을 가졌다.

춘계 학술세미나에 이어 2014년 5월에 창립 25주년을 맞아 봄철 학제 간 신학자 융합세미나를 열어 광고/홍보, 마케팅, 심리 분야의 연구주제와 학제 간 융합의 기회를 통해 새로운 지식창출의 범위와 경계를 넓히는 시간을 가졌다. 또한, 7월에는 '광고교육의 과거, 현재, 미래를 말한다'를 주제로 창립 25주년 기념 기획세미나가 개최되었다.

2014년 10월, '한국광고학회 사반세기: 어제와 오늘'의 제목으로 창립 25주년 기념행사 및 세미나가 개최되었으며, '광고학연구 25년 내용분석'이라는 주제로 학회의 지속 가능한 발전과 미래를 모색하고자 지난 25년을 정리하는 자료 전시와 함께 광고학회의 1990년 창간호부터 2014년까지 총 1,223편의 논문을 분석하며 향후 발전 방향에 대해 논의하는 시간을 가졌다.

2014년 추계 학술대회는 '통합, 영역의 벽을 허물다'라는 주제로 광고 커뮤니케이션을 비롯하여 홍보 1, 2/크리에이티브 1, 2로 나누어져 8개의 세션과 활발한 마케

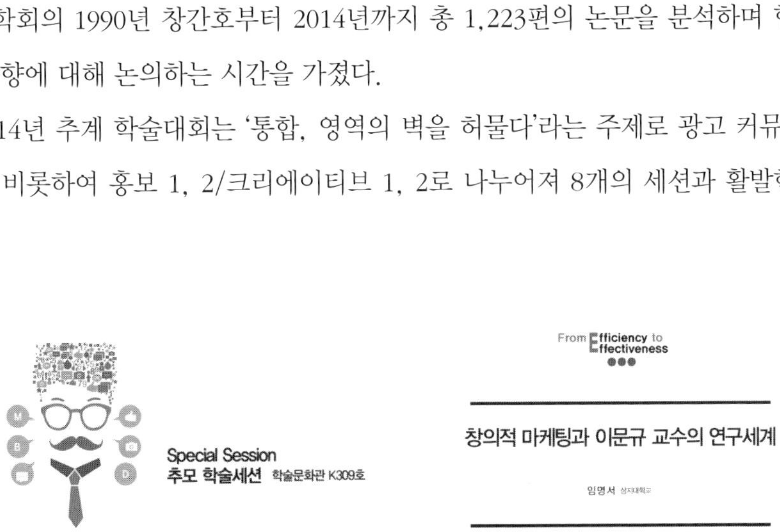

[그림 7-13] 2014년 춘계 광고학술세미나 중 고 이문규 교수 추모 학술 세션 부분

[그림 7-14] 2014년 창립 25주년 기념 기획세미나
'한국광고학회 사반세기: 어제와 오늘' 기념 행사집 및 활동 사진

팅 커뮤니케이션 영역의 통합과 확장으로 구성된 특별 세션으로는 VOD 서비스 광고효과 측정 개선 방안에 관한 토론이 진행되는 담론이 펼쳐졌다

2015년 춘계 정기학술대회는 'Extending Advertising'이라는 주제로 약 200명이 참석하였으며 광고 커뮤니케이션, 소비자/심리, 마케팅/심리, 크리에이티브 디자인/홍보, 매체/제도/뉴스 미디어 6개의 분과에서 다양한 논문 35편이 발표되었으며, 다양한 마케팅 커뮤니케이션 영역의 통합과 확장의 연장선에 대해 논의되었다. 이와 함께 1년간 연구 활동을 발표하는 연구소 모임의 운영 현황과 역할에 대한 특별 세션이 진행되었다. 또한, '광고, 기술을 입는다'라는 주제의 추계 연차 학술대회는 6개의 정규 세션과 산업단체와 함께 진행되는 5개의 특별 세션으로 구성되었으며 온라인광고, 문화체육관광부 '국가 브랜드', 종합편성채널, 마사회 '레저산업', 하쿠호도

[그림 7-15] 2015년 춘계/추계 정기학술대회 활동 사진

제일과 같은 광고 산업계가 직면하고 있는 문제에 대한 발전 방안을 모색하였다. 학술세션 이후에는 올해의 브랜드상 및 제4회 제일기획 학술상, 특별공로상 시상식이 거행되었다.

2016년 춘계 광고학술세미나는 '광고 3.0-생존전략'을 주제로 인터넷과 모바일 미디어의 발전으로 인한 광고산업의 변화에 관한 광고학연구, 교육 방향 설정을 놓고 광고 커뮤니케이션부터 PR 세션에 이르기까지 학문 발전을 위한 논의의 장을 펼쳤다. 학술 세션 이후에는 올해의 광고상과 신진학자 우수논문상 시상식이 있었으며, 올해의 광고상은 TV, 인쇄, 라디오, 옥외/SP, 온라인모바일, 정부 및 공익, IMC 7개 부문에서 2015년 집행되었던 광고 중 엄정한 심사를 거쳐 총 21편의 광고들이 선정되었다. 추계 정기학술대회에서는 '광고, 믿음의 벽을 마주하다'라는 주제로 이론 및 효과, 뉴미디어, PR, 소비자심리, 마케팅, 매체 및 산업, 크리에이티브 총 7개 분과에서 48편의 논문이 발표되었다. 약 200여 명이 참석한 이번 학술대회는 광고가 마주하고 있는 믿음의 벽에 대한 다각도의 전략들과 그 각각에 대한 사회적 함의들이 공유되는 풍성한 학술교류의 장이었다. 학술 세션 이후에는 올해의 브랜드상 및 제일기획 학술상 시상식이 거행되었다.

[그림 7-16] 2016년 추계 정기학술대회 활동 사진

표 7-3 제2시기(2014~2016년)

개최 연도	세션	대표 논문
2014 (춘계: 총 36개)	뉴미디어	「N스크린 신유형광고에 대한 표준화 방안 제시 연구」 외 5개
	마케팅, 심리	「사고방식과 제품의 속성 유형이 구매 의도 및 선택에 미치는 효과」 외 5개
	커뮤니케이션	「정부의 광고 메시지 전달 과정 개선을 위한 연구」 외 7개
	홍보+매체	「브랜드 스토리텔링은 소비자-브랜드 관계에 어떠한 영향을 주는가?」 외 6개
	크리에이티브/디자인	「시각적 은유 광고에서 원형과 보조개념 간의 연상 거리와 연상 강도가 소비자의 확산성, 관련성 및 창의성 인식에 미치는 영향」 외 4개
	추모 학술 세션	「창의적 마케팅과 이문규 교수의 연구세계」 외 3개

2014 (추계: 총 51개)	마케팅/브랜드	「브레인스토밍을 통한 창조적인 신제품 아이디어 창출」 외 5개
	매체/뉴미디어/제도	「모바일 광고 용어 표준화에 관한 탐색적 연구」 외 4개
	홍보 I	「대학생의 대학 생활 경험 요소와 대학-재학생 관계성 인식 간의 관계에 대한 탐색」 외 4개
	홍보 II	「위기 커뮤니케이션 연구의 통합 연구경향성 진단: 외국 학술저널에 게재된 논문을 대상으로」 외 5개
	소비자/심리 1	「금융상품광고에 있어 조절 적합성이 소비자의 태도와 지불용의 가격에 미치는 영향」 외 4개
	소비자/심리 2	「의료 광고에서 상품 유형에 따른 가격 할인 프레이밍 전략: 거래 규범을 중심으로」 외 4개
	크리에이티브/디자인 1	「광고산업의 창조산업화를 위한 가치사슬 집단별 개선 방안」 외 5개
	크리에이티브/디자인 2	「리메이크 제품 광고에 관한 인식 연구」 외 4개
	광고/커뮤니케이션	「모바일 메신저 사용자의 라이프스타일 유형에 따른 광고효과 및 이용 행태에 관한 연구」 외 6개
2015 (춘계: 총 42개)	광고 커뮤니케이션	「정책이슈에 대한 심리적 거리가 유머 소구를 활용한 정치광고의 효과에 미치는 영향: 수용자 정치관여도의 조절적 역할을 중심으로」 외 6개
	소비자/심리	「제품 배치 조직화와 속성 유형이 구매 의도에 미치는 효과」 외 7개
	마케팅/심리	「상징적 브랜드는 사회적 책임활동을 할 수 없는가?: 브랜드 콘셉트와 CSR의 적합성을 중심으로」 외 6개
	크리에이티브 디자인 & 홍보	「핵심 크리에이티브 요소의 포함 형태에 따른 TV 광고효과에 관한 연구」 외 6개
	매체/제도/뉴미디어	「이종매체 간 광고캠페인의 통합노출효과 예측에 관한 연구: TV와 PC 광고캠페인을 중심으로」 외 5개
	연구소 모임	「소비자 행복 연구회」 외 6개
2015 (추계: 총 57개)	광고 커뮤니케이션	「웹툰 이용자들의 웹툰 PPL에 대한 인식과 태도에 관한 연구」 외 7개
	PR	「지역대학의 입학 PR 개선에 관한 연구」 외 5개
	마케팅/브랜드	「자아해석과 노스탤지어 큐의 유형이 확장제품 선호에 미치는 영향에 관한 연구」 외 6개
	매체/제도/뉴미디어	「모바일 앱 광고에 대한 스토리텔링 특성이 온라인 탐색의도와 구매 의도에 미치는 영향: 몰입을 매개 변인으로」 외 7개

	크리에이티브 디자인	「브랜드 관련 디자인 요소가 모바일 배너광고에 대한 반응에 미치는 영향」 외 5개
	소비자심리	「팽창가격의 제시 방식과 할인 시점이 구매 의도에 미치는 효과」 외 7개
	온라인광고	「검색 광고효과 최적화: 검색순위 vs. ROI」 외 3개
	문화체육관광부	「국가 정체성, '한국다움'의 재발견」 외 3개
	종합편성채널	「종편 출범과 광고산업 변화」 외 2개
	마사회 '레저산업'	「말(Horse)산업 활성화 방안과 경마 TV 광고」 외 2개
	하쿠호도제일	「개인화되고 측정 가능한 모바일 마케팅이 TV 광고에 가져오는 효율 중심의 IMC 전략」 외 2개
2016 (춘계: 총 35개)	광고 커뮤니케이션	「상품 안내자에 대한 지각된 매력성, 진실성, 전문성이 TV 홈쇼핑에 대한 태도와 구매 의도에 미치는 영향」 외 5개
	마케팅/브랜드	「공공기관 브랜드 아이덴티티 스타일(style)과 테마(theme) 유형 및 구성에 대한 연구」 외 5개
	소비자 / 심리	「소비자의 조절지향방식(Regulatory Mode)이 구색 내에서의 선택과 구색을 위한 시간 투자 의향에 미치는 효과」 외 7개
	매체/제도/뉴미디어	「모바일 VOD 광고 회피에 관한 연구: 지각된 침입성, 광고 태도, 광고 소구를 중심으로」 외 7개
	PR	「한국 소비자들의 식품 위험 인식에 관한 탐색적 연구」 외 6개
2016 (추계: 총 47개)	이론 및 효과	「광고유형(네이티브 VS. 배너)이 모바일 광고의 클릭률에 미치는 영향: 제품 유형과 소비자 관여도의 상호작용을 중심으로」 외 5개
	뉴미디어	「사용자들은 어디서 페이스북의 개인화를 느끼는가?: 페이스북 사용자의 개인화 인지 요인을 중심으로」 외 5개
	PR 분과	「기업 위기 유형과 수용자 성향, 메시지 조절초점에 따른 사과 메시지 효과」 외 5개
	소비자심리	「SNS에 대한 부정적 인식이 주관적 웰빙에 미치는 영향: 상향비교 경험을 조절 변인으로」 외 7개
	마케팅	「브랜드에 대한 미적 가치 평가가 추가비용 지불 의향에 미치는 영향에 관한 연구: 지각된 혁신성의 매개 효과를 중심으로」 외 5개
	매체 및 산업	「음악 한류 확산 전략의 문제점과 개선 방안 연구」 외 6개
	크리에이티브	「브랜드 스토리의 허구성, 제품 유형, 매체 맥락이 태도 및 소비자-브랜드 관계 의도에 미치는 영향」 외 7개

3) 제3시기(2017~2019년)

(1) 워드 클라우드(word cloud) 및 Q그래프 분석

제3시기(2017~2019년)의 발표된 논문 총 232개의 제목을 다음의 워드 클라우드로 분석하였다. 단어 빈도를 보면 미디어(21), 콘텐츠(18), 기업(17), 사회(16), 탐색(15) 등의 순으로 나타나고 있다([그림 7-17] 참조).

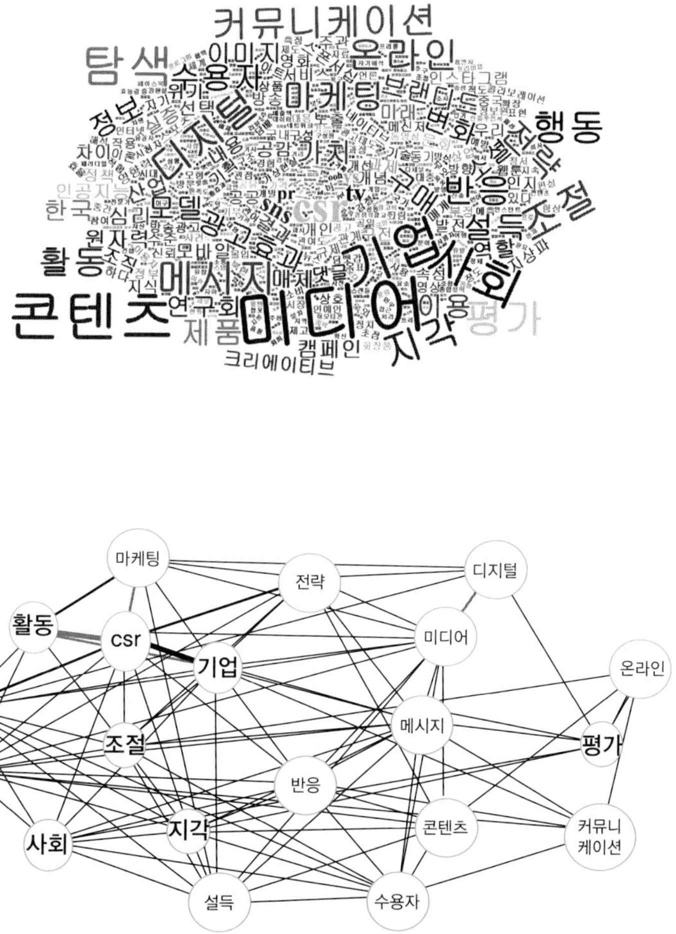

[그림 7-17] 제3시기 워드 클라우드 및 Q그래프

(2) 정기학술대회 제3시기의 특징 및 활동

2017년 춘계 연차 학술대회는 인공지능, 로봇기술 및 생명과학이 주도하는 4차 산업혁명 초기에 들어서면서 새로운 시대에 직면하고 있는 광고홍보 분야에서의 발전에 대해 논의하고자 '광고홍보, 새 길에 서다'라는 주제로 46편의 논문과 매체/뉴미디어, 크리에이티브, 광고 커뮤니케이션, 마케팅, PR, 소비자/심리 등 총 6개의 세션에 걸쳐 발제 및 토론이 이루어졌다.

2017년 추계 정기학술대회는 '다시, 광고가 열쇠다!'라는 주제에서 6개의 기본 세션과 언론재단, 종편 3사, 지상파, IJA 글로벌 등 4개의 특별 세션으로 진행되었으며, 산업계, 정부 기관 등의 다양한 분야의 전문가 300명이 참석하여 광고산업의 발전을 위해 함께 고민하고 논의하였다. 더불어 언론재단 세션의 '스마트 미디어 시대의 media creative 활용방안', 종편 3사 세션의 '종편 5년, 방송 광고산업의 현재와 미래', 지상파 세션의 '지상파 방송 광고 무엇이 문제인가?'를 통해 언론방송 광고의 현황과 문제점을 토론하는 시간을 가졌다. 또, IJA 글로벌 특별 세션은 해외 유수의 광고 분야 연구자들의 내한으로 광고산업에 대한 시사점을 교류하는 장으로 마련되었다.

2018년 춘계 정기학술대회는 '광고, 경계를 허물다'라는 주제로 기술 발전과 법제 개편, 소비자행동 변화 등으로 인한 광고홍보 업무 영역들의 교차와 영역에 대해 논의하였으며 제도적인 고찰과 한국광고학회 연구회의 특별 세션으로 광고 크리에이

[그림 7-18] 2017년 추계 정기학술대회 활동 사진

[그림 7-19] 2018년 춘계 정기학술대회 활동 사진

티브, 광고철학, CSV, 디지털 옥외광고, 소비자 광고심리, 미디어 및 정책, 가상현실광고, 브랜디드 컬래버레이션 연구회에서 변화와 문제점에 대해 논의하였다.

그리고 2018년 추계 정기학술대회의 주제는 '광고, 시대와 소통하다'라는 주제로 2017년에 이어 지상파 3사, 종편 미디어렙, KOBACO, 한국언론재단이 후원하는 특별세미나가 동시에 개최되었으며, 약 60편의 연구 발표와 다양한 분야의 전문가 200명이 참석하였다. 2019년 춘계 학술대회는 '광고는 봄입니다'라는 주제로 광고가 만물이 소생하는 봄처럼 제품과 서비스와 나아가 기업에 새로운 생명을 불어넣어 주는 존재이자 소비자들에게 보이고 공감을 불러일으킬 수 있는 존재라는 중의적 의미로 광고를 비유하였다. 또 6개의 기본 세션과 신진학자 특별 세션, 10개 연구회 결과 발표회와 학부 학생들에게 광고회사 업무 및 경쟁 PT에 대한 흥미와 이해도 제고를 위해 국내 4개 광고회사 기획자들이 함께하는 '프레젠테이션 4대 천왕전'의 기획이 새롭게 구성되었다. 학술 세션 이후에는 신진학자 우수논문상 및 공로상 시상식, 학회장의 취임식이 거행되었다.

[그림 7-20] 2019년 춘계 정기학술대회 활동

표 7-4 제3시기(2017~2019년)

개최 연도	세션	대표 논문
2017 (춘계: 총 46개)	매체/뉴미디어	「소셜미디어의 디지털 준언어 행동유도(PDA: Para linguistic Digital Accordances) 의미 해석」 외 7개
	크리에이티브	「광고 소구, 관여도, 설득지식에 따른 동영상 네이티브 광고효과」 외 6개
	광고 커뮤니케이션	「MCN(Multi Channel Network) 마케팅에서 공감의 효과에 관한 연구」 외 6개
	마케팅	「반한류가 한류 콘텐츠 및 한국에 대한 태도에 미치는 영향에 관한 연구」 외 7개
	PR	「한국인의 집단주의(우리)가 커뮤니케이션에 미치는 영향에 관한 탐색적 연구」 외 7개
	소비자/심리	「복합감정 광고 메시지가 기부 의도에 미치는 영향: 해석수준의 조절 효과를 중심으로」 외 7개
2017 (추계: 총 55개)	광고 커뮤니케이션	「자기해석수준의 차이에 따른 가치 지향적 광고의 효과: 가치접근성과 가치중요도의 심리적 매개과정을 중심으로」 외 2개
	PR 공공	「조직구성원에게 지각된 CSR 활동이 조직 시민 행동에 미치는 영향-CSR 활동에 대한 조직구성원의 인지, 태도, 행동공로 탐색을 중심으로」 외 2개
	크리에이티브/디자인	「소비자의 쇼핑성향과 아트 컬래버레이션 광고유형이 구매의도에 미치는 영향에 대한 연구」 외 2개
	매체/제도/뉴미디어	「소셜 네이티브 광고매체의 경쟁 및 보완 관계에 관한 연구」 외 3개
	소비자/심리	「공감 커뮤니케이션 척도개발」 외 11개
	마케팅/브랜드	「영상광고에 나타난 여행 가치 패러다임 변화에 대한 기호학적 분석」 외 11개
	IJA Special Session	「Social Embeddedness of Persuasion: The Moderating Effects of Cognitive Social Structures on Information Credibility Assessment and Sharing in Social Media」

2018 (춘계: 총 44개)	광고 커뮤니케이션	「광고매체로서 안면인식 디지털 사이니지의 제도적 고찰 및 개선 방안 연구: 소비자 개인정보보호 중심으로」 외 5개
	마케팅/브랜드	「페이스북 네이티브 광고의 광고 표식어, 메시지 유형, 발신자 유형이 수용자의 공감, 지각된 진정성, 지각된 상업성, 구전 의도에 미치는 영향」 외 6개
	소비자/심리	「공감, 관여 그리고 자기해석」 외 6개
	PR/공공	「기업 CEO로 인한 위기상황에서 기업의 위기대응 유형에 따른 소비자 반응」 외 3개
	크리에이티브	「비주얼과 텍스트의 시점 조합에 따른 소비자 해독 과정의 비교: 발성 사고법(Think Aloud)을 이용한 질적 연구」 외 3개
	매체/제도/뉴미디어	「영화 매출액과 광고비 영향력 분석: 국내 개봉영화 매출액과 광고비 비교분석」 외 7개
	한국광고학회 연구회 세션	「광고 크리에이티브 연구회: 혼종시대의 광고 크리에이티브 교육, 무엇을 어떻게 할 것인가?」 외 7개
2018 (추계: 총 46개)	광고 커뮤니케이션	「건강기능식품 방송 광고의 현황과 과제」 외 5개
	PR/공공	「국가별 사례를 통해 본 바람직한 공공캠페인 운용 거버넌스에 관한 탐색적 연구」 외 2개
	소비자/심리	「일상 재구성법을 통한 탐색적 사회적 배제 유형 확인 연구」 외 6개
	매체/제도/뉴미디어	「WiFi sensing 기술을 활용한 OOH(Out-of-Home) 광고물 유효 접촉 인구측정 및 분석」 외 7개
	마케팅/브랜드	「사건연구방법론(Event Study)을 활용한 스폰서십 활동의 효과 분석: KBO 리그 프로야구구단 후원자격 활동 사례를 중심으로」 외 5개
	크리에이티브/디자인	「한자 사고를 통한 크리에이티브 향상 효과」 외 1개
	종편 미디어렙 특별 세션 '종편 7년, 성과와 미래를 위한 방향'	「종합편성채널의 브랜딩 현황과 미래 방향」 외 1개
	지상파 방송 3사 특별 세션 '광고의 미래: 광고는 어떻게 변화해야 하는가?'	「다매체 시대의 광고캠페인과 미디어 플래닝의 과제」 외 2개

	KOBACO 특별 세션 '남북 교류 확대 대비 국내 광고산업의 역할'	「북한에서의 광고에 대한 인식 분석」 외 2개
	한국방송협회 특별 세션 '방송 광고 경쟁력 제고와 판매 효율화 전략 방안 모색'	「방송 광고 경쟁력 제고를 위한 개선 방안 논의」 외 1개
	한국언론진흥재단 특별 세션 '인공지능시대의 광고산업의 미래'	「인공지능과 광고제작의 변화 외」 3개
2019 (춘계: 총 40개)	광고 커뮤니케이션	「B2B 광고주의 B2C 전략 활용에 대한 탐색적 고찰: 자동차산업의 사례」 외 3개
	마케팅/브랜드	「수원시립공연단에 대한 평가가 수원시 도시 인지도에 미치는 영향」 외 3개
	매체/제도/뉴미디어	「The Future of TV Advertising」 외 7개
	소비자/심리	「단일-대안이 선택 연기에 미치는 효과: 예상되는 후회를 중심으로」 외 5개
	크리에이티브/디자인	「공공광고 크리에이티비티(creativity) 향상 방안에 대한 연구」 외 2개
	PR/공공	「지방자치단체 보도자료의 기사화에 관한 연구: 서울시 자치구(종로구, 강남구) 보도자료 및 기사분석을 중심으로」 외 2개
	한국광고학회 연구회 세션	「인스타그램(Instagram) 이용 동기에 대한 심리학적 탐색」 외 8개
	신진학자 특별 세션	「선거결과에 영향을 미치는 정치 후보자의 이미지와 광고전략」 외 2개

한국광고학회는 정기학술대회 외에도 꾸준히 신진학자 세미나를 개최해 신진학자들이 새로운 연구경향과 흐름을 이해할 기회의 장을 열고 있다. 또한, 사회적 · 환경적으로 다양하게 변화하는 이슈에 대해서도 세미나를 개최하여 광고학연구와 발전에 대해 힘쓰고 있다.

4) 전체 시기(2010~2019년)

(1) 워드 클라우드(word cloud) 및 Q그래프 분석

전체 시기(2010~2019년)의 발표된 논문 총 797개의 제목을 다음의 워드 클라우드로 분석하였다. 단어 빈도를 보면 메시지(69), 제품(68), 기업(64), 조절(58), 전략(56) 등의 순으로 나타나고 있다([그림 7-21] 참조).

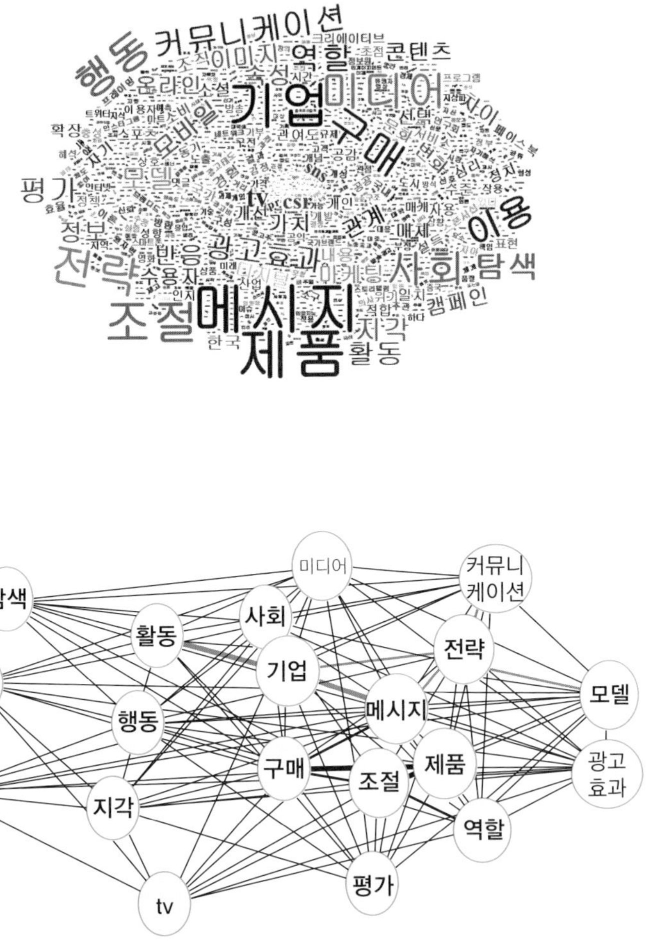

[그림 7-21] 전체 시기 워드 클라우드 및 Q그래프

5) 시기별 비교

(1) 비교 클라우드 및 피라미드 그래프

제1시기, 제2시기, 제3시기 간을 비교 워드 클라우드로 분석하였다. 각 시기별로 구별되는 주제단어를 확인할 수 있다([그림 7-22] 참조).

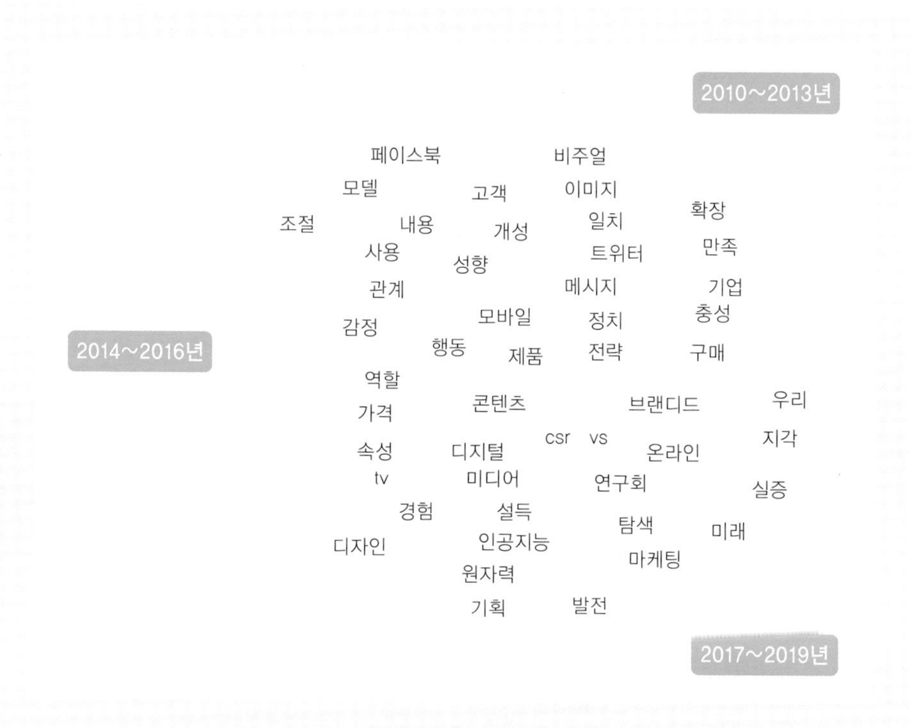

[그림 7-22] 전체 시기(2010~2019년) 간 비교 워드 클라우드

(2) 제1시기와 제2시기 비교

제1시기와 제2시기에 발표된 논문을 피라미드 그래프로 보여 주면 [그림 7-23]과 같다. 제1시기에서는 제품, 메시지, 전략, 기업, 고객, 개성, 커뮤니케이션, 미디어 등에 대해 많이 언급하였음에 비해 제2시기에는 상대적으로 모델, 사회, 행동, 감정,

성향, 모바일 등에 대한 언급의 빈도수가 증가한 것으로 나타나고 있다. 두 개 시기의 논문 주제를 상관관계를 통해 살펴보면 다음과 같이 통계적으로 유의미한 47% 정도의 양의 상관관계를 보여 주고 있음을 알 수가 있다. 47% 정도는 주제가 비슷하지만, 나머지는 다르다는 의미이다([그림 7-23] 참조).

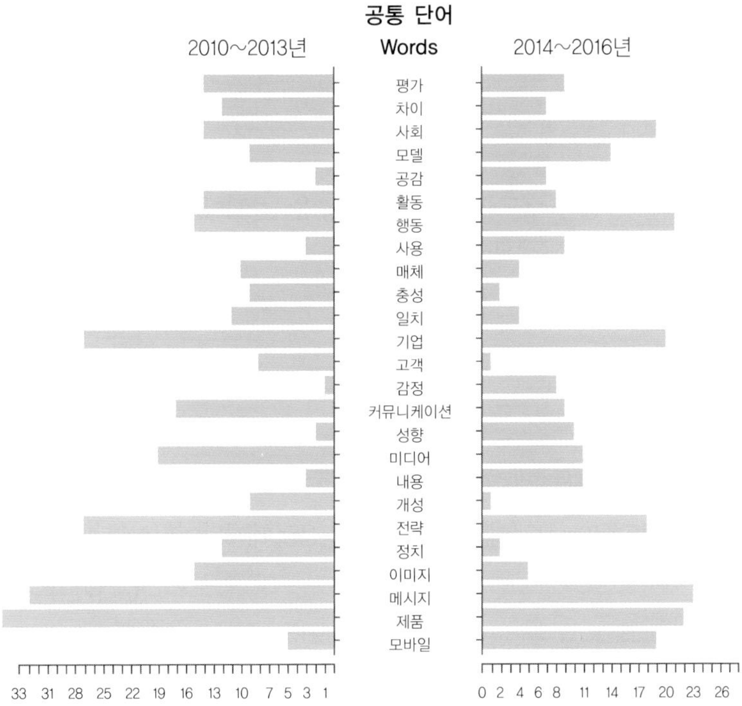

[그림 7-23] 제1시기와 제2시기 비교 피라미드 그래프

(3) 제2시기와 제3시기 비교

제2시기와 제3시기에 발표된 논문을 피라미드 그래프로 보여 주면 [그림 7-24]와 같다. 제2시기에서는 메시지, 제품, 조절, 행동, 모바일 순으로 많이 언급되었음에 비해 제3시기에는 미디어, 콘텐츠, CSR, 온라인 등이 제2시기에 비해 빈도수가 증가

한 것으로 나타나고 있다. 이를 통해 모바일이 강세였던 제2시기에서 온라인 미디어 시장 및 콘텐츠, 그리고 CSR의 강세가 제3시기에서 나타나고 있음을 알 수 있다.

두 개 시기의 논문 주제를 상관관계를 통해 살펴보면 다음과 같이 통계적으로 유의미한 39% 정도의 양의 상관관계를 보여 주고 있음을 알 수가 있다. 제2시기에 비해 제3시기는 61% 정도 다른 주제가 발생하였다고 볼 수 있다([그림 7-24] 참조).

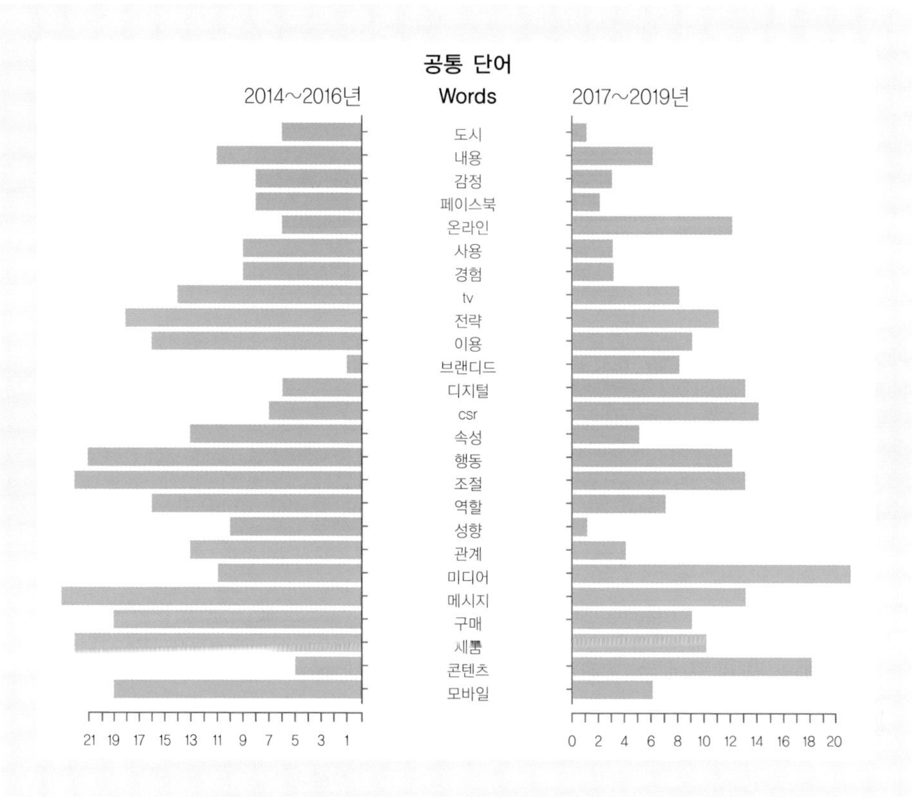

[그림 7-24] 제2시기와 제3시기 비교 피라미드 그래프

4. 학술지 논문 수와 피인용 수 분석

또한, 한국광고학회는 『광고학연구』 학술지를 1990년부터 발간하여 30권까지 발행하였으며, [그림 7-25]에 따르면 한국광고학회의 연도별 논문 수는 10년간 661편으로 나타났다. 피인용 수는 총 4,505건으로 한국광고학회의 취지에 걸맞게 광고 관련 학자와 전문인의 유대와 공동연구로 경제발전, 사회문화발전에 크게 이바지하고 있다. 하지만 감소하는 피인용 수는 최근 자료의 정보력이 부족할 수도 있다는 점으로도 볼 수 있다.

이는 인용횟수가 93회로 가장 높은 2012년 발간된 23권 4호는 논문 상세 정보 열람 횟수도 492건으로 가장 높았으며, 논문 제목에서 나타나는 기술 동향의 비교가 학문연구에 많은 이바지를 하였다. 「SNS 유형별 광고속성 평가 및 태도에 관한 연구: 블로그, 트위터, 페이스북, 유튜브의 비교」로 뉴미디어의 변화에 따른 광고산업에 관한 연구가 현재까지 많은 참고문헌으로 활용되고 있다는 점을 알 수 있다.

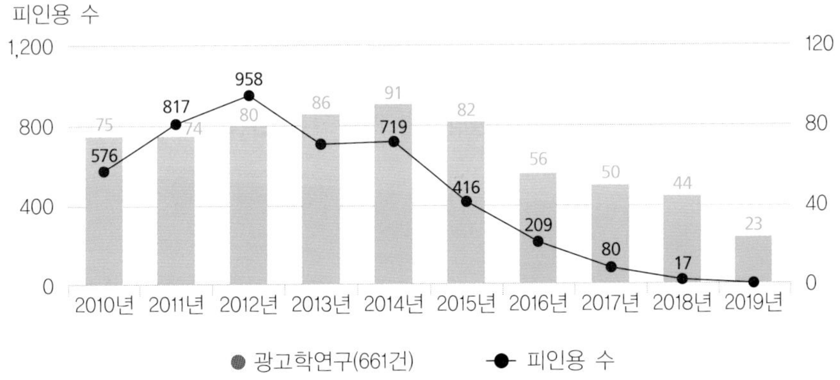

[그림 7-25] 2010~2019년의 학술지 『광고학연구』 논문 수와 피인용 수 현황

출처: KCI(2019).

표 7-5 2010~2019년의 학술지 『광고학연구』 피인용 수 현황

순위	학술지 명	발행 연월	권(호)	논문 제목	인용 횟수
1	광고학연구	2012. 04.	23(3)	「SNS 유형별 광고속성 평가 및 태도에 관한 연구: 블로그, 트위터, 페이스북, 유튜브의 비교」	93
2	광고학연구	2012. 02.	23(2)	「마케팅 커뮤니케이션 수단으로서의 기업 페이스북 팬 페이지 이용 행태 분석」	88
3	광고학연구	2012. 02.	23(2)	「미디어 인게이지먼트와 제품관여도가 광고효과에 미치는 영향: 모바일 애플리케이션을 중심으로」	60
4	광고학연구	2012. 01.	23(1)	「소셜미디어를 활용한 공공캠페인 커뮤니케이션 전략: 해석수준이론에 따른 메시지 구성과 미디어에 대한 사회적 거리를 중심으로」	55
5	광고학연구	2011. 07.	22(5)	「브랜드 개성-자아 이미지 일치성이 구매 의도에 미치는 영향: 자기 감시성과 제품 유형의 조절 효과」	45

출처: KCI(2019).

표 7-6 2010~2019년의 학술지 『광고학연구』 논문 상세 정보 열람 수 현황

순위	학술지 명	발행 연월	권(호)	논문 제목	열람 수
1	광고학연구	2012. 04.	23(3)	「SNS 유형별 광고속성 평가 및 태도에 관한 연구: 블로그, 트위터, 페이스북, 유튜브의 비교」	492
2	광고학연구	2011. 07.	22(5)	「SNS를 활용한 효과적인 감성 광고전략: 현대자동차그룹 'Gift-Car' 기업 PR 캠페인 사례연구」	393
3	광고학연구	2011. 02.	22(2)	「커피를 통해 보여진 광고와 마케팅의 힘: 카페베네 사례연구」	359
4	광고학연구	2013. 11.	24(8)	「소비가치에 영향을 주는 요인에 관한 연구: 미디어 배양 효과와 청소년의 소비사회화를 중심으로」	316
5	광고학연구	2011. 07.	26(2)	「광고주제와 소구 유형 및 모델 이미지에 따른 공익광고효과」	292

출처: KCI(2019).

5. 발표자 수 분석

2010년부터 2019년까지 19번 개최된 정기학술대회 발표자 수는 총 1,805명이며 대략 연평균 180.5명의 발표자가 참여하였으며 1개의 학술대회 평균당 95명이 참여하였으며, 점점 증가하는 추세이다. 2019년 춘계 정기학술대회의 발표자 수가 107명인 것으로 보아 2017년 발표자 수와 비슷할 것으로 예상이 된다. 논문 수와 세션 수가 일관적인 수치를 보이는 것에 비해 발표자 수가 증가하는 것은 광고학연구에 관심을 두는 학자들과 대학원생들이 많아지고 있다는 것으로 판단된다.

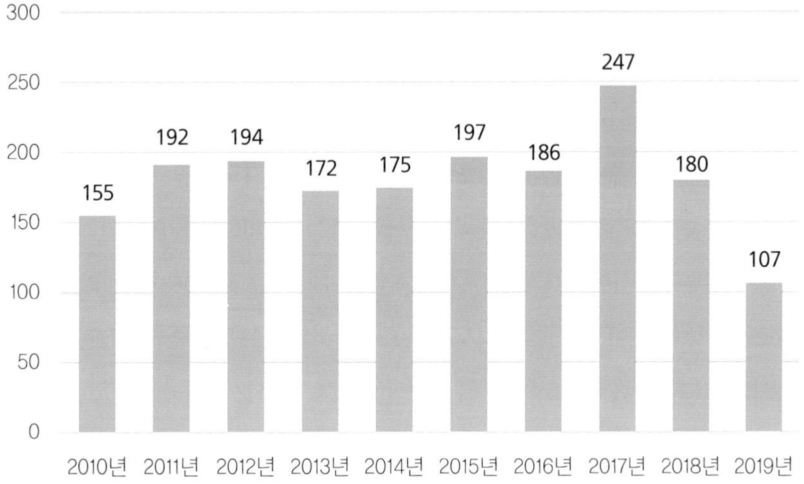

[그림 7-26] 2010~2019년의 정기학술대회 발표자 수 현황

6. 개최일과 개최지 분석

한국광고학회의 개최일은 연간 2회의 정기학술대회를 가지고 있고 거의 일관적으로 2010년부터 10년간 춘계 학술대회는 모두 4월 초순에 개최되었으며, 추계는 2014년 정기학술대회를 제외하고 10월 하순에서 11월 초순에 개최되었다.

학술대회의 개최지는 19차례의 정기학술대회 중 2015년 춘계 학술대회를 제외하고 모두 서울에서 개최되었으며, 2010년 추계 학술대회를 제외하고 연도별로 다른 지역에서 학술대회가 개최되었다. 경기도를 제외하고 모두 1박 2일로 학술대회 일정이 계획되었으며, 발제 및 토론뿐 아니라 광고학자와 실무진, 전문가들의 친목 도모 관련 일정이 마련되어 있다는 것을 알 수 있다. 강원도는 4곳으로 서울 다음으로 많이 개최된 지역이며 다음으로 경기도, 부산, 대구 순이다. 19번의 정기학술대회 중 10번의 개최지가 서울이라는 점은 지역적 편중 현상으로 보인다. 전국 각지에서 활동하는 광고학자와 실무진들을 한곳에 모일 수 있도록 하는 일은 어려운 일이다. 그래서 학회는 강원도, 부산처럼 1박 2일로 호텔에서 정기모임을 가지는 것을 해결방

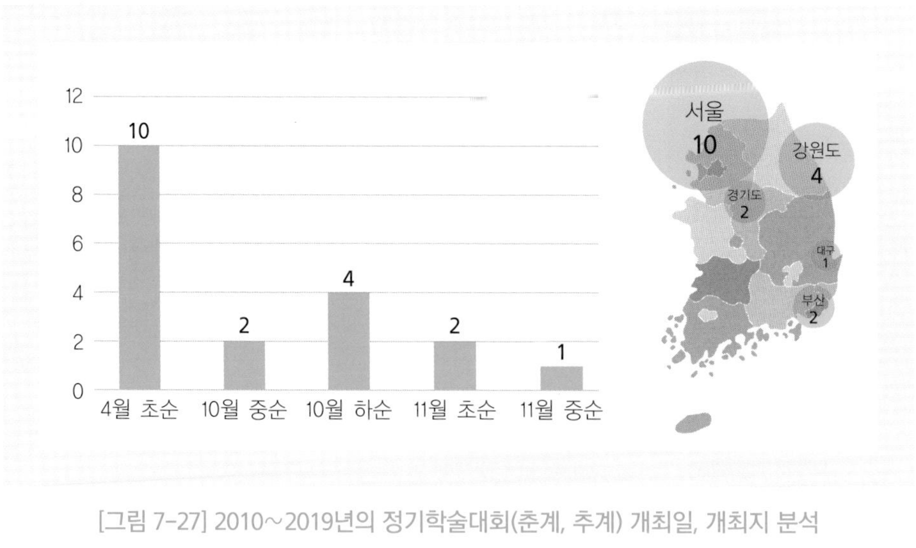

[그림 7-27] 2010~2019년의 정기학술대회(춘계, 추계) 개최일, 개최지 분석

안으로 대처하였으며, 광고학회 사상 처음으로 2018년 10월, 대구에서 개최된 학술대회를 통해 한국광고학회의 지역적 편중 현상의 발생을 지양하고 있다는 것을 알 수 있다. 하지만 춘계 학술대회 모두 서울에서 개최되는 부분에서 완전히 지역편중 현상에서 벗어났다고는 할 수 없다. 따라서 다양성을 갖춘 공동체 일원으로서 유연한 개최일 선정과 다양한 개최지 선정은 좀 더 생각해 보아야 할 과제이다.

7. 한국광고학회 제24대 활동 내용

2019년 4월 6일 춘계학술대회에서 한국광고학회 제24대 집행부가 출범하였다. 제24대에서는 시종일관 '체인지(Change 체력, 인화, 지성)'의 가치를 지향하며 다양한 학술 활동을 전개하였다. 5월 24일에 '체인지 시대의 광고 방향과 연구과제' 특별세미나(동국대학교), 6월 7일에 '협찬의 개념과 범위의 재정립' 특별세미나(프레스센터), 6월 14일에 광고 PR 관련 5개 학회 공동으로 '우리, 동감하므로 동행합니다'라는 주제로 2019 펜타포럼을 진행하였다. 그리고 7월 19일에 '전략 커뮤니케이션 연구의 글로벌 통찰력' 특별세미나(숭실대학교), 8월 23일에 한국광고학회×부산국제광고제 공동의 'Creativity, the Key to Happiness' 특별세미나(부산 벡스코), 8월 26일에 '검색광고의 성장과 진화' 특별세미나(동국대학교), 9월 20일에 한국광고학회×칸라이언스코리아 공동으로 '브랜드 액티비즘(Brand Activism)의 가능성' 특별세미나를 진행하였다(블루스퀘어).

제24대 한국광고학회의 추계 학술대회는 2019년 10월 11일(금)에 충청북도 청주시에 소재한 서원대학교 목민관에서 개최되었다. 이 학술대회에는 250여 명의 회원이 참여함으로써, 정기학술대회 개최의 지역적 편중 현상을 해소할 수 있다는 가능성을 보여 주었다. 학회 창립 30주년을 기념하는 성격의 추계 학술대회에서는 '30년만의 고백(告白)'이라는 주제하에 일반 세션 9개와 특별 세션 6개를 구성해, 일반 세션 논문 55편과 특별 세션 논문 19편 등 모두 74편의 논문이 발표되었다. 고백이라

[그림 7-28] 2019 추계 학술대회 앰블럼과 총회 장면(서원대학교 목민관)

는 핵심어는 1886년에 나온 세창양행의 고백(告白) 광고에서 차용한 것이었다. 일반 세션에서 발표된 55편의 논문을 비롯해, '비상업적 공익광고의 제도개선과 활성화 방안'(방송통신위원회), '지상파 방송광고효과의 재평가'(KBS, MBC, SBS), '정부광고법 시행에 따른 도전과 과제'(한국언론진흥재단), '공공PR의 가치와 지향점'(PROne), 'MCR 데이터의 사회적 가치 제고'(한국방송광고진흥공사), '정부광고를 활용한 국민소통 효과성 제고'(문화체육관광부) 같은 특별 세션에서 발표된 19편의 논문은 깊이 있는 통찰력을 제시하였다.

제24대 집행부에서는 또한 2019년 6월부터 '학술지국제화위원회'를 가동해 대표적인 학술지에서 요구하는 논문 투고 규정과 SCOPUS와 SSCI에서 요구하는 학술지 평가 기준을 포괄적으로 검토하였다. 그 결과를 바탕으로 『광고학연구』의 논문투고 규정의 개정안을 마련하였고, 학술지의 표지 디자인을 바꿔 『광고학연구』 30주년 기념호(30권 8호)부터 적용하였다. 10월 30일에는 'Seoul Wave, 세계가 사랑한 도시 서울' 특별세미나가(서울시청 다목적홀), 11월 15일에는 '디지털 광고 마케팅 트렌드 4대 천왕 잡 콘서트'를 개최하였다. 12월 20일에는 한국광고학회×한국유통학회×한국마케팅학회×한국소비자학회 공동으로 '글로벌 시장질서 대전환기의 대응 전략: DMAC 융합적 접근'이라는 주제하에 학제 간 융합 학술대회를 개최하였다. DMAC은 유통(Distribution), 마케팅(Marketing), 광고(Advertising), 소비자

(Consumer)의 두문자를 조합한 것이다.

12월 5일에는 한국광고학회 창립 30주년 기념식과 〈광고지성총서〉 출판기념회가 서울프레스센터 국제회의장에서 개최되었다. 이 총서는 '체인지(체력, 인화, 지성)'의 가치를 지향한 제24대 집행부에서 야심차게 준비한 기획물이다. 집필자 105명이 참여한 〈광고지성총서〉 10권의 제목은 다음과 같다. 제1권 『한국 광고학연구 30년과 전망』, 제2권 『한국의 광고산업과 광고제도』, 제3권 『광고와 사회 그리고 광고비평』, 제4권 『소비자심리와 광고 PR 마케팅』, 제5권 『광고와 마케팅의 새로운 세계』, 제6권 『디지털 시대의 광고 크리에이티브』, 제7권 『광고 미디어의 현재와 미래』, 제8권 『스마트 광고 기술을 넘어서』, 제9권 『빅데이터의 분석방법과 활용』, 제10권 『광고 지성과 철학의 지평선』이 그것이다. 모름지기 집단지성의 플랫폼이자 광고지성의 향연이라 할 수 있는 이 총서는 앞으로 한국광고학회의 체력(體力)을 증진하고, 회원 간에 인화(人和)를 촉진하며, 광고 지성(知性)이 나아갈 미래의 좌표를 제시할 것이다.

8. 마치며

한국광고학회의 도약기(2010~2019년) 10년 동안 19차례의 정기학술대회의 논문 수, 세션 수, 발표 논문 제목의 의미연결망 분석, 세부적으로 나눈 제1시기(2010~2013년)/제2시기(2014~2016년)/제3시기(2017~2019년)의 대표적 특징, 학술대회의 개최일과 개최지, 연도별 학술대회의 특성을 분석하였다. 한국광고학회는 국내 광고학의 학문적 발전과 한국 **광고산업**의 눈부신 성장에 이바지하였으며, 한국광고학회의 10년 동안의 활동은 세계 10위 광고시장인 국내 광고산업의 질적인 면과 양적인 면에서의 발전에 모두 이바지하였다. 언론과 광고 분야 3대 학회인 한국광고학회는 학술지 『광고학연구』에 실린 논문과 정기학술대회의 발표 논문을 통해 광고 산업 전반에 대한 종합적인 분석을 하고 있으며, 연구동향에 대한 분석에 대해서도 노력하고 있다.

한국학술지인용색인(KCI)의 분석에 따르면 2012년도 SNS, 모바일, 뉴미디어 관련 연구에 대한 자료가 많이 인용되고 열람되고 있다. 이는 자료의 정보력과 정확성이 광고학연구에 많은 도움을 주었다는 것을 알 수 있으며, 앞으로도 우수한 논문이 많이 나올 수 있도록 그에 대한 많은 토의와 담론이 필요하다. 또한, 정기학술대회의 논문 수의 변화와 세션 수의 차이는 크게 나지 않으며 논문 발표 수와 논문 발표자의 수도 일정한 편이다. 이는 점점 광고에 관한 관심과 참여도가 커질 가능성을 나타내기도 한다. 아울러 학술대회의 개최지 또한 전국의 광고학자와 실무진이 쉽게 한곳에 모여 토의할 수 있도록 하는 공론의 장을 찾는 것도 광고학연구에 대한 참여도를 높이는 방법의 하나이다.

디지털 시대의 빠른 트렌드 변화로 인해 한국광고학회는 광고학과 광고산업이 미래기술에 변화할 사회 환경에 미리 대처할 방안과 함께 국내 광고연구의 성과를 객관적으로 평가하고 미래 광고산업에 도움이 될 방향에 대해 논의하는 지표를 마련해야 할 것이다. 한국광고학회 도약기의 역대 회장단을 〈표 7-7〉에서 볼 수 있는데, 2010년 15대 한상필 회장부터 현재 24대 김병희 회장까지 활동한 상황을 볼 수 있다. ■

표 7-7 한국광고학회 도약기 10년(2010~2019년)의 회장단

	활동 시기	이름	소속
15대	2010년 4월~2011년 3월	한상필	한양대학교 광고홍보
16대	2011년 4월~2012년 3월	김상훈	인하대학교 언론정보
17대	2012년 4월~2013년 3월	이문규	연세대학교 경영학
18대	2013년 4월~2014년 3월	윤 각	서강대학교 커뮤니케이션학
19대	2014년 4월~2015년 3월	김봉현	동국대학교 광고홍보
20대	2015년 4월~2016년 3월	박현수	단국대학교 커뮤니케이션학
21대	2016년 4월~2017년 3월	조정식	중앙대학교 광고홍보

22대	2017년 4월~2018년 3월	김주호	명지대학교 경영학
23대	2018년 4월~2019년 3월	이시훈	계명대학교 광고홍보
24대	2019년 4월~2020년 3월	김병희	서원대학교 광고홍보

제8장

한국 광고산업 연구의 30년 변화

최은섭(한라대학교 광고영상미디어학과 교수)

1. 광고산업의 개념과 범위

2. 한국 광고산업 연구의 개황

3. 한국 광고산업 연구 30년의 어제와 오늘

4. 마치며

◈◇◈

이 장에서는 1990년부터 현재까지 최근 30년간 한국 광고산업의 학술연구에 관한 동향을 다루었다. 즉, 한국광고학회의 학술지인 『광고학연구』에 발표된 논문들 중 광고산업 분야에 관련된 연구들을 따로 분류한 뒤 이를 세부적으로 분석함으로써 항목별로 어떤 특징을 보이는지, 30년간 연대별로 어떻게 변화되었는지를 정리해 본 것이다. 이를 위해 먼저 연구논문들을 분류한 분석유목의 기준에 대해 설명하였고, 연구 분야, 연구주제, 연구방법, 분석방법, 연구자 특성(수, 소속), 사용언어 등 각각의 분석유목별 특징과 연대별 변화 양상을 기술하고 요약하였다.

1. 광고산업의 개념과 범위

광고산업은 광고를 기획, 제작하고 유통, 분배하는 과정에 참여하는 모든 주체와 이들의 활동으로 정의된다(황창규, 1987; 김봉철, 2003). 따라서 광고주, 광고회사, 매체사, 제작업체, 광고단체 등과 이를 시청하고 구독하는 소비자로 구성된다고 볼 수 있다. 물론 광고산업의 구성범위에 대한 국내 학자들이나 업계의 견해는 조금씩 다르다. 한상필(1998, 2008)은 「광고연구 10년 내용분석」과 「광고연구 20년 내용분석」에서 광고회사, 광고주, 매체사, 제작 및 크리에이티브, 광고산업 종합, 광고단체 등으로 구분한 바 있으며, 정기현 등(2008)은 『한국의 광고 2』에서 광고주, 광고회사, 매체사, 광고조사회사, 광고 관련 단체, 정부(자율규제기구), 소비자, 시민단체 등을 포함하였다. 제일기획(2018)이 발행하는 『광고연감』에서는 광고산업의 업계동향에 국내 광고회사와 매체사의 시장동향은 물론 매체정책과 제도, 이들의 해외 활동까지를 포함시키고 있다.

또한 최근에는 인터넷과 모바일 등 디지털미디어가 급증하면서 광고주에서 광고회사, 매체사의 순으로 이어지는 시장체계나 구조에도 변화가 나타나고(김희진, 2018), 매체사나 정부기관 등이 광고의 유통이나 분배, 관리의 역할을 넘어 광고주로서의 주체가 되기도 하며, 광고 활동과 PR 활동이 혼재되어 그 영역의 경계가 모호해지는 등 업계의 변화가 급격히 일어나고 있어, 광고산업의 개념과 범위를 보다 확장시켜야 할 뿐 아니라 광고 자체에 대한 새로운 정의와 접근을 시도해야 할 필요도 있다.

그러나 이 장에서는 광고산업에 대한 과거 30년간의 연구를 정리 · 요약하고자 하는 목적에 충실하기 위해 광고산업의 구성범위를 광고주, 광고회사, 미디어(매체사), 광고제작사, 정부 및 기관, 광고산업 일반, 소비자 등으로 국한하고, 이에 해당되는 논문들을 분류하여 분석대상으로 삼았다.

2. 한국 광고산업 연구의 개황

한국광고학회의 학술연구지 『광고학연구』는 1990년 12월 창간된 이래 2019년 7월 현재까지 30년간 총 1,494편의 논문이 게재되었다. 이들 논문을 조사한 결과, 광고산업과 관련된 주제로 연구된 논문은 178편으로 전체 논문의 11.9%를 차지하였다. 연대별로는 1990년대(1990~1999년)에 30편으로 전체 논문 182편의 약 16.5%를 차지하였으며, 2000년대(2000~2009년)엔 62편으로 전체 논문 643편의 약 9.6%를 차지하였고, 2010년대(2010~2019년)엔 86편으로 전체 논문 669편의 약 12.9%를 차지한 것으로 집계되었다. 1990년대엔 전체 논문 수는 적었던 데 비해 광고산업 분야의 연구는 상대적으로 많았으며, 이후 2000년대에 전체 논문 수가 급격히 늘어나면서 비중이 적어졌다가 2010년대 들어서는 다시 증가한 것을 알 수 있다. 이에 대한 연대별

표 8-1 『광고학연구』에 게재된 광고산업 연구논문 현황

	1990년대 (1990~1999년)		2000년대 (2000~2009년)		2010년대 (2010~2019년)		계	
	n	%	n	%	n	%	n	%
광고학연구 전체 논문 수	182	12.2	643	43.0	669	44.8	1,494	100
광고산업 연구논문 수	30	16.9	62	34.8	86	48.3	178	100

구성비는 〈표 8-1〉과 같다.

1990년대에는 광고산업 전반에 관한 인프라나 시스템의 진단에 관한 연구들이 대부분이었던 것에 비해, 2000년대에는 인터넷 등의 뉴미디어에 대한 광고 이용 방안이나 제도 등에 대한 연구가 많았다. 2010년대에는 중간광고, 간접광고 등 미디어 이슈에 대한 연구들이 여전히 강세를 보이는 가운데 광고주인 기업들의 브랜드 가치나 광고 사례 등에 관한 연구를 비롯한 연구들이 이루어졌다.

3. 한국 광고산업 연구 30년의 어제와 오늘

1) 광고산업 연구논문의 분류

광고산업 연구논문으로 분류된 178편의 논문들을 세부적으로 분석하기 위해 우선 광고의 연구동향을 내용분석한 선행연구의 **분석유목**들을 살펴보았다. 해외 연구자로는 예일과 길리(Yale & Gilly, 1988)가 연구주제, 논문 종류(실증/비실증), 대상 독자, 연구방법, 표본, 통계분석기법으로 나누었고, 먼시(Muncy, 1991)는 연구주제, 논문 종류(실증/비실증), 연구자 소속, 참고문헌 유무, 참고문헌 분석, 논문 길이 등으로 나누었다. 국내 연구자로는 한상필(1998, 2008)이 연구 시기, 연구주제, 연구방법, 분석방법, 연구자 특성 등으로 나누었으며, 이수범(2008)은 게재 연도, 저자 전공과

소속, 연구성격, 연구주제, 미디어 유형, 연구방법 등으로 나누었다. 마정미(2009)는 주제 분류, 게재 시기, 게재학술지, 연구자 전공, 참여연구자 수, 연구방법론, 분석기법, 참고문헌 유무, 논문의 길이 등으로 나누었으며, 최종석(2011)은 연구 시기, 저자 수, 연구주제, 연구매체, 연구방법, 연구표본, 통계분석방법 등으로 나누었다. 한상필, 이형석(2014)은 연구 시기, 논문 편수, 연구자 특성, 연구주제, 연구방법, 통계분석기법, 표본성격, 참고문헌 유무, 논문 페이지 수 등으로 나누었다. 이 내용들을 종합해 보면, 공통적인 분석유목은 연구 시기(연대), 연구주제, 표본성격(분석대상), 연구방법, 분석방법, 연구자 수나 전공 등으로 요약된다.

그런데 『광고학연구』에는 영어로 기술된 논문들이 간혹 포함된 만큼, 이 장에서는 사용언어 항목을 추가하여, 최종적으로 **'연대'**, **'연구 분야'**, **'연구주제'**, **'연구방법'**, **'분석방법'**, **'분석대상'**, **'연구자 수'**, **'연구자 소속'**, **'사용언어'** 등으로 분류하였다(〈표 8-2〉 참조).

이렇게 설정된 분석유목들의 분류기준을 자세히 살펴보면 다음과 같다.

'연대'는 앞서 '2. 한국 광고산업 연구의 개황'에서 언급한 대로, 『광고학연구』가 발행된 지 30년이 되었으므로 이를 10년 단위로 나누어 연대별로 살펴보았다. 즉,

표 8-2 광고동향 선행연구에 사용된 분석유목

Yale & Gilly (1988)	한상필 (1998, 2008)	이수범 (2008)	최종석 (2011)	한상필, 이형석 (2014)	이 장에서 사용한 분석유목
연구주제 논문 종류 (실증/비실증) 대상 독자 연구방법 표본 통계분석기법	연구 시기 연구주제 연구방법 분석방법 연구자 특성 논문 길이 참고문헌	게재 연도 저자 전공, 소속 연구성격 연구주제 미디어 유형 연구방법	연구 시기 저자 수 연구주제 연구매체 연구방법 연구표본 통계분석방법	연구 시기 논문 편수 연구자 수, 전공 연구주제 연구방법 통계분석기법 표본성격 참고문헌 유무 논문 페이지 수	연대 연구 분야 연구주제 연구방법 분석방법 분석대상 연구자 수 연구자 소속 사용언어

1990~1999년까지를 '1990년대'로, 2000~2009년까지를 '2000년대'로, 그리고 2010년부터 2019년까지를 '2010년대'로 나누었다.

'연구 분야'는 '1. 광고산업의 개념과 범위'에서 기술한 내용대로 '광고주', '광고회사', '미디어(매체사)', '광고제작사', '정부 및 기관', '광고산업 일반', '소비자', '기타' 등으로 구분하였다. 먼저, '광고주'에는 광고를 제작하고 발주하는 주체로서의 기업의 조직운영과 브랜드 관리, 기업 가치와 관련된 연구들을 포함시켰다. 광고와 직접적인 관련 이슈 외에도 기업 마케팅 커뮤니케이션과 관련 있는 연구는 포함시키되, 광고 주체로서의 활동에 관한 연구라 하더라도 정부, 지방자치단체, 미디어 기업일 경우엔 정부기관이나 미디어 항목으로 따로 분류하였다. '광고회사'에는 광고주로부터 광고를 수주받아 기획하고 제작하는 회사로서 종합광고대행사 및 광고회사에 대한 연구들이 포함되었으며, PR회사 및 관련 업체 등에 관한 연구는 제외하였다. '미디어'에는 방송, 신문, 잡지 등 오프라인 매체는 물론 인터넷 포털사이트 등의 온라인, 모바일 매체, 그리고 디지털 사이니지 등의 각종 옥외광고매체뿐 아니라 SNS, PPL, 중간광고, 미디어렙 등 새로운 이슈로 논의되고 있는 신규 미디어의 산업적 측면을 다룬 논문들은 모두 이에 포함시켰다. '광고제작사'에는 광고회사나 광고주로부터 단독 광고물을 수주받아 제작하는 CF 프로덕션이나 디자인회사, 브랜드컨설팅 기획사 등에 관한 연구가 해당되었다. '정부기관'에는 중앙정부나 지방자치단체, 공공기관의 광고 활동이나 업무 등에 관련된 연구들이 해당되었다. '광고산업 일반'은 앞서 언급한 주체들이 두 개 이상 해당되거나 광고산업 전반에 걸친 이슈를 다룬 논문들로서 광고에 관한 심의, 제도 등에 관한 연구들까지 포함하였다. '소비자'는 광고를 최종적으로 시청하거나 구독하는 일반 소비 계층으로서, 그들의 인식과 라이프스타일에 대한 연구나 N세대, X세대 등 임의로 구분한 세대 계층에 관한 연구를 포함하였다.

'연구주제'는 연구 분야를 한 단계 하향 세분화하여 설정하였다. 즉, 연구 분야의 각 항목을 기준으로 각각의 조직 정체성 및 운영, 조직에 속해 있는 구성원, 그리고 관련된 제도나 정책 등으로 나누되, 각 연구 분야의 항목에 맞게 조정하였다. 이에 따라 '광고주' 연구 분야는 '광고주 기업'과 '기업인', '실무자' 등의 연구주제로 나누었고, '광고회사' 연구 분야는 광고회사 전반적인 주제에 해당하는 '광고회사'와 광고회사에 근무하는 '광고인', 그리고 광고주와 광고회사 관계를 다룬 '광고주 관계' 등의 연구주제로 나누었다. '미디어' 연구 분야는 미디어 기업 및 미디어 일반 업무와 관련된 '미디어', 미디어 업종에 종사하는 미디어 전문가인 '미디어 종사자', 그리고 미디어의 판매나 제도, 광고비 등에 관련된 내용인 '미디어 판매나 비용' 등으로 나누었다. '광고제작' 연구 분야는 종합광고회사를 제외한 모든 형태의 '광고제작업체', 그리고 광고회사나 제작업체에 근무하는 제작 실무자로서의 '크리에이터'와 그들이 제작한 광고제작물 또는 캠페인 등을 일컫는 '크리에이티브' 등의 연구주제로 나누었다. '정부 및 기관' 연구 분야는 정부나 지방자치단체, 공공기관 등의 '정부기관 조직', 그리고 그에 종사하는 '정부기관 종사자'로 나누었다. '광고산업 일반' 연구 분야는 광고산업의 전 분야에 해당되는 시장동향이나 각 구성요소 간의 관계나 운영을 포함하는 '광고시장, 운영'과, '광고법, 제도', 그리고 광고업계 종사자들 중 두 개 분야 이상의 종사자를 대상으로 하는 경우인 '광고업계 실무자'로 구분하였다.

'연구방법'은 한상필(1988, 2008), 마정미(2009), 최종석(2011)이 사용한 유목들을 참고하여 '문헌연구', '서베이', '인터뷰', '실험연구', '내용분석', '사례연구', '복합' 등으로 나누었다. 이를 구체적으로 살펴보면 다음과 같다. '문헌연구'에는 기존의 논문이나 통계자료 등을 바탕으로 이를 재가공하거나 탐색 기술한 연구방법을 사용한 논문들을 포함시켰다. '서베이'에는 설문내용을 작성하여 면대면, 전화, 온라인, 모바일 등의 양적 조사방법을 통해 피조사자의 응답을 분석하는 연구방법을 채택한 논문들이 포함되었다. '인터뷰'에는 개별 인터뷰(IDI)나 초점집단 인터뷰(FGI) 등의 심층 인터뷰를 통해 그들의 의견을 분석하는 연구방법을 사용한 논문들이 해당되었다. '실험연구'에는 연구목적에 부합하는 실험물과 실험환경을 만들고 특정 자극에 대한 피실험자의 반응을 얻어내고 분석하는 연구방법을 사용한 논문들이 포함되었다. '내용분석'에는 논문이나 광고물, 기사 등을 일정한 분석유목으로 나누고 정리하여 그 결과를 기술하는 연구방법을 사용한 논문이 해당되었다. '사례연구'에는 특정 캠페인이나 전략, 제도 등에 관한 실제 사례를 설명하고 해석하는 연구방법을 사용한 논문(정승혜, 2017)들로 분류하였다. 그리고 위의 연구방법 중 두 가지 이상의 방법을 복합적으로 사용한 연구는 '복합' 항목으로 구분하였다.

'분석방법'은 최종석(2011), 한상필, 이형석(2014)의 유목을 참조했는데, 통계적 분석방법인 '빈도 · 비율', '카이스퀘어(χ^2)', 't-테스트', '변량분석', '요인분석', '회귀분석', '리즈렐(Lisrel)', '아모스(Amos)' 등 외에 두 가지 이상의 통계분석을 사용한 '복합'으로 나누었다. 그 외에 통계분석 기법을 사용하지 않은 경우는 모두 '기타'로 분류했는데, 여기에는 사례연구분석을 비롯한 질적 연구의 방법론을 사용한 연구들과 질적 연구의 자료수집 방식을 채택한 탐색적 연구들이 모두 해당되었다. 이 논문들의 사례 수가 많아 별도의 분석유목을 설정하거나 세부적인 방법론을 따로 분석해야 하겠으나, 부득이 '기타'로 묶어둔 이유는 엄밀히 말해 이들 중 상당수가 질적 연구의 방법론을 사용하였다고 보기 어렵다는 의견 때문이다. 김봉현(2017)에 따르면, 질적 연구는 통계적 절차를 거치지 않고 결과를 도출하는 연구유형으로만 정의되는 것이 아니라, 해석학적 관점에서 자료수집의 방법이나 과정뿐 아니라 전반적인 연구의 구성 및 절차, 접근법 등을 체계적이고 전략적으로 수행해야만 한다. 따라서 심층 인터뷰나 문서자료 등의 자료수집 방법을 사용했다고 해서 결과 도출과정 또한 질적 연구 방법론을 사용하였다고 보기 어렵다는 것이다.

'분석대상'은 연구에서 분석 대상물로 삼고자 하는 문헌이나 데이터, 인터뷰 대상, 피실험자 등을 지칭하는 것으로, 세부 분류 항목은 '연구주제'의 항목과 유사하다. 그러나 '분석대상'은 '연구 분야'와 '연구주제'가 대부분 서로 연결되어 있는 것과는 달리, '연구 분야'와 '분석대상'은 일치하지 않는 경우가 많다. 예를 들어, 광고주와 광고회사의 관계를 연구하기 위해 광고업계 종사자가 분석대상이 될 수 있으며, 미디어의 현황을 연구하기 위해 광고주 기업의 광고비 지출 데이터를 분석대상으로 삼을 수 있고, 광고주 기업의 브랜드 이미지를 연구하기 위해 광고 크리에이티브 사례가 분석대상이 될 수 있기 때문이다.

'연구자 수'는 한 연구에 참여한 연구자의 인원으로, '1명', '2명', '3명', '4명 이상'으

표 8-3 『광고학연구』에 게재된 광고산업 연구논문에 사용된 분석유목

연대	연구 분야	연구주제	연구방법	분석방법	분석대상	연구자 수	연구자 소속	사용언어
① 1990년대 ② 2000년대 ③ 2010년대	① 광고주 ② 광고회사 ③ 미디어 ④ 광고제작사 ⑤ 정부기관 ⑥ 광고산업 일반 ⑦ 광고단체 ⑧ 소비자 ⑨ 기타	① 광고주 기업 ② 기업인, 실무자 ③ 광고회사 ④ 광고인 ⑤ 광고주 관계 ⑥ 미디어 ⑦ 미디어 종사자 ⑧ 미디어 판매, 비용 ⑨ 광고제작사 ⑩ 크리에이티브 크리에이터 ⑪ 정부기관 조직 ⑫ 정부기관 종사자 ⑬ 광고시장, 운영 ⑭ 광고법, 제도 ⑮ 광고업계 실무자 ⑯ 소비자 ⑰ 기타	① 문헌연구 ② 서베이 ③ 인터뷰 ④ 실험연구 ⑤ 내용분석 ⑥ 사례연구 ⑦ 복합(2개 이상) ⑧ 기타	① 빈도/비율 ② 카이스퀘어 ③ t-테스트 ④ 변량분석 ⑤ 요인분석 ⑥ 회귀분석 ⑦ 리스렐 ⑧ 아모스 ⑨ 복합(2개 이상) ⑩ 기타	① 광고주 기업 ② 기업인, 실무자 ③ 광고회사 ④ 광고인 ⑤ 미디어 ⑥ 미디어 종사자 ⑦ 미디어 데이터 ⑧ 광고제작사 ⑨ 크리에이티브 크리에이터 ⑩ 정부기관 조직 ⑪ 정부기관 종사자 ⑫ 광고시장 데이터 ⑬ 광고법, 제도 ⑭ 광고업계 실무자 ⑮ 소비자 ⑯ 기타	① 1명 ② 2명 ③ 3명 ④ 4명 이상	① 학계(관련 전공) ② 학계(타 전공) ③ 학계(관련+타 전공) ④ 학계+업계 ⑤ 학계+기관, 단체 ⑥ 업계 ⑦ 기관, 단체 ⑧ 기타	① 한국어 ② 영어

로 구분하였다.

'연구자 소속'은 마정미(2009), 한상필, 이형석(2014)의 분류기준을 참고하였으며, 연구자가 속해 있는 조직을 '학계'와 '업계', 그리고 '기관 및 단체'로 구분하였다. 그리고 '학계'는 대학이나 대학원 등 교육기관에 속해 있는 교수 및 연구원이 연구자인 경우의 논문으로 분류하였으며, 그들의 전공 분야를 기준으로 '관련 전공'과 '타 전공'으로 다시 나누었다. '관련 전공'은 광고, 홍보(PR), 언론, 신문방송, 미디어, 영상, 커뮤니케이션, 크리에이티브 등을 포함시켰으며, '타 전공'은 경영학, 심리학 등을 포함한 기타 전공 연구자들로 구분하였다. '업계'는 광고회사 및 민간 연구소, 컨설팅회사 등을 포함하였으며, '기관 및 단체'는 정부산하 기관이나 단체, 공공기관이 해당되었다. 이에 따라 연구자의 소속은 '학계(관련 전공)', '학계(타 전공)', '학계(관련+타 전공)', '학계+업계', '학계+기관, 단체', '업계', '기관, 단체', '기타'로 세분하였다.

'사용언어'는 연구자의 국적에 상관없이, 연구논문에 사용된 언어가 '한국어' 또는 '영어'로 표기되었는지를 구분하였다. 이를 정리하면 〈표 8-3〉과 같다.

2) 광고산업 연구의 연구 분야

광고산업 연구의 '연구 분야'를 세부 항목별로 살펴보면, '광고주'에 관한 논문이 53편(29.8%)으로 가장 많았으며, 그다음으로 '미디어' 관련 논문이 40편(22.5%), '광고산업 일반' 논문이 37편(20.8%), '광고회사' 관련 논문이 28편(15.7%) 등으로 나타났다. 그런데 이를 연대별로 나누어 비교하면, 1990년대가 2000년대나 2010년대와 확연히 구분되는 양상을 보였다.

1990년대에는 광고산업의 전반적인 동향을 다룬 '광고산업 일반' 항목이 가장 높은 빈도를 나타냈는데, 우리나라 광고업계가 산업으로서의 틀을 갖추기 시작한 시기였던 만큼 광고산업 전반에 관한 거시적인 연구들이 많이 다루어졌던 것으로 보인다. 김규(1992)의 「한국 광고환경의 현황과 과제」, 한상필(1997)의 「광고산업의 국제화에 대한 실무자의 의식조사」, 리대룡(1998)의 「광고산업 일반의 현황, 문제 및 과제」 등이 대표적인 연구이다.

반면, 2000년대와 2010년대로 들어오면서부터 '광고산업 일반'보다 '광고주', '미디어', '광고회사' 등 보다 세분화된 연구 분야가 크게 늘기 시작하였는데, '광고주'에 대한 연구로는 김유경, 이경렬(2006)의 「국내 광고주의 브랜드 관리 실태에 관한 연구」, 이노종, 한은경(2006)의 「기업투명성의 지수화에 관한 연구」, 성민정, 조정식(2009)의 「글로벌 기업의 통합마케팅 커뮤니케이션 현황」 등과 같이 기업에 대한 다양한 연구들이 시도되기 시작하였다. '미디어'에 대한 연구로는 은완기, 박원기(2004)의 「미디어 환경 변화에 따른 미디어렙 발전방안에 대한 실증적 연구: 광고대행사의 인식을 중심으로」, 염성원, 김동준, 한승수(2006)의 「TV 간접광고에 관한 동향과 인식에 관한 연구」 등 2000년대 이후 급격히 변화하는 미디어 환경과 새로운 미디어에 대한 탐색이 주 연구대상이 되었다.

2010년대 이후에는 이러한 연구경향이 양적으로 좀 더 늘어났는데, '광고주' 분야에서 이효복, 김유경(2011)의 「기업명성과 브랜드 자산의 관계에 관한 연구」, 윤각, 이은주(2014)의 「기업의 사회적 책임과 공유가치 창출의 효과에 관한 연구」 등과 같이 기업의 브랜드 가치나 사회적 책임 활동 등에 관한 연구가 대폭 증가하였고, 안광호, 이희복(2010)의 「좋은 기업을 넘어 위대한 기업으로: 홈플러스 브랜드 사례」와 같은 사례연구나 심성욱, 김운한(2012)의 「1인 창조기업의 광고콘텐츠 산업 적용에 관한 연구」 등 기업운영의 새로운 트렌드에 대한 접근도 등장하였다. 한편 '미디어'에 관한 연구는 김경은, 김희진(2012)의 「광고매체로서의 애드버게임(Advergame)의 효과에 관한 연구: 게임과 브랜드 속성의 일치성과 수용자의 게임관여도를 중심으로」나 이태진, 이종혁(2013)의 「Current Agency -Client Perspectives on Product Placement in Korea」, 조창환, 이희준, 김승은, 백남정, 최영현, 고수영(2016)의 「디지털 사이니지의 매체영향력 측정 모델 개발에 대한 연구: 광고매체로서의 수용자 정보수집 및 타게팅 기능을 중심으로」 등 갈수록 분화되는 광고매체에 대한 다양한 연구들이 쏟아져 나왔다. 또한 '광고산업 일반'에 대한 연구들은 한상필(2014)의

「한미 FTA가 우리나라 광고산업에 미친 영향에 관한 연구」나 김병희, 박원기, 김혜주(2015)의 「광고산업을 창조산업으로 육성하기 위한 가치사슬 집단별 개선방안」과 같이 경제, 사회정책 등과 연관된 시각의 연구들이 다수 등장한 것이 특징이라 하겠다.

표 8-4 『광고학연구』에 게재된 광고산업 연구논문의 연구 분야

연대 / 연구 분야	1990년대		2000년대		2010년대		계	
	n	%	n	%	n	%	n	%
광고주	1	0.6	8	10.1	34	19.1	53	29.8
광고회사	5	2.8	10	5.6	13	7.3	28	15.7
미디어	7	3.9	15	8.4	18	10.1	40	22.5
광고제작사	2	1.1	0	0	2	1.1	4	2.2
정부 및 기관	0	0	1	0.6	5	2.8	6	3.4
광고산업 일반	14	7.9	12	6.7	11	6.2	37	20.8
소비자	1	0.6	4	2.2	0	0	5	2.8
기타	0	0	2	1.1	3	1.7	5	2.8
계	30	16.9	62	34.8	86	48.3	178	100

3) 광고산업 연구의 연구주제

광고산업 연구의 '연구주제'를 세부 항목별로 살펴보면, '광고주 기업', '광고시장, 운영', '미디어'의 연구가 가장 많은 것으로 나타남으로써 '연구 분야'의 '광고주', '광고산업 일반', '미디어' 연구와 비슷한 양상을 보였는데, 이를 보다 자세히 살펴보면 다음과 같다.

먼저, '광고주'와 관련한 연구주제인 '광고주 기업' 연구는 49편(27.5%)으로, '기업인' 연구 3편(1.7%)에 비해 월등하게 높게 나타났는데, 이러한 현상은 일반 기업의

광고마케팅 활동과 관련해서 기업인 개인에 대한 이슈보다 기업 전체의 운영이나 이미지에 대한 연구가 보편적으로 이루어졌기 때문으로 해석된다.

그에 비해 '광고회사'와 관련한 연구주제인 '광고회사', '광고인'에 관한 연구는 각각 10편(5.6%)과 9편(5.1%)으로 비슷한 수준을 보였으며, 광고주와 광고회사의 관계를 연구한 '광고주 관계'도 4편(2.2%)으로 나타나 다양하게 이루어졌음을 알 수 있었다. 또한 이러한 현상은 연대별로도 비슷한 양상을 보임으로써, 일반 기업과는 달리 광고회사의 경우엔 조직 내의 구성원의 역량이나 의식에 관한 연구가 보편적으로 다루어졌음을 알 수 있다. 이들 연구 사례로는 문영숙(1997)의 「광고윤리에 관한 광고대행사 실무자들의 인식연구」나 유승엽, 김은희(2009)의 「광고계 종사자의 직무환경과 업무성격에 따른 개인 심리특성과 광고 창의성 관계」, 그리고 서범석(2013)의 「광고인 윤동현에 대한 연구」 등이 있다.

'미디어'와 관련된 연구주제인 '미디어'와 '미디어 종사자', '미디어 판매, 제도'에 관한 연구들은 22편(12.4%), 2편(1.1%), 21편(11.8%)으로 각각 나타났는데, 미디어 분야는 종사자들에 대한 연구보다 미디어의 전반적인 현황이나 운영, 그리고 판매나 규정, 제도 등에 관한 주제가 주류를 이루었음을 알 수 있다. 그리고 이 중에서도 미디어의 판매나 제도에 관한 주제는 2000년대와 2010년대로 들어설수록 크게 늘어났는데, 이러한 현상은 앞서 언급하였듯이, 2000년대 이후 미디어의 종류와 제도 관련 연구들이 급격히 늘어난 데서 비롯된 것으로 풀이된다.

'광고제작사' 관련 연구주제인 '광고제작사'와 '크리에이티브 · 크리에이터'에 관한 연구는 3편(1.7%)과 1편(0.6%)으로 극히 소수를 나타내고 있는데, 제작사 연구로는 서범석(1998)의 「광고제작사의 현황, 문제 및 과제」 등이 있고, 크리에이터에 관한 연구로는 정승혜(2018)의 「크리에이티브 작업과 젠더연구: 여성 광고제작자의 인식 및 업무특성을 중심으로」가 있다.

'정부기관'과 관련된 연구주제 또한 극히 소수로 5편(2.8%)이 있는데, 그 대부분이 2010년대에 연구됨으로써 정부기관의 광고활동이 최근에 와서야 주목받기 시작하였음을 시사한다. 그 예로는 부경희, 이수원(2012)의 「지방자치단체 광고의 단체장 모델효과에 관한 실험연구: 광고상품 유형과 컨셉 제시형태를 중심으로」, 금진우(2017)의 「정부 정책광고의 디자인 전략에 관한 연구: 신문광고의 크리에이티브를 중심으로」 등이 있다.

'광고산업 일반'과 관련된 연구주제는 '광고시장, 운영'이나 '광고법 · 제도', '광고업계 종사자' 등이 있는데, 이들 중 월등히 많은 연구가 '광고시장, 운영'에 관한 것으로 32편(19.0%)에 해당하며, 그다음으로 '광고법 · 제도'가 6편(3.4%), '광고업계 종사자'가 1편(0.6%) 있다. 이러한 현상은 연대별로도 큰 차이가 없이 나타났는데, 1990년대에 특히 많은 연구가 이루어진 것은 앞서 언급하였듯이, 광고가 산업 분야로서의 틀을 갖추기 시작한 시기였기 때문인 것으로 해석된다. '광고업계 종사자'에 관한 연구 예로는 김병희, 김봄이, 이상돈(2016)의 「광고산업의 창조산업화에 필요한 광고 핵심인력 육성방안」을 들 수 있다.

마지막으로, '소비자'에 관한 연구주제는 총 5편(2.8%)으로 나타났는데, 그중 4편이 2000년대에 이루어졌다. 1990년대 이후 소비문화가 생산자보다 소비자의 다양화, 개성화, 차별화로 주목받기 시작하면서 X세대, N세대, Z세대 등으로 불리기 시작하였고, 2000년대에 이르러 소비 계층에 대한 학술적 연구들로 이어진 것이 그 이유로 해석된다. 연구 사례로는 김미애(2001)의 「도대체 누가 노년층 소비자인가: 광고 세분시장으로서의 노년층 소비자 식별에 관한 문헌분석」, 이수범(2004)의 「N세대 소비문화에 대한 문화 기술적 연구」 등을 들 수 있다.

이상에서 살펴본 내용의 연대별 구성비는 〈표 8-5〉에 정리되어 있다. 단, 〈표 8-4〉의 '연구 분야'별 수치들이 〈표 8-5〉의 '연구주제'별 수치들과 반드시 일치되지 않음을 밝혀 둔다. 그 이유는, 예를 들어 연구 분야 분류에서는 광고주에 해당되는 논문의 연구주제가 반드시 광고주 기업이나 기업인으로 분류되지 않고 미디어 판매, 제도 등으로 분류되는 경우도 있기 때문이다.

표 8-5 『광고학연구』에 게재된 광고산업 연구의 연구주제

연구주제 \ 연대	1990년대		2000년대		2010년대		계	
	n	%	n	%	n	%	n	%
광고주 기업	1	0.6	18	10.1	30	16.9	49	27.5
기업인	0	0	0	0	3	1.7	3	1.7
광고회사	0	0	5	2.8	5	2.8	10	5.6
광고인	1	0.6	3	1.7	5	2.8	9	5.1
광고주 관계	2	1.1	0	0	2	1.1	4	2.2
미디어	6	3.4	8	4.5	8	4.5	22	12.4
미디어 종사자	1	0.6	1	0.6	0	0	2	1.1
미디어 판매, 제도	1	0.6	8	4.5	12	6.7	21	11.8
광고제작사	1	0.6	0	0	2	1.1	3	1.7
크리에이티브 크리에이터	1	0.6	0	0	0	0	1	0.6
정부조직, 실무자	0	0	1	0.6	4	2.2	5	2.8
광고시장, 운영	15	8.5	8	4.5	9	5.1	32	19.0
광고법, 제도	0	0	4	2.2	2	1.1	6	3.4
광고업계 종사자	0	0	0	0	1	0.6	1	0.6
소비자	1	0.6	4	2.2	0	0	5	2.8
기타	0	0	2	1.1	3	1.7	5	2.8
계	30	16.9	62	34.8	86	48.3	178	100

4) 광고산업 연구의 연구방법

광고산업 연구의 '연구방법'을 세부 항목별로 살펴보면 '서베이' 연구가 65편(36.5%)으로 가장 많았으며, 그다음으로 '문헌연구'가 31편(17.4%), '실험연구'가 20편(11.2%), '인터뷰'가 18편(10.1%), 그리고 두 가지 이상의 연구방법을 사용한 '복합'

연구가 17편(9.6%), '사례연구'가 16편(9.0%) 등의 순이었다.

이를 연대별로 살펴보면, '서베이'나 '문헌연구'는 어느 시기에나 가장 많이 사용되었지만, 2000년대에는 '인터뷰'와 '사례연구'가 늘어났으며, 2010년대에는 '실험연구'와 '복합' 연구방법이 더 많이 사용된 것으로 나타났다. 이러한 결과는 2000년대 이후 학술연구 방법론으로 질적 연구에 대한 연구자들의 관심이 높아지기 시작한 데서 비롯된 것으로 보이며, 이들 연구방법이 2010년대에 와서도 꾸준히 늘어나는 추세에 있는 것도 이러한 해석을 뒷받침한다고 볼 수 있다. 한편 2010년대에 실험연구나 복수의 연구방법이 늘어난 것은 광고연구가 기본적으로 지닌 객관성이나 논리성을 통계적으로 보다 정교하게 증명하려는(김봉현, 2017) 연구자들의 노력이 갈수록 커진 데 이유가 있다고 풀이되며, 더욱이 최근 디지털기술의 발전으로 실험용 시안의 제작이나 설문조사 등 제반 연구환경이 이전보다 개선된 점도 한몫을 한 것으로 보인다.

표 8-6 『광고학연구』에 게재된 광고산업 연구의 연구방법

연구방법 \ 연대	1990년대		2000년대		2010년대		계	
	n	%	n	%	n	%	n	%
문헌연구	9	5.1	17	9.6	5	2.8	31	17.4
서베이	15	8.4	23	12.9	27	15.2	65	36.5
인터뷰	1	0.6	6	3.4	11	6.2	18	10.1
실험연구	0	0	3	1.7	17	9.6	20	11.2
내용분석	0	0	2	1.1	1	0.6	3	1.7
사례연구	1	0.6	7	3.9	8	4.5	16	9.0
복합(두 가지 이상)	1	0.6	2	1.1	14	7.9	17	9.6
기타	3	1.7	2	1.1	3	1.7	8	4.5
계	30	16.9	62	34.8	86	48.3	178	100

5) 광고산업 연구의 분석방법

광고산업 연구의 '분석방법'을 자세히 살펴보면, 단일 항목으로 가장 많이 사용된 통계분석방법은 '빈도 · 비율'로 31편(17.4%)이었으며, 그다음으로 '변량분석'이 26편(14.6%), 두 가지 이상의 '복합'방법이 14편(7.9%), '회귀분석'이 13편(7.3%), 't-테스트'가 11편(6.2%)으로 나타났다. 그 밖에 수치상으로는 '기타'가 68편(38.2%)으로 가장 많은 편수를 차지하였는데, 여기에는 앞서 언급하였듯이, 질적 연구의 자료수집 방식을 채택한 탐색적 연구의 논문들이 다수 포함되었다.

이를 연대별로 살펴보면 1990년대와 2000년대 이후의 차이를 확인할 수 있다. 먼저 1990년대에는 '빈도 · 비율'이 14편(7.9%)으로 가장 많은 비중을 차지하였으며, 그 뒤로는 '변량분석, 회귀분석, 요인분석 등의 통계적 분석방법은 각각 1편씩을 활용하는 데 그쳤음을 알 수 있다. 그 밖에 '기타'의 9편(5.0%) 중에는 조천영(1990)의 「한국광고의 오늘과 내일: 방송매체에서 보는 광고산업」 등의 에세이식 논문이나 문헌분석 형식의 특별기고 논문인 유붕노(1998)의 「한국광고 발전의 미래를 생각한다」 등을 들 수 있다.

그러나 2000년대에는 '빈도 · 비율'이 9편(5.1%), '변량분석' 7편(3.9%), '회귀분석' 6편(3.4%), 't-테스트' 4편(2.2%), '요인분석'과 '아모스', 두 가지 이상의 분석방법을 사용한 '복합'이 각각 2편(1.1%), 리스렐 1편(0.6%) 등으로 나타남으로써, 여러 종류의 통계적 분석방법이 고루 사용되었음을 알 수 있다. 그 밖에 '기타'가 27편(15.2%)으로 상당한 편수를 차지했는데, 여기에는 문헌분석이나 심층 인터뷰, 사례연구 등의 연구방법을 시행함에 있어 통계적 분석기법이 아닌 질적 연구방법론이나 자료수집 방식을 취한 연구논문들이 다수 포함되어 질적 연구에 대한 연구자들의 관심이 크게 늘어난 것을 파악할 수 있었다.

이러한 변화는 2010년대에 더욱 심화되어서, '변량분석'이 18편(10.1%)으로 가장 많이 사용되었고, '복합'이 10편(5.6%), '빈도 · 비율'이 8편(4.5%), '회귀분석'이 6편(3.4%), 't-테스트'가 5편(2.8%), '요인분석'이 4편(2.2%) 등으로 나타났다. 그리고

표 8-7 『광고학연구』에 게재된 광고산업 연구의 분석방법

분석방법 \ 연대	1990년대		2000년대		2010년대		계	
	n	%	n	%	n	%	n	%
빈도· 비율	14	7.9	9	5.1	8	4.5	31	17.4
카이스퀘어	0	0	2	1.1	2	1.1	4	2.2
t-테스트	2	1.1	4	2.2	5	2.8	11	6.2
변량분석	1	0.6	7	3.9	18	10.1	26	14.6
회귀분석	1	0.6	6	3.4	6	3.4	13	7.3
요인분석	1	0.6	2	1.1	4	2.2	7	3.9
리스렐	0	0	1	0.6	1	0.6	2	1.1
아모스	0	0	2	1.1	0	0	2	1.1
복합(두 가지 이상)	2	1.1	2	1.1	10	5.6	14	7.9
기타	9	5.0	27	15.2	32	17.9	68	38.2
계	30	16.9	62	34.8	86	48.3	178	100

2000년대와 같은 양상으로 '기타'가 32편(17.9%)으로 나타났는데, 이에 포함된 질적 연구논문 중에는 차유철, 이희복(2010)의 「방송광고대행 수수료제도 관련 대안적 모델제안」, 김상훈, 안대천, 임수현(2014)의 「N-스크린 신유형광고 활성화를 위한 광고소재 및 메타데이터 표준화 방안」, 김병희, 박원기(2015)의 「광고산업과 창조경제: 창조산업의 관계성 고찰」 등이 있다.

6) 광고산업 연구의 분석대상

광고산업 연구의 '분석대상'을 세부적으로 살펴보면, '광고업계 종사자'를 대상으로 한 연구가 39편(21.9%)으로 가장 많이 나타났으며 다음으로 '소비자'가 35편(19.7%), '크리에이티브 · 크리에이터'와 '광고시장 데이터'가 각각 17편(9.6%), '광고

인'이 14편(7.9%), '기업인'과 '미디어'가 9편(5.1%), '미디어 종사자' 6편(3.4%), '미디어 데이터' 5편(2.8%) 등의 순으로 나타났다.

이를 연대별로 살펴보면 대체로 비슷한 분포를 보이는 가운데 1990년대에는 '소비자'보다 '광고업계 종사자'나 '광고시장 데이터'를 분석대상으로 삼은 연구가 많았던 것으로 나타났다. 그러나 2000년대와 2010년대로 오면서 '소비자'나 '광고업계 종사자', '크리에이티브 · 크리에이터', '광고인' 등 인적 대상이 크게 늘어난 것을 알 수 있

표 8-8 『광고학연구』에 게재된 광고산업 연구의 분석대상

분석대상 \ 연대	1990년대		2000년대		2010년대		계	
	n	%	n	%	n	%	n	%
광고주 기업	2	1.1	2	1.1	3	1.7	7	3.9
기업인	0	0	4	2.2	5	2.8	9	5.1
광고회사	1	0.6	0	0	2	1.1	3	1.7
광고인	3	1.7	5	2.8	6	3.4	14	7.9
미디어	3	1.7	2	1.1	4	2.2	9	5.1
미디어 종사자	2	1.1	2	1.1	2	1.1	6	3.4
미디어 데이터	0	0	3	1.7	2	1.1	5	2.8
광고제작사	0	0	0	0	1	0.6	1	0.6
크리에이티브 크리에이터	3	1.7	5	2.0	9	5.1	17	9.6
정부조직, 실무자	0	0	1	0.6	1	0.6	2	1.1
광고시장 데이터	5	2.8	11	8.2	1	0.6	17	9.6
광고법, 제도	0	0	3	1.7	1	0.6	4	2.2
광고업계 종사자	8	4.5	10	5.6	21	11.8	39	21.9
소비자	2	1.1	10	5.6	23	12.9	35	19.7
기타	1	0.6	4	2.2	5	2.8	10	5.6
계	30	16.9	62	34.8	86	48.3	178	100

다. 이러한 결과는 앞서 살펴본 연구방법이나 분석방법과 관련이 있는데, 최근 들어 실험연구나 서베이는 물론 개별 인터뷰(IDI), 초점집단 심층 인터뷰(FGI) 등이 상당수 늘어났기 때문이다. 즉, 2000년대 이후의 광고산업 연구는 기존의 데이터나 문헌을 분석하는 연구에서 벗어나, 소비자나 광고전문가 등을 대상으로 보다 정교한 실험을 통해 연구결과를 도출하거나, 그들의 견해를 심층적으로 해석하고 분석하는 연구경향으로 점차 발전해 왔음을 보여 주는 것이다. 이에 대한 연대별 구성비는 〈표 8-8〉에 정리하였다.

7) 광고산업 연구의 연구자 특성과 사용언어

광고산업 연구의 연구자 특성은 '연구자 수'와 '연구자 소속'으로 나누었다.

먼저 '연구자 수'는 '2명'의 공동연구가 78편(43.8%)으로 가장 많이 나타났으며, 그 다음으로 '1명'의 단독연구가 65편(36.5%), '3명'의 공동연구가 30편(16.9%), '4명이상'의 공동연구가 5편(2.8%)으로 나타났다. 이러한 결과는 연대별로 큰 차이를 보이는데, 1990년대에는 연구자 '1명'의 단독연구가 26편(14.6%)으로 월등한 비중을 차지함으로써 공동연구가 잘 이루어지지 않은 것으로 나타났다. 그러나 2000년대에는 '2명'의 공동연구가 30편(13.5%), '1명의' 단독연구가 24편(13.5%)으로 비슷한 수준의 증가 추세를 보이다가, 2010년대로 들어서면서 '2명'의 공동연구가 44편(24.7%)으로, '1명'의 단독연구 15편(8.4%)을 크게 앞지른 것은 물론 '3명'의 공동연구도 23편(12.9%)으로 크게 증가하였기 때문이다.

'연구자 소속'은 '학계(관련 전공)'에 속한 연구자의 논문이 117편(65.7%)으로 가장 많았으며, 다음으로 '학계(타 전공)'에 속한 연구자의 논문이 22편(12.4%)으로 그 뒤를 이었다. 그다음으로는 '학계+업계'의 논문이 14편(7.9%), '학계+기관 · 단체'의 논문이 11편(6.2%), '업계'의 논문이 9편(5.1%), '기관 · 단체'의 논문이 4편(2.2%)으로 나타났다.

이러한 결과는 앞서 서술한 '연구자 수'와 마찬가지로 연대별로 큰 차이를 보였는데, 1990년대에는 '학계(관련 전공)'의 연구자의 논문이 17편(9.6%), '업계' 논문이 5편(2.8%), '기관 · 단체'가 1편(0.6%) 등으로 관련 학계 연구자가 대부분이었기 때문이다. 그러나 2000년대로 오면서는 '학계(관련 전공)'의 논문도 45편(25.3%)으로 많이 증가하였지만, '학계+업계' 논문이 6편(3.4%), '학계(타 전공)'의 논문도 5편(2.8%), '학계+기관 · 단체'가 3편(1.7%) 등으로 늘어남으로써 다양한 분야의 연구자들이 논문을 발표하였고 학계와 업계, 기관 · 단체 간의 공동연구가 늘어나기 시작하였다. 그리고 2010년대에 이르러 이러한 현상은 더욱 가속화되었고, '학계(관련 전공)' 논문이 55편(30.9%), '학계(타 전공)' 논문이 10편(5.6%), '학계+업계'의 논문과 '학계+기관 · 단체'의 논문이 각각 8편(4.5%), '업계'의 논문이 3편(1.7%), '기관 · 단체', '학계(관련+타 전공)의 논문이 1편(0.6%)씩 나타나게 되었다.

결과적으로, 최근으로 올수록 광고산업 연구에 참여한 연구자들은 2명 이상의 공동연구를 시도하는 횟수가 증가하였고, 학계는 물론 업계나 기관 · 단체와의 협업을 통한 연구가 두드러지게 늘어났음을 확인할 수 있었다.

마지막으로, 광고산업 연구에 사용된 언어는 '한국어'가 173편(97.2%)으로 대다수를 차지하였으며, 영어로 작성된 논문은 5편(2.8%)으로 집계되었다. 이를 연대별로 살펴보면, 1990년대와 2000년대에 영어로 작성된 논문은 각각 1편(0.6%)에 불과하였으나, 2010년대에 3편(1.7%)으로 다소 증가한 것을 알 수 있다. 이에 대한 연대별 구성비는 〈표 8-9〉에 정리하였다.

표 8-9 『광고학연구』에 게재된 광고산업 연구의 연구자 특성

구분 \ 연대		1990년대		2000년대		2010년대		계	
		n	%	n	%	n	%	n	%
연구자 수	1명	26	14.6	24	13.5	15	8.4	65	36.5
	2명	4	2.2	30	16.9	44	24.7	78	43.8
	3명	0	0	7	3.9	23	12.9	30	16.9
	4명 이상	0	0	1	0.6	4	2.2	5	2.8

연구자 소속	학계(관련 전공)	17	9.6	45	25.3	55	30.9	117	65.7
	학계(타 전공)	0	0	5	2.8	10	5.6	22	12.4
	학계(관련+타 전공)	0	0	0	0	1	0.6	1	0.6
	학계+업계	0	0	6	3.4	8	4.5	14	7.9
	학계+기관, 단체	0	0	3	1.7	8	4.5	11	6.2
	업계	5	2.8	1	0.6	3	1.7	9	5.1
	기관, 단체	1	0.6	2	1.1	1	0.6	4	2.2
사용 언어	한국어	29	16.3	61	34.3	83	46.6	173	97.2
	영어	1	0.6	1	0.6	3	1.7	5	2.8
계		30	16.9	62	34.8	86	48.3	178	100

4. 마치며

이상에서 살펴본 한국 광고산업 연구 30년은 크게 세 가지로 요약할 수 있다.

첫째, 연구 분야나 주제 면에서 다양화, 세분화의 변화가 있었다.

우리나라 광고 매출액이 갓 1조 원을 넘기 시작한 1990년대는 산업으로서의 면모를 갖추기 시작했던 때이므로 광고산업의 현황이나 문제점, 과제 등을 제시하고 진단하는 등의 광고산업에 관한 거시적 연구가 주를 이루었으며, 미디어나 광고회사에 관한 연구는 명맥을 이을 정도의 소수만 이루어졌다. 그에 비해 2000년대는 인터넷을 비롯한 뉴미디어의 등장과 방송통신의 융합으로 미디어의 새로운 패러다임이 제시되는 때였던 만큼 미디어 현황이나 미디어 역할 또는 가치, 제도와 관련된 연구들이 크게 늘어났으며, 이와 더불어 광고주, 광고회사, 소비자 등으로 연구 분야가 차츰 다양화되었다. 그리고 2010년대에는 우리나라 광고시장이 10조 원을 돌파함과 동시에 스마트폰을 비롯한 각종 디지털 디바이스와 애플리케이션의 활성화로 모바일 광고시장이 급성장하였으므로, 뉴미디어와 관련한 연구가 여전히 강세를 보이면서도 광고주, 광고회사, 광고제작사, 정부 및 기관, 광고산업 등 전반으로 확장되었다. 뿐만 아니라 같은 연구 분야 내에서도 연구주제가 세분화되는 경향을 보였는데, 광고회사라는 주제 내에서도 광고회사의 운영이나 현황 외에 광고인의 근무환경, 창의성이나 광고주와 광고회사와의 관계 등 그 주제가 점차 세분화되었음을 알 수 있었다.

둘째, 연구방법적인 측면에서는 균형과 정교함의 특징이 나타났다.

1990년대에 연구된 논문들의 대다수는 연구방법에 있어서는 대체로 문헌연구나 서베이 등의 방법에 국한되어 있었고, 분석방법은 빈도 · 비율 등의 단순 통계분석에 머물렀으며, 분석대상 또한 광고업계의 통계나 문헌 등을 활용하는 것에 그쳤다. 그러나 2000년대부터는 문헌연구나 서베이 외에 인터뷰, 사례연구, 실험연구, 내용분석 등으로 연구방법의 종류가 다양해졌으며, 분석방법에 있어서도 변량분석, 회귀분석, 요인분석, 리스렐 등 통계분석기법이 고루 사용되는 한편, 사례분석 등 질적 연구방법론을 사용한 논문들이 상당수 등장하였다. 분석대상 또한 일반 소비자를 비롯해 광고인, 광고업계 종사자, 기업인 등으로 다양해졌다. 그리고 2010년대에 들어서면서 이러한 현상은 더욱 두드러졌다. 연구방법에서 서베이나 실험연구 등의 실증연구가 크게 늘어난 것은 물론 사례연구나 인터뷰 등을 통한 질적 연구에 대한 시도들도 상당수 증가함으로써 다방면에서 균형 잡힌 현상을 보였다. 뿐만 아니라 연구방법이나 분석방법을 두 가지 이상 사용하는 연구들이 증가하였는데, 사전 조사나 사전인터뷰를 통한 준비과정으로서의 방법뿐 아니라 연구의 객관성과 정교함을 높이고자 복수의 연구방법을 채택하는 연구들이 많아졌음을 발견하였다.

셋째, 연구자 간 공유와 협력의 양상을 보였다.

1990년대 『광고학연구』 창간 초기에는 업계 전문가 초빙논문 몇 편을 제외하고는 광고학계 연구자들의 단독연구가 대다수였다. 그러나 2000년대로 들어오면서 2명 이상의 공동연구가 늘어나고 학계 내부의 타 전공 참여는 물론 학계와 업계 간의 산학연구나 학계와 기관 · 단체 간의 관학연구가 상당수 등장하면서 협력과 교류현상이 일기 시작하였다. 2010년대부터는 단독연구 사례가 크게 줄어들기까지 하면서 2명이나 3명의 공동연구 사례가 빈번해졌으며, 업계나 기관 · 단체의 참여가 한층 높아지는 변화를 보였다. 이러한 현상의 배경에는 급격히 변화하는 디지털 기술과 미디어의 영향으로 다양한 전공 분야의 연구자들이 지식을 공유해야 하는 당위적인 측면과 더불어 광고산업 각 분야의 인적 교류와 협력의 기회가 크게 늘어났음을 반증하는 것이라 해석된다.

이상에서 살펴봤듯이, 우리나라 광고산업의 지난 30년간의 연구는 양적으로나 질적으로 상당한 발전과 변화를 보였으며, 이러한 과거 추세를 미루어 볼 때 향후의 변화 또한 적지 않을 것으로 예상된다. 지금 이 순간에도 디지털 기술의 발전과 소비생활의 변화는 지속되고 있으며, 광고산업 환경 또한 과거 어느 때보다도 격동하고 있기 때문이다. 따라서 이 장에서 살펴본 광고산업 연구의 30년에 대한 고찰은 앞으로 더 많은 검토와 연구가 뒤따라야 할 것으로 생각한다. 먼저, 『광고학연구』 논문 외에도 『광고연구』, 『한국광고홍보학보』, 『광고 PR실학연구』 등의 광고학 분야의 다른 학술지 등에 게재된 광고산업 관련 연구들도 함께 검토함으로써 『광고학연구』에 실린 연구들의 현황 비교는 물론 광고산업 연구의 전체적인 경향을 분석해 볼 필요가 있다.

또한 이 장의 서두에서 언급하였듯이, 광고산업의 개념과 정의에 대한 새로운 시각과 접근이 필요할 것으로 보인다. 각종 디지털 디바이스의 보급으로 전통광고 미디어의 정체성과 경계가 모호해지고, 소셜미디어의 급격한 성장과 1인 크리에이터의 등장 등으로 동영상 콘텐츠가 대량 배포되는 시대에 기업은 굳이 광고와 PR 활동을 구분하려고 하지 않으며, 광고회사와 PR 회사, 제작사, 그리고 매체사의 업무 영역이 혼재되는 양상을 보이고 있기 때문이다. 따라서 앞으로의 광고산업에 대한 연구는 이러한 변화 양상에 적합한 보다 확장된 개념의 틀을 가지고 접근해야 할 것이며, 이에 대한 학계와 업계는 물론 광고산업 분야 전문가들의 심도 있는 논의와 검토가 이루어져야 할 것으로 생각한다. ■

제9장

한국 광고산업의 30년 변천

김유경(한국외국어대학교 미디어커뮤니케이션학부 교수)

1. 한국광고학회 창립 이후 광고산업의 변화와 쟁점(1989~1999)
2. 디지털 시대의 개막과 광고산업의 변화와 쟁점(2000~2009)
3. 광고산업의 첨단화와 미디어 다변화 시대의 쟁점(2010~2019)
4. 한국 광고산업 30년과 진화하는 한국 광고

◈◇◈

광고산업은 크게 광고주, 광고회사, 매체사로 구성되며, 이들은 긴밀히 연결된 유통구조하에서 광고라는 재화를 생산, 분배, 소비하는 주체이다. 한국에서 광고산업이 본격화된 시점은 대략 1970년대 초로 산정된다. 따라서 현대 광고산업의 발달은 50년에 걸쳐 진행되어 왔다고 볼 수 있다. 광고산업이란 이 같은 일반 유통구조를 중심으로 나타나는 경제 개황, 광고시장의 동향, 광고업의 실태, 매체별 광고비 집행 추이 등의 분석을 통해 그 현황이 나타난다. 이 장에서는 한국의 광고산업과 관련한 경제 및 광고시장 전반의 쟁점과 변화를 중심으로 하되 1989년(한국광고학회 창립)부터 현재에 이르기까지 변천에 얽힌 쟁점을 개괄적으로 살펴보고자 한다.

1. 한국광고학회 창립 이후 광고산업의 변화와 쟁점 (1989~1999)

1) 광고산업의 새바람: 통합 마케팅 시대의 개막

한국광고학회의 창립 원년인 1989년은 광고산업에 커다란 의미를 지닌다. 세계 광고의 패러다임이 이때를 중심으로 변화하기 시작하였다. 1960년 1970년대와는 달리 1980년대에 접어들면서 광고회사에 의한 메시지 전달의 변화, 광고주 중심 역할 등장, 광고비의 혁신이 함께 중요한 종합적 요인이 된 것이다. 이른바 IMC(Integrated Marketing communication, 이하 IMC)의 등장이다(김민기, 2001) 요컨대, 광고회사들이 그동안 주도해 오던 타깃 중심의 커뮤니케이션이 메시지 양의 급격한 증대로 어려워졌으며, 기업의 광고회사 합병, 상품의 시장범람, 글로벌 마케팅 시스템의 유입 등으로 기업, 즉 광고주의 자체역량 강화시대가 도래하였던 것이다. 또한, 비용에 대한 변화가 기업의 비즈니스 전 분야에 걸쳐 나타나면서 전통적인 4대 매체의 광고비가 급증하는 현상에 대해 혁신적이며 다각적 수단을 모색하였다. 이제는 다양한 마케팅 수단을 통합하고 조합하되 최대 임팩트의 커뮤니케이션 효과를 얻기 위한 새로운 시대를 준비하게 되었다. 즉, 통합마케팅 시대 ROI, 즉 투자수익을 냉정하게 고려하게 된 되었던 시기였다. 해외 시장에서는 광고주의 85%가 바로 IMC의 위력을 간파하고 더 이상 광고인, 즉 광고회사의 종합적 전문성을 인정하지 않고 마케팅, 리서치, 크리에이티브를 소비자의 관점에서 통합하기를 원하였다.

1989년은 돈 슐츠(Don Schultz)의 IMC 이론이 시장에 등장하면서 1990년대로 이어지는 시대는 급변하는 광고환경의 시대였고, 이 같은 변화에 대한 대응을 모색하게 되었다. 나아가 광고주와 광고회사 간의 파트너십에 대한 재정립 요구가 일면서 광고회사가 스스로 평가받는 새로운 시스템의 도입이 제기되었다(제일기획, 2017; 김민기, 2001).

2) 기업, 미디어, 광고시장의 동반탄력 시대

1990년대의 시작은 21세기 비전과 세기말 10년의 흥분과 기대 속에서 출발되었다. 대기업들은 모두 초일류기업으로 발돋움할 것이라는 청사진을 제시하였고, 정부와 국가는 국민 복지 천국의 선진국이 될 것이라는 희망에 여러 지표들을 발표하였다. 1997년 말 이후부터 1999년, 2000년 현재까지 2년여 동안 겪은 세계 경제의 흐름과 기업들의 변화와 가계 경제를 보면 1990년대 무수한 경제 예측와 청사진들이 무의미했음을 알게 하였다. 1990년대 광고산업의 움직임은 몇 가지 중요한 특징으로 이루어진다. 기본적으로 통제적 미디어 구조와 제한적 경영활동이라는 특성을 가지고 있었다. 이 같은 광고환경에서 광고시장의 역동성은 경제 상황과 미디어 변화에 따라 민감하게 반응하며 대기업 업종의 부침이나 미디어 시장의 제도 변화에 따라 출렁였다.

이들 변화를 개괄적으로 살펴보면, 허가제에서 등록제로 전환된 인쇄매체는 1990년 일간지가 85개, 1991년 98개, 1992년 112개로 대폭 늘어나 전년대비 10%대의 성장률을 기록하였다. 공급자 중심의 시장을 형성한 방송은 1990년 종교방송과 1991년 SBS의 개국으로 절대물량이 늘어 광고시장에 반영되는 결과를 가져왔다. 1994년부터 1996년까지는 반도체 호황과 수출의 증가, 대형설비 및 투자의 그룹 간 조정 등으로 기업이미지 광고의 필요성, 경쟁적 상품광고와 같은 기업의 광고여건이 달라졌다. 또한 방송광고 제도의 변화, 신문, 잡지의 질적 경쟁과 증면, 본격화된 케이블 TV, 새로 등장한 뉴미디어 등의 매체 구조변화가 발전되면서 전체 시장의 20%대, 전파시장은 거의 30%대에 육박하는 고성장을 하였다(한국광고단체연합회, 1997).

그러나 1996년 하반기 이후 대기업의 도산과 외환위기로 1997년 11월 IMF 체제를 불러들였고 우리의 경제 체제와 광고체제는 외부 경제여건과 통제, 경쟁력을 되살리기 용이한 구조조정에 따라 극과 극을 오가는 예측불허의 체제로 진행되었다. 궁극적으로 광고산업은 경제 변화의 선행적 성격으로 GDP의 변화폭보다 큰 폭의 성장, 하락의 모습을 보였으며 경기가 성장세를 나타내면 빠르게, 더 높게 성장하고 하향세를 보이기 시작하며 더 큰 폭으로 역성장하였다(제일기획, 2000). 이와 함께 1990년대는 한국 광고산업의 제도와 인프라가 크게 발전했을 뿐 아니라 해외 시장의 영향으로 글로벌 스탠더드와 패러다임이 끊임없이 국내 문호개방과 협력을 요구했던 시기라고 볼 수 있다.

3) 초기 미디어 시장과 광고: 위기의 한국 경제와 광고시장

학회 창립 초기의 매체시장을 보면 방송 분야에서 민영 TV가 출범하였으며 1994년에는 KBS 1TV의 광고가 폐지되었다. 1995년 중반에는 1, 2차의 지역민방이 개국하면서 위성방송이 시작되었다. 그러나 1996년 애틀랜타 올림픽 이후 IMF를 맞으면서 매체에도 지각변동이 일어났다. 특히, 신문의 경우, 동아일보, 매경이 조간체제로 바뀌고 경향신문이 1991년 4월 조간으로 발행체제를 바꾸면서 신문매체의 조간화는 일단 부분 매듭지어졌다. 또한 중앙일보가 석간을 고수하고 조선일보가 주5회 32면 발행을 단행함으로써 1993년 신문매체가 나름의 질서를 잡아갔다. 신문발행부수공사 제도인 ABC는 1989년에 창립을 맞았으나 이후 정치적, 기업 내부 사정을 이유로 중지되면서 표류하기 시작하였던 시기였다. 여러 과정에 걸쳐 1993년 또는 1995년에 실시하겠다는 협회 측 발표가 줄을 이었으나 사실상 불투명한 시기였다. 이후, 창립 22년 뒤에 일간신문 153개 신문에 대한 발행, 발송, 유료인증 부수를 발표하는 체계적인 정착이 이루어졌다. 1991년 광고자율심의 기구가 태동하여 1994년 정식 출범하였다. 1996년에는 세계광고대회가, 1999년에는 세계광고주대회가 열리면서 본격적인 국내 광고 개방과 교류가 시작되었다. 1998년에는 업계 최초로 제일기획이 상장한 이래, HS AD, 오리콤 등이 기업공개에 참여하였다. 신문방송을 대행하던 회사는 41개사, 방송만 대행하던 광고회사는 37개사였다. 1990년대 중반에는 방송광고 대행 인정제도 또한 허가제에서 등록제로 전환되면서 광고회사가 급증하고 IMF를 전후하여 200여 개에 이르렀다(김민기, 2001). 광고회사의 기능도 광고업무의 단순대행에서 컨설팅으로 성격이 바뀌었고, 매체업무도 단순구매에서 기획기능의 강화가 두드러졌다. 따라서 소비자와의 관계도 제작물 전달에서 커뮤니케이션으로 바뀌었다. 이른바 광고회사는 브랜드 커뮤니케이션 회사의 시대로 탈바꿈이 시작되었다.

4) 국내 광고시장의 개방과 초고속 성장

지난 30년을 회고해 보면 한국 광고시장의 발달은 **광고시장**의 개방과 함께 역동적으로 변화하는 산업구조에서 찾을 수 있다. 특히, 광고시장의 개방이 미국의 서비스시장 개방압력에 의해서 이루어졌으며 미국이 광고시장을 개방하고자 한 이유는 대

미교역 흑자, 광고산업의 성장, 다국적 기업의 해외 진출, 미국 광고회사의 경쟁력 유입을 들 수 있다. 광고시장 개방을 둘러싼 일련의 과정들은 다국적 광고기업의 인수 및 합병, 국제정보의 일방향성과 같은 국제적 흐름과 상당 부분 연관되어 왔다. 국내에 진출한 외국계 광고회사의 경영전략상의 특성으로는 브랜드 중심의 커뮤니케이션 및 마케팅 서비스, 미디어 에이전시의 육성, 네트워킹을 통한 서비스 그리고 이익 중심의 경영과 직원들에 대한 교육 등의 유형으로 분류되었다.

1990년대 광고시장의 패러다임은 1996년까지 미디어의 변화와 광고제도의 변화가 광고시장을 이끄는 동인으로 작용하다가 기업여건의 변화와 함께 대내외 경제질서가 광고시장을 지배하는 구조로 전화되었다. 또한 실업률, 주가동향을 포함한 금융의 흐름, 소비마인드, 기술의 변화와 마켓의 구조변화가 국내 소비자들에게 어떤 식으로 반영되느냐에 따라 변화되어 왔다(이수범 외, 2010).

이밖에 국내 시장의 개방을 전후하여, 1989년에는 옥외광고, 1995년에는 광고제작업이 차례로 개방되면서 한국광고산업의 국제화와 과학화가 급속히 이루어져 왔다. 특히, 옥외광고는 전면 개방되자 네온 및 옥상광고가 상업지역으로 침투하면서 「옥외광고물 관리법」과 맞물려 혼선을 빚었다. 걸프전의 발발과 에너지 절약으로 네온사인의 점등시간 제한 조치 등이 가속화되고, 급기야 IMF 한파의 내습으로 곤경에 처하게 되었다(한국광고업협회, 1999). 그러나 광고시장 개방의 1기라고 할 수 있는 1984년에서 1997년에 이르기까지 우리나라 광고산업의 환경은 많은 변화를 겪어 왔다. 광고시장 개방에 따른 대표적인 변화로 외국계 광고대행사의 국내 진출 확대, 광고 관련 외자 도입정책의 변화, 광고시장 자본구조의 변화, 외국 제작광고물의 증가, 광고인력 이동현상의 가속화, 광고업계의 과당 경쟁 및 광고주 이동의 심화, 광고제작 환경의 변화, 마케팅과 브랜딩에 대한 광고업계 인식의 변화를 들 수 있다. 특히, 1993년은 실명제 실시로 인한 개혁과 쇄신바람이 광고업계에 큰 희망과 기대를 갖게 하였다. 문민정부의 출발로 전파광고거래제도의 개선, 방송광고 수급의 불균형 완화, 정부광고 업무에 대한 광고회사의 참여 확대 등이 큰 과제여서 더욱 그러하였다. 그러나 이 같은 희망은 바람에 불과하였다는 결론에 이르렀고, 특히 우루과이라운드(UR) 협상 타결시한을 놓고 한 해 동안 회오리가 온 나라 경제를 뒤흔들어 놓았다. 특히, 농산물시장의 개발 방침은 정치권력의 근간을 위태롭게 할 정도로 심각하였다. 당시 우리나라는 1991년도 이미 시장의 완전개방이 결정되었기 때문에 광고산업의 활동이 상당히 위축된 시기였다(이수범 외, 2010). 엑스포 등 소위 비대중매체 등에 광고회사들이 적극적으로 참여하면서 광고회사의 영역 확대가 이루어지는 기회를 맞이하였다. 또한 IBM 등 해외 CF 제작물이 국내 첫 방송이 허가되면서 국내 광고업계의 반발을 초래하였으나 결국 국내 광고회사의 질적 발전을 가져온 계기가 되었다(제일기획, 1994).

나아가 현대 한국 광고산업의 발전은 1998년 광고시장 개방 2기라고 할 수 있는 시기에 일어났다. 1987년 재무부의 외자 도입을 시작으로 1997년 위성시장 개방과 함께 완성된 광고시장의 완전개방이 바로 변화의 진원지였다. 국내 시장은 개방을

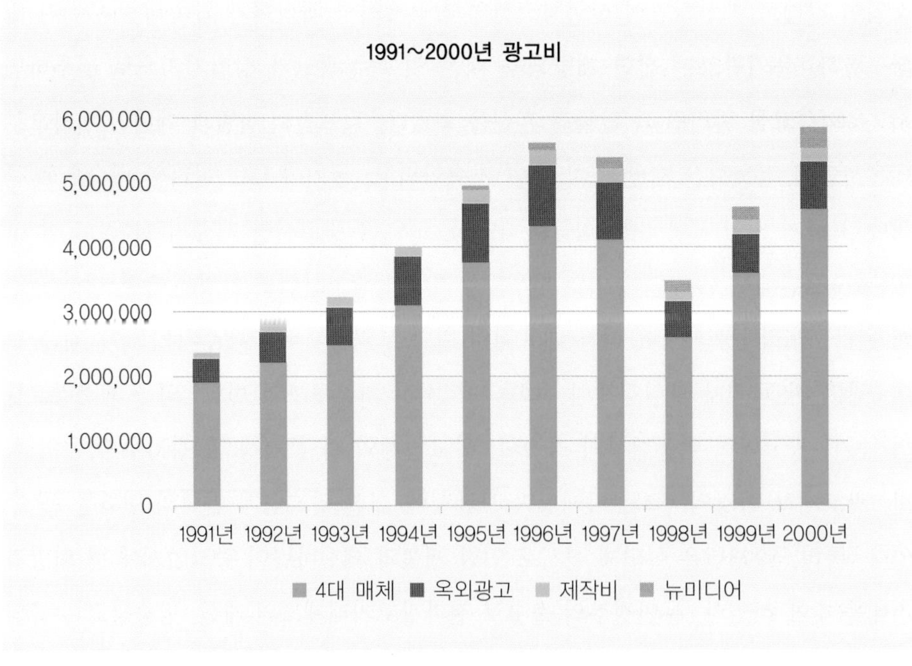

[그림 9-1] 1990년대 국내 총광고비

*제일기획 1992~2001 광고연감 재구성.

위한 충분한 준비가 되지 못하였다. 예컨대, 인력에 대한 투자 부족, 단기성과 위주의 경영실태, 해외 시장 개척과 문화와 시장조건에 대한 이해 부족 등이 걸림돌이었다. 광고시장 개방은 국내 광고산업 발전에 중요한 요인이었으나 그에 못지않게 변화된 환경에 적응해야 하는 내부 시장의 정비를 더욱 공고히 하는 기회가 되었다. 당시, 해외 광고회사의 국내 진입이 급속히 이루어지면서 양적으로 산업규모의 절반을 차지하게 되었다. 또한 1997년 외환위기를 겪으면서 경기 불황 때 구조조정을 거치는 과정에서 외국계 광고회사와 국내 회사들 간 구조적인 차이와 불균형이 심각히 드러났다(한국광고업협회, 1999; 이수범 외, 2010).

5) 불황기의 도래와 국내 광고시장의 변화

학회 창립 초기 국내 광고산업은 다소 호조세를 보였으나 이후 하강세를 보였다. 불황의 조짐이었다. 1993년 국내 총광고비는 3조 2,287억 원으로 전년보다 4,128억 원이 증가하여 14.7% 성장한 것으로 나타났다. 이는 그러나, 1992년 성장률 17.6%보다 2.9% 낮아진 것이며 10.7%의 성장률을 기록한 1986년 이후 가장 낮은 성장률을 보인 시기이다. 이 같은 저성장은 장기적인 경기불황의 영향으로 인한 중소기업의 연이은 도산, 건설, 부동산 경기의 침체, 실명제 실시로 인한 제조업의 위축 등으로 기업들이 광고비의 지출을 억제한 시기이기도 하다. 광고비의 부문별 구성비를 보면, 4대 매체가 77%를 차지하고, 옥외, SP 등의 순으로 나타났고, 특히 옥외, SP, 기타 매체의 광고비는 전년대비 1,316억 원이 증가된 6,061억 원으로 집계되었다. 이는 총광고비 대비 18.8%로 구성비가 1.9% 증가하며 27.7%라는 높은 성장률을 기록한 것이다. 1996년도 광고계는 경기침체 여파로 많은 어려움을 겪었다. 특히, 하반기에 접어들면서 기업들의 긴축, 감량 경영에 따른 광고물량 동결 또는 삭감으로 광고계에는 한파가 불어닥쳤으며, 1992년 이후 처음으로 광고비 절대액이 감소하는 등 광고시장이 크게 위축되었다.

결국, 우리나라 국가 경제사상 전례가 없었던 경제난국의 기류는 산업의 공동화

(空洞化)를 초래하고 잇달아 몰아친 기업 부실화의 회오리는 1997년의 광고업계를 심각한 경영난에 처하게 만들었다. 종합 광고회사들은 30년 역사상 유례없이 사활의 기로에 봉착하였다. 1996년 초부터 나타나기 시작한 경제불황의 분위기는 1997년에 들어서면서 극도로 악화되어 1997년 11월 말 현재 부도방지협약, 법정관리, 화의신청, 부도도산 등으로 부실화된 기업체 수만도 1만 3천여 개에 이르고 있으며, 이들 기업들의 부실금융 규모만 해도 16조 1천억 원에 달하고 있어 국가 경제의 위기가 얼마나 심각한 것인가를 극명하게 나타내 주고 있다. 부실기업의 도산으로 광고회사는 큰 타격을 입었다. 이들 기업들은 광고회사와 밀접한 광고 업무 관계를 맺어오면서 이들 기업의 위기는 곧 광고회사의 부실화로 이어져 광고회사들이 안고 있는 광고주의 부실 채권액이 줄잡아 1천억여 원에 이르렀다. 이 사실만 보더라도 1997년에 발생한 기업의 부실화가 곧 광고회사의 부실화를 초래하는 근본적인 원인이며 그 심각성을 잘 보여 주고 있다.

기업은 대폭적인 광고비 지출감소를 단행하였다. 이 시기에는 불황기의 광고전략과 방법론이 산학계의 큰 화두가 되기도 하였다. 총광고비가 1989년에 1조 5천억 원으로 122.4%가 증가하였고, 이후 1997년에 들어서면서 총광고비는 5조 3천억 원을 기록, 전년대비 95%에 그쳤다는 사실만 보더라도 감소세의 충격을 알 수 있다(제일기획, 1998).

IMF로 인해 광고회사들이 앞다투어 조직의 슬림화를 위해 회사의 조직은 통폐합하거나 부서를 폐지하는 강력한 개편을 추진하였다. 당시 KOBACO(현 한국방송광고진흥공사)의 집계 자료에 따르면 1998년 3월 말 현재 25개의 광고회사들이 부도를 내면서 155억 원에 달하였고, 이는 전체 매출의 14%에 해당하였다. 1998년 총광고비는 3조 4,846억 원으로 1997년 말 시작된 IMF 체제로 인해 대대적인 변화와 광고시장의 붕괴와 함께 전년대비 35%에 달하는 큰 폭의 마이너스 성장을 보였다. 1998년 한 해는 심한 광고수요 기근으로 인쇄매체 광고단가 붕괴, 전파매체 광고판매제도의 잦은 변화, 광고 제작물의 기존 패턴에서의 일탈 등 광고 관련 업계가 여러 가지 새로운 파급효과를 경험하였다. 전 업종이 마이너스 성장을 한 가운데 유일하게 금융,

증권, 보험업종만이 구조조정 이후 금융권의 마케팅 변화를 나타내며 소폭 성장하였고, 광고주별로는 휴대전화 서비스 및 브랜드가 1~10위를 차지하였다(제일기획, 1999).

돌이켜보면, 광고시장이 고성장을 유지하였던 1990년대 이후부터 1995년까지는 90%대 이상의 광고 판매율을 보이고 있으며 불경기의 조짐이 보이던 1996년에는 88.1%, 1.1% 역신장하였던 1997년에는 77.2%로 판매율이 하락하였고 1998년에는 49.4%로 전체 판매율이 50%에도 못 미친 것으로 나타났다. 그러나 역설적인 것은 1997년에 174.3%의 획기적 성장을 했던 온라인 광고영역은 1998년 400만 이상으로 증가되고 인터넷 사용도 350만으로 대폭 늘어나 디지털 미디어 세대의 등장이 가시화되었다. 1998년에도 41.3% 성장하여 매체시장 영역에서 유일하게 고성장을 하였다(제일기획, 1999).

1999년 광고시장은 금융증권과 건설분양, 정보통신의 꾸준한 광고에 디지털, 벤처가 가세하면서 전례 없는 상승형 광고시장 규모를 보였다. 1999년 광고시장은 전년대비 32.6% 성장하였다. 전년도 4조 6천억 원을 기록하였던 성장률을 거의 역으로 뒤집었다. 이때는 1998년보다 무려 1조 1,300억 원이 늘어나 고도의 성장을 구가하였던 과거 1994년, 1995년 수준을 회복하였다. 이는 1980년대 말 이후 지속적으로 광고 GDP 점유비가 점증하면서 1996년에 이르러 1.34%로 최고에 달했던 추이처럼 다시 광고산업이 회복기로 가는 기대를 모은 중요한 반전기였다. 미디어산업 또한 이 같은 변화에 가세하였다. 4대 매체 광고비가 3조 6천억 원으로 4매체 모두 정상적인 시장규모를 회복하였으나 TV 신문, 잡지 등 일부 매체로 몰리는 편중현상을 보이면서 매체의 부익부 빈익빈 현상이 심화되었다. 또한 이 시기는 온라인과 오프라인 미디어가 본격적으로 결합해 전환을 모색하는 등 미디어 광고산업의 새로운 패러다임을 예고한다. 이는 1997, 1998년 광고시장의 붕괴로 미디어산업 전반에 대대적으로 구조조정이 이루어지면서 업무조직의 아웃소싱, 인력감축이 단행되면서 발생한 새로운 현상이다. 특히, 1999년 광고업계에는 5년여를 끌어 왔던 통합방송법의 제정, 전파광고의 거래지급보증제도의 개선, 외국 광고회사의 독자경영체제로의 새로운 출범, 표시 광고에 대한 공정화 법률의 시행 등과 같은 큰 다수의 변화가 있었다(제일기획, 2000; 〈표 1〉 참조).

이밖에 1990년대에는 주먹구구식이 아닌 과학적 데이터 분석을 통한 전략적 광고 · 마케팅이 이루어졌던 중요한 출발점이었다. 예를 들면, 소비자의 라이프스타일을 조사해 여성, 키즈, 실버, 신세대 등 타깃층을 세분화해 효과적인 마케팅 전략을 펼치기 시작하였다. 경제가 악화되면서 광고시장 역시 치명타를 입을 수밖에 없었다. 하지만 큰 시련만큼 광고시장이 한층 성장하는 계기가 되기도 하였다. 선진국형 광고 시스템을 갖춰 광고효과를 조금 더 과학적으로 분석하기 시작하였고, 이전보다 소비자의 반응을 중요시하게 되었다. 실제로 광고 예산을 절감해 소극적 마케팅을 펼친 기업보다 적극적으로 투자한 기업이 소비자로부터 좋은 반응을 얻었다.

2. 디지털 시대의 개막과 광고산업의 변화와 쟁점 (2000~2009)

1990년대에 인터넷, PC 통신이 등장했다면 2000년대에 디지털이라는 새로운 세상이 열렸다. '1인 1폰', '1인 1ID' 시대가 오면서 이메일 마케팅, 모바일 마케팅 등 새로운 디지털 마케팅 전략이 생겨났다. 또, 급격한 정보화와 IT 산업의 발달은 온 · 오프라인 통합 마케팅인 '총체적 마케팅'을 가능하게 하였다. 즉, 다양한 소비자 접촉점을 통해 소비자의 개별적 니즈를 충족시킬 수 있는 제품, 서비스, 경험 등을 전달하는 것이다. 먼저, 2000년대의 광고시장을 양적인 측면에서 보면 한국의 광고시장을 발전시킨 촉매제는 시장개방이었다. 외국계 광고대행사의 진입으로 한국 광고계의 질적 변화, 디지털 미디어 개발에 의한 소비자 중심의 광고산업으로의 전환을 가져왔다. 전술한 대로 1997년 위성시장 개방은 한국 광고산업의 개방효과가 주는 중요한 지점으로 평가할 수 있다(이수범 외, 2010).

방송광고 인정대행사는 1978년 3개에서 2009년 기준으로 230여 개로 급증하였다.

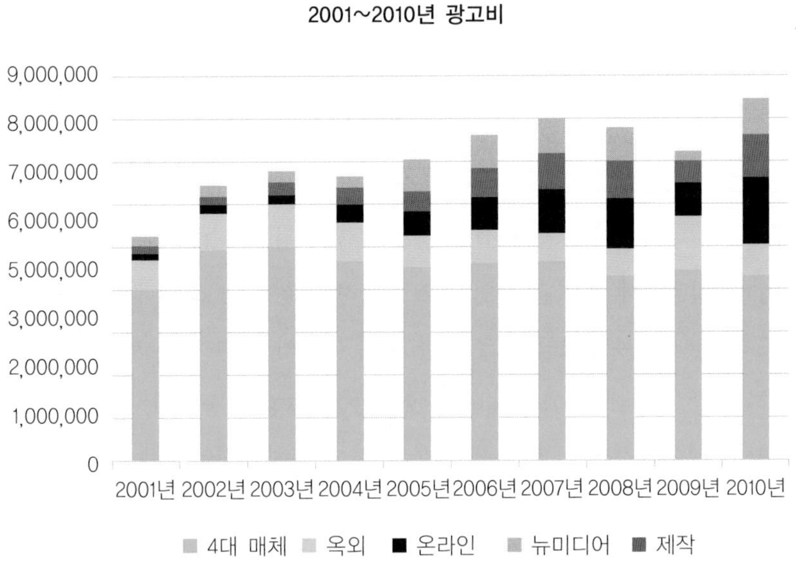

[그림 9-2] 2001~2010년 국내 매체별 총광고비

*제일기획 2001~2011 재구성.

2000년 이후에는 다양한 광고회사의 권역별 자율경쟁이 이루어지고 상장회사가 등장하였으며, 대기업의 인하우스 에이전시에서 상장사 및 다국적 M & A사로 변화하며 다양한 광고회사 및 전문회사가 양립하는 형태를 나타냈다. 특히, 2003년 이후에는 국제광고시장의 저성장으로 인해 광고주에 대한 유치경쟁이 심화되어 미래성장동력 위주로 광고회사의 구조가 재편되어 왔다.

밀레니엄의 반전과 혼돈이 예측되었던 2000년의 광고시장 규모는 5조 8,534억 원을 기록해 전년대비 26.7%의 성장률을 기록하였다. IMF로 급락했던 1998년 광고시장의 붕괴 후 다시 정상화하면서 급성장하였던 1999년의 성장률에 미치지는 못하지만 1996년의 5조 6,156억 원의 광고시장을 넘어선 역대 가장 큰 광고시장을 형성하였다. 또한 경제 또는 경기의 파행적인 흐름이 반영되어 매우 기복이 심한 시장을 형성하였다는 것과 사실상 미디어의 변화에 의해 시장화 예측이 가능하였던 1990년대의 안정구조와는 매우 다른 구조를 갖게 되었다(제일기획, 2002~2011).

1) 2000년 초반의 광고시장 변화와 쟁점: 미디어 기술과 광고제도

이 시기의 특징적인 변수들을 짚어 보면, 미디어의 변화에 따른 광고시장의 변화가 눈에 띈다. 지난 2000년과 2001년에 걸쳐 연속 광고계 10대 뉴스에 올랐던 중간광고도입, 위성방송에 관련된 사업자 선정과 방송출범, 2002년에 등장한 방송광고 판매제도 개선, 방송광고요금 인상 논란 등의 이슈가 매년 같은 비중으로 뉴스차트를 장식하였다. 그밖에 2001년의 중요 이슈는 방송광고 총량제, 위성, 디지털방송 출범에 따른 매체환경의 급변 등에 대한 논란이 공론화되었으며, 외국계 광고회사 진출이 급증하면서 점유율이 크게 늘어났다. 2000년 하반기와 2001년에 걸쳐 건설회사의 도산, 금융권의 경색, 유가 상승, 반도체 가격 하락 등의 복합적인 경기 침체 요인에 따른 소비위축이 있었으나 광고시장은 비교적 안정세를 가지며 불황기의 마케팅 지출을 지속하였다. 업종별 광고비의 특징을 보면, 전통적 업종이 상위권에 랭크되거나 중간광고시장을 받쳐 주는 업종으로 등장하였다. 브랜드별 광고비는 컴퓨터, 정보통신 브랜드가 주축을 이룬 가운데 자동차, 아파트 분양, 금융, 유통광고주 중심으로 분포되었다. 2001년도의 업계동향을 보더라도 한국광고단체연합회의 집계에 따르면 광고회사들의 1위에서 4위까지 모두 마이너스 성장을 기록하였고, 외국계 광고회사가 크게 약진하고 있다는 것이 확연히 나타났다(제일기획, 2002).

2001년 총광고시장은 5조 2,990억 원으로 전년대비 9.5% 역신장하였다. 4대 매체 광고비는 3조 9,865억 원으로 전년대비 13.4% 신장하였다. 또한 2000년과 2001년 불과 2년의 광고시장은 비교조차 어려울 정도로 매년 정상적인 궤도를 벗어나 빠르게 움직인 해였다. 전반적으로 마이너스 성장을 보인 매체시장에서 TV가 1조 9,500억 원으로 36.9% 점유율을 보였고, 신문이 30.9%로 — 이는 전년대비 22.7%라는 가장 높은 마이너스 성장률 — 옥외 및 SP매체, 라디오, CATV가 각각 그 뒤를 이었다. 전체적으로 4대 매체가 75.3%로 광고시장 전반을 주도하였으나 기타 매체의 비중도 점차 커졌다. 2002년 광고시장을 보면, 총광고시장은 6조 4,784억 원으로 전년대비 19.8% 성장하여 역대 광고시장치 중 최고 규모를 기록하였다. 2001년 경기침체로 7.6% 역신장을 기록하였던 추세에 비하면 IMF 이후 경기기복에 따라 광고시장도 연동하여 상승, 하락을 하는 선행적 움직임을 그대로 보여 준 한 해였다. 4대 매체 광고비도 4조 9,181억 원으로 전년대비 20% 성장하여 5조 가까운 시장규모를 형성하였고 케이블 TV나 인터넷 광고시장의 성장세에도 불구하고 총광고시장의 76%를 점유해 2000년대 들어 점증하는 추세를 보였다.

이 당시 광고시장 환경 변화의 세 가지 변수를 살펴보면, 첫째로 광고주의 경영상황과 소비자의 소비동향 등 경기동향에 민감하게 지배를 받으면서 50대 대기업군과 메머드 공기업군에 의해 움직이던 광고시장은 물가지수, 주가지수, 소비지수로 나타나는 소비심리, 각종 생산지수, 수출입동향, 금리나 환율, 유가 등 경제지표에 의해 움직이는 기업들의 제반여건에 의해 지배받게 되었다(제일기획, 2003).

두 번째는 2002년 이후 미디어의 변화나 미디어 제도의 변화에 따라 광고시장 환경도 영향을 받았다. 개방과 경쟁을 지향하는 추세에 따라 미디어 제도와 관행이 변하였으며 기술발전이 더함에 따라 멀티화, 디지털화, 개인화 대형미디어 등장, 니치미디어, 뉴미디어의 출현 등의 특성을 나타내며 오디언스의 동향 변화를 유도하여 광고업계와 크리에이티브 전반의 혁신을 요구하게 되었다. 그리고 기업이 광고회사의 다국적 브랜드의 유입으로 인한 글로벌화로 해외 광고 트렌드의 변화가 빠르게 전파되거나 직간접으로 영향을 주는 경향을 보였다. 경제 마케팅 환경을 지배하는 국외적 경제변수까지 광고시장에 영향을 끼치면서 마케팅, 브랜딩, 조사 및 관리기법이 큰 변화를 보였다. 본격적으로 광고집행의 효율성과 성과가 강조되면서 광고시상의 글로벌화가 국내에서도 확대되었다. 전반적으로 2002년의 경제환경과 정부환경은 월드컵 4강 신화와 포스트 월드컵을 기점으로 IT 산업과 수출산업 위주의 경기를 부상시켜 보려는 노력이 높았으나, 해외 경기 침체가 발목을 잡았고 미국의 이라크 선제공격, 북핵으로 인한 남북한의 갈등, 가계부채의 급등, 금융권 불안 등으로 다시 하향세로 돌아섰다. 2002년 광고업계의 주요 이슈를 보면 눈여겨볼 만한 것이 있다. 특히, 국내 광고산업 6조 돌파로 새로운 분수령을 이루었으며 단일 광고회사로 제일기획 1조 돌파와 세계 최대의 광고그룹인 WPP가 LGAD를 인수하면서 국내 시장에 제일기획과 대홍기획 등이 소수로 전락하였다. 이 시기에 외국계 광고회사들은 IMF 이후 지속적으로 한국 시장을 공략하기 시작하였다(제일기획, 2003).

2003년 총광고비는 6조 8,000억 원으로 전년대비 0.6% 상승하였다. 매체별로는 TV가 3.0% 역신장한 2조 3,671억 원, 신문이 6.4% 역신장한 1조 8,900억 원, 옥외 및 SP 등의 매체가 9,264억 원, 잡지가 5,006억 원, 케이블 TV가 2,975억 원, 라디오가 2,751억 원, 온라인이 2,700억 원의 광고시장을 형성하였다. 특히, 뉴미디어 부문은 시장 확대가 이루어지면서 전년대비 30% 정도의 높은 성장을 기록하였다. PP의 광고호조, 방송사 3사 PP 채널의 약진, 신규 채널의 등장 등이 원인이 되었고 키워드 광고, 영타깃의 증가, 주요 포털의 광고몰림현상 등으로 온라인 광고시장은 전년대비 46%가 신장하였다.

또한 국내 광고회사의 국제화 현황을 보면, 외국계 광고회사의 국내 시장 점유율은 2조 8,000억 원으로 38%를 차지하면서 광고시장이 개방된 1991년 1.8%에 불과했던 것이 IMF를 거치면서 2001년에 36.1%, 2003년에는 38%로 성장해 국내 시장 잠식이 두드러졌다. 특히, 방송광고 거래에 관련된 여러 시도, 즉 방송광고총량제, 중간광고 관련 조항의 개정한 제안 및 라디오 광고조정 및 현실화 방안 등을 철회하기로 결정하였다. 모두 관련 이해 당사자들의 거센 반발로 무산된 것이다(제일기획, 2004).

2004년에 들어와 경제여건 변화에 따른 광고시장의 특징을 보면 무엇보다 수출경기 호조에도 내수시장 침체로 인해 광고시장은 전반적인 불황세를 기록하였고, 기대되었던 내수 활성화에 따른 광고시장의 확대는 실현되지 못하였다. 또한 이로 인해 전반적인 광고수요 감소와 광고주의 단기 캠페인 증가, 고효과 프로의 집중과 대체 미디어로의 이동현상이 두드러졌고, 광고단가 인상이 늦어지고 추가 상승요인이 소멸되는 현상을 초래하였다. TV보다 라디오의 판매율이 해를 거듭할수록 저하되었으며 다양한 방송영역이 등장함께 따라 방송의 멀티화에 따른 광고매체로서 문제점이

노출된 시점이었다. 총광고비를 보면 기업들의 광고비 감축으로 전년대비 2% 역신장한 6조 6,647억 원으로 집계되었고, 이 가운데 케이블 TV 인터넷 등 뉴미디어는 40.2% 성장하였다. TV 역시 5.6% 역신장한 2조 2,350억 원, 신문이 7.6% 역신장한 1조 7,436억 원에 그쳤다. 2004년 대내외 환경을 보면 디지털 시장이 확장되고, 웰빙 스타일의 소비시대는 이미 해외 시장에서 활성화되어 국내 경제에도 영향을 미쳤다. 남북관계 영향과 반일시대의 개막이 두드러지면서 국내 경기의 불안을 초래하였다. 당시 잘 알려진 "아빠 힘내세요, 우리가 있잖아요." CF는 BC 카드의 광고로 선풍적인 인기를 모았다. 이는 당시의 경제를 여실히 반영한 불황기의 전형적인 광고활동으로 볼 수 있다(제일기획, 2005).

2) 미디어 패러다임의 변화와 마케팅 환경의 호조

2005년대 들어서 전년 하반기의 경기침체가 이어지면서 광고시장 전반에 위축을 가져왔다. 그러나 이러한 초기 시장의 침체국면을 극복하면서 전년대비 3.1% 성장을 이루면서 7조대를 돌파하였다. 이 같은 결과는 한일 월드컵 경기가 있었던 2002년을 기점으로 경제흐름과 광고시장이 기업의 마케팅 환경의 변화, 소비자의 라이프스타일과 매체접촉 행태의 변화, 광고 미디어 패러다임 변화의 가시화 등 기조를 변화시키는 요인들에 영향을 받으면서 2005년 전반의 광고 경기가 긍정적인 결과를 낳았다. 2005년 총광고비는 경제의 4%대 성장으로 잠재 경제성장률의 재조정이 거론되었음에도 수출성장의 지속으로 기업투자심리의 점진적 회복, 가계부채의 재조정, 소비심리의 회복 등으로 내부시장이 호전되었다. 이와 함께, 탄력을 받은 기업의 광고비규모 유지, 뉴미디어가 본격적인 타깃 미디어로 자리 잡게 되었다. 매체별로 보면 온라인 미디어의 성장폭이 가장 커 5,669억 원을 기록하여 전년대비 44.4%의 성장과, 케이블 TV가 4,868억 원으로 전년대비 21.7% 신장되었다. 주 광고매체인 TV가 2조 1,492억 원으로 전년대비 3.8% 역신장을, 신문은 1조 6,724억 원으로 4.1% 역신장을 기록하였다. 특히, 뉴미디어는 4년 연속 40%대의 지속적인 성장률을 보여 고성장의 발판을 마련하였다(제일기획, 2006). 2007년 우리나라 경제는 견실한 성장세가 이어지는 가운데 물가가 안정되고 경상수지도 흑자를 지속하는 등 양호한 모습을 보였다. 실물경제 또한 수출이 호조를 보이며 꾸준한 회복세를 나타내어 국내총생산 성장률이 전년과 비슷한 5% 대를 기록하였다. 특히, 삼성경제연구소에 따르면, 2007년 한국 경제는 국민소득 2만 달러 달성, 주가사상 최고치 기록, 서브프라임 모기지 사태로 불안감에 시달렸던 금융시장, 전통산업의 호조와 IT 산업의 부진, 위축된 국내 주택시장 등으로 요약되었다(제일기획, 2008). 2008년 광고시장은 7조 7,971억 원을 기록해 경제성장률 2.5%보다 낮아 역성장을 기록하였다. 4대 매체 광고비는 북경 올림픽 등 대형 이벤트가 있었음에도 불구하고 금융위기의 여파로 소비심리가 크게 둔화되면서 연간 시장규모가 전년보다 7.3% 역성장하였다. 그러나 케이블 TV와 온라인은 전년보다 성장률이 대폭 하락하였지만 각각3.6%, 16.7% 성장하여 최초로 두 개 미디어만으로도 2조 원이 넘는 시장을 형성하였으며, 스카이 라이프, DMB, IPTV 등을 포함하여 전년대비 11% 성장하여 2008년 광고시장의 주요 동력이 되었다. 이 당시 우리 경제는 내수부진과 수출증가세 둔화로 각종 지표가 외환위기 이후 가장 낮아졌다. 소비자 물가상승률은 국제 원자재 가격의 급등과 원/달러 환율상승 등으로 4.7%로 높아져 주가가 급락하는 등 매우 불안한 모습을 보인 한 해였다. 그럼에도 불구하고 2008년은 소비자의 민감한 변화에 대응한 마케팅 패러다임의 진화, 소비자와의 개방적 협업 속에서 공유되는 소위 마케팅 2.0, AD 2.0, Creative 2.0 등 다양한 마케팅 패러다임의 업그레이드 버전들이 현실화된 해로 정리할 수 있다(제일기획, 2009).

3) 광고계의 기술도입에 따른 신매체와 신유형광고의 등장

2009년 국내 총광고비는 7조 2,560억 원으로 전년대비 6.9% 역성장을 기록하였다. 4대 매체 광고비가 전체 시장의 52.8%인 3조 8,300억 원으로 전년대비 11.2% 감소하면서 총광고시장 규모의 감소세를 주도하였다. 이에 비해 인터넷 광고비는 전년대비 4.5% 성장하면서 총 광고시장 중 17%를 차지하였다. 이 시기에 케이블 TV 광고비는 성장세를 마감하면서 전년대비 9.4% 감소하였다. 옥외광고의 경우에는 철도, 지하철, 등 교통광고는 전년과 동일한 수준을 유지하였고, 라디오 광고는 전년대비 19.5% 감소하면서 약 2,231억 원을 기록하였다.

2009년 미디어 시장의 최대 화두는 단연 스마트폰이었다. 2009년 11월 애플의 아이폰이 국내 시장에 들어온 후 무선 통신업계나 제조사와 소비자들 사이에서는 스마트폰은 이제 문화이자 사회현상으로 받아들여졌다. 모바일 기기의 급속한 발전과 첨단화로 소비자들은 스마트폰을 사용함으로써 혁신의 가치를 소비하는 수준에 이르는 비약적인 변화를 경험하게 되었다. 기술의 아이콘이 문화적 아이콘으로 자리 잡게 되면서 광고시장에 크리에이티브의 상상력이 더욱 중요해지고 풍부해졌다. 2009년 광고계가 가장 환영한 사실은 광고시장 활성화를 위한 광고규제 완화가 본격적으로 추진되었다는 점이다. 오랜 기간 동안 광고계에서 요구해 왔던 각종 규제 완화가 다양하게 논의되었으며 일부는 현실화되기도 하였다. 또한 양방향광고, 가상광고, 간접광고 등 신유형광고가 본격적으로 등장하여 시행되고 학계에서 연구되기 시작한 원년이라고 보아도 좋을 듯하다(제일기획, 2010).

특히, 2000년대 초 · 중반에는 신문 광고비가 지상파 TV로 전이되었다가 이후 지상파 TV와 신문 광고비가 케이블과 인터넷으로 이동하였으며 스마트폰, 태블릿 PC, 3G · 4G 무선네트워크의 진화로 인해 모바일 매체가 주도적인 광고 플랫폼으로 등장하였다(연합뉴스, 2013. 12. 17.). 이는 방송광고산업의 경우 전통매체시장은 내부적 경쟁 심화 외에도 신규 매체에 의한 이용 및 광고 대체에 직면하였고, 한정된 광고 재원에 비해 경쟁이 심화되면서 제로섬 경쟁이 가속화된 경향이 강하였다. 미디어 간 균형발진과 시장 활성화를 위한 경쟁원리 도입이라는 이슈가 맞물리면서 조화, 협력, 공동의 선이 정책적으로 적절히 조정될 수 있는가에 대한 논의가 활발하였다. 따라서 미디어의 스마트화가 관건이었다.

[그림 9-3]을 보면, 2000년대 전반과 2010년대 초반에 걸쳐 스마트폰, 스마트 TV, 태블릿 PC 등 신규기기가 급속도로 확대되었으며, SNS를 활용한 비즈니스의 마케

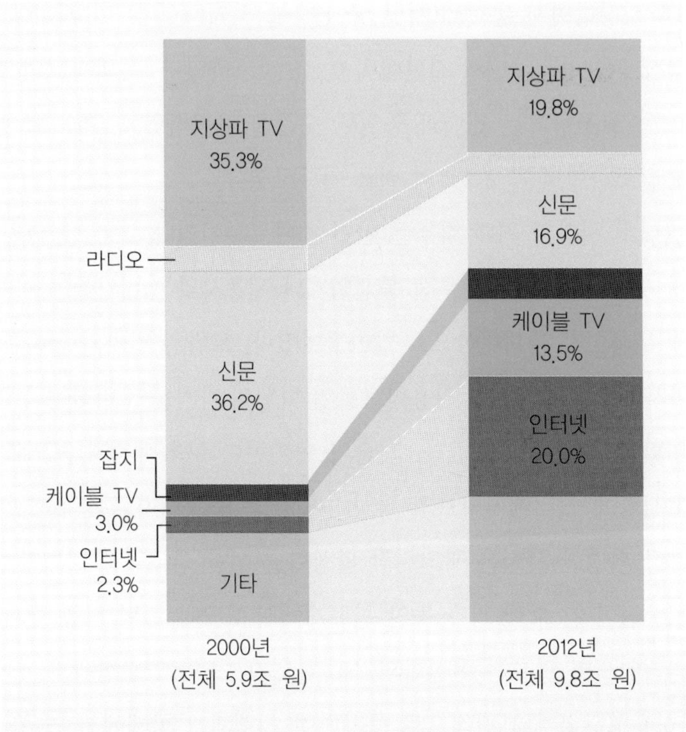

[그림 9-3] 국내 광고시장의 매체별 점유율의 변화(2000년에서 2012년)

출처: 한국방송광고진흥공사, 제일기획.

팅이 증대되는 경향이 두드러졌다([그림 9-3]). 방송통신위원회는 종합편성채널(이하 종편) 보도 전문채널에 이어 지상파 다채널 서비스로 방송채널을 확대해 방송통신사업의 경쟁력을 강화하고 광고규제를 풀어 방송광고시장의 파이를 키우는 계기를 만들었다(제일기획, 2013).

3. 광고산업의 첨단화와 미디어 다변화 시대의 쟁점 (2010~2019)

1) 광고산업의 스마트화와 채널 다변화: 미디어 빅뱅시대

2010년에 들어서 국내 경기는 GDP의 꾸준한 성장세에 힘입어 거시 경제 전반에서 양호한 흐름새를 보였다. 금융시장 또한 유로지역 재정문제, 북한 관련 리스크 등이 악재로 등장하였으나 외국인 투자 자금 유입 등의 영향으로 국고채 유통 수익률 및 원/달러 환율이 하락하고 주가가 상승하는 견조한 흐름을 보였다(문철수 외, 2011).

2010년의 광고시장은 총광고비가 사상 최초로 8조 원을 돌파한 기념비적인 해이다. 역대 광고비가 가장 높았던 해는 2007년으로 7조 9,896억 원을 달성한 바 있다. 하지만 이후 금융위기로 인해 광고시장은 2009년 7조 2,560억 원까지 떨어졌다. 2010년 초까지만 하더라도 대내외적 불안 요소로 인해 8조를 넘지 못할 것으로 보였으나 세계 경제의 회복과 소비심리 개선, 대형 스포츠 이벤트인 밴쿠버 동계올림픽, 남아공 월드컵, 광저우 아시안게임 및 국제행사인 G20 개최 등 광고시장에 활기를 불어넣어 주는 여러 긍정적 요소들로 인해 2009년 대비 12.6% 성장한 8조 4,501억 원을 달성했다(한국광고단체연합회, 2011).

2010년대 세상의 변화를 주도한 근원에는 역시 스마트폰이 있었다. 2010년 6월 삼성전자의 갤럭시 S가 출시되면서 휴대전화는 이제 단지 전화 통화를 하기 위한 도구가 아니라 사진을 찍어 추억을 남기고, 필요한 정보를 즉시 검색하고, 물건을 산 후 값을 지불하는 멀티태스커가 되었다. SNS로 대변되는 커뮤니케이션의 통로라는 점도 빼놓을 수 없다. 특히, SNS는 빅데이터라는 마케팅의 중요한 화두를 탄생시켰다. 이런 변화로 인해 광고시장이 또 다른 양상으로 흘러간 것은 당연하다. 2010년대는 2000년대와는 차원이 다른 변화가 일어났다. 산업 간 경계의 구분이 없어지면서 광고회사가 검색 사이트인 구글이나 인터넷 쇼핑몰인 아마존과 경쟁해야 하는 시대가 온 것이다. 이로써 종래에 구분 짓던 ATL과 BTL의 구분도 무의미해졌다. 이밖에 2000년대를 마무리하는 2010년은 미디어 빅뱅을 예고하는 종합편성, 보도채널 사업자 선정이 마무리되었다. 중앙일보의 JTBC, 조선일보의 조선 TV, 동아일보의 채널 A, 매경의 매일경제 TV, 연합뉴스의 연합뉴스 TV 등 종편채널이 등장하면서 한국광고계는 변화의 변곡점에 도달할 것으로 예고하였고 광고시장 또한 개편과 지각변동을 초래하였다(한국광고단체연합회, 2011).

2011년은 국내 총광고비가 사상 최초로 9조 5,606억 원을 기록하면서 전년대비 10.9% 증가하였다. 실적 호조의 배경에는 전자, 통신, 자동차 등 대형 광고주의 내수경쟁에 따른 광고비 증액과 수출시장의 활성화에 따른 것이다. 매체별 광고비의 성장을 보면, 인터넷 광고가 20%, 케이블 TV 18.4%, 옥외광고가 12.7%로 총광고비의 증가를 견인하였다. 지상파 TV의 경우 전년대비 7.6% 성장하여 2011년 본격적로 시작한 PPL 시장과 가상광고 등 신유형광고가 새롭게 등장했다(황학익, 2012).

우리 경제는 대내외의 높은 불확실성이 지속되는 가운데 GDP 성장률이 3.6%에 머무르고 소비자 물가는 중기 물가안정 목표의 상한인 4.0% 상승하였다. 경상수지는 상품수지 흑자 축소에도 불구하고 서비스 수지 적자폭이 줄어들면서 265억 달러의 흑자를 기록하였다. 금융시장은 미국가 신용등급 강등, 유로 지역 국가 채무문제 등 대외 충격의 영향으로 장기시장금리가 하락하고 주가와 환율은 약세를 나타낸 한 해였다. 2011년 들어 광고시장은 일본 대지진, 유럽의 재정위기 미국 부도위기 등 경제적 영향이 큰 사건의 연속으로 인해 어려움을 겪었다. 핵심 이슈였던 종편채널과 보도전문채널이 개국을 하였고, 2011년 11월에는 국내 최초로 민영 미디어렙인 미디어 크리에이트가 출범하였다. SNS는 IT 발전에 기반하여 2011년 더욱 빠르게 확산되었고, 상당수 기업들이 대내외 소통채널로 활용해 왔다. 신문도 스마트기기 이용자에게 콘텐츠 이용료를 받는 모델 등 파생상품을 기획하고 통합 운영함으로써 적극적인 시장 대응에 나선 한 해였다(제일기획, 2012).

2) 미디어렙 경쟁체제의 본격화와 미디어 소비패턴의 변화

디지털이 광고에서 꽃을 피운 시기는 2012년이었다. 2012년 국내 총광고비는 전년대비 2.2% 성장한 9조 3,854억 원을 기록하였다. 매체별 광고비의 성장률은 인터넷광고가 5.3%, 케이블 TV 12.6%, 옥외광고 7.8%, 모바일이 250% 성장을 기록해 총광고비 증가에 견인 역할을 하였다. 전체적으로 지상파 등 방송광고가 많은 부분을 점하기는 하였지만 단일 매체로는 가장 많은 광고비를 차지하는 PC 기반 광고에 모바일까지 가세하면서 2조 원을 넘긴 디지털 광고의 지속적인 성장세가 명확하게 그 성과를 보여 준 시기였다(제일기획, 2013). 또한 민영 미디어렙의 출범으로 민공영 미디어렙 경쟁체제로 전환된 시기였다. 종편 등의 광고비가 대폭 증가하면서 방송광고는 공중파와 케이블/종편 간의 광고비 점유경쟁이 본격화되었다.

2013년 국내 총광고비는 전년대비 2.2% 성장한 9조 5,893억 원이었다. 전반적인 저상장 기조 속에서 소비자의 미디어 소비패턴의 변화로 한정된 시장 속에서 미디어별 성장은 크게 차별화되었다. 지상파가 5.4%, 라디오가 4.8% 신문이 6.6%, 잡지가 8.4% 감소한 반면, 모바일은 119%, IPTV는 61.7%, 위성 TV는 16.2% 증가하였다. 미디어 중에서 인터넷이 2조 30억 원을 기록하면서 2012년에 이어 가장 광고비가 많이 집행된 미디어가 되었다. 가장 높은 성장률을 보인 모바일 미디어는 4,600억 원으로 잡지와 어깨를 나란히 하는 주요 매체가 되었다(제일기획, 2014). 2014년은 전년대비 0.6% 성장하면서 거의 유사한 형태의 증가패턴을 보였다(제일기획, 2015).

특히, 새 정부의 탄생으로 동계올림픽, 월드컵, 아시안게임 등 빅 이벤트와 지방선거들의 호재로 광고산업의 활성화가 예측되었으나 세월호 참사 등이 터지면서 내수시장이 침체되었다. 특히, 매체별로는 킬러 콘텐츠에서 강세를 보인 유료방송의 시청률 상승이 돋보였고 〈미생〉, 〈꽃보다 청춘〉 등의 드라마와 예능 프로그램이 다양한 장르와 소재개발로 시청률 상승을 주도하였다. 이러한 콘텐츠의 VOD 수요도 증가하였고 모바일 매체를 통한 소비패턴이 자리 잡았다. 또한 종편 4사도 각각 미디어렙사를 운영하게 되었고 SBS와 MBC의 주도로 스마트 미디어렙사도 선을 보였다(한국광고산업협회, 2017).

3) 방송광고 제도변화와 디지털 광고의 약진: 방송광고총량제의 도입

2015년에 들어 국내 총광고비는 전년대비 6%대를 상회하여 10조 7,270억 원으로 집계되었다. 메르스 사태가 터지면서 감소세를 보인 광고시장은 하반기에 들어 경기회복이 이어지면서 예상보다 높은 성장세를 보였다. 특이할 만한 것은 디지털 광고시장의 경우 최초로 3조대에 진입하며 전체 광고시장의 성장을 이끌었다. 미디어 환경 변화에 가장 큰 영향을 받은 모바일 광고비가 2014년 대비 52.6% 성장하며 사상 처음으로 1조 원을 넘어섰다. 이는 게임, 부동산 중개 서비스가 대거 광고비를 투입한 결과였다. 특히, 2015년은 방송통신위원회가 방송광고제도 개선을 위한 방송법 시행령의 일부 개정안인 방송광고총량제를 도입하기로 의결하였다. 1973년 광고 종류별 칸막이 규제가 도입된 지 42년 만의 가장 큰 변화였다. 지상파 방송에는 평균 15/100 이내(최대 18/100), 유료 방송에는 평균 17/100(최대 20/100)의 광고총량을 허용하였다.

2016년 국내 총광고비는 10조 8,831억 원으로 집계되었다. 이는 전년대비 1.5% 성장한 수치이다. 브라질 리우 올림픽 특수를 기대하였으나 시차로 인해 예상보다 저조한 시청률을 기록하면서 광고시장이 큰 성과를 내지 못하였다. 그러나 미디어 소비 행태가 점차 변화되면서 광고 집중보다 미디어 파편화 트렌드가 나타나, 케이블/종편의 킬러 콘텐츠 흥행과 모바일을 중심으로 한 디지털 광고의 성장이 주요인으로 분석된다. 케이블 TV 시장은 인기 콘텐츠를 지속 개발해 내며 사상 처음 광고시장 점유율 1위에 올랐다. 모바일 광고비 역시 40%에 가까운 신장률을 보이며 지상파 TV, PC, 신문을 앞질렀다(제일기획, 2017).

2017년 광고시장은 대내외 불확실성에 따른 기업의 마케팅 활동 위축 및 하반기 지상파 방송국 파업 등의 영향으로 어려운 상황이었으나, 모바일 광고의 고성장세로 국내 총광고시장은 소폭 성장한 것으로 분석되고 있다. 상반기에는 탄핵, 대선 등 정치적 이슈의 여파로 광고주들이 마케팅 활동에 소극적이었고, 하반기에는 장기간 파업을 겪은 것이 광고비 감소의 주요 원인으로 지목되었다. 국내 총광고비는 전년 대비 1.8% 성장한 11조 1,295억 원으로 집계되었다. 당시 광고시장은 국내 정치 이슈와 지상파 파업 등 어려운 상황을 겪었으나, 사상 처음으로 시장 규모 2조 원을 돌파한 모바일 광고에 힘입어 플러스 성장을 기록하였다. 모바일 광고시장은 2010년 집계 이래 처음으로 점유율 1위에 올랐으며 케이블/종편 광고, PC 광고가 그 뒤를 이었다. 모바일 광고시장의 독주와 함께 PC 광고시장이 지상파 TV 광고시장을 추월하는 등 디지털 광고가 강세를 보이며 방송 광고시장과의 점유율 격차를 크게 줄였다(2016년 6.1% → 2017년 0.8%).

특히, 2017년 디지털 광고시장은 전년대비 13.5% 성장한 3조 8,402억 원을 기록하였다. 방송, 인쇄, OOH 광고시장이 모두 전년대비 감소한 가운데 디지털 광고시장만 나 홀로 성장을 기록한 점이 돋보였다. 모바일 광고비는 2016년 36.3% 성장한데 이어 2017년에도 27%에 이르는 높은 성장세를 이어 가며 2조 2,157억 원을 기록하였다. 특히, 동영상 광고를 중심으로 한 노출형 광고가 전년대비 38.7% 성장해 모바일 광고시장 내 점유율 52.7%를 기록하며 검색 광고(47.3%)를 처음으로 앞질렀다. 이는 모바일을 통한 방송 다시 보기 등 동영상 콘텐츠 시청이 폭발적으로 증가하고, 국내외 주요 미디어들이 동영상 서비스를 강화하면서 모바일 동영상 광고시장이 큰 폭으로 성장한 결과로 분석되었다. 특히, 케이블 TV/종편 광고비는 전년대비 5.2% 성장한 1조 8,376억 원으로 집계되었다. 보도에서 강세를 보였던 종편에서 시사, 뉴스 프로그램뿐만 아니라 예능 콘텐츠까지 성공을 거두며 광고 집행이 늘었으며, 케이블 TV 시장에서는 드라마와 예능을 중심으로 킬러 콘텐츠를 꾸준히 만들어 낸 MPP(복수 채널 사업자)의 광고 집행이 증가하였다(제일기획, 2018).

2018년 광고시장 규모는 전년대비 4.6% 성장한 11조 7,020억 원을 기록하였다. 지속적인 성장을 이어 가고 있는 셈이다. 평창 동계올림픽과 월드컵, 아시안게임 등 스포츠 빅 이벤트와 같은 환경적 호재를 비롯해 CATV 및 종합편성채널의 자체 제작 콘텐츠의 경쟁력 강화, 그리고 디지털 광고 상품 다양화에 따른 모바일 광고 성장이 주효했던 것으로 풀이된다. 특히, 2018년은 디지털 광고비가 전년대비 14.4% 성장, 최초로 방송 광고비를 역전하면서 매체 광고시장의 지각 변동을 예고했다 2018년은 케이블 TV와 종편의 성장이 두드러진 한 해였다. 지상파 TV가 전년대비 5.8% 감소해 1조 4,425억 원을 기록한 반면 케이블 TV(종편 포함)는 전년대비 6.4% 상승한 1조 9,632억 원으로 집계되었다. 케이블 TV(종편 포함) 광고비가 지상파 TV 광고비를 역전한 2016년 이후, 그 격차는 지속적으로 벌어지고 있다. 2016년 방송매체 내 케이블 TV 점유율은 43.2%였지만, 2년 새 49.5%로 6.3%포인트 상승하였고, 이에 반해 지상파 TV는 6.3% 감소하였다(제일기획, 2019). 또한 인쇄시장이 저성장을 반복하였고, 따라서 디지털 플랫폼 연계 등 새로운 사업을 모색한 한 해였다. 디지털화에 따른 인쇄매체 이용 감소로 주요 3대 주간지(조선, 중앙, 동아)의 광고가 줄어들었고, 매거진 지면 광고 물량 역시 감소하면서 여성지 및 패션지들이 폐간되고, 매거진 시장이 전면 축소되었다. 잡지사들은 오히려 디지털 채널을 연계, 확대함으로써 광고 매출을 증가시키려는 시도를 단행하였다. 2018년 방송 광고시장의 명암을 가른 주요한 요인은 자체 제작 콘텐츠의 성과였다. 채널 영향력하에 자기 복제적 콘텐츠로 버티던 과거의 전략은 넷플릭스 등이 제공하는 오리지널 콘텐츠의 탄탄한 스토리와 화려한 영상미에 높아진 시청자의 눈높이를 전혀 만족시키지 못하였다.

지상파 TV 연합 플랫폼 'POOQ'과 SKT 플랫폼 '옥수수'의 플랫폼 통합 시도로 대응하려고 하지만, 성과의 키는 플랫폼의 문제가 아닌 콘텐츠의 양과 질이 주요 변수였다. 지난 2018년의 교훈에 따라 방송사들은 자체 제작 콘텐츠 투자를 통해 경쟁력을 강화시키는 노력을 하고 있다. 2010년대 역시 2018년대에 이르기까지 4대 매체의 광고비는 줄어들고 디지털 광고비가 점증하는 현상을 지속적으로 보여 주고 있다.

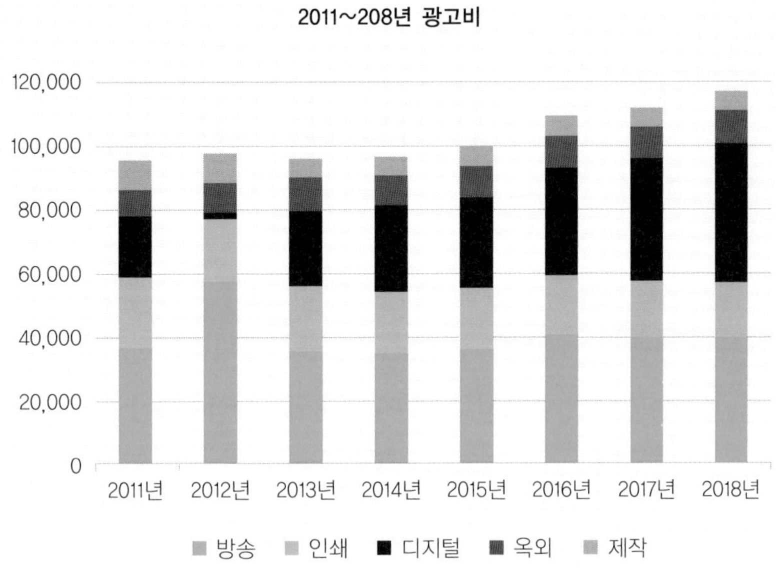

[그림 9-4] 2011~2018년 국내 총광고비

출처: 제일기획(2012~2019) 재구성.

4) 5G 도입에 따른 광고 상품화 및 유형의 확장

특히, 2018년 디지털은 방송 광고비를 뛰어넘는 저력을 보여 주었다. 여기에는 모바일 매체 강세에 디지털 데이터 분석 기술의 성장이 큰 몫을 하였다. AI 기술이 접목된 데이터 추천 알고리즘 개발이 본격화되고, 맞춤형 콘텐츠 제공과 고도화된 타깃팅이 적용된 다양한 광고상품이 출시되어 광고 매출 향상에 기여하였다. 즉, 광고효과와 효율, 모두 만족시킬 수 있는 상품으로 광고주의 입맛을 맞추고 있다. 특히, 2019년 5G 도입은 광고상품 다양화에 긍정적 신호로 작용, VR과 AR 등 리치 포맷의 광고 상품 출시를 예견하고 있어 광고시장 내 디지털 강세는 앞으로 지속될 것으로 보인다. 이제 디지털 매체 집행 여부가 중요하지 않다. 디지털의 다양한 광고상품으로 소비자의 눈길을 사로잡는 최적의 포트폴리오를 어떻게 만들 것인가가 중요할 뿐이다(제일기획, 2019).

디지털 옥외매체(DOOH)의 성장이 디지털 시대에 특히 눈에 띈다. DOOH의 미래는 옥외매체가 디지털 기술을 어떻게 접목하느냐에 달렸다. 작은 규모이긴 하지만, 2018년 K-pop 스퀘어 등 자유표시구역 내 DOOH 매체가 론칭되면서 구역 내 이동 인구의 노출뿐 아니라 주목과 몰입을 이끌어 냈다. 2019년에는 DOOH의 대형화 시도도 있어, 소비자와 광고주의 눈길을 사로잡을 것으로 예상된다. DOOH의 확대는 단지 광고매체 확장 그 이상의 의미를 가진다. 모바일 등 디지털 기기에서 검증된 데이터 분석 기술이 접목될 수 있고, 그동안 시도되지 못한 광고효과 측정이 용이해지기 때문이다. 이러한 기회의 확장성에 힘입어 광고주들의 수요는 꾸준히 증가할 것으로 보인다(최민욱 외, 2019; 제일기획, 2019).

4. 한국 광고산업 30년과 진화하는 한국 광고

광고업은 다른 산업에 비해 경기 변동에 대해 상대적으로 높은 탄력성을 보인다. 광고비 지출 주체 중 대기업이 차지하는 비중이 높은 가운데 통상적으로 경기 호황 시에는 대기업을 비롯한 주요 광고주들의 마케팅 예산 확대로 광고시장은 크게 성장하는 반면, 경기침체 시에는 광고주들이 타 영업비용에 비해 단기적으로 감축할 수 있는 유동성이 큰 광고비 예산을 축소하여 광고시장은 크게 위축되는 모습을 보인다. 지금까지 지난 30년의 변천사를 보면서 이 같은 현상을 그대로 관찰하였다.

요약하면, 우선 1990년대는 아이러니한 시대였다. 1990년 초반에서 중반에 이르기까지 마케팅 과학화의 물결이 자연스럽게 확산되는 가운데 1997년 IMF 외환위기가 찾아오면서 오히려 마케팅과 소비자에 대한 관심이 체화될 수 있었다. IMF는 중산층을 무너뜨리고 서민 경제에 치명상을 입혔다. 매년 10% 이상씩 성장하며 승승장구하던 광고시장도 혹독한 시련을 겪을 수밖에 없었다. 그런데 역설적으로 IMF는 광고의 질적 요소를 한 차원 높이고, 광고시장이 한층 성숙해지는 기회로 작용하였다. 광고효과를 과학적으로 분석하는 선진국형 광고 시스템을 갖춰 나가기 시작하였고, 소비자의 반응과 가치를 더 중시하는 전략에 집중하게 되었기 때문이다. 이는 불황을 이유로 광고를 줄인 기업보다 오히려 기존보다 더 적극적으로 광고전략을 펼친 기업들이 소비자의 관심을 사며 기업 가치 제고 효과를 얻었던 데서 연유한다. 광고 마케팅이 소비자에게 미치는 영향력을 실감하고, 광고의 효과를 비로소 신뢰하게 되었던 것이다. 1994년 인터넷 서비스가 시작되고, 1995년 한글 웹브라우저가 등장하면서 우리나라에는 디지털이라는 새로운 세상이 소개되었다. 또한 1990년대 정점을 찍었던 PC통신은 이전에 볼 수 없었던 또 다른 커뮤니케이션 양태를 낳았다. 제일기획이 발간한 한 특집 사보는 이 같은 내용을 잘 요약하고 있다. 1995년 3월호에서는 '멀티미디어 시대의 도래'가, 5월호에서는 '뉴 네트워크의 등장'이, 1997년 3월호에서는 '온라인 광고의 현황과 미래'가, 1998년 8월호에서는 '사이버 시대'가, 그리고 1999년 7월에는 '디지털 방송 시대와 광고'가 각각 특집을 이끌었다(제일기획, 2000). 이처럼 1990년대 중후반부터 간헐적으로 다루기 시작한 디지털 관련 특집은 시대 변화를 예의 주시하는 방향으로 흘러갔다.

그러나 2000년대에 들어서면서 단순히 시대 조류를 관측하는 태도에서 나아가 새로운 시대에 부응할 수 있는 새로운 마케팅 기법이 기민하게 등장하였다. 우선 2000년 초반에는 온·오프라인 통합 시대를 맞아 'e-마케팅' 전략, 이메일 마케팅, 홀리스틱 마케팅, 2000 중반에는 모바일 마케팅, 미디어 컨버전스를 거쳐 2000년 말기에는 데이터베이스 마케팅, 디지털 사이니지, SNS, 3D 마케팅 등이 광고산업을 수놓은 쟁점이었다. 이 외에도 사회공헌 마케팅, 문화 마케팅 등도 새롭게 다루어졌다(제일기획, 2010).

2010년대의 변화를 주도한 근원에는 역시 스마트폰이었다. 휴대전화는 이제 단지 전화 통화를 하기 위한 도구가 아니라 사진을 찍어 추억을 남기고, 필요한 정보를 즉시 검색하고, 물건을 산 후 값을 지불하는 멀티태스커가 되었다. SNS로 대변되는 커뮤니케이션의 통로라는 점도 빼놓을 수 없다. 특히, SNS는 빅데이터라는 마케팅의 중요한 화두를 탄생시켰다. 이런 변화로 인해 광고시장이 또 다른 양상으로 흘러갔다. 산업 간 무경계화로 종래의 대중매체와 비대중매체 간의 구분이 없어지면서 광고시장의 영역이 무한대로 확장하게 된 점이다. 2010년대는 소비자의 니즈가 날로 세분화되고 마케팅 환경이 서로 영향을 주고받는 가운데 어떤 전략이 옳고 어떤 전략이 그르다고 단정 지을 수 없는 시대였다. 예컨대, 데이터를 통한 과학적 접근도 필요하며, 동시에 소비자의 감성에 다가가는 직관적 접근도 필요하였다(제일기획, 2019).

향후 한국 광고산업의 미래는 밝다. 그러나 거시적인 관점에서 디지털 플랫폼의 영향력이 확대될 경향이 강하다. 현재 광고산업은 온라인 SNS 등 디지털 기술의 보급으로 급속히 과거의 위상과 기능적 지위를 잃게 될 것이다. 이제 광고는 단순 크리에이티브나 메시지의 개념에서 콘텐츠의 새로운 속성을 발 빠르게 응용하여 이른바 콘텐츠 마케팅, 콘텐츠 브랜딩의 영역과 결합되고 재구성되는 방향이 적절할 것이라는 주장이 설득력이 있다.

또한 스마트폰의 보편화로 인해 기존에 지배적인 지위에 있던 전통 미디어들의 영향력은 급감하고, 새로운 디지털 플랫폼의 강세가 지속되고 더욱 확장될 것으로 보인다. 새로운 미디어의 특성과 정보소비 트렌드를 이해하고 즉각적으로 적용하지 않으며 전통적이고 낙후된 미디어에 안주될 가능성이 크다. 나아가 광고업계의 매체적 경계가 급속히 무너지고 여러 수단이 융복합하는 이른바 신 크로스오버 경향이 더욱 심화될 것이다. 따라서 광고는 미디어와 콘텐츠가 개별적으로 고유 역할을 수행하는 방향으로 통합적이며 연계적 전략을 강화하게 될 것으로 전망된다. 미래 광고시장은 현재의 광고산업만에 의한 개별적이고 독자적인 정체성으로만 존재하지 못한다. 끊임없는 기술혁신으로 광고업이나 파생적 광고시장의 주체들이 주변 산업과의 지속 가능한 해체와 신결합을 모색해야 한다. 이를 통해 우리 광고산업의 각 주체들은 이질적 업종과도 흔쾌히 연합하는 아마존을 비롯한 선도 브랜드와 같이 새로운 패러다임의 변종 비즈니스 플랫폼(Hybrid Biz Platform)을 구축하는 글로벌 패러다임으로까지 나아가야 할 것이다. 우리 광고산업이 후발주자로서 추종할 수 있는 벤치마킹 대상은 지구상에 더 이상 존재하지 않는다. 다만, 동반 글로벌화의 시대에 스스로 자생력을 가지고 경쟁력 있는 주체로 거듭나기 위해 학계, 산업, 정부가 상호 교류하며 지속적으로 연구하고 협치하지 않으면 광고는 더 이상 독자적 산업으로서 존재가치가 약화되거나 상실하게 되는 결과를 초래하게 될 것이다. 지난날의 교훈에서 관찰했듯이 한국 광고는 더 이상 경제환경, 미디어 산업과 제도에 휘둘리지 않는 장기적이며 강한 힘(strong force)을 겸비한 동력으로 거듭나야 할 것이다.

제10장

광고산업의 환경 변화와 광고학연구의 미래

이시훈(계명대학교 광고홍보학과 교수)

1. 들어가며
2. 광고산업의 환경 변화와 미래
3. 단행본 분석을 통해 본 광고학연구의 변화
4. 광고학연구의 미래

◈◇◈

우리나라의 광고산업 규모는 비약적인 성장을 통해서 세계 시장에서 최근 7위권을 유지하고 있다. 하지만 광고산업계 종사자들이 느끼는 체감 위상은 그보다 못하다. 이는 국내 광고산업이 1970년대 자생적 조직으로 맹아기를 거친 후 시장개방을 통해서 급격한 변화를 가져왔기 때문이라고 본다. 이 장은 지난 30년간의 광고산업의 변화와 광고학연구의 변화 양상을 고찰해 보고, 미래 광고학연구의 지향점을 제안하는 것을 목적으로 하고 있다.

이 책 앞 장의 많은 필자들이 광고학연구의 과거를 조망하고 있고, 김유경은 국내 광고산업의 30년을 잘 조망하고 있다. 그래서 이 장에서는 다른 자료로부터 광고산업의 변화와 광고학연구의 변화를 살펴보고자 한다. 광고산업은 지난 30년간의 광고계 뉴스의 분석을 통해서, 광고학연구는 단행본 출판 분석을 통해서 해 보고자 하였다. 이는 지금까지 연구들과는 차별 점을 갖는 대목이다. 이러한 분석을 통해서 광고학연구의 미래를 열 가지로 예측해 보았다.

1. 들어가며

광고산업처럼 변화에 민감하고 빨리 대응해야 하는 산업이 있을까. 필자가 1993년 한국방송광고공사[1]에 입사했을 당시와 지금을 비교해 보면 변하지 않은 것보다 변

1 무자본 특수법인이었던 광고공사도 창립 30주년을 뒤로하고 주식회사 형태의 준시장형 공기업으로 2012년 5월 23일 새롭게 출범하였다. 대행하던 매체도 축소되면서 공영 미디어렙으로 성격이 변하게 되었다.

한 것이 더 많아졌다. 1990년 초 · 중반 광고산업의 그 당시 화두는 시장개방과 국내 광고산업의 보호였다. 미국의 서비스 산업 개방 요구에 광고대행시장에 외국 회사의 진출이 자유로워지면서 국내 광고산업이 외국계 광고회사에게 장악될 것이라는 예측이 많았다. 약 20년이 흐른 지금 외국계 광고회사의 국내 시장 점유를 걱정하는 광고인은 거의 없다. 오히려 몇몇 다국적 광고회사들은 짐을 싸서 국내 시장에서 철수하였다.

구체적으로 광고산업의 변화에 대한 논의가 있어 왔다. 이수범 등(2010)은 시장개방 20주년을 맞이하여 우리나라의 광고산업에 미친 영향을 분석한 바 있다. 국내 광고시장의 개방이 미국의 통상압력에 의해서 이루어졌지만, 광고산업의 과학화를 촉진하고 브랜드 중심의 소통 서비스, 미디어 에이전시의 육성 등 긍정적이거나 새로운 비즈니스를 창출하는 효과를 거두었다고 분석하고 있다. 반면에, 단기적인 이익 중심의 경영, 외국 제작 광고물의 증가, 광고업계의 과당 경쟁, 광고주의 이동 심화와 광고 인력의 이동 가속화 등 부정적인 영향도 있었으며, 이러한 단기성과 위주의 산업 풍토가 지금까지 이어지고 있어서 일은 고되고 많은 데 비해서 상대적으로 보상이 적다는 인식이 팽배해 있는 것이 사실이다. 그 결과 우수한 인력의 유입이 제한적이고 경력직 위주의 왜곡된 인력 수급의 구조가 고착화되어 가고 있는 것이다.

이 책 제9장에서 김유경은 지난 30년 중 1989년부터 1999년까지를 우리나라 광고산업이 개방과 성장을 하는 시기로 규정하고 있다. 이 시기에는 통합 마케팅 시대의 개막에 따른 기업, 미디어, 광고시장의 동반 성장의 시대를 구가하였지만, 외환위기를 맞이하면서 국내 광고시장이 조정기를 맞이하였고, 이는 광고산업의 과학화에 동력으로 작용하고 있다고 분석하고 있다. 그 후 2000년부터 2009년까지의 시기에는 인터넷과 같은 뉴미디어의 성장과 함께 광고 관련 제도 변화에 대한 사회적 논의가 광고산업의 주요 이슈로 등장하였으며, 광고산업의 폭발적인 성장보다 매체별로 성장의 차별화가 이루어지는 시기로 보고 있다. 기술의 발달에 따라서 가상광고, 간접광고 등 신유형의 광고가 등장하는 것도 이 시기였다. 끝으로 2010년부터 현재에 이르기까지는 우리나라 광고산업의 첨단화와 미디어의 다변화가 이루어지는 시기로 보고 있다. 스마트 광고, 디지털 광고의 성장세와 함께 제도적으로는 지상파 미디어렙의 경쟁체제 도입, 종편채널의 허용과 미디어렙 설립을 통한 광고판매 등이 이 시기에 이루어졌다.

한국광고학회가 2019년 3월에 발행한 『광고홍보산업의 현재와 미래』에는 광고산업의 주요 이슈에 대한 현황 분석과 미래 전망을 담고 있다. 광고산업의 새로운 패러다임, 네이티브 광고와 광고산업의 창조산업화, 인공지능과 광고기획 및 광고제작의 변화, 광고 크리에이티브의 미래, PR회사 CEO가 보는 광고홍보산업의 미래 등을 담고 있다. 구체적으로 플랫폼의 다양화, 소비자들의 광고 이용의 다양화, 광고 역할의 다양화, SNS와 1인 미디어의 성장, 광고의 콘텐츠와, 애드-테크의 도입과 성장 등이 광고산업 환경의 변화 요인으로 작용한다고 할 수 있다(최민욱 외, 2019).

한편 광고학연구는 지난 30년간 눈부신 성장을 하였다. 1989년 설립된 한국광고학회가 유일한 학문 공동체였다면, 이제는 한국PR학회, 한국광고홍보학회, 한국옥외광고학회, 한국광고 PR실학회 등 5개 학회 체제가 되었다. 5개 학회가 발행하는 정기 학술지도 연간 30권에 이르며 개최하는 학술대회도 특별 세미나까지 포함한다면 한 해 30여 회에 이른다. 양적인 성장으로만 따지다면 다른 어떤 학문 분야도 이루지 못한 성과라고 생각한다.

한국광고학회 25주년 세미나에서 한상필과 이형석(2014)은 『광고학연구』 25년의 내용분석 결과를 발표하였다. 연구결과, 시기적으로는 2000년부터 논문의 수가 크게 증가하였고, 단독연구의 비율이 감소한 반면에 2명 또는 3명 이상의 공동연구가 점차 증가하는 것으로 나타났다. 전공별로는 광고학 전공 출신자들이 많았으며, 실증연구의 비중이 초창기 5년 24%에서 최근 5년 88%로 증가하였고, 분석방법도 점차 다양하게 나타났다.

이 책의 제8장에서 최은섭은 『광고학연구』 30년간의 논문 중 광고산업 관련 연구만을 따로 분석하고 있다. 지난 30년간 『광고학연구』에 게재된 총 1,497편의 논문 중 광고산업 관련 논문은 전체 논문의 11.7%인 178편으로 나타났다. 분야별로는 광고주에 관한 논문이 가장 많았고, 구체적인 연구주제는 광고주 기업, 광고시장 운영, 미디어 연구가 많은 것으로 나타났다. 이는 광고산업의 주체가 광고주이기 때문에 나타난 현상이며, 국내 광고산업은 미디어의 변화와 관련된 제도연구가 많았음을 보여 주는 것이라고 하겠다.

지금까지 살펴보았듯이 국내 광고산업이나 광고학연구에 대한 연구들이 주로 산업계 통계자료나 논문에 대한 내용분석을 중심으로 이루어졌다. 이 장에서는 지금까지 다루어지지 않았던 자료를 토대로 광고산업과 광고학연구의 변화를 분석하고자 하였다. 첫째는 광고계 10대 뉴스이다. 1980년대 광고회사 홍보부서 실무자들의 모임인 광기회에서는 매년 10대 뉴스를 선정하여 발표해 왔다. 제9장에서도 광고계 10대 뉴스에 대한 언급이 있었지만, 지난 30년간의 10대 뉴스를 일목요연하게 정리하지는 않고 있다.[2] 하지만 광기회의 광고계 10대 뉴스는 2010년을 끝으로 조사가 중단되었다. 아마도 민감한 이슈가 포함될 경우, 소속 회사 담당자들 간의 갈등이 발생했으리라 본다. 다행히 2012년부터는 한국광고총연합회에서 500명 내외 조사를 통해서 10대 이슈를 조사, 발표해 왔다. 하지만 작년인 2018년에는 조사 발표를 하지 않았다. 그래서 30년 중 총 28년만을 분석대상으로 하였다.

연구동향은 교보문고의 단행본 판매량을 기준으로 살펴보고자 하였다. 한 해 출판되는 모든 광고 관련 도서를 분석대상으로 할 수 없었기 때문에 키워드 '광고'로 검색한 후 판매량을 기준으로 재정렬을 하여 1위부터 10위까지 도서를 선정하였다. 리뷰 수와 같은 다른 기준 항목을 찾았지만, 리뷰 수가 많아야 3개 내외라 변별력을 갖지 못하였다. 또 수험서나 에세이와 같은 서적은 분석에서 제외하였다.

이러한 두 가지 자료는 학문적 엄밀성을 지니는 것들은 아니다, 또 10대 뉴스에 들지 못했다고 해서 광고산업의 환경 구성에 영향을 미치지 않는 것도 아니다. 국내 도서 유통의 1위 사업자라고 해도 어떠한 특수성으로 인해서 단행본 판매량에 빠질 수도 있고, 과대 계상될 수도 있다. 이 장의 목적이 엄밀한 분석유목과 자료수집에 의해서 현황을 분석하는 것이 아니고 다소 거친 스케치를 통해서 지난 30년간의 모

2 2016년 『광고계동향』 25주년 기념호(한국광고총연합회, 2016)에서도 10대 뉴스가 제시되고 있으나, 일부 오류와 함께 연대기적 나열만 있으며, 내용의 분석이나 의미가 서술되지 못하였다.

습을 그려 본다는 점에서 자료의 한계에 대한 이해를 먼저 구하고자 한다.

그렇다면 지난 30년간 국내 광고산업에는 어떤 일들이 있었고, 미래 광고산업의 환경은 어떻게 변화될 것인가?

2. 광고산업의 환경 변화와 미래

광고산업의 환경 변화를 서술함에 있어서 10년을 주기로 시기 구분을 하였다. 즉, 1989년부터 10년을 주기로 초창기, 성장기, 도약기로 구분하였다. 이는 다른 장의 시기 구분과 상이하지만, 10년이라는 동일한 시간 간격을 두고 광고학회 활동, 광고산업 변화, 연구동향과 변화를 동시에 살펴볼 수 있다는 장점이 있기 때문이다.

1989년부터 10년간 한국광고학회의 초창기에 광고산업에는 어떠한 이슈가 있었고, 그것들이 광고산업 환경구성에 미치는 함의는 무엇인지 살펴보자.

1) 초창기(1989~1998년) 광고산업의 환경 변화

〈표 10-1〉은 1989년부터 1998년까지 초창기 10년간의 광고계 10대 뉴스 100개를 목록화한 것이다.[3] 초창기에 가장 자주 논의되었던 뉴스는 광고회사의 동향이나 변화를 다룬 것들이다. 1989년 방송광고 대행사 급증, 1990년 광고업계의 CATV 참여와 신규 광고회사의 급증, 1991년 7개 광고회사 세무조사와 대우전자, 코래드와 광고 대행 계약, 1992년 중소 광고회사 연쇄 부도와 대전 엑스포, 유선방송 등 광고업계 사업 다각화 활발, 1993년 EXPO 광고회사 참여 활발, 1994년 삼성, 진로 등 계열광고 공개 경쟁 프레젠테이션 실시, 1995년 그룹 계열사 광고 공개 경쟁 프레젠테이션 확산과 광고회사의 사업다각화 붐, 1996년 광고업계 불황, 1997년 불황 장

3 1989년과 1990년의 광고계 10대 뉴스는 『광고정보』 1989년 12월호와 1990년 12월호를 참조하였다.

기화로 광고계 위축과 대형 광고주 부도로 광고업계 대책 마련 부심, 하우스 에이전시 설립 가속, 1998년 광고업계 침체 가속화, 광고업계 판도 변화와 춤추는 광고회사 M&A 설 등이다.

둘째, 방송광고 판매제도와 관련된 이슈도 자주 등장하였다. 1989년과 1990년 광고수요에 비해서 광고공급이 부족한 매체 수급 불균형 이슈가 2년 연속 제기되었으며, 1993년 광고요금 인상 논란, 1994년 방송광고 시간 확대 및 KBS-1TV 광고폐지, 방송광고 수수료 계열/비계열 차등지급에 대한 공정거래위원회의 시정 명령, 1995년 한미무역협상에서 코바코 이슈 등장, 방송광고 대행수수료 체계 개선, 1996년 방송광고 시급체계 개편, 1997년 방송광고 요금체계 및 수수료율 변경, 1998년 방송광고 대행의 경쟁체제 도입 발표 등 10년간 10번이나 관련 이슈가 10대 뉴스에 선정되었다. 이는 방송광고 대행과 광고요금 그리고 대행 수수료율을 정부 또는 공공기관이 결정하는 특수한 상황에서 비롯된 것으로 보인다.

셋째, 한국ABC협회의 창립과 운영과 관련된 것이다. 창립 관련으로 1989년 10대 뉴스로 선정된 한국ABC협회는 1996년 국내 최초의 공사 보고서가 발표될 때까지 우여곡절을 겪게 되는데, 1991년, 1992년, 1993년에 실사 발표와 불발 그리고 공익자금 지원파문 등으로 10대 뉴스에 선정되었다. 광고산업 과학화의 필수 요소인 인쇄매체의 발행부수 공사제도가 초창기 10대 뉴스에 자주 선정된 것은 제도 도입을 꺼리는 언론사와의 갈등이 지속되었기 때문으로 보인다.

넷째, 광고심의에 대한 이슈도 자주 등장한다. 당시 방송위원회가 방송광고에 대한 사전심의를 진행하던 시절이었고, 이에 대한 불복과 위헌소송 등이 초창기에 있었다. 1993년 방송위원회의 방송 불가 판정에 불복하여 남양유업과 신원에벤에셀이 소송을 제기한 뉴스를 시작으로 1994년 방송광고물 사전심의 위헌제소, 1995년 광고주협회와 방송위원회 간의 방송광고 사전심의 공방, 1996년 방송광고 사후심의 전환 방침 등의 뉴스가 10대 뉴스에 선정되었다.

다섯째, 보다 구체적인 광고표현의 트렌드가 10대 뉴스로 선정되기도 하였다. 1992년 정치광고 급증과 그린 마케팅 붐, 1994년 X세대와 미시족 타깃 광고 등장과 맥주,

자동차, 가전업종 등의 광고경쟁으로 신문광고 대형화, 1997년 유머 소구 광고, 리메이크 광고, 사내 모델 광고 등 불황 돌파 광고의 등장, 1998년 비교광고 활성화와 경품광고 붐 그리고 애국심 호소 광고, 복고광고 인기, 방송광고 길이 다양화와 신문변형 광고 증가 등이 10대 뉴스에 선정되었다. 특히, 1998년에는 IMF 여파로 광고업계가 침체된 상황에서 크리에이티브로 이를 극복하려는 노력이 많았던 것으로 보인다. 전체 10대 뉴스 중 4개가 관련 뉴스였다.

여섯째, 초창기 국내 광고산업 환경에 가장 큰 영향을 미친 것은 광고시장 개방이라고 하는 외부적 요인이었다. 1989년 외국인 광고모델 출연 논란과 외국 대행사와의 합작 자회사 설립, 1990년 우루과이 라운드에 대한 대응 미비, 1991년 광고시장 완전 개방, 1993년 옥외, 광고물 작성업, 광고영화 제작업 등 외국인 투자 개방 5개년 계획 발표, 1995년 한미무역협상서 코바코 위상 거론 및 고정 광고물 폐지 결정, 1996년 휘닉스컴 설립으로 덴츠의 국내 진출 등이 10대 뉴스로 선정되었다.

일곱째, 한국광고학회를 비롯하여 광고 관련 단체의 창립이 초창기에 러시를 이루었다. 1989년 한국광고학회 발족과 광고교육원의 IAA 공식 교육기관 인정, 1990년 한국광고단체연합회 출범과 한국독립광고회사 연합회 발족, 1991년 한국광고자율심의기구 발족과 1993년 한국광고자율심의기구 재발족 등이 10대 뉴스에 선정되었다. 1989년 한국ABC협회의 창립까지 포함하면 단체의 수는 더 증가한다. 또 같은 해 한국언론학회의 연구분과로 '광고 PR연구회'가 발족한 것도 특기할 만한 사항이다.

끝으로, 매체의 신설과 광고진흥을 위한 노력들이 초창기 광고산업계에 주요 이슈였다. SBS의 개국 관련 뉴스가 1990년과 1991년에 연속으로 선정되었고, 1995년에 케이블TV와 지역민방의 개국 등이 새로운 매체의 등장과 관련된 뉴스였다. 또 1989년 「광고진흥법」 제정 추진, 1999년 공보처 광고진흥국 신설 등이 광고진흥과 관련된 뉴스였다. 「광고진흥법」도 광고진흥국도 없는 지금의 현실을 비추어 볼 때, 광고산업 진흥을 위해서 해야 할 일이 많다고 본다.

표 10-1 초창기 국내 광고계 10대 뉴스

1989년	1990년	1991년	1992년	1993년
1. 한국ABC협회 창립 2. 방송광고 대행사 급증 3. 외국인 광고모델 출연 논란 4. 외국 대행사와의 합작 자회사 설립 5. 「광고산업진흥법」 제정 추진 6. 제약회사 광고 책임자 구속 7. 매체 수급 불균형 심각 8. 한국광고학회 발족 등 광고연구 본격화 9. 광고교육원, IAA 공식 교육기관 인정 10. 광고자율규제 논의 구체화	1. 방송매체 신설 2. 광고업계의 CATV 참여 3. 한국광고단체연합회 출범 4. 한국독립광고회사 연합회 발족 5. 광고 과학화의 가시화 6. 해외 옥외광고 진출 활발 7. 신규 광고회사의 급증 8. 우루과이 라운드에 대한 대응 미비 9. 공보처 광고진흥국 신설 10. TV 광고물 적체 극심	1. 1991년 서울방송 개국 2. 한국ABC신문부수 공사 1992년 7월부터 실시 확정 3. 광고시장 완전 개방 4. 걸프전으로 인한 매체의 축소 및 중단 5. 한국광고자율심의기구 발족 6. 「옥외 광고물 등의 관리법 시행령」 제정 및 시행 7. 분유 3사 광고 중단 8. 7개 광고회사 세무조사 9. 신문 조 · 석간 발행체제 돌입 10. 대우전자, 코래드와 광고대행 계약	1. 정치광고 급증 2. ABC 제도 7행 시행 불발 3. 중소 광고회사 연쇄 부도 4. 광고 대회, 유공 광고인 서훈 5. 「종합유선방송법」 개정안 공포 6. 광고업 독자 업종으로 분류 7. 「소비자 보호법」 논란 8. 자동차, 세제, 세탁기 광고비 급증 9. 환경에 대한 관심 고조로 그린 마케팅 붐 10. 대전엑스포, 유선방송 등 광고업계 사업 다각화 활발	1. ABC 예비공사 실시 및 공익자금 지원 파문 2. 1996 제35차 세계광고대회 서울 유치 확정 3. 종합유선방송사업 준비 박차 4. CF 제작업계 거래 관행 개선 요구 및 제작 중단 파동 5. KBS 2TV 광고요금 인상 논란 6. 해외 CF 제작물 국내 첫 방송 허가 7. EXPO 광고회사 참여 활발 8. 한국광고자율심의기구 재출범 9. 옥외 광고물 작성업, 광고영화제작업 등 외국인 투자 개방 5개년 계획 발표 10. 방송위원회 방송 불가 결정에 불복, 소송 제기

1994년	1995년	1996년	1997년	1998년
1. 방송광고 시간 10/100으로 환원, KBS-1TV 광고 폐지 2. 삼성, 진로 등 계열광고 공개 경쟁 프레젠테이션 실시 3. 방송광고물 사전심의 위헌 제소 4. 공정거래위, 계열/비계열 방송광고 수수료 차등지급제도 시정 명령 5. KDI, 광고산업 정부 규제 개선 방안 보고서 발표 6. 방송, 인쇄, 옥외까지 전 매체를 포함하는 1994 대한민국 광고 대상 실시 7. 정부당국의 방송광고 시간 확대 움직임에 신문사, 방송사 간 광고효과의 우월성 논쟁 8. X세대, 미시족, 주요 타깃으로 부상 9. 방송광고심의규정 개정-정치광고 및 의약품 등 규제 강화 10. 맥주, 자동차, 가전업종 등의 광고 경쟁으로 신문광고 대형화	1. 그룹 계열사 광고 공개 경쟁 프레젠테이션 확산 2. 케이블 TV, 지역민방의 개국 3. 선진방송 5개년 계획안 발표 및 「방송법」 개정 파동 4. 광고업의 중소기업 범위 확대 및 공업업종 혜택 부여 5. 한미무역협상서 코바코 위상 거론 및 고정광고물 폐지 결정 6. 계열/비계열 차등 지급 폐지 등 방송광고 대행수수료 제도 개선 7. 광고주협회와 방송위원회 간의 방송광고 사전심의 공방 8. 케이블 TV, 연극, 이벤트 등 광고회사 사업다각화 붐 9. PC 통신, 인터넷 등 멀티미디어 광고시대 개막 10. 외환 사용 규제 완화로 인한 직수입 광고 방영 러시	1. 제35차 서울세계광고대회 성료 2. 광고업계 불황 3. 방송광고 사후 심의제도로 전환 방침 4. 인쇄매체 수용자 조사 파문 5. ABC 최초 공사 보고서 발간 6. 베른협약 발효에 따른 저작권 대책 부심 7. 국세청, 광고비 지출 기업 세무 조사 발표 및 취소 8. 휘닉스컴 설립으로 덴츠 한국 본격 진출 9. 방송광고 시급체계 개편 10. 2002년 월드컵 한일 공동개최 확정 및 애틀랜타 올림픽 등 스포츠마케팅에 대한 관심 급증	1. 불황 장기화로 광고계 위축 2. 대형 광고주 부도로 광고업계 대책 마련 부심 3. 하우스 에이전시 설립 가속(대교, 애경그룹, 매일유업) 4. 모방광고 논란 고조 5. 방송광고 요금체계 및 수수료율 변경 6. 광고주협회 수용자 조사 파문 7. 공정위, 계열광고회사에 대한 내부 거래 및 불공정 거래 감사 8. 스포츠마케팅의 급부상 9. 4대 매체의 침체 및 온라인 광고의 급성장세 10. 유머 소구 광고, 리메이크 광고, 사내 모델 광고 등 불황 돌파성 광고의 등장	1. 광고업계 침체 가속화, 광고계 판도 변화(다국적 광고회사들의 선전) 2. 비교광고 해빙기 3. 봇물 터진 경품광고 4. 춤추는 광고회사 M&A설 5. 기획예산위원회, 방송광고대행의 경쟁체제 도입 발표 6. 애국심 호소 광고, 복고풍 광고 인기 7. 새로운 방송법 제정을 둘러싸고 방송광고 사전심의 폐지 공방 치열 8. 방송광고 길이 다양화, 신문 변형 광고 증가 9. 미디어전이 당락 결정한 대통령 선거 10. 한국광고주협회, 제46차 세계광고주대회 서울 유치

지금까지 논의한 광고계 10대 뉴스를 중심으로 초창기 광고산업의 현황을 정리해 보면, 내부적으로는 광고 관련 단체들의 설립으로 광고의 과학화와 이론화를 추구함과 동시에 시장 개방에 대응하여 법적, 제도적으로 정비를 해 나간 것으로 보인다. 그러나 1996년부터 시작된 광고계의 불황은 1998년 외환위기 사태를 겪으면서 산업의 위기가 절정에 다다르게 된다. 하지만 국내 광고인들은 불황기에 적합한 크리에이티브를 모색하는 등 불황 탈출을 위한 끊임없는 노력을 경주하였고, 성장기로 가는 토대를 마련하게 되었다.

2) 성장기(1999~2008년) 광고산업의 환경 변화

〈표 10-2〉는 1999년부터 2008년까지 성장기 10년간의 광고계 10대 뉴스 100개를 목록화한 것이다. 성장기에도 광고회사 관련 뉴스가 많았는데, 주로 주식시장 상장이나 외국계 광고회사의 국내 광고회사 인수에 대한 뉴스가 많았다. 하지만 대기업 계열 광고주에 대한 의무 계약기간이 끝나는 시점부터는 다시 계열광고회사 체제로 회귀하는 모습을 보였다. 1999년 LG애드 주식 상장, 2000년 오리콤 코스닥 상장, 2001년 외국계 광고회사 국내 시장 진출 급증 및 점유율 증가, 2002년 LG애드 WPP에 인수, 2003년 WPP 금강기획 인수 등 외국계 광고회사 움직임 활발, 2004년 광고회사 새로운 체제 또는 경영 구조, 2005년 현대, 기아차 계열 이노션 출범, 2008년 대기업 광고산업 진출 러시, 계열 광고회사 중심의 광고시장 재편 등의 뉴스가 이어졌다. 광고시장은 호황과 불황이 롤러코스터처럼 반복되다가 2008년에는 세계 금융위기로 마이너스 성장을 보였다. 관련 뉴스로는 1999년 광고산업 다시 호황, 2000년 광고시장 사상 최대 규모, 2001년 불황지속에 따른 광고비 마이너스 성장, 2002년 국내 광고산업 6조 원 돌파, 2008년 세계 금융 위기로 인한 광고산업 마이너스 성장 전망 등의 뉴스가 이어졌다.

둘째, 성장기에는 헌법재판소에서 국내 광고환경에 영향을 크게 미치는 두 가지 판결이 나왔다. 첫째는 방송광고 사전심의의 위헌 판결이고, 다른 하나는 코바코의 독점적 광고방송광고 판매대행에 대한 헌법 불합치 판결이었다. 두 판결 모두 2008년에 이루어졌는데, 그 이후 방송광고 심의는 방송협회와 케이블TV협회에서 하게 되었고, SBS 광고판매를 대행하는 **민영 미디어렙**이 새롭게 출범하는 계기가 되었다. 그리고 초창기와 마찬가지로 코바코와 방송광고 판매제도와 관련된 이슈도 자주 등장하였다. 1999년 코바코 탄력 요금제 도입, 2000년 민영 미디어렙 설립(안) 논란, 2001년 방송광고 요금인상 논란과 방송광고 판매제도 개선 논의만 무성, 실질적 성과 미흡, 2002년 방송광고비 10% 인상으로 방송광고 수수료 실질적 인상, 2004년 지상파 방송광고 경쟁체제 도입, 2006년 방송광고 수수료 지급체계 전환 논란, 2007년 방송광고 수수료 및 광고료 변화 모색, 2008년 방송광고공사 독점적 방송광고 판매대행 헌법불합치 판결, 방송광고료 인상에 따른 코바코와 광고주협회의 갈등 등이 이어졌다.

셋째, 지상파 방송의 **광고총량제**와 중간광고 허용 문제도 자주 이슈가 되었다. 2000년 중간광고 허용 방침 백지화 파문, 2001년 방송광고총량제 및 중간광고 도입 논란, 2005년 방송광고제도 개선 논의 활발, 2007년 방송위, 지상파방송 중간광고 허용범위 확대 추진 등의 뉴스가 10대 뉴스에 선정되었다. 중간광고 이슈는 2019년 현재까지도 해결되지 못하고 있다. 아직도 20년 전 이슈에 매몰되어 있다는 것이 안타까울 따름이다.

넷째, 광고산업의 활성화를 위해서 신유형광고의 도입이나 신매체의 허용이 성장기에 집중적으로 이루어졌다. 2000년 위성방송 사업자 선정(한국디지털 위성방송), 2001년 위성 및 디지털방송 출범에 따른 방송매체 환경 급변, 2002년 가상광고 논의 백지화와 디지털 위성방송 3월 본방송 시작, 2003년 무가신문 열풍, 2004년 PPL 관련 논란과 디지털 방송광고에 대한 관심 증대, 2005년 위성 및 지상파 DMB 방송 개시, 2006년 DMB 광고 논란, 2007년 방송광고의 변화 활성화(가상광고 추진, 지상파 TV 2013년 전면 디지털화), 2008년 IPTV와 양방향 TV 광고 시대 서막 등의 뉴스가 10대 뉴스에 선정되었다.

다섯째, 성장기는 인터넷 광고 등 뉴미디어 광고의 전성기라고 할 수 있을 정도로 성장세가 놀라웠다. 2000년 닷컴 기업 광고시장 성장 주도, 2002년 한국인터넷마케팅협회 인터넷 광고 표준화 발표, 2003년 인터넷 광고, 리치미디어 및 크로스미디어 활발, 2004년 싸이월드, 블로그 등 1인 미디어 등장, 2005년 온라인 검색광고시장 급성장, 2006년 UCC, 웹 2.0 열풍 이용한 광고 붐, 2007년 뉴미디어 광고 약진 등 거의 매년 관련 이슈가 10대 뉴스에 포함되었다. 이러한 인터넷 광고의 성장은 이후에는 모바일 광고로 이어져서 온라인 광고 중심의 시장으로 전환된다.

여섯째, 광고 크리에이티브 관련 이슈도 꾸준히 10대 뉴스에 선정되었다. 1999년 N세대를 겨냥한 크리에이티브 전성시대 뉴스로 시작하여 2001년 비교광고 활성화 기대 및 복고 및 엽기광고 대신 휴머니즘 강조한 트렌드 강세, 2002년 브랜드광고 증가, 여성 모델의 강세, 2004년 경기침체에 소비자에게 힘을 주는 광고캠페인 활발과 웰빙 열풍, 웰빙 광고, 2005년 리얼리티 광고 강세, CM송 제작 붐, 2007년 애드아트, 소비자 참여광고, 양방향 옥외광고 등 새로운 광고 트렌드 활발, 2008년 CM송 색다른 열풍에 이르기까지 광고 제작이나 표현과 관련된 뉴스들이 거의 매년 등장하였다.

일곱째, 초창기에는 광고시장 개방 사실에 관한 뉴스가 많았다면, 성장기에는 그 이후 외국계 광고회사의 실적이나 국내 산업에 미치는 영향에 관한 뉴스가 많았다. 1999년 다국적 광고회사 진출 가속, 2000년 국내 광고시장 외국계 및 외국 자본 투자 급증, 2001년 외국계 광고회사 국내 시장 진출 급증 및 점유율 증가, 2003년 WPP, 금강기획 인수 등 외국계 광고회사 움직임 활발 등이 10대 뉴스로 선정되었다. 하지만 이러한 뉴스들은 성장기 초반에 집중되었고, 2004년 이후에는 관련 이슈가 10대 뉴스로 부상하지 못하였다. 즉, 외국계 광고회사의 위력이 점차 약화되고 다시 대기업 계열 광고회사 위주로 국내 광고산업이 재편되고 있음을 보여주는 것이다.

여덟째, 성장기에는 광고 관련 법률에 대한 이슈가 10대 뉴스에 많이 선정되었다. 1999년 「통합방송법」 5년 만에 국회 통과 그리고 공정거래위원회의 「표시광고법」 제정, 시행, 2003년 「방송법」 개정안 중 2개 항목 철회 해프닝, 2004년 「언론개혁법」을

표 10-2 성장기 국내 광고계 10대 뉴스

1999년	2000년	2001년	2002년	2003년
1. 「통합방송법」 5년 만에 국회 통과 2. 광고산업 다시 호황, 1997년 수준 넘어설 듯 3. 세계 광고주대회 성공적인 개최 4. 미디어에이전시 전격 등장, 광고회사 매체 부문 분사 움직임 5. 다국적 광고회사 진출 가속 6. 한국방송광고공사 글로벌 스탠더드 도입, 탄력 요금제 실시 7. N세대 겨냥한 크리에이티브 전성시대 8. 텔레비전 시청률 복수 제공 시작, 시청률 크게 엇갈려 9. 공정거래위원회 「표시광고법」 제정, 시행 10. LG애드 주식 상장, 광고회사 주식 상장 계속 이어질듯	1. 2000년 광고시장 사상 최대 규모 2. 민영 미디어렙 설립(안) 논란 3. 국내 광고시장 외국계 및 외국 자본 투자 급증 4. 중간광고 허용 방침 백지화 파문 5. 방송광고 사전심의 광고자율심의기구로 위탁 6. 인터넷, 광고매체로서의 효용성 문제제기 7. 크리에이티브의 새로운 경향 대두 8. 한국디지털 위성방송, 위성방송 사업자로 선정 9. 닷컴기업, 2000년 광고시장 성장 주도 10. 오리콤, 광고업계 최초로 코스닥 시장 등록	1. 불황지속에 따라 광고비 마이너스 성장 2. 방송광고총량제 및 중간광고 도입 논란 3. 공정위, 비교광고 기준 완화로 비교광고 활성화 기대 4. 위성 및 디지털방송 출범에 따른 방송매체 환경 급변 5. 방송광고 요금 인상 논란 6. 외국계 광고회사 국내 시장 진출 급증 및 점유율 증가 7. 방송광고 판매제도 개선 논의만 무성, 실질 성과는 미흡 8. 광고주협회, 광고경기실사지수(AS) 개발 9. 복고 및 엽기광고 주춤, 휴머니즘 강조한 트렌드 강세 10. 공정위, 신문고시 제정	1. 국내 광고산업 6조 원 돌파 전망(단일 광고회사로 제일기획 1조 원 돌파) 2. LG애드, WPP에 인수 3. 월드컵의 해, 기업 간 광고전 활발 4. 대통령 선거 관련 미디어 광고전 치열 5. 가상광고 논의 백지화 6. 주요 일간지 ABC 부수공사 참여 7. 디지털 위성방송 3월 본방송 시작 8. 한국인터넷마케팅협회 인터넷 광고 표준화 발표 9. 방송광고비 10% 인상으로 방송광고 수수료 실질적 인상 10. 브랜드광고 증가/여성모델의 강세	1. 2007 아시아광고대회 국내 유치 성공 2. WPP, 금강기획 인수 등 외국계 광고회사 움직임 활발 3. 무가신문 열풍 4. AIC 등 광고 관련 신규단체 설립 줄이어 5. 조선, 동아, 중앙일보 유료 부수 공개 6. 연말 번호이동성제도 앞두고 광고전 치열 7. 「방송법」 개정안 중 2개 항목 철회 해프닝 8. 인터넷 광고, 리치미디어 및 크로스미디어 활발 9. 옥외광고사 시험 국가공인 10. KBS, 시청료 분리징수 관련 정치권과 공방

2004년	2005년	2006년	2007년	2008년
1. 광고 미디어 시장은 지금	1. 위성 및 지상파 DMB 방송 개시	1. 방송 프로그램, 이제 골라 본다	1. 방송위, 지상파방송 중간광고 허용범위 확대 추진	1. 한국방송광고공사의 독점적 방송광고 판매 대행 '헌법불일치' 판결
2. PPL 관련 논란	2. 케이블 TV 광고 약진 및 광고단가 정착화	2. 케이블 TV 광고시장 성장과 자체 콘텐츠 제작품	2. 방송광고 수수료 및 광고료 변화 모색	2. 방송광고 사전심의 위헌판결
3. 디지털 방송광고에 대한 관심 증대	3. 현대, 기아차 계열 이노션 출범	3. 방송광고 수수료 지급 체계 전환 논란	3. 2007 아시아광고대회 제주서 개최	3. 대기업 광고산업 진출 러시, 계열 광고회사 중심의 광고시장 재편
4. 싸이월드, 블로그 등 1인 미디어 각광	4. 미디어 크리에이티브 주목	4. UCC, 웹 2.0 열풍 이용한 광고붐	4. 유명 모델의 광고 책임론 대두	4. 촛불 시위와 조중동 광고 불매 운동
5. 지상파 방송광고시장 경쟁체제 도입되나	5. 방송광고제도 개선 논의 활발	5. 「광고진흥에 관한 법률안」 제정 논란	5. 특별법에 의한 옥외광고 철거	5. 세계 금융 위기로 인한 광고산업 마이너스 성장 전망
6. 「언론개혁법」을 통한 광고 제한 논란	6. 광고 분야 하도급법 적용	6. DMB 광고시장 논란	6. 방송광고의 변화 활성화: 가상광고 추진, 지상파 TV 2013년 전면 디지털화	6. IPTV와 양방향 TV 광고 시대 서막
7. 경기 침체에 소비자에게 힘을 주는 광고캠페인 활발	7. 리얼리티 광고 강세	7. CM송 제작품, 히트 추송 양산	7. 뉴미디어 광고 약진	7. 새 정부 출범과 방송통신위원회 통합
8. 광고회사 새로운 체제 또는 경영 구조	8. 온라인 검색광고시장 급성장	8. 한국광고문화회관 개관	8. 2007 새로운 광고 트렌드 활발	8. 올림픽 스타 등 스포츠 스타들의 모델 각광
9. 참살이 열풍, 참살이 광고	9. 2005 대한민국 대학생 AD Challenge 개최	9. FTA와 한국방송광고공사	9. 새로운 광고제 등장	9. 방송광고료 인상에 따른 코바코와 광고주협회의 갈등
10. 한국과 중국의 광고계 교류 활발	10. 의료광고, 변호사 광고 규제 완화 방침	10. 시청률 조작 논란	10. 신규 업종의 광고계 진출	10. CM송 색다른 열풍

통한 광고 제한 논란, 2006년 광고진흥에 관한 법률안 제정 논란 등의 뉴스가 있었다. 또 특정 신문사의 광고주를 대상으로 한 불매운동이 2008년 발생한 것도 특기할 만한 사항이다.

끝으로, 광고산업의 과학화를 위한 노력들이 성장기에 지속적으로 이루어졌다. 시청률 조사와 광고산업 통계 지수의 개발과 발표 등이 여기에 해당된다. 시청률은 지금과 같이 2개 회사가 제공하고 있는데, 1999년 두 회사의 시청률 조사 결과가 차이가 나서 논란이 되었고, 2006년 시청률 조작 논란과 두 회사 간 법정 공방까지 가게 되었다. 2001년 광고주협회가 광고경기실사 지수를 개발한 것도 광고산업의 과학화를 위한 노력이라고 할 수 있으며, 현재에는 코바코의 광고경기 전망지수로 이어져 오고 있다.

지금까지 논의한 광고계 10대 뉴스를 중심으로 성장기 광고산업의 현황을 정리해 보면, 제도적으로 큰 변화를 겪은 시기로 방송광고가 사후심의로 변경되었고, 방송광고 판매대행의 복수 경쟁체제의 도입의 틀을 마련하게 되었다. 광고시장 개방의 영향은 초기에는 국내 광고회사의 인수와 점유율 확대로 외국계 광고회사의 약진이 있어 왔으나 점차 대기업 계열 광고회사가 광고시장의 주력으로 재부상하였다. 인터넷 광고가 리치미디어, 크로스미디어, 검색광고 등으로 성장하는 시기였으며, 디지털 방송과 DMB, IPTV 등의 도입으로 새로운 광고 유형을 도입하고 시험할 수 있는 환경이 구축되었다. 여기에 규제 완화와 더불어 시청률 조사의 본격적 시행 및 광고경기 지수 개발 등 국내 광고산업이 도약할 수 있는 기틀을 마련한 시기였다.

3) 도약기(2009~2018년) 광고산업의 환경 변화

〈표 10-3〉은 2009년부터 2018년까지 도약기 10년간의 광고계 10대 뉴스 80개를 목록화한 것이다. 전술하였듯이 2011년은 광기회에서 10대 뉴스 선정을 하지 않았고, 광기회 이후 광고계 10대 이슈를 조사, 발표했던 한국광고단체총연합회에서도 2018년 10대 뉴스를 발표하지 않았다. 협회 관계자에게 미발표 이유를 조사한 결과,

특별한 이유는 없었다고 한다. 그만큼 광고계 10대 이슈에 관심이 적어졌다는 사실이 안타깝다.

도약기는 모바일과 소셜미디어 시대라고 할 정도로 관련 이슈가 주목을 받았다. 2010년 소셜네트워크를 활용한 비즈니스와 마케팅 증대, 2013년 모바일 광고시장의 성장, 2014년 모바일 윤리 시대 코앞에, 그리고 배달의 민족, 요기요, 배달통 등 배달 앱의 광고 전쟁, 2015년 모바일게임 광고, 치열한 빅스타 모델 경쟁과 웹 드라마, 웹 예능 그리고 스낵 컬처, 그리고 해시태그를 통한 마케팅 활발 및 다중채널 네트워크 MCN의 성장, 2016년 VR, AR 광고 바람, 모바일 광고의 지속적 성장, 광고 플랫폼으로 인스타그램 부상, 2017년 인플루언서 마케팅 활발, 인스타그램, 세계 모든 규모 기업 대상으로 스토리 광고 적용 등의 관련 이슈가 10대 뉴스에 선정되었다.

둘째, 도약기 초반에는 2008년 「헌법」 불합치 판정을 받은 미디어렙 관련 이슈가 부각되었다. 2009년 미디어렙 경쟁체제 도입 가속화, 미디어 관련 법 통과와 매체환경 변화, 2010년 지상파 방송광고 독점판매 대행 규정 효력 상실, 2012년 「미디어렙법」의 국회 통과로 방송광고 판매시장 경쟁 본격 시작 등의 뉴스가 이어졌다. 그 밖에 광고판매제도와 관련 이슈로 2012년 방송광고 대행 수수료율 상향 조정이 10대 뉴스로 선정되었다. 미디어렙과 방송광고판매제도 이슈는 초창기, 성장기부터 도약기에 이르기까지 꾸준히 10대 뉴스에 선정되었다. 이는 국내 광고산업 환경에서 미디어렙과 미디어렙의 판매정책이 매우 중요한 독립변수로 작용하고 있음을 보여 주는 것이라 하겠다.

셋째, 광고총량제와 중간광고 이슈도 도약기까지 논의가 계속되었다. 2013년 지상파방송 중간광고 및 광고총량제 도입 논의, 2014년 지상파 광고총량제, 중간광고 도입 논의 활발, 2015년 광고총량제, 가상광고 등 지상파 광고에 대한 규제 완화, 2016년 지상파 중간광고 허용에 관한 논의, 2017년 지상파 유사중간광고 논란 등의 뉴스가 있었다. 지상파 광고총량제는 허용되었지만 중간광고는 아직도 미완의 과제로 남아 있는 상황이다.

넷째, 도약기에는 광고규제 완화가 대세였지만 일부 품목에 한해서는 규제 강화가 이루어졌다. 2009년 정크 푸드 TV 광고에 대한 제한 입법이 논란이 되었고 2012년에는 주류광고 옥외광고 금지, 만 24세 이하 운동선수 · 연예인의 주류광고 모델에 대한 규제, 영화 상영시간 중 광고상영 금지, 의료광고 규제 확대, 지상파방송의 주류광고 규제 등 정부의 광고규제 강화로 광고산업에 악영향을 미칠 것이라는 뉴스가 있었다. 또 2013년의 광고계 일감 몰아주기 논란도 규제의 일부로 작용하였다. 반면에 2009년 광고시장 활성화를 위한 광고 규제 완화, 2012년 지상파 TV의 24시간 종일 방송, 2013년 생수 지상파 TV 광고 허용 등은 규제 완화 관련 뉴스들이었다.

다섯째, 광고산업의 성장을 저해하는 사회적으로 큰 사건이 도약기에 있었다. 2014년 세월호 참사 관계로 광고, 프로모션, 이벤트 등 광고 관련 기업의 활동이 중단되거나 연기되었고, 2015년 메르스 사태로 인해서 소비시장이 위축되었으며 결국 2년 연속 광고산업이 저성장의 추세에 빠지게 되었다. 이렇게 사회적으로 큰 사건이 광고산업의 부정적 환경으로 작용함이 명백하다. 또 10대 뉴스에는 포함되지 않았지만, 대통령 탄핵 사건, 지상파 방송사들의 파업 등 광고산업이 성장하는 데 우호적이지 않은 환경이 도약기 후반에 조성되었다.

여섯째, 광고 크리에이티브 관련 이슈도 도약기에 10대 뉴스에 선정되었다. 2009년 광고모델계에서 여성의 약진, 2012년 정치광고의 발전, 2013년 착한 광고, 착한 마케팅 시대, 2014년 코믹한 키치적 광고 인기, 2017년 광고 크리에이티브 다양화, 오감을 만족하는 광고기업의 등장 등이 10대 뉴스로 선정되었다. 도약기에 특기할 만한 사항은 국제광고제에서 연이어 대상 등 큰 상을 수상했다는 점이다. 2012년과 2013년에 칸광고제, 스파익스 아시아 등에서 국내 광고회사들의 수상작 수가 역대 최고를 경신하였다. 이는 국내 크리에이티브의 수준이 높아졌음을 보여 주는 것이다.

끝으로, 도약기에는 많은 스포츠 이벤트 등이 있었으나 광고산업계에 큰 호재가 되지는 못한 것으로 나타났다. 2010년 월드컵, 동계올림픽 등 대형 스포츠 이벤트 특수, 2014년 빅 이벤트 실시, 전반적 광고시장 침체, 2017년 2018 평창 올림픽, 러시아 월드컵, 아시안게임 등 스포츠 이벤트에 따른 광고업계 호재 기대 등이 10대 뉴스에 선정되었다. 2002년 월드컵까지는 스포츠 이벤트가 있는 해에 광고비가 대

표 10-3 도약기 국내 광고계 10대 뉴스

2009년	2010년	2011년	2012년	2013년
1. 미디어렙 경쟁체제 도입 가속화 2. 미디어 관련 법 통과와 매체환경 변화 3. 양방향, 가상, 간접 광고 등 신유형광고 본격 시동 4. 광고시장 활성화를 위한 광고 규제 완화 5. 광고 관련 전문지 잇단 폐간 6. 광고산업 표준화 사업 본격 가동 7. 언론소비자주권국민캠페인(언소주) 사태 8. 광고모델 女풍당당 9. 신문 판형 변경 및 광고 형태 다양화 10. 정크 푸드 TV 광고 제한 입법 논란	1. 스마트폰, 스마트 TV, 태블릿 PC 등 신규 기기의 급속한 확대 2. 지상파 방송광고 독점판매 대행 규정 효력 상실 3. 소셜네트워크를 활용한 비즈니스와 마케팅 증대 4. 가상, 간접광고 「방송법」 개정을 통한 합법화 5. 지상파 TV, 케이블 SO에 대한 저작권료 요청 및 광고 분쟁 6. 한국 ABC협회 전국 일간신문 발행 부수 인증 자료 공개 7. 월드컵, 동계올림픽 등 대형 스포츠 이벤트 특수 8. 오프라인 매체 광고 캠페인의 온라인 연계가속화 9. 광고시장 성장세 회복 10. 「방송통신발전기본법」 제정	10대 뉴스 미선정	1. 「미디어렙법」의 국회 통과로 방송광고 판매 시장 경쟁 본격 시작 2. 지상파 TV의 24시간 종일 방송 3. 정부의 광고규제 강화로 광고산업 적신호 4. 지상파 TV 디지털방송 전환으로 디지털 미디어 광고시장의 질적 성장 5. 뉴미디어 광고시장은 급성장, 전통매체 광고시장은 정체 심화 6. 국제광고제에서의 잇단 수상으로 대한민국 광고 크리에이티브 전세계에 과시 7. 총선과 대선의 정치광고 영역 대폭 확대 8. 방송광고 대행 수수료율 상향 조정 9. 유사 인터넷 언론 매체의 음해 보도 대응 웹 사이트 '반론보도닷컴' 적극 활용 10. 런던 올림픽과 여수 세계박람회로 스포츠 · 이벤트 마케팅 치열	1. 모바일 광고시장의 성장 2. 지상파방송 중간광고 및 광고총량제 도입 논의 3. 광고계 일감 몰아주기 규제와 일감 나누기 4. 지상파 TV 디지털방송 전환으로 디지털 미디어 광고시장의 질적 성장 5. '착한 기업', '착한 마케팅', '착한 광고'의 시대 6. 공정거래위원회, 광고업계 대기업 계열 하도급 거래 조사 7. 한국, 국제광고제에서 역대 최대 성적 기록 8. 종합편성채널 재승인 심사 논의 9. 3-Screen 통합시청률 연구 10. 생수 지상파 TV 광고 허용

2014년	2015년	2016년	2017년	2018년
1. 세월호 참사 여파로 광고, 프로모션, 이벤트 등 집행 중단 및 연기 2. 케이블, 종편 콘텐츠의 질적 성장 3. 허니버터칩, 러버덕, 마이보틀 등 SNS를 통한 자발적 바이럴 마케팅 활발 4. 모바일 윤리 시대 코앞에 5. 빅 이벤트 불구, 전반적 광고시장 침체 6. 배달의 민족, 요기요, 배달통 등 배달 앱의 광고 전쟁 7. 지상파 광고총량제 · 중간광고 도입논의 활발 8. 광고 관련 기업들의 인수합병 활발 9. 코믹한 키치적 광고 인기 10. IPTV 가입자 천만 시대	1. 메르스 사태로 인한 소비시장 위축 2. 쿡방의 시대, 스타 셰프들의 등장 3. 광고총량제, 가상광고 등 지상파광고에 대한 규제 완화 4. 유료방송 콘텐츠, 큰 인기 구가 5. 모바일게임 광고, 치열한 빅스타 모델 경쟁 6. 새롭게 떠오르는 웹 드라마 & 웹 예능 7. 금융업계 변화를 몰고 오는 핀테크 8. 짧은 시간에 즐길 수 있는 콘텐츠, 스낵 컬처 9. 해시태그를 통한 마케팅 활발 10. 다중 채널 네트워크, MCN의 성장	1. 포켓몬GO 열풍이 몰고 온 광고업계의 VR, AR 광고 바람 2. 지상파 중간광고 허용에 관한 논의 3. 모바일 광고의 지속적 성장 4. 광고 플랫폼으로 인스타그램 부상 5. 종편과 유료방송 급성장, 온라인 미디어의 영향력 확대로 지상파 위기 6. 네이티브 광고 도입 확산 7. 1인 가구 증가로 인한 훈족 마케팅 다양화 8. 「옥외광고물법 개정안」 시행으로 인한 디지털 사이니지 확대 9. 「김영란법」으로 인한 국가 기업의 종이 사보 중단과 폐간 10. 프로그래매틱 광고 기법의 등장	1. 디지털광고비, 올해 처음으로 방송광고비 추월 2. 광고와 콘텐츠 경계를 허무는 브랜디드 콘텐츠의 대중화 3. 인플루언서 마케팅 열풍 4. 2018 평창 올림픽, 러시아 월드컵, 아시안게임 등 스포츠 이벤트에 따른 광고업계 호재 기대 5. 욜로 라이프, 올해의 마케팅 트렌드로 급부상 6. 지상파 유사중간광고 논란 7. 4차 산업혁명 시대, 디지털 마케팅애드테크가 대세 8. 인스타그램, 세계 모든 규모 기업 대상으로 스토리 광고 적용 9. 광고 크리에이티브 다양화, 오감을 만족하는 광고기업의 등장 10. 옥외광고물 자유표시 구역 지정으로 한국판 타임스퀘어 조성	10대 뉴스 미선정

폭 성장하는 모습을 보여 주었다. 그러나 성장기 후반에는 빅 이벤트와 광고비 집행 간의 인과관계가 점차 약해지고 있다. 그 이유는 중계권료와 제작비의 상승으로 올림픽 등에서 수익을 내기가 점차 어려워지고 있고, 스포츠 이벤트에 대한 시청률이 점차 하향 추세이며, 아시안 게임의 경우에는 국민의 관심도가 현저히 떨어지는 문제들을 안고 있기 때문이다.

지금까지 도약기 10년간의 광고계 10대 뉴스를 살펴보았다. 도약기에는 세월호, 메르스, 대통령 탄핵, 방송사의 파업 등으로 지상파 방송사의 광고비가 매우 빠른 속도로 감소하게 되었다. 모바일 광고의 지속적인 성장세와 비교해 그렇지 않아도 약화된 매체력이었는데 설상가상의 일들이 많이 벌어져서 회복하기 쉽지 않은 상황에 빠졌다. 이제 광고산업은 디지털, 모바일, 네이티브 광고, 프로그래매틱 광고 등 기술을 기반으로 하는 산업으로 전환되었다. 여기에 빅데이터, 인공지능의 요소가 더해져서 미래 광고산업은 지금까지 우리가 경험했던 모습들과는 다른 모습으로 전개될 것으로 보인다.

4) 광고산업의 미래

지금까지 지난 30년간 국내 광고산업 변화를 10대 뉴스를 중심으로 살펴보았다. 그렇다면 미래 광고산업은 어떻게 변화할 것인가? 이 질문에 대한 답이 2018년 한국광고학회 추계 학술대회에서 논의된 바 있다. 김효규(2018)는 다채널과 다매체의 근간은 기술혁신에서 왔고 이는 방송과 통신의 융합으로 구체화되었다고 분석하였다. 또 매체소비는 분극화되어서 이용의 쏠림 현상이 증가될 것으로 보았다. 재미있는 것은 모바일이나 인터넷 동영상 광고와 같이 지금 각광을 받고 있는 매체의 효율성에 대한 의문을 제기한 점이다. 오히려 방송매체 광고가 구매나 기억에 더 긍정적인 영향을 미친다고 주장하였다. 그렇다면 다시 방송광고 전성시대로 돌아가는 것인가?

방송광고 전성시대까지는 아니더라도 **콘텐츠 마케팅**을 중심으로 광고의 패러다임이 변화하고 있다. 서영택(2018)은 네이티브 광고, 브랜디드 콘텐츠, 웹 드라마, 애드 무비, 브랜디드 웹툰, 애드버게임, VR(Virtual Reality) 콘텐츠, MCN 1인 미디어 콘텐츠, 문화 페스티벌, ATL과 BTL의 혼성 캠페인 등이 콘텐츠 마케팅의 주요 내용이라고 주장하고, 향후 광고는 콘텐츠 마케팅을 중심으로 이루어질 것이라고 하였다. 나아가 이러한 콘텐츠는 커머스와 자연스럽게 결합하여 광고가 직접적인 판매 수단으로 활용될 수 있을 것이라고 전망하고 있다.

보다 구체적으로 광고회사의 미래에 대한 고찰도 있었다. 백승록(2018)은 과거 광고주-매체사-광고대행사 중심의 광고산업의 구도는 더 이상 현재 유효하지 않으며, 광고산업 내 많은 사업자들이 새롭게 등장하였고, 최근에는 컨설팅 회사들이 상위 광고회사 순위에 위치하는 등 업계의 큰 변화가 왔다고 주장하였다. 특히, 빅데이터와 AI가 광고산업 변화의 핵심에 있으며, 이제 크리에이티브도 자동화된 시스템으로 해결하는 것이 가능하다고 하였다. 즉, 미래의 광고산업은 우리가 지금까지 경험했던 것과 변화의 양과 폭 그리고 질이 비교할 수 없을 정도도 크게 다가온다는 것이다. 특히, 최근에는 퍼모먼스(performance)를 목표로 하는 광고캠페인이 증가하고 있는 바, 이에 대한 솔루션을 광고회사가 제공해 주어야 하며, 공급자와 수요자의 직접적이고 신뢰 있는 연결을 가능하게 하는 블록체인 기술의 적용은 기존 광고산업 자체를 뒤흔들 수 있다고 주장하였다.

지난 30년간 국내 광고산업 환경에 큰 영향을 미쳤던 요인들을 검토하고, 앞서 광고의 미래를 조망한 세 사람의 의견을 종합하여 광고산업의 미래를 예측하면 다음과 같다.

첫째, 법적, 제도적 규제 완화를 통한 광고산업의 활성화 노력이 지속될 것으로 보인다. 광고산업의 환경 중 국내의 경우에는 법적, 제도적 변화가 가장 큰 영향을 미쳤다. 그것은 10대 뉴스 중 다수가 광고제도의 변화와 관련된 것들이기 때문이다. 앞으로도 지상파 방송광고의 중간광고 허용, 일일 단위 광고총량제 도입, 전문의약품 등 광고 금지업종 폐지, 공직자법의 광고횟수 제한 규정 폐지와 정치광고의 확대 등 규제 완화의 요구가 커질 것으로 보인다.

둘째, 법률에 기반을 두는 미디어렙 제도는 그 시효가 다할 것으로 보인다. 지상파 방송, 종편과 같이 프로그램의 제작과 광고영업을 분리하여 방송의 공정성을 제고하려는 노력은 콘텐츠와 광고의 융합 현상이 가속화될 것으로 보이는 미래에는 설득력이 떨어진다. 앞서 서영택(2018)의 주장처럼 콘텐츠 마케팅이 광고의 새로운 패러다임이라면 미디어렙의 존립 근거는 상당 부분 약화된다고 생각한다. 특히, 종편 미디어렙과 같이 별도의 회사로 기능하기 어려운 것이 현실이라면 법적인 미디어렙 제도를 폐지하는 것이 바람직해 보인다.

셋째, 매체의 변화가 광고산업 환경에 영향을 미치는 가장 큰 독립변수로 작용할 것이다. 지난 30년간 민영 지상파 방송, 케이블 TV, 인터넷 매체, 위성방송, 모바일 매체, 종합편성채널, 소셜미디어 등이 광고계 10대 뉴스에 단골로 등장하였다. 새로운 매체의 등장은 광고산업에게 기회이자 위기이다. 새로운 매체의 광고공급 증가로 광고산업이 성장할 수 있는 요인은 기회이지만, 결국 기존의 매체와 제한된 광고시장에서 경쟁을 벌어야 하는 것은 위기 요인이다.

넷째, 수익 모델로서 광고는 더 이상 성장할 수 있는 수단이 아니라고 본다. 앞서 매체의 증가가 광고산업의 기회이자 위기라고 말하였듯이 너무나 많은 서비스들이 광고를 주된 수익원으로 기획이 된다. 그런데 한정된 광고예산이 증가하는 매체들과 서비스들을 다 부양할 수는 없는 노릇이다. 또 소비자들이 광고를 보지 않는 대신 추가적인 비용을 부담하고 오로지 서비스만을 이용하려고 한다. 광고가 없는 넷플릭스(Netflix)가 대표적인 사례이며, 유튜브(Youtube)도 광고 없이 동영상을 보기 위해서 월정액을 지불하는 프리미엄 서비스를 도입하였다. 이러한 유료 콘텐츠 플랫폼이 증가하면서 광고의 영향력은 점차 약화될 것으로 보인다.

다섯째, 광고회사의 대형화가 가속될 것으로 보인다. 광고회사가 다루어야 할 데이터가 증가하고 있고, 이제는 영업력보다 성과와 효과 입증 그리고 분석력이 광고회사 평가의 주된 기준이 될 것이다. 그만큼 인프라 투자가 큰 사업이 될 것으로 보인다. 인프라를 보유하거나 인프라를 가진 다른 사업자들과 협업을 하기 위해서는 광고회사의 규모가 커질 수밖에 없다. 이미 국내 광고회사들 중 중견 광고회사 또는 중규모의 광고회사들이 시장에서 사라졌다. 대형 광고회사나 크리에이티브 또는 디지털 기술을 기반으로 한 소규모 광고회사들이 많은 편이다. 이 중소 규모 이하 광고회사들도 시너지를 높이고 경쟁력을 강화하기 위해서 M&A나 지주회사 설립을 통한 네트워크 구축이 필수적이라고 본다. 코스닥 상장회사인 FSN이 대표적인 사례라고 하겠다.

여섯째, 광고영상 제작업의 수익성은 점차 악화될 것으로 보인다. 광고영상뿐만 아니라 콘텐츠 마케팅의 활성화로 영상 제작의 수요는 폭발적으로 증가할 것으로 보인다. 하지만 제작단가가 과거보다 떨어지고 업체 간 경쟁이 보다 치열해지기 때문에 수익성 제고가 힘들 것으로 보인다. 게다가 콘텐츠 마케팅을 위한 영상들은 기존 광고영상 제작회사보다는 영상 프로덕션에서 제작이 더 용이하다. 왜냐하면 광고보다 긴 호흡이며, 매체사의 니즈에 부합하는 영상을 제작해 본 경험이 훨씬 많기 때문이다.

일곱째, 애드-테크 기업들은 강세가 지속될 것으로 보이며, 이 중 가장 급변하면서도 광고산업계에 영향을 미치는 분야가 광고판매 영역이 될 것으로 보인다. 이미 온라인 광고 영역에서 **프로그래매틱**(programmatic)과 RTB(Real-time bidding)를 기반으로 하는 광고거래가 이루어지고 있다. 이러한 광고거래 기술이 방송영역으로 확대될 것으로 보인다. 나아가 이종매체 간 광고 인벤토리(inventory)를 통합, 관리하여 판매를 즉각적으로 하는 시스템도 조만간 도입될 것을 보인다. 이렇게 된다면 미디어렙이나 광고판매 조직의 영업 인력이 대폭 축소될 것으로 보인다.

여덟째, 개인 타깃팅을 기반으로 하는 캠페인이 증가할 것으로 보인다. 타깃팅은 광고조사가 시작되고 광고의 과학화가 진행되면서 시장을 세분화하고 표적시장을 정하는 개념으로 시작되었다. 즉, 지역, 연령, 성별을 중심으로 광고 소구의 대상을 타깃팅을 하여 메시지를 전달하는 것이 효과도 크고 광고예산의 낭비가 없기 때문에 광고캠페인의 기본이다. 이 타깃팅이 더 정교해지고 궁극적으로 일대일 수준으로 개인화될 것이다. 과거에도 데이터 마이닝(minning), 데이터베이스 마케팅을 통해서 개인화된 타깃팅이 가능하고, DM이나 문자메시지 또는 메일을 통해서 실제 적용 가능성을 보여 주었다. 미래에는 방송광고도 개인 타깃팅을 기반으로 한 메시지 전달이 가능하며, 그 출발은 Addressable TV 광고라고 하겠다. IPTV 셋톱박스를 기준으로 가구별 메시지 전달이 현재 가능하다.

끝으로, 크리에이티브 영역은 여전히 크리에이터의 역량하에 있겠지만, 단순 작업은 로봇이 대체할 수 있을 것이다. 몇 년 전 일본에서 크리에이터와 AI가 광고물을 만드는 대결을 펼친 적이 있다. AI가 소설을 쓰고, 그림을 그리고 작곡을 하는 창의적인 활동을 충분히 할 수 있기 때문에 광고를 만든다고 해도 놀랄 일은 아니다. 하지만 광고 크리에이티브 작업은 인간의 직관이나 감과 같은 주관적 요소의 영향이 상대적으로 큰 영역이라고 하겠다. 따라서 배너광고의 메시지, 인쇄광고의 크기 변형과 같은 단순한 작업은 AI 기반의 로봇이 대체할 가능성이 있지만, 카피와 디자인 작업의 핵심은 인간의 고유 영역으로 남을 것으로 보인다.

3. 단행본 분석을 통해 본 광고학연구의 변화

광고학연구의 변화 양상도 앞서 광고산업의 환경 변화와 동일하게 1989년부터 10년을 주기로 초창기, 성장기, 도약기로 구분하였다. 또 앞서 언급했듯이 교보문고 인터넷 사이트(digital.kyobobook.co.kr)에서 판매부수를 기준으로 1위부터 10위까지의 도서를 조사하였다. 도서 제목, 저(역자), 출판사, 출판 연도, 도서 분야(입문서, 국제광고, 광고기획, 광고심리, 특수광고, 거시광고 등) 등으로 분류하여 10대 학술도서를 제시하였다. 특정 온라인 서점의 자료를 기준으로 하였고, 검색어도 '광고'로 한정하였기 때문에 결과의 타당도에 한계가 있음을 미리 밝혀 둔다. 그렇기 때문에 10대 도서 목록에 있다고 해서 학문적으로 우수한 도서라고 장담할 수 없다. 베스트셀러가 꼭 양서가 아닌 이유와 같다. 보다 광범위한 자료와 더 많은 검색어를 토대로 한 단행본 분석연구는 후학에게 맡기고 싶다.

1) 초창기(1989~1998년) 광고학연구 동향

인터넷 교보문고에서 검색어를 '광고'로 하고 1989년부터 1998년까지 10년간 단행본 검색을 하면 총 246종이 발간된 것으로 나타난다. 이중 판매량을 기준으로 재정렬을 한 결과, 1989년부터 10년간 가장 많이 팔린 도서는 부산외국어대학교 고경순 교수가 쓴 『문화와 국제광고 표현』이다. 1998년 발간된 이 책은 국제광고 영역에서 필독서로 평가된다. 다음으로 강준만 교수의 『광고의 사회학』, 윤선희 번역의 『광고 문화: 소비의 정치 경제학』이 인기 있는 단행본으로 나타났다. 이현우 교수의 『광고와 언어』(1998년, 한울)까지 포함하면 초창기 10년간 거시광고 영역의 도서들이 판매량이 높았음을 알 수 있다. 광고기획서의 고전이라고 할 수 있는 『현대 광고의 전략』(안보섭, 정기현, 한상필, 한은경 역)이 4위를 차지했는데, 당시 광고홍보학과 학생들에게 필독서였으며, 광고주 시각의 '인사이드 아웃', 소비자 시각의 '아웃사이드 인' 전략 등을 쉽고 상세하게 설명하고 있다. 『광고심리의 분석』(오세진 역)과 함께 10대 도서 중 3권이 번역서인 점은 광고학연구 초창기에 저술보다 번역에 치중한 결과로 보인다.

입문서로는 청주대학교 오두범 교수가 쓴 『광고커뮤니케이션신론』(1989년, 전예원)이 10대 학술도서에 포함되었으며, 남서울대학교 이종은 교수가 쓴 『광고기획론』(1998년, 신성)도 독자들의 사랑을 받은 것으로 나타났다. 순위에는 들지 못하였지만 서범석 교수의 『광고기획론』(1990년, 나남)도 학생들에게 많은 인기가 있었다. 2010년 『현대 광고기획론』으로 개정판을 냈고, 개정판 역시 학부 수업의 필독서로 여겨지고 있다.

초창기 10대 학술 도서들은 거시광고가 3종으로 가장 많았지만, 광고기획 2종, 국제광고, 광고제작, 광고심리, 스포츠 광고와 같은 특수광고, 광고학 입문서 등 그 종류가 매우 다양하게 나타났다(〈표 10-4〉 참조). 이는 단행본 시장에서는 특정 학문 분야가 강세를 보이기보다 다양한 독자층을 목표로 한 출판활동이 있었다고 할 수 있다.

표 10-4 초창기 10대 국내 학술 도서(교보문고 판매량 기준)

제목	저(역자)	출판사	출판 연도	도서 분야
문화와 국제광고 표현	고경순	커뮤니케이션북스	1998	국제광고
광고의 사회학	강준만	한울	1994	거시광고
광고 문화: 소비의 정치 경제학	윤선희 역	한나래	1996	거시광고
현대 광고의 전략	안보섭, 정기현, 한상필, 한은경 역	나남	1996	광고기획
딱정벌레에게 배우는 광고발상법	박현주	한울	1998	광고제작
광고심리의 분석	오세진 역	미진사	1990	광고심리
광고와 언어	이현우	한울	1998	거시광고
스포츠 광고와 기업커뮤니케이션	송해룡	나남	1998	특수광고
광고커뮤니케이션신론	오두범	전예원	1989	입문서
광고기획론	이종은	신성	1998	광고기획

한편 출판사별로 분석을 한 결과, 한울 출판사가 3종으로 가장 많았고, 나남 출판사가 2종이었으며, 커뮤니케이션북스, 한나래 출판사 등이 1종의 10대 도서를 배출하였다. 또 연도별로는 1998년 발간된 도서가 5종이나 선정되었으며, 1996년에 발간된 도서도 2종이 10대 도서에 포함되었다.

2) 성장기(1999~2008년) 광고학연구 동향

성장기 10년간 발행된 단행본은 368종으로 이전 10년보다 122종, 49.6%나 증가하였다. 이는 1990년대 후반부터 2000년대 초반까지 전국적으로 대학교에 광고홍보학과의 신설이 붐을 이루었고, 광고산업계 출신들이 대거 교수로 채용되면서 출판시장에서 왕성한 활동을 시작했기 때문으로 보인다. 또 해외에서 유학을 마치고 돌아온 학자들도 대학교에 임용이 되면서 광고학 연구자 층이 어느 때보다도 두터워졌다.

1999년부터 10년간 가장 많이 팔린 도서는 대홍기획 출신의 광고인 김원규 대표가 쓴 『파워브랜드를 만드는 광고전략』(2006년, 나남)이다. 이 책은 학술적 성격보다 실무적 성격이 강한 도서인데, 각 업종별로 1위 브랜드라고 할 수 있는 브랜드들의 광고 사례에서 전략적 시사점을 도출해 내고 있다. 같은 저자가 1993년 발간한 『카피, 카피라이팅, 카피라이터』(나남)와 함께 2대 실무 지침서로 평가받고 있다. 김원규 대표 이후 많은 광고인들이 해외의 사례와 자신의 경험을 종합하여 출판하는 붐을 이루게 된다. 2위는 『최고의 스토리보드 만들기』(김병철, 이우석 역, 2008년, 시공사)였으며, 3위는 『광고비평의 이해』(김영찬 외, 2004년, 한울아카데미)였다. 필자를 포함하여 경희대학교 교수와 경희대학교 대학원 신문방송학과 출신 교수 총 16명이 공동 집필한 『현대사회와 광고』(이경자 외 15인, 2006년, 한경사)가 4위를 차지하였다. 개론서, 입문서로는 독자들로부터 가장 큰 인기를 받은 것으로 보인다. 이후 10명 내외의 공동 집필 형태의 입문서 출판이 붐을 이루게 된다.

성장기에는 초창기에 볼 수 없었던 분야의 도서가 10대 도서에 선정되는데, 그것은 광고매체 분야이다. 『광고매체 용어집』(신인섭, 2005년, 커뮤니케이션북스)과 『옥외광고론』(서범석, 2001년, 나남)이 10대 도서에 선정되었다. 『신문광고와 언어』(서은아, 2003년, 역락)와 『신문광고 디자인』(박숙희, 정향진, 1999년, 조형사)[4] 처럼 특정 매체의 광고를 위한 단행본이 10대 도서에 선정된 것도 특기할 만한 일이다.

성장기 10대 학술 도서들은 광고기획 2종, 광고제작 2종, 광고매체 2종, 거시광고 2종 등 다양한 분야에서 선정되었다. 『광고 프레젠테이션의 실제』(김희진, 2005년, 커뮤니케이션북스)와 같이 광고실무를 직접 다룬 도서도 처음으로 10대 도서에 뽑혔다(〈표 10-5〉 참조). 입문서로는 앞서 언급한 『현대사회와 광고』가 유일하게 선정되었으며, 번역서는 1종에 불과하여 초창기에 비해서 번역보다 직접 저술에 대한 선호가 높았던 것으로 보인다.

한편 출판사별로 분석을 한 결과, 커뮤니케이션북스가 3종으로 가장 많았고, 나남

4 『신문광고 디자인』은 같은 저자들에 의해서 동일 출판사에서 1990년에도 발간한 것으로 나온다. 1999년 발간은 개정판인 것으로 보인다.

표 10-5 성장기 10대 국내 학술 도서(교보문고 판매량 기준)

제목	저(역자)	출판사	출판 연도	도서 분야
파워브랜드를 만드는 광고전략	김원규	나남	2006	광고기획
최고의 스토리보드 만들기	김병철, 이우석 역	시공사	2008	광고제작
광고비평의 이해	김영찬 외	한울아카데미	2004	거시광고
현대사외와 광고	이경자 외	한경사	2006	입문서
신문광고와 언어	서은아	역락	2003	거시광고
신문광고 디자인	박숙희, 정향진	조형사	1999	광고제작
광고매체 용어집	신인섭	커뮤니케이션북스	2005	광고매체
옥외광고론	서범석	나남	2001	광고매체
광고 프레젠테이션의 실제	김희진	커뮤니케이션북스	2005	광고실무
쉽고 빠른 광고기획	신기혁	커뮤니케이션북스	2006	광고기획

출판사가 2종이었으며, 시공사, 한울아카데미, 한경사 등이 1종의 10대 도서를 배출하였다. 또 연도별로는 2006년 발간된 도서가 3종이나 선정되었으며, 2005년에 발간된 도서도 2종이 10대 도서에 포함되었다.

3) 도약기(2009~2018년) 광고학연구 동향

도약기 10년간 발행된 단행본은 440종으로 이전 10년보다 72종, 19.6%가 증가하였다. 초창기 10년에 비해서는 194종, 78.7%가 증가한 것이다. 도약기에 와서 성장기보다 증가 폭이 둔화되는 것은 2009년 이후 양적 성장의 시대에서 질적 성장의 시대로의 전환을 의미한다. 즉, 광고학자와 광고산업 종사자들이 쏟아내던 서적들이 시장에서 냉정한 평가를 받으면서 옥석 가리기에 들어간 시기라고 하겠다. 또 출판업계의 지속적인 불황으로 안정적인 경영활동에 나선 출판사들의 행보도 영향을 미쳤을 것이다.

2009년부터 10년간 가장 많이 팔린 도서는 백혜진, 최세정, 조수영 등 14명의 학자가 집필한 『광고 PR 커뮤니케이션 효과이론』(2018년, 한울아카데미)이다. 이 책은 커뮤니케이션 이론서이다. 이론 중에서도 커뮤니케이션 효과 이론을 다루고 있다. 광고학과 PR학의 원류라고 할 수 있는 커뮤니케이션학의 전통 이론인 SMCRE(Source-Message-Channel-Receiver-Effect) 이론에서 시작하여 공중과 미디어의 변화 그리고 위험과 위기 커뮤니케이션과 같은 PR 영역의 이론과 커뮤니케이션학에서 뇌 연구동향까지 다루고 있다. 이 책은 한국광고홍보학회가 기획하여 발간한 서적으로도 알려져 있다. 2위는 『광고언어의 이해』(정문용, 2017년, 신아사)였으며, 3위는 『마법의 광고 디자인』(이현주 역, 2017년, 우듬지)이었다. 같은 제목의 입문서 2권이 나란히 10대 도서에 선정되었는데, 이화여자대학교 이혜갑 교수가 쓴 『광고의 이해』(2016년, 이화여자대학교 출판부)와 광고산업계 이원재 대표가 쓴 『광고의 이해』(2013년, 푸른시상)이다. 학자와 광고인이 쓴 입문서를 비교해 가면서 읽는 것도 재미있는 일이라 하겠다.

도약기에 새롭게 10대 도서에 선정된 분야가 광고역사이다. 신인섭, 서범석 교수가 쓴 『한국 광고의 역사』(2015년, 커뮤니케이션북스)가 6위에 선정되었다. 두 분의 다른 저서 2권(『광고매체 용어집』, 『옥외광고론』)도 앞선 성장기에 10대 도서에 선정되었기 때문에 두 분은 판매량 기준으로 국내 광고학 단행본 시장에서 가장 인기 있는 연구자라고 해도 과언이 아닐 것이다. 또 광고산업 분야에서도 처음으로 10대 도서에 선정되었는데 이수범, 심성욱, 김병희, 이희복, 이종민, 한상필, 안광호 교수가 공동으로 집필한 『시장개방 20년과 한국의 광고산업』(2010년, 한경사)이다. 이 책은 앞서 광고산업 환경 변화 부분에서도 인용했듯이 국내 광고산업 현황을 고찰하고 광고산업 역사를 이해하는 데 필독서라고 하겠다.

도약기 10대 학술 도서들은 광고제작 2종, 입문서 2종을 제외하고는 광고 이론, 거시광고, 광고기획, 광고매체, 광고역사 등 다양한 분야에서 선정이 되었다. 『크로스미디어 광고』(강석원, 2017년, 커뮤니케이션북스)와 『광고의 스토리텔링 기법』(김정우, 2016년, 커뮤니케이션북스)처럼 산업계 트렌드를 반영하거나 이슈가 되었던 주제

표 10-6 도약기 10대 국내 학술 도서(교보문고 판매량 기준)

제목	저(역자)	출판사	출판 연도	도서 분야
광고 PR 커뮤니케이션 효과이론	백혜진 외	한울아카데미	2018	광고 이론
광고언어의 이해	정문용	신아사	2017	거시광고
마법의 광고 디자인	이현주 역	우듬지	2017	광고제작
크로스미디어 광고	강석원	커뮤니케이션북스	2017	광고매체
광고의 이해	이혜갑	이화여자대학교 출판부	2016	입문서
한국 광고의 역사	신인섭, 서범석	커뮤니케이션북스	2015	광고역사
광고의 이해	이원재	푸른사상	2013	입문서
광고홍보캠페인 연구	이제영	시간의 물레	2018	광고기획
광고의 스토리텔링 기법	김정우	커뮤니케이션북스	2016	광고제작
시장 개방 20년과 한국의 광고산업	이수범 외	한경사	2010	광고산업

의 도서들도 눈에 띈다(〈표 10-6〉 참조). 광고기획서로는 『광고홍보캠페인 연구』(이제영, 2018년, 시간의 물레)가 유일하게 선정되었으며, 번역서는 1종에 불과하여 초창기 이후 번역보다 저술 도서가 독자들에게 인기가 높다고 할 수 있다.

한편 출판사별로 분석을 한 결과, 커뮤니케이션북스가 3종으로 가장 많았으며 나머지 7종은 7개 출판사에 출간되었다. 한울아카데미, 한경사 등이 꾸준히 10대 도서에 선정되었으며, 이화여자대학교가 대학교 출판부 중 유일하게 10대 도서를 출간한 것으로 나타났다. 또 연도별로는 2017년 발간된 도서가 3종이나 선정되었으며, 2016년과 2018년에 발간된 도서도 각각 2종이 10대 도서에 포함되었다.

4. 광고학연구의 미래

광고학연구의 미래를 예측한다는 것은 쉬운 일이 아니다. 지금까지 광고산업과 단행본을 중심으로 광고학연구의 동향을 살펴보았지만, 이를 토대로 미래를 전망하기는 쉬운 일이 아니다. 전술한 아홉 가지 광고산업 미래 정도는 나타난 현상들에 기초하여 예상할 수 있는 내용들이지만, 광고학연구의 미래를 예측하는 일은 더 많은 상상력과 통찰력을 요한다. 광고학과 유사한 언론학에서도 미래 연구에 대한 고민이 있어 왔다. 결론은 우리 학문이 '풍요'와 '결핍'의 딜레마에 있다는 것이다. 풍요로운 것은 우리 학문이 인간과 사회를 대상으로 하고 있고, 미디어(광고) 환경의 급격한 변화는 연구영역을 지속적으로 제공해 주는 비옥한 토양의 연구영역이라는 것이다. 반면에 연구대상의 급격한 변화에 따른 반복연구와 이론화의 부족 그리고 개념 정의의 결핍을 숙명적으로 갖고 있다는 것이다(이경자, 2015).

그렇다면 풍요로운 부분은 우리 학자들의 의지와 관계없이 지속적으로 연구가 이루어질 것이고, 결핍의 부분은 우리들의 노력을 통해서 메꾸어야 하는 영역이 될 것이다. 필자는 전자를 할 수밖에 없는 연구(**당위적 연구**), 후자를 해야만 하는 연구(**지향적 연구**)로 구별하였다. 비옥한 연구토양에서 풍요로운 연구를 하되, 늘 결핍을 인식하고 그것을 메꾸려는 노력을 게을리하지 말아야 하는 것이 우리 광고학자들의 의무인 것이다.

광고학연구의 미래 예측은 연구주제에 국한하지 않았다. 주제만으로 범위를 좁혀보면 소비자행동 연구나 매체 관련 연구가 증가될 것으로 쉽게 예측할 수 있기 때문이다. 연구방법, 통계방법 그리고 지향해야 할 연구의 영역까지 폭넓게 총 열 가지 예측을 해 보았다.

1) 당위적 연구: 할 수밖에 없는 연구

첫째, 새로운 매체 관련 연구가 증가될 것이다. 지난 30년간 우리는 케이블 시대, 인터넷 시대, 위성방송 시대, 모바일 시대 등 미디어의 변화 속에서 살아왔다. 이러한 연구대상의 지속적인 보급은 학자들에게 큰 기회였고, 많은 연구들이 새로운 매체가 등장할 때마다 광고의 적용이나 시장의 규모 예측 그리고 특별한 효과가 있는지를 검증하였다. 앞으로도 미디어는 끊임없이 진화, 발전할 것이고 그러한 미디어에 수반되는 광고 역시 연구의 대상이 될 것이다. 특히, 미디어가 크리에이티브를 좌우하는 현상이 증가되고 있기 때문에 새로운 미디어 광고에 대한 연구는 더욱 주목을 받을 가능성이 높다.

둘째, 태도연구의 쇠퇴와 감정이나 행동측정 연구의 강세가 예상된다. 한상필과 이형석(2014)의 분석에 따르면, 지난 25년간 『광고학연구』에서 가장 많이 연구된 주제는 '광고와 소비자행동'이었다. 30년간 분석에서도 아마 동일한 결과가 나왔을 것이다. 그것은 광고기획, 광고제작 등에서 소비자행동에 대한 연구가 필수적이기 때문이다. 소비자들의 행동은 신념-태도-행동의 인과관계를 지니며, 인간의 신념은 블랙박스와 같은 영역으로 행동은 측정의 어려움으로 인해서 태도연구가 광고효과 연구에 주류를 이루었다. 하지만 기술의 발달로 직접적인 행동이나 인간의 생리적 지표를 측정할 수 있게 되었다. 또 충동구매와 같이 태도에 기반을 두지 않은 즉흥적인 행동이 늘어나는 것도 태도보다 감정이나 기분과 같은 정서적 요인에 대한 연구를 증가하게 만들 것으로 보인다.

셋째, **빅데이터** 수집을 통한 연구가 증대될 것이다. 사회과학 연구는 자연과학 연구와 달리 인간 자체를 연구대상으로 하기 때문에 자료수집 과정이 어렵다. 독립변인을 조작화하여 실험연구를 한다고 해도 실험물의 처치나 노출이 100% 보장되지 못한다. 설문지를 기반으로 한 자료조사 역시 많은 한계와 문제점이 노출되고 있다. 빅데이터는 인간으로부터 생성되었지만 응답자의 의지나 의도 등이 반영되지 않은 순수성을 지닌다. 빅데이터의 분석의 장점은 지금까지 데이터베이스에 활용되었던 정형 자료 이외에도 비정형적인 자료들의 집합을 추출하여 의미를 찾아내고 가치를 발견할 수 있다는 점이다. 방대한 소비자행동 데이터를 기반으로 하는 광고학연구가 점차 증가할 것이다.

넷째, 학제 간 공동연구가 활성화될 것이다. 앞서 언급한 한상필과 이형석(2014)의 분석에 따르면, 단독연구보다 공동연구의 비율이 증가하였다고 한다. 지금까지의 공동연구는 광고학 연구자들 간의 공동연구였다면, 미래의 공동연구는 학제적 성격이 강화될 것으로 보인다. 그것은 연구목표를 달성하기 위해서는 다양한 전공의 학자들이 협업을 해야 하는 시기이기 때문이다. 과거에도 『광고학연구』에서 학제적 연구가 있어 왔다. 필자의 경우에도 의과대학 소속 교수와 함께 광고효과 측정을 위해서 f-MRI(Functional magnetic resonance imaging)를 활용한 연구를 한 경험이 있다. 과거의 학제적 연구가 측정도구나 실험물의 제작을 위한 기능적 연합이라면 미래의 학제적 연구는 문제와 자료를 분석하여 연구문제를 설정하는 단계부터 협업을 하는 형태로 변화할 것이다. 왜냐하면 학제적 시각으로 보지 않으면 안 될 정도로 세상이 복잡해져 가고 있으며, 학제적 시각으로 해결방안을 제안하지 않으면 제대로 된 해결책을 만들 수 없기 때문이다. 따라서 공동연구의 첫 단계가 동일 전공 학자들의 공동연구였다면 두 번째 단계는 기능적인 학제적 연구이며, 마지막 단계는 통합적인 학제적 연구인 것이다. 미래 광고학연구는 통합적인 학제적 연구가 증가할 것이다.

끝으로, 통계방법의 진화도 피할 수 없는 미래 방향이다. 학문의 목적은 현상에 대한 기술-설명-예측-통제의 단계로 고도화된다. 현상에 대한 기술은 연구의 출발점으로 어느 정도의 빈도인가, 어떤 분포인가, 평균은 얼마인가, 실험물에 따른 광고효과에 차이가 있는가에 대한 질문에 답을 한다. 통계적으로는 빈도분석과 기술통계분석, 평균차 검증, 변량분석, 요인분석 등을 사용한다. 현상에 대한 기술이 끝나면 그 원인이 무엇인가를 규명하는 단계로 올라간다. 학문이 현상 간의 인과관계에 대한 설명을 하고자 노력하는 설명의 단계로 진화하는 것이다. 이때는 주로 다변량분석이나 회귀분석 등의 통계방법을 활용하고, 복잡한 현상 간의 인과관계를 알고자 할 때는 구조방정식모델을 활용하기도 한다. 광고학연구에서 지금까지 가장 많이 활용되는 통계방법은 변량분석이었다(한상필, 이형석, 2014). 그것은 광고학의 연구들이 집단 간 또는 실험물 간의 효과 차이를 고찰하는 경우가 많았기 때문이다. 하지만 미래 학문은 이제 현상에 대한 예측의 단계로 진화할 것이다. 예측력을 높이기 위해서는 인과관계에 대한 파악뿐만 아니라 통제변수, 가외변수, 매개변수 등 고려해야 할 요인들이 증가한다. 향후 통계방법은 이러한 요인들과 독립변수, 종속변수 간의 관계를 동시에 고려하여 발생 확률을 제시해 주는 방향으로 진화할 것으로 보인다.

2) 지향적 연구: 해야만 하는 연구

첫째, 개념 정의 연구가 필요하다. 광고학자들의 연구 속도가 현상에 뒤쳐진 지가 오래되었다. 업계 실무자들과 이야기해 보면 처음 들어보는 용어들이 자주 등장한다. 그런데 그들이 우리 학자들에게 요구하는 것은 그 새로운 현상에 대한 이름 붙이기와 개념 정의이다. 필자는 최근 **어드레서블 TV 광고**(Addressable TV Ad)와 관련된 연구를 하고 있다. 우리말로 어떻게 해야 할지, 그리고 그 개념을 어떻게 정의해야 할지가 과제이다. 성격상 타깃팅 광고이지만 디지털 텔레비전을 기반으로 하기 때문에 뉘앙스가 다르다. 용어의 제정, 활용, 표준화 등 개념 정의 연구도 그 구성요소들이 매우 다양하다. 그만큼 학계에서 해야 할 과제가 산적해 있다는 것이다

둘째, 반복연구가 필요하다. 과학의 특성 중 하나가 재현 가능성이다. 이론을 토대로 가설을 설정하고 자료를 수집하여 가설을 검정하는 것이 실증연구에서 가장 보편적인 과정이다. 그런데 반복연구를 통해서 변수 간의 관계가 반복적으로 발견될 경우에 그것을 연구모형이나 연구 이론으로 발전시킬 수 있다. 그런데 앞서 이경자(2015)가 지적했듯이 연구영역이 급속히 확장되는 우리 학문 영에서 반복연구가 부족한 것이 현실이다. 또 연구나 논문에 대한 자기표절 논란이 거세지면서 반복연구는 고사하고 유사한 연구도 하기 어려운 학문 풍토가 조성되고 있다. 그래서 한 분야나 주제를 깊이 파고드는 학자는 줄어들고 얇고 넓은 연구를 하는 학자들을 양산

하는 연구제도가 고착화되어 가고 있다. 이러한 연구환경에서는 대학자나 대가나 전문가가 등장하기 어렵다. 반복 연구를 권장하고 더 높이 평가하는 학문적 풍토를 만들어야만 한다.

셋째, 광고 관련 제도 연구가 필요하다. 앞서 광고산업 변화에서 살펴보았듯이 국내 광고산업에 가장 많은 영향을 미치는 이슈 중 하나가 제도의 변화이다. 그리고 광고는 아직까지 모법이 없는 가운데 광고를 각 법률에서 제각각 정의하고 있는 실정이다. 그렇기 때문에 시대가 변화하고 매체환경이 변화하여도 광고 관련 법조항을 개정하려는 움직임이 없거나 아주 더디다. 필자가 최근 국내 유일의 마케팅 광고 온라인 신문인 매드타임스(www.madtimes.org)의 [원칼럼]에 썼듯이 「공직선거법」의 현수막, 신문광고, 방송광고, 유세용 차량과 확성기 관련 조항은 현재의 매체 상황과 유권자들의 미디어 이용 행태와 너무나 큰 괴리를 보여 준다. 제도연구는 궁극적으로 산업 활성화를 위한 방향으로 연구되어야 한다. 즉, 탈규제와 산업 활성화를 위해서 어떻게 제도를 만들고 운영할지를 고민해야 한다. 한국광고 PR실학회(회장: 류진한)의 슬로건인 '업(業)이 살아야 학(學)이 산다'라는 말처럼 산학협력의 필요성을 잘 나타내는 말이 없다.

넷째, 광고학 교육에 대한 연구가 필요하다. 광고산업 환경 변화에 따라서 기업에서 필요로 하는 인재상이 변하고 있다. 그런데 국내 광고홍보학과의 교과과정의 변화 속도와 내용은 느리고 제한적이다. 한국광고학회가 2019년 봄에 발간한 『광고홍보 교육의 현재와 미래』(이시훈 외, 2019)에는 단편적이지만 광고홍보학 교육과정의 내용과 교육방법의 변화를 제안하고 있다. 교과 과정 혁신의 고민은 일부 대학이나 학자만의 고민이 아니라고 생각한다. 광고 관련 5개 학회가 중심이 되어서 교과 과정 표준화, 특성화 교과 과정, 효과적인 광고학 교육법 등의 연구를 진행한 후, 학술대회나 펜타포럼을 통해서 학회원들과 공유할 필요가 있다고 본다.

끝으로, 한국형 이론화 작업이 필요하다. 앞서 광고학 관련 단행본 발간 현황 분석을 보면, 번역서보다 저술이 더 많은 판매량을 보인 것으로 나타나고 있다. 30년간 10대 학술 도서에 포함된 번역서는 5권(16.7%)에 불과하였다. 그런데 학술 논문에 이론적 배경으로 활용하는 이론들은 거의 100% 수입품이다. 외국의 학자가 외국인을 대상으로 연구하여 얻은 결과를 종합하여 만든 이론으로 우리 광고 현상을 설명하려는 것이다. 어느 나라나 적용 가능한 범용적인 이론도 있지만, 문화적 특성에 따라서 다른 결과가 나올 수 있는 이론도 많다. 그런데 광고학에서는 측정척도를 번역하는 과정에서 우리 실정에 맞게 약간 변용하는 정도의 시도만 하고 있다. 우리 광고산업 크리에이티브가 국제 광고제에서 인정받듯이 우리 광고학의 이론들이 국제학술대회에서 발표되고 인정받아야 할 것이다. 그렇게 하기 위해서는 앞서 이야기했듯이 반복 연구를 소중하게 여기는 풍토 조성과 함께 감각적이고 창의적인 연구를 우대하는 연구실적 평가기준의 변화가 필요하다. 틀을 벗어나지 못하면 경쟁 우위를 가질 수 없다. ■

참고문헌

제1장 한국의 광고학연구 30년의 흐름과 특성

권영순, 이수범(2007). 우리나라 PR 논문의 연구 경향에 대한 분석: 2001년~2005년을 중심으로. 한국광고홍보학보, 9(2), 244-276.

김용학, 김영진, 김영석(2008). 한국 언론학 분야 지식 생산과 확산의 구조. 한국언론학보, 52(1), 117-140.

김익태(2008). 광고인이 바라본 통섭: Consilience Marketing Communication 시대로의 진화. 대한민국광고대회 발표문(미간행 발표문). 서울: 국립극장.

배지양, 조수영(2011). 한국 사회공헌활동연구에 대한 내용분석: 1997년부터 2010년까지 주요 학술지 분석. 광고학연구, 22(6), 127-159.

유붕노(1990). 광고학연구 발간사. 광고학연구, 창간호, p. 1.

이석기(2010). 광고학연구 20년: 1990년 창간호부터 2009년까지의 내용분석. 광고학연구, 21(1), 241-258.

한상필(1995). 광고와 경제: 광고의 경제적 효과에 관한 논쟁. 서울: 나남출판사.

한상필(1998). '광고연구' 10년 내용분석: 창간호부터 1998년 가을호까지(1-40호). 광고연구, 41, 71-93.

한상필(2008a). '광고연구' 20년 내용분석: 창간호부터 80호까지 '광고연구'의 내용분석과 연구경향. 광고연구, 81, 440-459.

한상필(2008b). 국제광고연구의 동향: 1960년부터 2005년까지 주요 광고학술지의 내용분석. 광고학연구, 19(4), 89-102.

한상필, 이형석(2014). 1990년 창간호부터 2014년 25권 5호까지의 내용분석과 연구동향. 광고학연구, 25(8), 7-32.

제2장 한국 광고학연구의 초창기 15년의 특성

강경수(2009). 해외 IMC 연구의 동향과 향후 과제 해외 광고 주요 학술지에 게재된 논문의 내용분석. 홍보학연구, 13(2), 167-208.

김봉철, 이시훈, 구향미(2012). 2000년 이후 국내 모바일 광고 연구동향에 대한 기술적 분석. 언론과학연구, 12(2), 170-199.

김성태(2005). 내용분석 연구의 방법론에 대한 고찰 및 제언. 커뮤니케이션이론, 1(2), 39-67.

김수연, 김대욱, 최명일(2013). 한국 광고홍보학 연구경향 언어네트워크 분석. 한국광고홍보학보, 15(1), 59-85.

염성원, 장우성(2009). 국내 옥외광고 관련 연구동향에 관한 탐색적 연구. OOH 광고학연구, 6(3), 5-30.

유종숙(2005). 우리나라 정치광고연구의 동향 및 과제. 한국광고홍보학보, 7(5), 98-133.

윤각, 정혜영, 편석환(2008). 2000년부터 2007년까지 '광고연구'와 '광고학연구'에 게재된 논문에 대한 내용분석. 광고학연구, 19(4), 185-198.

이석기(2000). 광고학연구의 지난 10년: 창간호(1990년 12월)부터 1999년 겨울호까지의 내용분석. 광고학연구, 11(3), 165-179.

이석기(2010). 광고학연구 20년: 1990년 창간호부터 2009년까지의 내용분석. 광고학연구, 21(1), 241-258.

전기순(2004). 광고표현의 "빠짐": 제품의 관여도에 따른 "빠짐지수"의 실현가능성에 대한 연구. 광고학연구, 15(3), 235-269.

최규환(2003). 관광학술지 연구논문에 관한 내용분석. 관광레저연구, 15(1), 11-29.

한상필(1998). '광고연구' 10년 내용분석: 창간호부터 1998년 가을호까지(1호-40호). 광고연구, 41, 71-93.

한상필(2008). '광고연구' 20년 내용분석: 창간호부터 80호까지 '광고연구'의 내용분석과 연구경향. 광고학연구, 19(4), 440-459.

한상필, 이형석(2014). 1990년 창간호부터 2014년 25권 5호까지의 내용분석과 연구동향. 광고학분석, 25(8), 7-32.

제3장 한국 광고학연구의 최근 15년의 특성

권영순, 이수범(2007). 우리나라 PR 논문의 연구경향에 대한 분석: 2001년~2005년을 중심으로. 한국광고홍보학보, 9(2), 244-276.

윤각, 전혜경, 편석환(2008). 2000년부터 2007년까지 '광고연구'와 '광고학연구'에 게재된 논문에 대한 내용분석. 광고학연구, 19(4), 185-198.
이석기(2010). 광고학연구 20년: 1990년 창간호부터 2009년까지의 내용분석. 광고학연구, 21(1), 241-258.
정어지루(1988). 한국광고연구의 현황과 전망. 광고연구, 1(겨울), 217-254.
조정열(2008). '홍보학연구'의 홍보학연구: 연구사 10년, 1997~2006. 홍보학연구, 12(2), 5-43.
최종석(2011). 논문: [한국광고홍보학보]의 연구현황과 동향분석: 1999년 창간호부터 2010년 가을호까지 게재된 논문의 내용분석을 중심으로. 한국광고홍보학보(구 한국광고학보), 13(1), 105-137.
한상필(2008). '광고연구' 20년 내용분석: 창간호부터 80호까지 '광고연구'의 내용분석과 연구경향. 광고연구, 81, 440-459.
한상필, 이형석(2014). 1990년 창간호부터 2014년 25권 5호까지의 내용분석과 연구동향. 광고학연구, 25(8), 7-32.

Muncy, J. A. (1991). The Journal of Advertising: a twenty year appraisal. *Journal of Advertising*, *20*(4), 1-12.

제4장 한미 주요 광고 학술지의 연구주제 비교

권영순, 이수범(2007). 우리나라 PR 논문의 연구 경향에 대한 분석: 2001년~2005년을 중심으로. 한국광고홍보학보, 9(2), 244-276.
윤각, 전혜경, 편석환(2008). 2000년부터 2007년까지 '광고연구'와 '광고학연구'에 게재된 논문에 대한 내용분석. 광고학연구, 19(4), 185-198.
이석기(2010). 광고학연구 20년: 1990년 창간호부터 2009년까지의 내용분석. 광고학연구, 21(1), 241-258.
한상필(2008). 국제광고연구의 동향: 1960년부터 2005년까지 주요 광고학술지의 내용분석. 광고학연구, 19(4), 89-102.

Barry, T. E. (1990). Participation Productivity in the Three Leading U.S. Advertising Journals: Inaugural Issues through 1988. *Journal of Advertising*, *19*(1), 20-60.
Helgeson, J. G., Kluge, E. A., Mager, J., & Taylor, C. (1984). Trends in Consumer Behavior Literature: A Content Analysis. *Journal of Consumer Research*, *10*(March), 449-454.

Muncy, J. A. (1991). The Journal of Advertising: A Twenty Year Appraisal. *Journal of Advertising*, *14*(4), 52-59.

Yale, L., & Gilly, M. C. (1988). Trends in Advertising Research: A Look at the Contents of Marketing Oriented Journals from 1976~1985. *Journal of Advertising*, *17*(1), 12-22.

제5장 한국광고학회 초창기(1989~1999) 10년의 활동

김수연, 김대욱, 최명일(2013). 한국 광고홍보학 연구경향 언어 네트워크 분석: 『광고연구』, 『광고학연구』, 『홍보학연구』, 『한국광고홍보학보』에 게재된 논문의 핵심어를 중심으로. 한국광고홍보학보, 15(1), 59-85.

이석기(2000). 광고학연구의 지난 10년: 창간호(1990년 12월)부터 1999년 겨울호까지의 내용분석. 광고학연구, 11(3), 165-179.

이석기(2010). 광고학연구 20년: 1990년 창간호부터 2009년까지의 내용분석. 광고학연구, 21(1), 241-258.

한상필(1998). '광고연구' 10년 내용분석: 창간호부터 1998년 가을호까지. 광고연구, 41, 71-93.

한상필(2008). '광고연구' 20년 내용분석: 창간호부터 80호까지 '광고연구'의 내용분석과 연구경향. 광고연구, 81, 439-459.

한상필, 이형석(2014). 1990년 창간호부터 2014년 25권 5호까지의 내용분석과 연구경향. 광고학연구, 25(8), 7-33.

Borgatti, S. P., Everett, M. G., & Freeman, L. C. (2002). *Ucinet for Windows: Software for Social Network Analysis*. Harvard. MA: Analytic Technologies.

Kamada, T., & Kawai, S. (1988). An algorithm for drawing general undirected graphs. *Information processing letters*, *31*(1), 7-15.

Layton, D. (1972). Science as general education. *Trends in Education*, *25*, 11-15.

제6장 한국광고학회 성장기(2000~2009) 10년의 활동

한국광고단체연합회(1999). 광고계 25시. 광고계동향, Vol. 95, pp. 41-45.

한국광고단체연합회(1999). 광고계 25시. 광고계동향, Vol. 97, pp. 56-66.

한국광고단체연합회(1999). 광고계 25시. 광고계동향, Vol. 104, pp. 31-35.

한국광고단체연합회(2000). 광고계 25시. 광고계동향, Vol. 107, pp. 31-35.
한국광고단체연합회(2000). 광고계 25시. 광고계동향, Vol. 109, pp. 82-90.
한국광고단체연합회(2000). 광고계 25시. 광고계동향, Vol. 112, pp. 48-52.
한국광고단체연합회(2000). 광고계 25시. 광고계동향, Vol. 116, pp. 50-56.
한국광고단체연합회(2001). 광고계 25시. 광고계동향, Vol. 121, pp. 40-44.
한국광고단체연합회(2001). 광고계 25시. 광고계동향, Vol. 128, pp. 36-38.
한국광고단체연합회(2002). 광고계 25시. 광고계동향, Vol. 133, pp. 50-56.
한국광고단체연합회(2002). 광고계 25시. 광고계동향, Vol. 144, pp. 50-56.
한국광고단체연합회(2003). 광고계 25시. 광고계동향, Vol. 146, pp. 50-56.
한국광고단체연합회(2003). 광고계 25시. 광고계동향, Vol. 152, pp. 42-44.
한국광고단체연합회(2004). 광고계 25시. 광고계동향, Vol. 157, pp. 41-45.
한국광고단체연합회(2004). 광고계 25시. 광고계동향, Vol. 164, pp. 38-40.
한국광고단체연합회(2005). 광고계 25시. 광고계동향, Vol. 169, pp. 38-40.
한국광고단체연합회(2005). 광고계 25시. 광고계동향, Vol. 170, pp. 38-40.
한국광고단체연합회(2005). 광고계 25시. 광고계동향, Vol. 173, pp. 28-31.
한국광고단체연합회(2005). 광고계 25시. 광고계동향, Vol. 176, pp. 28-30.
한국광고단체연합회(2006). 광고계 25시. 광고계동향, Vol. 182, pp. 28-30.
한국광고단체연합회(2006). 광고계 25시. 광고계동향, Vol. 189, pp. 28-30.
한국광고단체연합회(2007). 광고계 25시. 광고계동향, Vol. 193, pp. 28-30.
한국광고단체연합회(2007). 광고계 25시. 광고계동향, Vol. 195, pp. 1-3.
한국광고단체연합회(2007). 광고계 25시. 광고계동향, Vol. 200, pp. 1-7.
한국광고단체연합회(2008). 광고계 25시. 광고계동향, Vol. 206, pp. 1-7.
한국광고단체연합회(2008). 광고계 25시. 광고계동향, Vol. 212, pp. 1-7.

http://www.koads.or.kr/new/sub01/sub01_02.asp

제7장 한국광고학회 도약기(2010~2019) 10년의 활동

한국광고학회(2014). 한국광고학회 사반세기: 어제와 오늘 창립 25주년 기념행사집.
한국광고학회(2019). 한국광고학회 설립취지.
한국광고학회(2019). 한국광고학회 주요행사.
한국학술지 인용 색인(2019). 발행기관별 연구동향.

http://www.koads.or.kr/new/sub01/sub01_05.asp
http://www.koads.or.kr/new/sub05/sub05_01.asp
https://www.kci.go.kr/kciportal/po/search/poInsiResearchTrendDetail.kci?poResearchTrendSearchBean.insiId=INS000000750

제8장 한국 광고산업 연구의 30년 변화

금진우(2017). 정부 정책광고의 디자인 전략에 관한 연구: 신문광고의 크리에이티브를 중심으로. 광고학연구, 12(2), 207-229.
김경은, 김희진(2012). 광고매체로서의 애드버게임(Advergame)의 효과에 관한 연구: 게임과 브랜드 속성의 일치성과 수용자의 게임 관여도를 중심으로. 광고학연구, 23(5), 137-161.
김규(1992). 한국 광고환경의 현황과 과제. 광고학연구, 3, 23-32.
김미애(2001). 도대체 누가 노년층 소비자인가: 광고 세분시장으로서의 노년층소비자 식별에 관한 문헌분석. 광고학연구, 12(3), 169-195.
김병희, 김봄이, 이상돈(2016). 광고산업의 창조산업화에 필요한 광고 핵심인력 육성방안. 광고학연구, 27(3), 27-54.
김병희, 박원기(2015). 광고산업과 창조경제 창조산업의 관계성 고찰. 광고학연구, 26(3), 7-33.
김병희, 박원기, 김혜주(2015). 광고산업을 창조산업으로 육성하기 위한 가치사슬 집단별 개선방안. 광고학연구, 26(1), 25-47.
김봉철(2003). 한국 광고산업의 구조적 특성에 관한 연구: 타 산업과의 상호 연관관계 분석을 중심으로. 언론과학연구, 3(2), 77-118.
김봉현(2017). 우리는 광고를 어떻게 연구할 것인가?: 디지털 미디어환경 속에서 질적 연구가 갖는 함의와 확장성에 관한 논의. 광고연구, 115, 49-119.
김상훈, 안대천, 임수현(2014). N스크린 신유형광고 활성화를 위한 광고소재 및 메타데이터 표준화 방안. 광고학연구, 25(5), 123-152.
김유경, 이경렬(2006). 국내 광고주의 브랜드 관리 실태에 관한 연구. 광고학연구, 17(4), 33-60.
김희진(2018). 다매체환경을 반영한 광고산업 분류체계 개선을 위한 일고찰. 사회과학연구, 25(4), 289-320.
리대룡(1988). 광고산업 일반의 현황, 문제 및 과제. 광고학연구, 9(1), 129-143.
마정미(2009). 한국광고사 연구방법에 관한 탐색적 연구: 광고학 관련 학술지 논문의 내용분석을 중심으로. 한국광고홍보학보, 11(4), 274-306.

문영숙(1997). 광고윤리에 관한 광고대행사 실무자들의 인식연구. 광고학연구, 8(2), 149-166.

부경희, 이수원(2012). 지방자치단체 광고의 단체장 모델효과에 관한 실험연구: 광고상품유형과 콘셉트 제시형태를 중심으로. 광고학연구, 23(6), 107-131.

서범석(1998). 광고제작사의 현황, 문제 및 과제. 광고학연구, 9(1), 209-226.

서범석(2013). 광고인 윤동현에 대한 연구. 광고학연구, 24(2), 107-123.

성민정, 조정식(2009). 글로벌 기업의 통합마케팅 커뮤니케이션 현황. 광고학연구, 20(3), 51-76.

심성욱, 김운한(2012). 1인 창조기업의 광고콘텐츠 산업 적용에 관한 연구. 광고학연구, 23(6), 53-81.

안광호, 이희복(2010). 좋은 기업을 넘어 위대한 기업으로: 홈플러스 브랜드 사례. 광고학연구, 21(2), 271-286.

염성원, 김동준, 한승수(2006). TV 간접광고에 관한 동향과 인식에 관한 연구. 광고학연구, 17(4), 61-86.

염성원, 장우성(2009). 국내옥외광고 관련 연구동향에 관한 탐색적 연구: 1990년부터 2008년까지 학술지 게재 논문을 중심으로. OOH 광고학연구, 6(3), 5-30.

유붕노(1998). 한국 광고발전의 미래를 생각한다. 광고학연구, 9(3), 9-16.

유승엽, 김은희(2009). 광고계 종사자의 직무환경과 업무성격에 따른 개인 심리특성과 광고 창의성 관계. 광고학연구, 20(4), 135-155.

유정근(2018). 2018 광고연감. 서울: (주)제일기획.

윤각, 이은주(2014). 기업의 사회적 책임과 공유가치 창출의 효과에 관한 연구. 광고학연구, 25(2), 53-72.

은완기, 박원기(2004). 미디어 환경 변화에 따른 미디어렙 발전방안에 대한 실증적 연구: 광고대행사의 인식을 중심으로. 광고학연구, 15(3), 135-158.

이노종, 한은경(2006). 기업투명성의 지수화에 관한 연구. 광고학연구, 17(3), 83-106.

이수범(2004). N세대 소비문화에 대한 문화 기술적 연구. 광고학연구, 15(3), 71-90.

이수범(2008). 뉴미디어 광고 분야의 연구내용과 연구경향. 광고연구, 81, 555-578.

이태진, 이종혁(2013). Current Agency-Client Perspectives on Product Placement in Korea. 광고학연구, 24(4), 121-142.

이효복, 김유경(2011). 기업명성과 브랜드 자산의 관계에 관한 연구. 광고학연구, 22(2), 97-127.

정기현, 윤선길, 유창조, 이명훈, 박원기, 김동현, 김병희, 김홍탁, 오창호, 심성욱, 권중록, 한상필(2008). 한국의 광고 2. 서울: 나남.

정승혜(2017). 국내 광고학 분야의 사례연구 방법론에 대한 고찰. 광고연구, 112, 107-133.

정승혜(2018). 크리에이티브 작업과 젠더연구: 여성 광고제작자의 인식 및 업무특성을 중심으로. 광고학연구, 29(4), 131-157.

조창환, 이희준, 김승은, 백남정, 최영현, 고수영(2016). 디지털 사이니지의 매체영향력 측정 모델 개발에 대한 연구: 광고매체로서의 수용자 정보수집 및 타기팅 기능을 중심으로. 광고학연구, 27(5), 27-51.

조천영(1990). 한국광고의 오늘과 내일: 방송매체에서 보는 광고산업. 광고학연구, 1, 29-32.

차유철, 이희복(2010). 방송광고대행 수수료제도 관련 대안적 모델제안. 광고학연구, 21(4), 59-76.

최종석(2011). 한국광고홍보학보의 연구현황과 동향분석: 1999년 창간호부터 2009년 가을호까지 게재된 논문의 내용분석을 중심으로. 한국광고홍보학보, 13(1), 105-137.

한상필(1997). 광고산업의 국제화에 대한 실무자의 의식조사. 광고학연구, 8(1), 101-127.

한상필(1998). 광고연구 10년 내용분석: 창간호부터 1998년 가을호까지(1호~40호). 광고연구, 41, 71-93.

한상필(2008). 광고연구 20년 내용분석: 창간호부터 80호까지 광고연구의 내용분석과 연구경향. 광고연구, 81, 439-459.

한상필(2014). 한미 FTA가 우리나라 광고산업에 미친 영향에 관한 연구. 광고학연구, 25(2), 119-137.

한상필, 이형석(2014). 1990년 창간호부터 2014년 25권 5호까지의 내용분석과 연구동향. 광고학연구, 25(8), 7-33.

황창규(1987). 한국 광고산업의 구조적 특성: 발전배경 연구를 위한 서설. 마케팅연구, 2(1), 133-163.

Muncy, J. A. (1991). The Journal of Advertising: A Twenty Year Appraisal. *Journal of Advertising*, *20*(4), 1-11.

Yale, L., & Gilly, M. C. (1988). Trends in Advertising Research: A Look at the Content of Marketing Oriented Journals from 1976-1985. *Journal of Advertising*, *17*(1), 12-22.

제9장 한국 광고산업의 30년 변천

김민기(2001). 한국광고산업의 이해. 서울: 나남.

문철수 외(2011). 국내 방송산업전망과 방송광고시장 활성화 방안. 전남: 한국콘텐츠진흥원.

문화체육관광부(2007~2011). 한국광고산업통계. 서울: 문체부.

이수범, 심성욱, 김병희, 이희복, 이종민, 한상필, 안광호(2010). 시장개방 20년과 한국의 광고산업. 서울: 한경사.

이재윤(2013. 12. 17.). 국내 광고비 매체별 점유율. 연합뉴스.
제일기획(1991~2019). 광고연감. 서울: 제일기획.
제일기획(2017. 09. 15.). 시대를 관통하며 흐르다. 제일기획 사보.
제일기획(2018. 02. 26.). 2017 국내 총광고비 결산 및 2018년 전망. 제일매거진.
제일기획(2019. 03. 11.). 2018년 광고산업 동향. 제일매거진.
최민욱, 김병희, 송기인, 이희복, 정상수, 이수범, 김찬석, 오세성(2019). 광고홍보산업의 현재와 미래. 서울: 한경사.
한국광고단체연합회(1997). 한국 광고 100년(상, 하). 서울: 한국광고단체연합회.
한국광고단체연합회(2011~2019 Feb.). 광고계 동향. 서울: KAA.
한국광고산업협회(2017). 2017 한국광고산업. 서울: 한국광고산업협회.
한국광고업협회(1999). 한국광고사업발달사. 서울: 한국광고업협회.
황학익(2012). 2011 광고시장분석 및 2012년 전망. 제일매거진.

제10장 광고산업의 환경 변화와 광고학연구의 미래

김효규(2018). '다매체 시대의 광고 캠페인과 미디어 플래닝의 과제'. 2018 한국광고학회 추계 학술대회 특별세미나 발제문.
백승록(2018). '미디어, 기술 환경 변화와 광고회사의 역할과 과제'. 2018 한국광고학회 추계 학술대회 특별세미나 발제문.
서영택(2018). '콘텐츠 스토리텔링 중심의 광고패러다임 변화에 따른 방송 및 광고산업의 도전과 과제'. 2018 한국광고학회 추계 학술대회 특별세미나 발제문.
이경자(2015). 풍요와 결핍의 딜레마: 언론학의 숙명인가? 변화의 출발선인가?. 커뮤니케이션이론, 11(2), 4-17.
이수범 외(2010). 광고시장 개방 20년과 한국의 광고산업. 서울: 한경사.
이시훈 외(2019). 광고홍보 교육의 현재와 미래. 서울: 한경사.
최민욱 외(2019). 광고홍보 산업의 현재와 미래. 서울: 한경사.
한국광고총연합회(2016). 〈광고계 동향〉 25년 그리고 광고계 10대 뉴스. 광고계동향, 300, 22-27.
한국방송광고공사(1989). 광고계 10대 뉴스. 광고정보, 105, 4-7.
한국방송광고공사(1990). 광기회, 90년 광고계 10대 뉴스 선정. 광고정보, 117, 8.
한상필, 이형석(2014). '광고학연구 25년 내용분석'. 한국광고학회 사반세기: 어제와 오늘. 세미나 발제집.

찾아보기

인명

강석원 337
강준만 333
권영순 19, 99
김병철 335
김병희 29, 337
김봉철 49
김상훈 28, 29
김성훈 71, 74
김수연 73
김영석 41
김영진 41
김영찬 335
김원규 335
김유경 28, 29, 310
김재휘 28, 29
김정우 337
김효규 328
김희진 335

박숙희 335
박현수 29
백승록 329
백혜진 337

서범석 333, 335, 337
서영택 329, 330
서은아 335
신인섭 335, 337
심성욱 337

안광호 337
안보섭 333
염성원 49
오두범 333
오세진 333
유붕노 41, 137
유종숙 49
유창조 29
윤각 29, 50, 83, 119
윤선희 333
이경렬 28, 29
이경자 335, 339
이석기 93
이수범 19, 99, 117, 310, 337
이시훈 343
이우석 335
이원재 337
이제영 338
이송민 337
이종은 333
이현우 333
이현주 337
이형석 19, 21, 23, 26, 51, 59, 74, 82, 84, 85, 88, 90, 95, 100, 109, 311, 340, 341, 342
이혜갑 337
이희복 337

장우성 49
전종우 29
전혜경 83
정기현 333
정문용 337
정어지루 83
정향진 335
정혜영 50
조수영 337

최민욱 302, 311
최세정 337
최은섭 311
최종석 107

편석환 50, 83

한상필 19, 21, 23, 26, 28, 29, 31, 41, 43, 50, 51, 59, 74, 82, 84, 85, 88, 90, 95, 100, 107, 109, 311, 333, 337, 340, 341, 342
한은경 333

내용

ABC 협회 314
Addressable TV 광고 332
f-MRI 341
FSN 331
Holsti의 공식 87, 88
IAA 315

IMF 315
KCI 인용지수(피인용 횟수) 85
N세대 320
RTB 331
SMCRE 337
VR 329
WPP 318
X세대 314

게재 논문 편수 25
공동 저자 107
공동연구 82, 90, 91
공정거래위원회 314
공직선거법 343
광고 40
광고 신조 141
광고는 진실, 창의, 과학이어야 한다 141
광고산업의 발전 107
광고상담제 153
광고업계 82
광고주협회 323
광고총량제 319, 329
광고학연구 24, 28, 39, 43, 81, 144, 207, 209
광고학의 전문화 136
광기회 312
구체적인 연구방법 85

내용분석 84, 99, 115, 118
네이티브 광고 329
논문 게재 편수 24
논문 주제별 분류 분석유목 22

단독 논문 90
단독연구 82
당위적 연구 339

문헌연구 99
미디어렙법 324
민영 미디어렙 319

반복연구 342
방송위원회 314
분석대상 254, 257
분석방법 254, 257
분석유목 51, 83, 253
브랜디드 콘텐츠 329
비실증연구 85
빅데이터 126, 131, 340

사례연구 99
사용언어 254, 259
서베이 방법 99
세계화 136
시기별 연구자 특성 41
시기별 연구주제의 변화 31
신뢰도 100
실증연구 85, 107
실험연구 99

양적 방법론 107
양적 연구 96
어드레서블 TV 광고 342
연구 분야 254, 255
연구 시기별 실증연구와 비실증연구 논문 수 30
연구 시기별 연구내용 29
연구 시기별 연구방법의 변화 35
연구 시기별 연구자 전공 분야 28
연구 시기별 연구자 출신 26, 27
연구 시기별 연구주제 32
연구 시기별 통계분석기법의 변화 36
연구 시기별 표집방법 39
연구가설 82, 103
연구결과 81
연구경향 82
연구동향 82, 117
연구목적 81
연구문제 82, 103
연구방법 20, 81, 99, 254, 256
연구방법론 81
연구자 81
연구자 명 85
연구자 소속 254, 259
연구자 수 85, 254, 257
연구자 출신 85
연구자별 게재 논문 수 85
연구자별 게재 논문 편수 29
연구자별 전체 게재 논문 편수 28
연구주제 19, 56, 81, 85, 254, 255
연대 254
연대기 중심 82, 83
올해의 광고 선정 제도 153
우루과이 라운드 315
유목화 82
유목화 작업 83
이노션 318
일관성 82

주제 중심 82
지향적 연구 339
질적 연구 96

참고문헌 85, 104
창립총회 135

코더 간 신뢰도 88
코딩작업 87
콘텐츠 마케팅 328

타당도 100
통합방송법 320

편의적 표집 108
평균 논문 페이지 수 85
표본추출 104
표시광고법 320
프로그래매틱 331

학문적 정체성 107
학부생 105
학생 대상 표집 108
한국광고단체총연합회 323
한국광고학회 81, 207, 242, 277
한국방송광고공사 309
한국인터넷마케팅협회 320
효과 중심 82
휘닉스컴 315

❖ 저자 소개

한상필(Han, Sang Pil)

현재 한양대학교 광고홍보학과 교수이다. 한양대학교 신문방송학과를 졸업하고, 미국 University of Illinois at Urbana-Champaign에서 광고학 석사와 박사학위를 받았다. 한국광고학회 제15대 회장, 한국언론학회 부회장을 역임하고, 한국소비자학회 부회장, 한국광고법학회 부회장으로 활동하고 있다. 방송광고균형발전위원회 위원장, 공정거래위원회 광고분과위원장, 광고산업발전위원회 위원장 등을 역임하고, 케이블TV방송광고심의위원장, 건강기능식품 광고심의위원, 한국소비자원 광고감시활동위원회 등 다수의 위원회에서 위원장과 위원으로 활동하고 있다. 『현대사회와 광고』(공역, 한나래, 1994), 『광고캠페인전략』(공역, 한경사, 2017)을 비롯한 다수의 저서를 발간하였고, 국제광고, 광고효과, 광고매체 관련 논문을 다수 발표하였다.

염성원(Yeom, Sung Won)

현재 평택대학교 광고홍보학과 교수이다. 중앙대학교 경영학과를 졸업하고, 성균관대학교 신문방송학과에서 광고 전공으로 석사와 박사학위를 받았다. 한국방송광고진흥공사(KOBACO) 연구위원, 상암커뮤니케이션즈 부장, 공익광고협의회 위원 등을 역임하였다. 『영국 광고 산업의 이해』(한국방송광고공사 광고연구소, 2004), 『광고 크리에이티브론』(공저, 미진사, 2004), 『기호의 광고학』(공저, 커뮤니케이션북스, 2000), 『커뮤니케이션과 광고』(공저, 성균관대학교 출판부, 1998) 등의 저서를 출간하였고, 「유럽 주요국의 광고규제 동향과 함의에 관한 연구」를 비롯한 다수의 논문을 발표하였다.

홍문기(Hong, Moon Ki)

현재 한세대학교 미디어영상광고학과 교수이다. 한국외국어대학교 신문방송학과를 졸업하고, 고려대학교에서 신문방송학으로 석사학위를 받았다. 미국 플로리다 주립대학교 박사학위 후 현재 한국광고학회 연구이사와 한국PR학회 부회장을 맡고 있다. 채널A시청자위원회위원, 한국공익광고협의회위원 등으로 활동하고 있으며, 『광고홍보 교육의 현재와 미래』(공저, 한경사, 2019), 『소셜미디어 이용자와 광고 PR 전략』(공저, 커뮤니케이션북스, 2015), 『PR 전문직의 리더십과 윤리의식』(공저, 커뮤니케이션북스, 2014), 『디지털 사회와 PR 윤리』(공저, 커뮤니케이션북스, 2018), 『반갑다, 광고와 PR!』(공저, 서울경제경영, 2019) 등의 저서가 있다.

유현재(Yu, Hyun Jae)

서강대학교 지식융합미디어학부 신문방송학 전공 교수이다. University of Georgia에서 광고-헬스 커뮤니케이션을 공부하여 석사 및 박사학위를 받았으며, 이후 Louisiana State University, Journalism School에서 3년간 교수로 근무하였다. 유학 전에는 금강기획과 제일기획에서 카피라이터로 7년간 근무하며 KT, 삼성그룹, 현대자동차, 에버랜드 등 약 50여 개의 클라이언트를 위해 광고를 만들었다. 2017년과 2018년, 우리나라 자살예방 홍보/광고 캠페인 등을 기획한 공로를 인정받아 부총리 겸 교육부 장관 표창, 보건복지부 장관 표창을 받은 바 있다.

최명일(Choi, Myung-Il)

현재 남서울대학교 광고홍보학과 교수이다. 한양대학교에서 학사 · 석사 · 박사학위를 받았다. 주요 전공 분야는 헬스 커뮤니케이션, 메시지 및 콘텐츠 효과 평가 등이다. 현재 홍보학연구 편집이사, 한국광고PR실학회 감사로 활동하고 있다. 주요 전공 분야는 헬스 커뮤니케이션, 메시지 및 콘텐츠 효과 평가 등이다. 주요 논문으로는 「메시지 유형에 따른 에이즈 예방 캠페인 효과: 공포소구와 메시지 측면성의 효과를 중심으로」(2007, 한국광고학회 신진우수논문상), 「Tracking public relations scholarship trends: Using semantic network analysis on PR journals from 1975 to 2011」(2013) 외 다수 논문이 있다.

유현중(Yu, Hyun Joong)

현재 가톨릭관동대학교 광고홍보학과 교수이다. 한양대학교에서 광고홍보학으로 석 · 박사학위를 받았다. 한국광고 PR실학회 총무이사, 한국광고학회 홍보이사, 한국OOH학회 기획이사, 한국광고홍보학회 이사로 활동하고 있다. 「비상업적 콘텐츠가 혼재된 광고규제에 대한 전문가 인식조사 연구」(2018), 「광고주목도, 콘텐츠 관여가 네트워크 광고에 대한 지각된 침입성 및 광고태도에 미치는 영향」(2019) 등 새로운 미디어에 대한 연구를 진행하고 있으며 현재 서울영상광고제 전문심사위원으로 활동하고 있다.

차영란(Cha, Young Ran)

수원대학교 미디어커뮤니케이션학과 교수이다. 이화여자대학교를 졸업하고, 중앙대학교에서 광고, PR 전공으로 석 · 박사학위를 받았다. 광고학 박사 논문은 「부유층의 소비행동 특성과 상품선택에서의 심리사회적 준거차원 분석」(2002)이다. 1982년부터 2004년까지 민간기업에서 광고 및 브랜드 컨설팅을 제공하였다. 〈광고학연구〉, 〈정치 커뮤니케이션 연구〉 편집위원을 지냈고, 한국광고학회, 한국광고홍보학회, 한국PR학회, 한국광고 PR실학회 등에서 이사를 역임하였다. 주요 연구 분야는 부유층 마케팅, 여성 심리, 정치 커뮤니케이션, 4차 산업혁명 등이다. 주요 논문으로는 「광고 및 미디어 산업 분야의 인공지능(AI) 활용 전략」(2018) 외 50여 편의 논문이 있다. 또한 주요 저서로는 『광고PR 실무를 위한 전략적 커뮤니케이션』(공저, 한경사, 2019)이 있으며, 역서로는 『정치캠페인과 정치광고』(공역, 한경사, 2010)를 포함한 다수의 역서가 있다.

최은섭(Choi, Eun Sob)

현재 한라대학교 광고영상미디어학과 교수이다. 고려대학교 국어국문학과를 졸업하고, 중앙대학교에서 광고학으로 석 · 박사학위를 받았다. 1987년부터 15년간 광고 카피라이터로 일하였다. 주요 저서로 광고수필집 『산소 같은 여자』(문, 1994), 『광고 카피의 이론과 실제』(공저, 나남, 2010), 『화장품광고와 아름다움의 문화사』(공저, 커뮤니케이션북스, 2019) 등이 있다. 논문으로는 「TV 광고에 나타난 양성적 성역할 분석」(2017), 「기업의 사회적 책임 광고 카피메시지의 관련성과 밀착성이 광고효과에 미치는 영향」(2014)을 비롯한 다수의 논문을 발표하였다.

김유경(Kim, You Kyung)

현재 한국외국어대학교 미디어커뮤니케이션학부 교수이다. 한국외국어대학교 신문방송학과를 졸업하고, 하와이 주립대학교 커뮤니케이션 석사, Syracuse University 매스커뮤니케이션학으로 박사학위를 받았다. 한국광고학회 13대 회장을 역임하였으며, 현재 서울시 도시브랜드위원장을 맡고 있다. 전 한국외국어대학교 대외부총장을 역임하였고 기업, 지자체, 중앙부처 등에서 브랜드 관리 및 공공브랜드 정책을 자문해 오고 있다. 『디지털 시대의 브랜드 이해』(공저, 한경사, 2019)를 비롯한 다수의 저서를 출간하였고, 「공공브랜드의 공동선(Common Good) 특성의 척도개발에 관한 연구」(2016)를 비롯한 여러 논문을 발표하였다.

이시훈(Lee, Si Hoon)

현재 계명대학교 광고홍보학과 교수이다. 경희대학교 신문방송학과를 졸업하고, 동 대학교에서 광고학으로 석·박사학위를 받았다. 한국광고학회 제23대 회장, 한국소통학회, 한국지역언론학회 회장을 역임하였고, 방송광고균형발전위원회 위원, 한국제약바이오협회 광고심의위원회 위원, 한국저축은행중앙회 광고심의위원회 위원 등으로 활동하고 있다. 『미디어 혁명의 흐름과 함의: 광고를 둘러싼 변화들』(공저, 한경사, 2017)을 비롯한 여러 저서를 출간하였고, 「Factors Influencing Attitude and Intention toward Playing Mobile Games in Korea」(2019)를 비롯한 다수의 논문을 발표하였다.

광고지성총서 01

한국 광고학연구 30년과 전망

Thirty Years of Advertising Research in Korea and Its Perspective

2020년 1월 10일 1판 1쇄 인쇄
2020년 1월 20일 1판 1쇄 발행

지은이 • 한상필 · 염성원 · 홍문기 · 유현재 · 최명일
유현중 · 차영란 · 최은섭 · 김유경 · 이시훈
펴낸이 • 김진환
펴낸곳 • (주) 학지사
04031 서울특별시 마포구 양화로 15길 20 마인드월드빌딩
대표전화 • 02)330-5114 팩스 • 02)324-2345
등록번호 • 제313-2006-000265호

홈페이지 • http://www.hakjisa.co.kr
페이스북 • https://www.facebook.com/hakjisa

ISBN 978-89-997-2001-7 93320

정가 20,000원

이 도서의 국립중앙도서관 출판시도서목록(CIP)은 서지정보유통지원시스템 홈페이지(http://seoji.nl.go.kr)와 국가자료공동목록시스템(http://www.nl.go.kr/kolisnet)에서 이용하실 수 있습니다.
(CIP 제어번호: CIP2019045484)